1 民法〈総則・債権〉

Wセミナー／司法書士講座 編

早稲田経営出版
TAC PUBLISHING Group

本書は，2022年（令和４年）７月１日時点での情報に基づき，2023年（令和５年）４月１日までに施行が確定している法改正に対応しています。本書刊行後に明らかになった法改正につきましては，毎年４月１日時点での法改正情報としてまとめ，TAC出版書籍販売サイト「サイバーブックストア」（https://bookstore.tac-school.co.jp/）の早稲田経営出版・司法書士「法改正情報」コーナーにて公開いたしますので，適宜ご参照ください。

【本書の主な改正ポイント】

・　平成30年法律第59号（民法総則編，成年年齢引下げに関する改正）

はしがき

司法書士試験は，合格率４％程度と，数ある国家試験の中でも最難関の資格のひとつに位置づけられています。また出題科目も多く，学習すべき範囲が膨大であることも司法書士試験の特徴のひとつです。このため，学習がうまく進まなかったり，途中で挫折してしまう方がいらっしゃることも事実です。

では，合格を勝ち取るために必要な勉強法とはどのようなものでしょうか。

Wセミナーでは，長年にわたり司法書士受験生の受験指導を行い，多くの合格者を輩出してきました。その経験から，合格へ向けた効率的なカリキュラムを開発し，さまざまなノウハウを蓄積してまいりました。そしてこの度，その経験とノウハウのすべてを注ぎ込み，合格のためのテキストの新たな基準をうちたてました。それが，本シリーズ「司法書士　スタンダード合格テキスト」です。

本シリーズは，司法書士試験の膨大な試験範囲を，科目ごとに11冊にまとめました。また，法律を初めて学習する方には使い勝手のよい安心感を，中・上級者にとってはより理解を深めるための満足感を感じていただけるような工夫を随所に施しており，受験生の皆さまの強い味方になることでしょう。

「民法」は，司法書士試験において最重要の科目です。これに続く不動産登記法や民事訴訟法なども，民法の理解が大前提です。そのため，本書では，民法をしっかり理解していただくように，条文や重要な判例を数多く掲げ，これらを分かりやすく解説しています。また，過去の本試験で出題された論点については，該当箇所にその出題年次を掲げていますので，司法書士試験における各論点の重要度が一目で分かる形となっています。

司法書士を志した皆さまが，本シリーズを存分に活用して学習を深めていただき，司法書士試験合格を勝ち取られることを願ってやみません。

2022年８月

Wセミナー／司法書士講座

講師・教材開発スタッフ一同

本シリーズの特長と使い方

・特長１　法律論点を視覚的に理解できる！

ケーススタディが豊富に設けられ，具体例が示されているので，法律論点を具体的・視覚的に理解でき，知識の定着を促します。

・特長２　学習に必要な情報が満載！

重要条文はもれなく掲載されており，その都度，六法にあたる手間を省くことができます。また，本試験の出題履歴も表示されており，重要箇所の把握に大いに役立ちます。

・特長３　学習しやすいレイアウト！

行間や余白が広いため書き込みがしやすく，情報をこのテキスト一冊に集約できます。また，細かな項目分けがなされているため飽きずにスラスラ読み進むことができます。

Topics　←方向感！

何を学習するのか，どこが重要かを明らかにすることで，学習の目的や方向性を明確にすることができます。

ケーススタディ　←臨場感！

具体的な事例や図を用いることによって，複雑な権利関係や法律論点を分かりやすく解説しています。質問形式で始まるため，まるで講義を受けているかのような臨場感を味わいながら読み進めることができます。

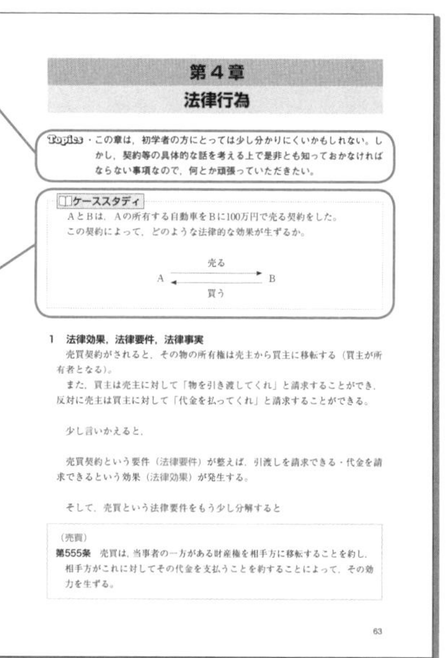

第４章
法律行為

Topics ・この章は，初学者の方にとっては少し分かりにくいかもしれない。しかし，契約等の具体的な話を考える上で是非とも知っておかなければならない事項なので，何とか頑張っていただきたい。

ケーススタディ

ＡとＢは，Ａの所有する自動車をＢに100万円で売る契約をした。
この契約によって，どのような法律的な効果が生ずるか。

1　法律効果，法律要件，法律事実

売買契約がされると，その物の所有権は売主から買主に移転する（買主が所有者となる）。

また，買主は売主に対して「物を引き渡してくれ」と請求することができ，反対に売主は買主に対して「代金を払ってくれ」と請求することができる。

少し言いかえると，

売買契約という要件（法律要件）が整えば，引渡しを請求できる・代金を請求できるという効果（法律効果）が発生する。

そして，売買という法律要件をもう少し分解すると

（売買）
第555条　売買は，当事者の一方がある財産権を相手方に移転することを約し，相手方がこれに対してその代金を支払うことを約することによって，その効力を生ずる。

63

第4章　法律行為

もいいですよ，ということ。

【例】 賃貸物の修繕をすべき者を賃貸人ではなくて賃借人とする合意は有効。
【例】 賃料の支払い時期について，毎月末に"翌月分を"支払うという特約も有効。

アルファ

任意規定と異なる慣習

任意規定と異なる慣習がある場合に，法律行為の当事者がその慣習による意思を有していると認められるときは，その慣習に従う（民§92）。

(4) 社会的妥当性

（公序良俗）
第90条 公の秩序又は善良の風俗に反する法律行為は，無効とする。

① 意義
法律行為が反社会的といえるものである場合は，その行為は無効となる。

重要

個人の意思はなるべく尊重されるべきであるが，社会秩序や一般の道徳観念に反するような行為について法律的に認めるわけにはいかない。

用語説明

「公の秩序又は善良の風俗」は，公序良俗といわれる。

② 公序良俗違反の具体例
・ 不倫契約などの人倫に反する行為。
・ 親族間の不同居契約などの家族的な秩序に反する行為。
・ 人を殺すことを依頼する契約のように刑法上犯罪とされる行為。賭博も同様。
等々。

③ 動機の不法について
法律行為自体は特に問題なさそうに見えるが，その動機が不法（反社会的）である場合，法律行為の効果をどうすべきかが問題となる。

68

重要条文　←効率化！

法律を学習する上で条文をチェックすることは欠かせませんが，本書では重要条文が引用されているので，六法を引く手間を省くことができます。

重要　←明確化！

学習するうえで必ずマスターしておきたい箇所を，「重要」として表示しているため，学習のメリハリをつけることができます。また，復習の際に重要ポイントを確実に確認するのにも効果的です。

第1節　総　則

➡ これにより，売買の効果は直接Aに帰属する（Aが自動車を買ったことになる）。

アルファ

署名代理

代理人が，代理という形ではなく，あたかも本人が契約をしているように，本人の名前を書いて契約等をすることを，署名代理という。 H26-5
➡ そして，本人から借りてきたハンコを押す。

この場合，きちんと代理権があって，代理人に代理意思があれば，有効な代理行為と認められる。 H22-5

(2) 本人のためにすることを示さなかった場合

代理人が本人を代理する意思で意思表示をしたが，本人のためにすることを示さなかった，ということもあり得る。
➡ うっかりしてしまったのだろう。

【例】 Aは，Xに対し，M社のNというスポーツカーを購入するための代理権を与えた。そして，Xは，Aのためにスポーツカーを購入しようと思ったが，間違って契約書に「買主　X」と書いて自分のハンコを押してしまった。
➡ 「Aの代理人」と書き忘れた。

この場合の意思表示の効力はどうなるのか。

（本人のためにすることを示さない意思表示）
第100条 代理人が本人のためにすることを示さないでした意思表示は，自己のためにしたものとみなす。ただし，相手方が，代理人が本人のためにすることを知り，又は知ることができたときは，前条第1項の規定を準用する（本人に対して直接にその効力を生ずる）。

重要

顕名をしなかったときは，代理人がした意思表示は，自己のためにしたものとみなされる。 R4-5

121

プラスアルファ　←満足感！

適宜，プラスアルファとして，補足的な知識や応用的な内容が盛り込まれているため，中・上級者の方が読んでも満足する構成となっています。

過去問表記　←リアル感！

過去に本試験で出題された論点には，出題履歴を表示しました。試験対策が必要な箇所を把握することができ，過去問にあたる際にも威力を発揮します。「R4-5」は，令和4年度本試験択一式試験（午前の部）の第5問で出題されたことを示しています。

目次

はしがき …… (iii)

本シリーズの特長と使い方 …… (iv)

凡　例 …… (ix)

第1編　民法総則

第1章　民法序論 …… 2

第2章　人 …… 16

第1節　権利能力 …… 16

第2節　意思能力，行為能力 …… 19

第3節　住　所 …… 43

第4節　不在者 …… 44

第5節　失踪宣告 …… 46

第6節　同時死亡の推定 …… 53

第3章　物 …… 55

第4章　法律行為 …… 63

第5章　意思表示 …… 70

第1節　総　説 …… 70

第2節　心裡留保 …… 74

第3節　通謀虚偽表示 …… 78

第4節　錯　誤 …… 87

第5節　詐欺・強迫 …… 95

第6節　意思表示の効力発生時期と受領能力 …… 105

第6章　代　理 …… 110

第1節　総　則 …… 110

第2節　無権代理 …… 135

第3節　表見代理 …… 151

第7章　無効および取消し …… 164

第8章　条件および期限 …… 183

第9章　期　間 …… 193

第10章　時　効 …… 196

第1節　総　説 …… 196
第2節　取得時効 …… 200
第3節　消滅時効 …… 210
第4節　時効の完成猶予，更新 …… 218
第5節　時効の援用，時効の利益の放棄 …… 230

第2編　債　権

第1章　債権の意義・目的 …… 242
第1節　総　説 …… 242
第2節　債権の種類 …… 245
第2章　債権の効力 …… 263
第1節　債権の効力 …… 263
第2節　債務が履行されない場合～履行の強制 …… 266
第3節　債務が履行されない場合～損害賠償の請求 …… 270
第4節　受領遅滞 …… 293
第3章　債務者の責任財産の保全 …… 296
第1節　総　説 …… 296
第2節　債権者代位権 …… 299
第3節　詐害行為取消権 …… 310
第4章　多数当事者の債権関係 …… 332
第1節　総　説 …… 332
第2節　分割債権・分割債務 …… 334
第3節　不可分債権・不可分債務 …… 336
第4節　連帯債権・連帯債務 …… 342
第5節　保証債務 …… 363
第5章　債権譲渡 …… 391
第1節　総　説 …… 391
第2節　債権譲渡の対抗要件 …… 400
第6章　債務引受 …… 409
第7章　債権の消滅 …… 416
第1節　総　説 …… 416
第2節　弁　済 …… 417
第3節　相　殺 …… 447
第4節　その他の債権の消滅事由 …… 456

第8章　有価証券 …… 462
第9章　契約総論 …… 464
第1節　総　論 …… 464
第2節　契約の成立 …… 469
第3節　契約の効力 …… 474
第4節　契約の解除 …… 487
第5節　定型約款 …… 503
第10章　契約各論 …… 507
第1節　典型契約の種類 …… 507
第2節　贈　与 …… 508
第3節　売　買 …… 513
第4節　交　換 …… 536
第5節　消費貸借 …… 537
第6節　使用貸借 …… 544
第7節　賃貸借 …… 550
第1款　民法上の賃貸借 …… 550
第2款　借地借家法 …… 579
第8節　請　負 …… 586
第9節　委　任 …… 593
第10節　寄　託 …… 602
第11節　組　合 …… 610
第12節　その他の契約 …… 619
第11章　事務管理 …… 622
第12章　不当利得 …… 627
第13章　不法行為 …… 633

用語索引 …… 656
判例索引 …… 663

凡　例

1．法令の表記・略称

民→　民法（民§450Ⅰ②→　民法第450条第１項第２号）

民法施行→　民法施行法

憲→　憲法

裁判所→　裁判所法

動産・債権譲渡→　動産及び債権の譲渡の対抗要件に関する民法の特例等に関する法律

不登→　不動産登記法

借地借家→　借地借家法

民訴→　民事訴訟法

民執→　民事執行法

区分所有→　建物の区分所有等に関する法律

仮担→　仮登記担保契約に関する法律

立木→　立木に関する法律

利息→　利息制限法

戸籍→　戸籍法

家事→　家事事件手続法

生活保護→　生活保護法

公証→　公証人法

国年→　国民年金法

通貨→　通貨の単位及び貨幣の発行等に関する法律

2．判例・先例等の表記

最判昭46.11.30→　昭和46年11月30日最高裁判所判決

大判大7.4.19→　大正７年４月19日大審院判決

大阪高決昭41.5.9→　昭和41年５月９日大阪高等裁判所決定

大阪地判昭27.9.27→　昭和27年９月27日大阪地方裁判所判決

先例昭26.6.27－1332→　昭和26年６月27日第1332号先例

第 1 編

民法総則

第１章
民法序論

Topics
・ここでは，民法の全体像を把握することを目的とする。
・今後詳しく学習していくが，物権とは？　債権とは？　といったことを何となく理解しておいてほしい。

ケーススタディー1

ＡはＢから家屋を賃借して住んでいるが，古い建物なので所々修繕が必要となっている。ＡはＢに修繕を頼んだが，Ｂは「Ａが住んでいるのだからＡの費用で修繕してくれ」とまったく取り合ってくれない。

Ａは，ちょっと違うんじゃないかと思ったが，確たる根拠がないので，何も言えなかった。仕方なく家に帰ったＡは，ちゃんと法律を勉強してＢを説得しようと決意した。

Ａはどの法律を勉強すればよいか。

ケーススタディー2

Ａ（男）とＢ（女）は恋人関係であるが，まだ結婚はしていない。そして，ＢはＡの子を産んだが，Ａは「俺の子ではない」とまったく取り合ってくれない。

Ｂは，何とかＡに認知をしてもらいたいと思っているが，Ｂはこのような請求ができるのか？　できるとしたら，それはどの法律に規定されているのか。

1　民法とは

民法は，**市民の生活関係を一般的に規律する法律**である。

“市民の生活関係”というのはかなり抽象的であるが，生活関係にはおおよそ２つの側面がある。

① 財産（不動産や動産，金銭，債権など）の取得，移転，消滅などに関する財産関係

② 婚姻，夫婦，親子，扶養，相続などに関する家族関係

民法は，この両者を規定している。財産関係について規定している部分は**財産法**，家族関係について規定している部分は**家族法**あるいは**身分法**と呼ばれている。

【例】 ケーススタディ－１の事例は，家屋の賃貸借，つまり財産に関するものである。これは，民法の606条の１項で規定されている。

> **（賃貸人による修繕等）**
> **第606条** 賃貸人は，賃貸物の使用及び収益に必要な修繕をする義務を負う。（後略）

➡ Ａは，この条文を示して，Ｂを説得すればよい。

プラスアルファ

Ｂがこの説得に応じなかったら，Ａは裁判に訴えることができる。ただ，その場合は，民事訴訟法という別の法律も勉強しなければならない。

【例】 ケーススタディ－２の事例は，子の認知，つまり家族に関するものである。これは，民法787条で規定されている。

> **（認知の訴え）**
> **第787条** 子，その直系卑属又はこれらの者の法定代理人は，認知の訴えを提起することができる。（後略）

2 民法は私法である

世の中にはたくさんの法律があり，いろいろな観点からこれを分類することができるが，１つの分類の方法として**公法**と**私法**の区別がある。

⑴ 公　法

国家と国民の関係であったり，国家の組織などを定める法を公法という。

➡ 文字どおり，“公”に関する法である。

憲法，行政法，租税に関する法律や刑法などが公法といえる。

⑵ 私　法

私人間の関係を規律する法を私法という。

【例】 ＡとＢの間で自動車の売買をした場合，ＡがＣ会社から建物を賃借した場合のように，私人間の法律関係を定めたものである。

民法，商法などが私法である。

3 民法は一般法である

法律を分類する方法として，**一般法**と**特別法**の区別がある。

⑴ 一般法

一般的な事項を規定する法を一般法という。

⑵ 特別法

特殊な事項を規定する法を特別法という。

これだけでは意味が分からないので，少し具体的に説明する。

たとえば民法は，市民の一般的な生活関係を規定する法律である。

➡ まさに一般法である。

普通の市民が物の売買をしたり，賃貸をしたような場合には，民法の規定が適用される。

しかし，ある特殊な場合には民法の規定をそのまま適用するのは不合理であるということもあり得る。

一例をあげると，物の賃貸借は民法で規定がされているが（民§601～），運動会で撮影するためにビデオカメラを賃貸するのと，人が家を建てて住むために土地を賃貸するのでは，意味するところがまったく異なる。

➡ 後者は，人の生活そのものに直結するものであり，普通の物の賃貸に比べれば借主の保護を強くする必要がある。

そこで，“建物の所有を目的とする土地の賃貸借”等の存続期間や効力に関しては，「借地借家法」という**別の法律を定めて，この法律の規定を適用させるものとした。**

➡ 存続期間や賃貸借の終了等に関して，民法とは異なる規定が定められている。

☆　借地借家法は，“建物の所有を目的とする土地の賃貸借”といった特殊な場合に適用される法律であるので，これは**民法の特別法**である。

・　商法，労働法，利息制限法なども，民法の特別法である。

重要!

特別法は，一般法に優先する。

➡　一般法で規定されているものの中の，ある特別な領域については特別法が適用されるという関係であるので，その領域についてはまず特別法が適用される。

4　民法は実体法である

法律を分類する方法として，**実体法**と**手続法**の区別がある。

(1)　実体法

権利・義務の存否や所在を規定する法を実体法という。

【例】　民法では，売買契約がされることによって，売主は買主に対して「代金を請求できる」，買主は売主に対して「目的物の引渡しを請求できる」とされている。反対から見ると，買主は売主に対して「代金を支払う義務がある」，売主は買主に対して「目的物を引き渡す義務がある」ということである。

➡　このように，**権利・義務の存否や所在（誰が権利をもっているのか）**ということを規定する法が実体法。

(2)　手続法

実体法によって認められた権利を実現するための手続を定めた法を手続法という。

【例】　AとBの間で，Aの所有する自動車をBに100万円で売る契約が成立したので，AはBに対して100万円の支払いを請求することができる。

しかし，Bはなんだかんだ言い訳をして，100万円を払おうとしない。

この場合，Aは，裁判所の手を借りて，代金の支払請求権という権利を強制的に実現することができる。

➡　こういった請求権を強制的に**実現するための手続**を規定した法が手

続法。

具体的には，裁判の進め方を規定した民事訴訟法や，Ｂの財産から強制的に金銭を回収する手続を規定した民事執行法など。

5　民法の法源

民法の存在する形式を，学問上，民法の法源というが，その中心は成文法（**民法典**）である。

➡　その他，慣習法や判例法もある。

(1)　民法典

民法の条文は，第１条から始まって1000条を超える。

➡　途方もない数である。しかし，勉強が進んでいくと，不思議と条文の多さもそんなに怖くなくなる（はずである）。

・　民法典は，５つの編から構成されている。

「１　民法とは」で見たとおり，民法は，まず，財産関係について規定した部分（財産法）と家族関係を規定した部分（家族法）に分けることができる。

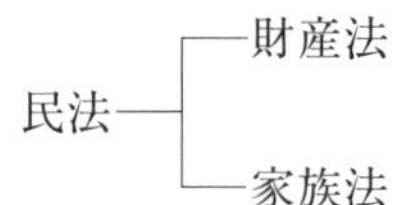

そして，財産法については，**「物権」**と**「債権」**に分けることができる。

→　物権と債権の違いはけっこう重要なので，後の６で少し詳しく説明する。

また，家族法については，婚姻や親子といったことを規定する**「親族」**と，相続や遺言について規定した**「相続」**に分けることができる。

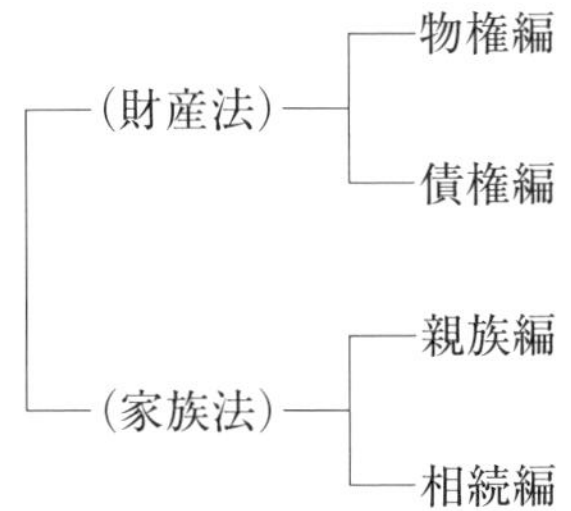

➡　４つしかない。１つ足りない。

最後の１つは，**「総則」**である。これは，民法の“通則”の規定である。民法の基本原則であったり，民法全般にわたって共通に適用される事項が規定されている。

最終的には，このような構成となる。

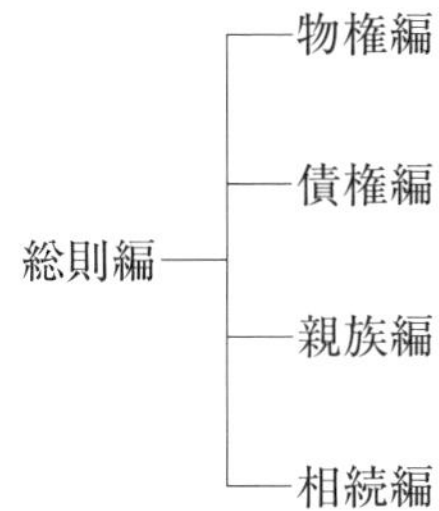

＋アルファ

たとえば「物権編」も，その最初に物権の通則規定が置かれており，その後に具体的な物権の内容（所有権や地上権等）が規定されている。

このように，まず通則規定を置いて，その後に個別の規定を置く方式を**パンデクテン方式**という。

⑵　判例法

①　判例の意義

判例とは，裁判所が示した法律上の判断である。

たとえばＡとＢの間で契約上の問題が発生した場合，基本的に民法等の法の規定に従って解決が図られる。しかし，法は，莫大な数の条文があるが，それでも世の中のあらゆるケースについての解決を示しているわけではない。

このように，法の規定によってストレートに解決が図られない場合は，ＡまたはＢは裁判に訴えて，裁判所の判断を仰ぐことができる。そして，裁判所は，法を解釈し，適用して，判決という方法で具体的な問題の解決を図ることになる。

② 判決の効力

裁判所の判決は，個別・具体的な問題の解決を図るものである。

【例】 ＡとＢの間の商品の売買に関するトラブルについて，裁判所は法を解釈し，適用し，「Ａの勝ち！」という判決を下す。

これはあくまでＡＢ間のトラブルの解決を示したものであって，仮にこの後にＣＤ間の似たようなトラブルが裁判所に訴えられた場合，必ずしも先の判決と同じ判決が出るとは限らない。

とはいえ，類似の事案については，先の判決と同一の法的な判断となる蓋然性が高い。そしてこれは，法的安定性の観点からも望ましいことといえる。

このようにして，類似の事案について同じような判決が繰り返されるようになれば，その判決の内容に一種の拘束力のようなものが生まれる。これを判例法という。

プラス アルファ

最高裁判所が（かつて自ら出した）判例を変更するためには，裁判官の全員で構成する大法廷で裁判をしなければならない（裁判所§10③）。

6　物権と債権

前述のとおり，民法の財産法は，「物権編」と「債権編」に分かれている。この物権と債権の違いは民法の学習において重要なので，ここで解説する。

まずは，物権と債権の定義。

物権→　物に対する直接的，排他的な支配権
債権→　人に対する請求権

(1) 物権について

① 意　義

物権は，物に対する直接的，排他的な支配権と定義されるが，そんなに堅苦しい話ではない。

たとえばＡが近所のスーパーでパンを買ってきた場合，Ａは，「このパンは俺のものだ」と主張することができる。

このＡの有する権利が，物権（具体的には所有権）である。

➡ 「物（このパン）に対する直接的，排他的な支配権（俺のものだ）」

物に対して所有権を有していれば，所有者は，その物について誰の手を借りるわけでもなく（直接性），他人を排除して（排他性），その物を支配することができる。

重要！

とにかく，物権は，物に対する権利である。

➡ この点は，何度強調しても強調しすぎることはない。

② 物権の種類

物に対する直接的，排他的な支配権（物権）で１番重要なのは所有権であるが，物権には他にもいくつかの種類がある。

【例】 工作物または竹木を所有するため，他人の土地を使用することができる権利を，地上権という。

(2) 債権について

債権は，人に対する請求権と定義されるが，そんなに堅苦しい話ではない。

ＡとＢは，Ａの所有する腕時計をＢに10万円で売る契約をした。この場合，ＡはＢに対して「代金10万円を払ってくれ」と請求することができる。また，ＢはＡに対して「腕時計を引き渡してくれ」と請求することができる。

このように，人に対する請求権を債権という。

➡　ＡはＢに対して「代金10万円を払ってくれ」という債権を有しており，Ｂ はＡに対して「腕時計を引き渡してくれ」という債権を有している。

プラス アルファ

ＡがＢに対して代金10万円を払ってくれという債権を有するということは，反対から見ると，ＢはＡに対して代金10万円を払う義務があるということである。この義務を**債務**という。

➡　代金10万円の支払いという面では，Ａが**債権者**，Ｂが**債務者**である。

そして，ＢがＡに対して腕時計を引き渡してくれという債権を有するということは，反対から見ると，ＡはＢに対して腕時計を引き渡す債務を負っているということである。

➡　腕時計の引渡しという面では，Ｂが**債権者**，Ａが**債務者**である。

重要！

とにかく，債権は，人に対する権利である。

➡　この点は，何度強調しても強調しすぎることはない。

プラス アルファ

債権の「債」の字を分解してみると，“人”（にんべん）と“責”から構成されている。つまり，債権は，人に責任を負わせる権利ということができる。

(3)　物権と債権の違い

物権と債権の違いはたくさんあるが，その中でも重要なものを説明する。

①　何に対する権利か？

物権→　物に対する権利

債権→　人に対する権利

②　誰に対して主張することができるか？

物権→　誰に対しても主張することができる。

➡　「このパンは自分のものだ」ということは，誰に対しても主張できる。

債権→　ある特定の人に対してのみ主張することができる。

➡ 売買代金の請求は，買主に対してのみ主張することができる。

③ 権利を公示する必要があるか？

物権→ ある。

➡ 物権は，誰に対しても主張できる権利。だから，物権の権利者を世間の人が分かるようにしておかないと混乱する。

公示方法については物権編で詳しく解説するが，不動産については**登記**の方法で公示している。

債権→ 基本的にない。

➡ 債権は，特定の人に対してのみ主張できる権利。だから，世間一般に示す必要はない。

ＡがＢに対して代金の支払いの債権を有するということを公示したとしても，世間の人には特に意味はない（興味もない）。

☆ 上記５で民法典を５つの編に分けて図にしたが，もう少し細かい図にしてみる。

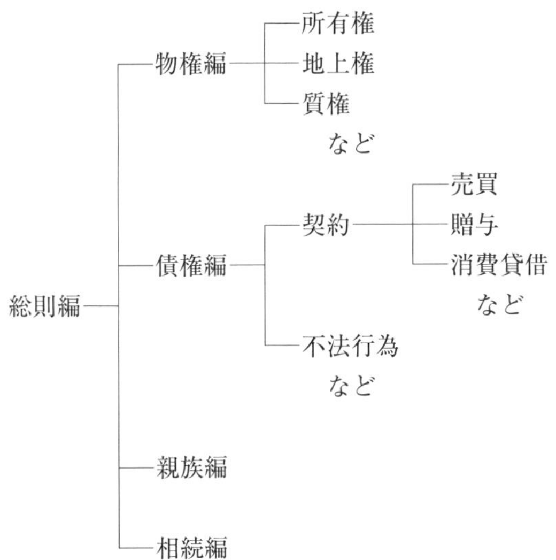

7 民法の基本原則

フランス革命以降の近代社会においては，自由や平等といった理念がその基本精神となっている。

法の世界においてもその理念が根本原理となっており，これは我が国の民法も同じである。

このようなことから，我が国の民法においては，以下のような基本原則を導くことができる。

(1)　所有権絶対の原則

所有権は，何らの拘束を受けず，誰に対しても主張できる完全な支配権であり，不可侵の権利であるという原則である。

➡　市民間だけでなく，国家も市民の財産を侵すことはできないという原則。

プラス アルファ

所有権絶対の原則は，近代社会においてなくてはならない原則であるが，それが行き過ぎると，富める者の自由が強調されたり富める者がより強くなる傾向が生まれてくる。そこで，場合によっては，ある行為が**権利の濫用**として否定されることもある。

(2)　私的自治の原則

私法上の法律関係においては，個人が自由意思に基づいて自律的に法律関係を発生，変更，消滅させることができるという原則である。

私法上の法律関係においては，契約関係がもっとも重要なものといえるので，**契約自由の原則**とも呼ばれる。

➡　具体的には，契約を締結するか否かの自由，契約の内容の自由，契約の相手方の自由といったことが内容となる。

プラス アルファ

これも非常に重要な原則であるが，行き過ぎると，強い者が弱い者に対して自分に都合の良いルール（契約）を強要したり（弱い者にとっては不本意でも従わざるを得なかったりする），看過できない不平等や権利侵害を生むこともある。

➡　企業と労働者の雇用契約において，対等な立場で条件を出し合うというのは難しい。

近年では，「ブラック企業」が問題化している。

そこで，現在では，不公正の程度や弱者保護の必要性などを考慮して，契約自由の原則が修正されることもある。
➡　労働基準法，借地借家法，消費者契約法，利息制限法など。

⑶　過失責任の原則

他人に損害を与えてしまった場合，故意や過失がある場合にのみ責任を負うという原則である。

プラスアルファ

裏を返せば，他人に損害が及んでも自分に過失がなければ（少なくとも法的には）責任をとらなくていいという話になるので，経済活動はかなり活発になるが，公害等の社会問題を引き起こす遠因にもなってしまう。

そこで，現代では，特に企業に対して，より大きな責任を問う声が大きくなっている。

8　私権の社会性

> （基本原則）
> **第１条**　私権は，公共の福祉に適合しなければならない。

⑴　私権とは

私権とは，私法上認められる権利のことをいう。
物権や債権などの財産権のほか，身分権や人格権などがある。

身分権→　夫や妻であることから生ずる権利や，子に対する親権など，身分上の権利。
人格権→　身体，生命，名誉など，人間として尊重されるべき価値を内容とする権利。

プラスアルファ

私権は，支配権，請求権，形成権，抗弁権のように，権利の作用を基準として分類することもできる。

⑵　公共の福祉

公共の福祉とは，社会共同体の全体としての利益をいう。

民法１条１項は，私権は絶対ではなく，私権の内容や行使は社会全体の利益に反してはいけないと規定している。

➡ これに違反する範囲では，私権はその効力を認められないことを意味する。

とはいえ，公共の福祉を強調し過ぎると，個人の自由を制限し，社会の活力を削ぎ，全体主義的な世の中になりかねないので，その適用は慎重であるべきといえる。

☆ 公共の福祉に適合しなければならないというのは当たり前であり，漠然とし過ぎていると思われるかもしれない。ふわふわして，雲を掴むような雰囲気である。

しかし，条文が進めばだんだんと具体的な話になっていくので，今しばらくお待ちいただきたい。

9　信義誠実の原則

（基本原則）
第1条
2　権利の行使及び義務の履行は，信義に従い誠実に行わなければならない。

信義誠実の原則とは，互いに相手方の信頼を裏切らないよう誠意をもって行動するべきであることをいう。

➡ 私的取引関係は，この原則によってこそ成り立つものである。

重要！

信義誠実の原則を，信義則という。

10　権利濫用の禁止

（基本原則）
第1条
3　権利の濫用は，これを許さない。

何らかの権利を持っている者は，本来，自由にそれを行使できるはずである。

しかし，権利の行使が他人を害するようなものであったり，社会性，公共性に反するようなものである場合は，その権利行使は許されないとされている。

➡ 法律上無効であったり，不法行為として損害賠償の義務が発生することもある。

(1) 具体例

権利の濫用として効力が否定される事例は数多い。その中で，有名なものとして「宇奈月温泉事件」と呼ばれるものがある。

事件を簡略化して説明する。

１土地から温泉が湧き出たので，Ａは，１土地から３土地に配管を通し，お湯を引っ張ってきて３土地にホテルを開業した。しかし，その配管の一部が，Ｘの所有する２土地の端を通過していた。

これに目をつけたＹは，Ｘから２土地を買い受け，Ａに対して「２土地を高値で買い取れ」と要求し，Ａがこれを拒否すると，「じゃあ２土地を通過している配管を撤去せよ」と迫った。

なお，２土地上の配管を撤去して，迂回させて３土地に通すためには莫大な費用がかかり，またホテルも長期間の休業を余儀なくされる。

➡ 当時の大審院（現在の最高裁）は，このようなＹの請求は権利の濫用であり許されないとした（大判昭10.10.5）。

第２章
人

第１節　権利能力

Topics
・ここからは，人について学習する。
・人について学習するというのは深いテーマだが，哲学的な話ではなく，法律上の能力のような話である。

ケーススタディ

ＡとＢは婚姻していて，妻Ｂは間もなく出産予定である。

Ａは会社からの帰宅途中で，車にはねられ死亡した。間もなく生まれてくる胎児は，父Ａの遺産を相続することができるか。

1　権利能力の意義

権利能力とは，私法上の権利義務の主体となることができる地位または資格をいう。

➡　売買契約をしたり，財産を所有したりすることができる地位または資格である。

自然人および法人のみが権利能力を有する。

自然人→　“人”のこと。
➡　人であれば，誰でも売買などの契約をする地位を有し，また土地や建物などの財産を所有することができる。

法　人→　人ではないが，法によって人格が認められた主体。**“会社”など。**
➡　会社等の法人は，権利能力を有するので，売買などの契約をする地位を有し，また土地，建物などの財産を所有することもできる。

2　権利能力の始期・終期

第３条　私権の享有は，出生に始まる。

(1)　自然人の権利能力の始期

すべての自然人は，出生と同時に平等に権利能力を取得する（権利能力平等の原則；民§３Ⅰ，憲§14）。

プラス アルファ

「出生」とは，胎児が母体から全部露出した時というのが通説(全部露出説)。

(2)　胎児について

権利能力は，出生と同時に取得するものであるので，まだ生まれていない胎児は権利能力を有していない。

➡　これが原則。

しかし，この原則を貫くと，例えばケーススタディの事例のような場合に，(既に生まれている者と比べて）胎児にとって不利益といえる事態が生ずることがある。

➡　Ａが死ぬ数日前に胎児が出生していたら，その者は（Ａが死んだ時において）権利能力を有するので，Ａの財産を相続することができる。一方，Ａが死んだ数日後に胎児が出生した場合は，Ａが死んだ時においてその者は権利能力を有していなかったので，Ａの財産を相続することはできない。

➡　常識的に考えて，あまりに不公平である。

そこで，民法は，次の３つの場合については，胎児は「既に生まれたものとみなす」としている。

①　不法行為に基づく損害賠償請求権（民§721）

②　相続（民§886Ⅰ）

③　遺贈（民§965）

したがって，ケーススタディの事例では，胎児は既に生まれたものとみなされ，子としてＡを相続することができる。

(3)　“既に生まれたものとみなす”とは

既に生まれたものとみなされるとは，どういう意味か。

これは，「停止条件説」と「解除条件説」がある。

→　停止条件や解除条件についての詳しい解説は，第８章参照。

①　停止条件説（大判昭7.10.6）

胎児である間には権利能力がなく，生きて生まれた場合，さかのぼって権利能力を取得する，という見解。

➡　この見解では，父や母（法定代理人）は，出生前に胎児を代理することはできないことになる。

②　解除条件説

胎児である間でも権利能力があり，死産であった場合にはさかのぼって権利能力が消滅する，という見解。

➡　この見解では，父や母（法定代理人）は，出生前に胎児を代理することができることになる。

プラス アルファ

判例は，停止条件説をとっている。学説は，以前は判例と同様に停止条件説をとるものが多かったが，最近は解除条件説が有力とされている。

➡　最近は，昔に比べて胎児が生きて生まれてくる可能性が高いので（死産は少なくなってきているので），解除条件説をとっても不都合は少ないといえる。

⑷　権利能力の終期

自然人の権利能力は，死亡によって消滅する。

プラス アルファ

失踪宣告（第５節参照）がされると，その者は死亡したものとみなされるが（民§31），その者が他所で生存している場合には，その者は権利能力を有している。

H5-1

⑸　外国人の権利能力

外国人も，法令又は条約の規定により禁止される場合を除き，権利能力を有する（民§３Ⅱ）。

第2節　意思能力，行為能力

Topics
・いろいろな“能力”が出てきてややこしいが，特に行為能力は重要。
・いろいろな場面で登場するので，ここは正確に理解しておくこと。

ケーススタディ

高校生で17歳のＡ君は，車が大好きで，親に内緒で中古車販売店に行って車を購入する契約をした。

この売買契約は有効か。

1　意思能力

意思能力とは，自己の法律行為（契約等）の結果を判断することのできる精神能力のことをいう。

法律行為の当事者が意思表示をした時に意思能力を有しなかったときは，**その法律行為は無効**となる（民§３の２）。

➡　法律行為とは，「契約」と同じような意味である。

理由　売買等の契約がされた場合，当事者はそれに従わなければならない。

➡　買主は代金を支払う必要があり，売主は目的物を引き渡す必要がある。

当事者がその義務を果たさない場合には，裁判所の手を借りて強制的にそれを実現することができる。

契約にこのような拘束力を持たせるためには，**契約の当事者にある程度の判断能力が備わっていることが前提**となる。

➡　３歳の子供が自分のおもちゃをお友達に「あげる」と言って，そのお友達が「うん。ありがとう」と言ったからといって，この合意に法的な拘束力（強制力）を認めるのは妥当ではない。

そのため，法律的に意味のある意思表示というためには，その者に意思能力が備わっていなければならず，意思能力のない者のした意思表示は無効とされている。

① 行為の性質によっても異なるが，だいたい10歳未満の子供には意思能力はないといえる。

・ ケーススタディの事例では，A君は高校生なので，意思能力は備わっているといえる。では，この売買契約は有効なのか？
➡ いや，結論を出すのはまだ早い。

② 精神障害者や泥酔者も意思能力がないといえる。

2 行為能力

(1) 意　義

行為能力とは，単独で，完全に，法律行為を行うことのできる能力をいう。

(2) 行為能力の概念を導入した意味

上記1のとおり，意思能力のない者のした契約は無効であるが，実際のところ，契約の当時に意思能力がなかったことを証明することは容易ではない。

【例】 Aは会社の忘年会で泥酔し，その帰り道，Bの腕時計を10万円で買う契約をした（契約書にサインをした）。
後日，Aは，Bから契約書を見せられ，10万円を請求された。Aとしては，そんな契約は身に覚えがなく，「無効だ！」と言いたいところだが，契約の当時に意思能力がなかったということを証明するのは困難である。

この事例のAは自業自得といえるが，精神的に障害のある者などが悪徳業者に言われるがままに契約を締結し，（無効を主張できずに）財産的に不利益を被るのは妥当ではない。

そこで，民法では，法律的な判断能力が十分とはいえない人たちについて一定の類型を定め，その者のした法律行為は（一定の要件のものに）**取り消すことができる**とした。
➡ 判断能力が十分でない者を，弱肉強食の（と言っても差し支えない）自由競争社会から保護する趣旨である。

この一定の類型に当てはまる者を**制限行為能力者**という。
具体的には，以下の者が制限行為能力者とされる。
① 未成年者

② 成年被後見人
③ 被保佐人
④ （一定の行為について補助人の同意を要する）被補助人

【例】 ケーススタディの事例では，A君は，親に相談もせずに中古車を購入する契約をした。
　これは，制限行為能力者である未成年者がした契約であり，A君（またはその法定代理人）は契約を取り消すことができる。

重要！

この契約の当時，A君に法律的な判断能力が十分にあったかどうかは問題ではない。
個々人の能力の有無を個別的に判断するのではなく，“未成年者”という類型に当てはまる者を制限行為能力者として，（一定の要件のもとに）法律行為の取消しを認めた。
➡ これが，行為能力（制限行為能力者）の制度の特徴。

実際のところ，A君は売買契約の意味をしっかり認識できているかもしれない。しかし，それでも，A君は売買契約を取り消すことができる。

重要！

行為能力の制度は，売買契約などの財産的な行為に関して適用されるものであって，婚姻，養子縁組などの身分的な行為については適用されるものではない。
➡ 身分行為については，できる限り本人の意思を尊重する必要がある。

3 未成年者

⑴ 意　義

（成年）
第4条 年齢18歳をもって，成年とする。

18歳をもって成年とされるので，未成年者とは，18歳未満の者をいう（民§4）。
未成年者は，まだ法律的な判断能力が十分ではないといえるので，制限行為能力者とされている。

プラス アルファ

つい最近まで，未成年者は20歳未満の者とされていたが（改正前民§４），平成30年の民法改正によって18歳未満の者とされた。

⑵　未成年者の行為能力

>（未成年者の法律行為）
> **第５条**　未成年者が法律行為をするには，その法定代理人の同意を得なければならない。（後略）
> **２**　前項の規定に反する法律行為は，取り消すことができる。

未成年者が売買契約などの法律行為をするには，その**法定代理人の同意を得なければならない**とされている。

【例】　未成年者のＡが，中古車を買うためには，法定代理人の同意を得ることを要する。

法定代理人→　法の規定によって代理人とされる者。
➡　本人の意思に基づいて代理権が与えられた者は，任意代理人という。

・　未成年者の法定代理人は，**親権者**（**父母**；民§818）または未成年後見人（民§838～841）である。

プラス アルファ

未成年後見人は，未成年者に親権者がない場合等に置かれる（民§838①）。

⑶　法定代理人の同意

法定代理人の同意は，未成年者の行為の前に（遅くとも未成年者の行為と同時に）されていなければならない。
➡　未成年者が行為をした後に法定代理人が同意をした場合は，“追認”（民§122）がされたものとして，未成年者の行為は有効となる。

①　同意は，未成年者に対してしてもいいし，取引の相手方に対してしてもいい。

② 同意の方式は特に定められておらず，黙示でされてもよい（大決昭5.7.21）。

(4) 法定代理人の同意を得ないでした行為の効果

未成年者が，その法定代理人の同意を得ないでした法律行為は，取り消すことができる（民§5Ⅱ）。

理由　未成年者を保護する趣旨である。

【例】 ケーススタディの事例では，未成年者のA君は，親（法定代理人）の同意を得ないで中古車の売買契約をしているので，これを取り消すことができる。

➡ 取消しがされたら，はじめから売買はなかったことになる。

☆ 取消しについての詳しい解説は，第7章参照。

・ 行為をした未成年者自身が取り消すこともできるし，法定代理人が取り消すこともできる（民§120Ⅰ）。

➡ 未成年者が取消しをするにあたっては，法定代理人の同意を得ることを要しない。 H27-4

(5) 法定代理人の同意を要しない行為

未成年者が法律行為をする場合は，その法定代理人の同意を得ることを要するが，未成年者に不利益を及ぼすおそれが少ない次の行為については，法定代理人の同意を得ることなく未成年者が単独ですることができる。

① 単に権利を得，または義務を免れる法律行為（民§5Ⅰただし書）。

➡ 未成年者に不利益が及ぶおそれがないから，法定代理人の同意は不要。

【例】・ 負担のない贈与を受けること H27-4

➡ モノを貰うだけだから，未成年者に不利益はない。

・ 債務の免除を受けること R4-4

➡ 借金をチャラにしてもらうわけだから，未成年者に不利益はない。

【これに該当しない例】

- 負担付きの贈与・遺贈を受けること
- 負担付きの遺贈の放棄
- 相続の単純承認，限定承認，放棄をすること

重要！

債務の弁済を受けること（貸したお金を返してもらうこと）は，未成年者が単独ですることはできない。

➡　債務の弁済を受けると，自己の債権が消滅することになるので，“単に権利を得”る行為とはいえない。

②　法定代理人が目的を定めて処分を許した財産の目的の範囲内での処分（民§５Ⅲ前段）

➡　旅費や学費などの一定の目的を定めて処分を許した財産については，未成年者が単独で処分することができる。

H31-4　③　法定代理人が目的を定めないで処分を許した財産の処分（同Ⅲ後段）

➡　お小遣いで何かモノを買う行為は，未成年者が単独ですることができる。

- 全財産の処分の許可をすることはできない。

➡　制限行為能力者制度の趣旨に反するからである。

R4-4　④　法定代理人が許した営業に関する行為（民§６Ⅰ）

➡　法定代理人から一種または数種の営業を許可された未成年者は，その営業に関しては成年者と同一の行為能力を有するとされている。

- この許可をするには，営業の種類を特定することを要する。
- １個の営業の一部についてだけ許可することはできない。
- 黙示の許可でもよい。

☆　法定代理人の代理権

未成年者の法定代理人は，**未成年者を代理することができる**（民§824，859）。

➡　親は，子を代理して，子のために契約をすることができる。

【例】 親が未成年の子に代わって，子のために中古車を買うことができる。

つまり，未成年者に関する法律行為については，①未成年者がその法定代理人の同意を得て行為をする方法，②法定代理人が未成年者を代理して行為をする方法，がある。

4　成年被後見人

> （後見開始の審判）
> **第7条**　精神上の障害により事理を弁識する能力を欠く常況にある者については，家庭裁判所は，本人，配偶者，4親等内の親族，未成年後見人，未成年後見監督人，保佐人，保佐監督人，補助人，補助監督人又は検察官の請求により，後見開始の審判をすることができる。
> （成年被後見人及び成年後見人）
> **第8条**　後見開始の審判を受けた者は，成年被後見人とし，これに成年後見人を付する。

(1) 意　義

成年被後見人とは，①認知症であったり，重度の精神病を患っているなど，精神上の障害によって事理を弁識する能力（意思能力）を欠く常況にある者であって，②家庭裁判所の後見開始の審判を受けた者をいう（民§7）。

(2) 後見開始の審判の要件

① 実質的要件

精神上の障害により，事理を弁識する能力を欠く常況にあること。

「精神上の障害により，事理を弁識する能力を欠く」とは，意思能力がないことを意味する。

「常況にある」とは，通常の状態において意思能力がないことを意味する。

➡ 一時的に意思能力が回復することがあっても，“常況にある”といってよい。

② 形式的要件

本人，配偶者，4親等内の親族，検察官など一定の者が家庭裁判所に請求することが必要（民§7）。 H25-4

R3-4
H15-4
・　本人も，後見開始の審判の請求をすることができる。
・　家庭裁判所が職権で（誰からの請求もなく）後見開始の審判をすることはできない。

(3)　後見開始の審判の効果

後見開始の審判を受けた者は，成年被後見人とし，保護者として成年後見人が付される（民§８）。

プラスアルファ

成年後見人は，配偶者や子などの親族がなる場合も多いが，弁護士，司法書士等の法律実務家や社会福祉士等がなることもできる。

・　成年後見人は，法人でも構わない。
・　複数の成年後見人を選任することもできる。

成年後見人は，成年被後見人の財産を管理し，かつ，その財産に関する法律行為について被後見人を代理する権限を有する（民§859Ⅰ）。

【例】　成年後見人は，成年被後見人を代理して，成年被後見人のために羽毛布団を購入することができる。

(4)　成年被後見人の法律行為

> （成年被後見人の法律行為）
> **第９条**　成年被後見人の法律行為は，取り消すことができる。ただし，日用品の購入その他日常生活に関する行為については，この限りでない。

①　原　則

H19-6
成年被後見人は，原則として単独では法律行為をすることができず，成年被後見人のした法律行為は取り消すことができる。

理由　成年被後見人は判断能力が十分ではないので，その法律行為を“取り消すことができる”として，（自由競争社会の中で）保護するためである。

重要❗

成年被後見人が，成年後見人の同意を得て法律行為をした場合でも，その行為を取り消すことができる。 H9-1 H5-8

➡ 成年被後見人は，意思能力を欠く常況にあるわけだから，事前に同意を得ていたとしても単独で行動させることは危険といえる。

➡ 成年後見人に「同意権」はない。

【例】 成年被後見人であるAは，成年後見人Bの同意を得て，Xから高級羽毛布団を購入する契約をした。この場合，Aは，高級羽毛布団の売買契約を取り消すことができる。

つまり，成年被後見人に関する法律行為については，常に成年後見人が代理してする必要がある（以下の②の例外はあるが）。 H29-4 H25-4

② 例　外

日用品の購入その他日常生活に関する行為については，成年被後見人が単独で行った場合であっても取り消すことができない（民§9ただし書）。 H25-4

理由　日常生活に関する行為については，成年被後見人の自主性を尊重し，また取引の安全等を考慮して，取り消すことができないとされた。

「日用品の購入」→　毎日の食料等の買い物など
「日常生活に関する行為」→　ガス代の支払いなど

③ 身分行為について

婚姻，離婚等の身分行為については，本人の意思を尊重する必要があるので，成年後見人の同意を要しない（民§738，764）。

(5) 後見開始の審判の取消し

後見開始の審判の原因が消滅したときは，家庭裁判所は，本人，配偶者，4親等内の親族など一定の者の請求によって，後見開始の審判を取り消さなければならない（民§10）。

➡ 意思能力を回復したような場合は，後見開始の審判を取り消す必要がある。

・　取消しは，将来に向かってのみその効力を生ずる。

5　被保佐人

（保佐開始の審判）
第11条　精神上の障害により事理を弁識する能力が著しく不十分である者については，家庭裁判所は，本人，配偶者，４親等内の親族，後見人，後見監督人，補助人，補助監督人又は検察官の請求により，保佐開始の審判をすることができる。（後略）
（被保佐人及び保佐人）
第12条　保佐開始の審判を受けた者は，被保佐人とし，これに保佐人を付する。

⑴　意　義

被保佐人とは，①精神上の障害によって事理を弁識する能力（**意思能力**）**が著しく不十分な者**であって，②家庭裁判所の**保佐開始の審判を受けた者**（民§11本文）をいう。

⑵　保佐開始の審判の要件

①　実質的要件

精神上の障害によって事理を弁識する能力が著しく不十分であるが，その能力を欠く常況にはないこと（民§11本文）。

➡　日常の買い物程度は自分でできるが，不動産の処分などの重要な財産的行為については自分ですることができないような人等をいう。

②　形式的要件

本人，配偶者，４親等内の親族，検察官など一定の者から家庭裁判所に請求することが必要（民§11本文）。

⑶　保佐開始の審判の効果

保佐開始の審判を受けた者は，被保佐人とし，**保護者として保佐人が付される**（民§12）。

・　保佐人は，法人でも構わない。
・　複数の保佐人を選任することもできる。

⑷　被保佐人の行為能力

（保佐人の同意を要する行為等）
第13条　被保佐人が次に掲げる行為をするには，その保佐人の同意を得なければならない。（中略）
一　元本を領収し，又は利用すること。
二　借財又は保証をすること。
三　不動産その他重要な財産に関する権利の得喪を目的とする行為をすること。
四　訴訟行為をすること。
五　贈与，和解又は仲裁合意（中略）をすること。
六　相続の承認若しくは放棄又は遺産の分割をすること。
七　贈与の申込みを拒絶し，遺贈を放棄し，負担付贈与の申込みを承諾し，又は負担付遺贈を承認すること。
八　新築，改築，増築又は大修繕をすること。
九　第602条に定める期間を超える賃貸借をすること。
十　前各号に掲げる行為を制限行為能力者（未成年者，成年被後見人，被保佐人及び第17条第１項の審判を受けた被補助人をいう。以下同じ。）の法定代理人としてすること。

H25-4

被保佐人が，一定の重要な行為（民法13条１項に掲げる行為等）をするためには，保佐人の同意を得ることを要する。

理由　被保佐人は，意思能力に欠けるわけではないので，ある程度の行為は自分でできる。しかし，判断能力が著しく不十分であるので，重要な財産的行為を単独でさせることは危険であり，法で定める一定の行為をする場合には保佐人の同意が必要とされた。

【例】　被保佐人が，自分の所有する建物を売却するためには，保佐人の同意を得ることを要する。

重要！

保佐人の同意を要するのは，民法13条１項に定められた行為等をする場合である。それ以外の行為については，保佐人の同意を得ることなく，被保佐人が単独ですることができる。

プラス アルファ

R3-4
H25-4
民法13条１項に定める行為についても，日用品の購入その他日常生活に関する行為といえるものについては，保佐人の同意は不要である（民§13Ⅰただし書）。

プラス アルファ

家庭裁判所は，一定の者からの請求により，保佐人の同意を必要とする行為を追加することができる（民§13Ⅱ）。

H15-4
・　保佐人の同意を要する行為について，被保佐人の利益を害するおそれがないにもかかわらず保佐人が同意をしないときは，家庭裁判所は被保佐人の請求によって保佐人の同意に代わる許可を与えることができる（民§13Ⅲ）。

(5)　保佐人の同意

①　同意は，被保佐人に対してしてもいいし，取引の相手方に対してしてもいい。

②　同意の方式は特に定められておらず，黙示でされてもよい。

③　被保佐人が保佐人の同意を得ることなく行為をした後に，保佐人がこれを追認することができる（民§122）。

(6)　保佐人の同意を得ないでした行為の効果

（保佐人の同意を要する行為等）
第13条
4　保佐人の同意を得なければならない行為であって，その同意又はこれに代わる許可を得ないでしたものは，取り消すことができる。

保佐人の同意が必要な行為について，保佐人の同意を得ないで被保佐人が行為をした場合には，**その行為を取り消すことができる。**

理由　被保佐人を保護する趣旨である。

・　行為をした被保佐人自身が取り消すこともできるし，保佐人が取り消すこともできる（民§120Ⅰ）。

⑺　保佐人の代理権

（保佐人に代理権を付与する旨の審判）
第876条の4　家庭裁判所は，第11条本文に規定する者又は保佐人若しくは保佐監督人の請求によって，被保佐人のために特定の法律行為について保佐人に代理権を付与する旨の審判をすることができる。
2　本人以外の者の請求によって前項の審判をするには，本人の同意がなければならない。

重要！

保佐人は，被保佐人の財産に関する法律行為について当然に代理権を有するわけではない。 H29-4

➡　保佐人の基本的な役割は，被保佐人が一定の重要な行為をする場合に同意を与えること。

ただし，一定の者からの請求があったときは，家庭裁判所は，被保佐人に関する特定の法律行為について，保佐人に代理権を与えることができる。 H25-4 H15-4

➡　あくまで，審判で定められた特定の法律行為に関する代理権である。被保佐人の法律行為全般について代理できるわけではない。

【例】　不動産その他の重要な財産の売買については保佐人に代理権を与える。

・　本人以外の者の請求によって代理権付与の審判をするには，本人の同意がなければならない（民§876の4Ⅱ）。

➡　本人の自己決定権を尊重する必要があるからである。

プラスアルファ

成年後見人は，当然に成年被後見人の法律行為全般についての代理権がある。

(8) 保佐開始の審判の取消し

保佐開始の審判の原因が消滅したときは，家庭裁判所は，本人，配偶者，4親等内の親族など一定の者の請求によって，保佐開始の審判を取り消さなければならない（民§14Ⅰ）。

6　被補助人

（補助開始の審判）
第15条　精神上の障害により事理を弁識する能力が不十分である者については，家庭裁判所は，本人，配偶者，4親等内の親族，後見人，後見監督人，保佐人，保佐監督人又は検察官の請求により，補助開始の審判をすることができる。（後略）
2　本人以外の者の請求により補助開始の審判をするには，本人の同意がなければならない。
（被補助人及び補助人）
第16条　補助開始の審判を受けた者は，被補助人とし，これに補助人を付する。

(1) 意　義

被補助人とは，①精神上の障害によって事理を弁識する能力（**意思能力**）**が不十分な者**であって，②家庭裁判所の**補助開始の審判を受けた者**（民§15Ⅰ本文）をいう。

(2) 補助開始の審判の要件

① 実質的要件

精神上の障害によって事理を弁識する能力が不十分であるが，その能力を全く欠く程度あるいは著しく不十分という程度に至らないこと（民§15Ⅰ本文）。

➡ 保佐開始の要件よりも程度が軽い場合。

➡ 軽度の認知症や知的障害等。

② 形式的要件

H25-4　(a) 本人，配偶者，4親等内の親族，検察官など一定の者から家庭裁判所に請求することが必要（民§15Ⅰ本文）。

(b) 本人以外の者の請求により補助開始の審判をするには，本人の同意が必要（同Ⅱ）。 H25-4

➡ 補助の制度は，本人が納得する場合に限られるということ。

➡ 本人に判断能力がある程度あるので，他人が強制するのは適当ではない。

重要❗

後見開始の審判，保佐開始の審判においては，本人以外の者からの申立てであっても，本人の同意は不要。

(3) 同意権または代理権付与の審判

補助開始の審判がされても，当然に本人の行為能力が制限されるわけではないし，当然に補助人に何らかの権限が与えられるわけではない。

補助開始の審判とは別に，補助人に同意権を与える審判（民§17Ⅰ）をすることによって本人の行為能力が制限され，また補助人に代理権を与える審判（民§876の９Ⅰ）によって補助人は代理権を取得する。 H25-4

プラスアルファ

後見開始の審判がされた場合は，当然に成年後見人が成年被後見人を代理することになる（成年被後見人がした法律行為は取り消すことができる）し，保佐開始の審判がされたときは，当然に一定の重要な行為について保佐人の同意が必要となる。

補助開始の審判は，補助人に特定の行為についての同意権，または代理権の一方または双方を与える旨の審判とともにしなければならない（民§15Ⅲ）。

重要❗

補助人には，①同意権のみを有する補助人，②代理権のみを有する補助人，③同意権と代理権を有する補助人がある。

(4) 補助開始の審判の効果

補助開始の審判を受けた者は，被補助人とし，保護者として補助人が付される（民§16）。

- 補助人は，法人でも構わない。
- 複数の補助人を選任することもできる。

(5) 被補助人の行為能力

① 補助人の同意を要する行為

> （補助人の同意を要する旨の審判等）
> **第17条** 家庭裁判所は，第15条第１項本文に規定する者又は補助人若しくは補助監督人の請求により，被補助人が特定の法律行為をするにはその補助人の同意を得なければならない旨の審判をすることができる。ただし，その審判によりその同意を得なければならないものとすることができる行為は，第13条第１項に規定する行為の一部に限る。
> **2** 本人以外の者の請求により前項の審判をするには，本人の同意がなければならない。

家庭裁判所は，一定の者の請求により，**被補助人が特定の法律行為をするには補助人の同意を得なければならない旨の審判をすることができる**（民§17Ⅰ本文）。

重要❗

同意を得る必要があるとする行為は，民法13条１項に規定する行為（被保佐人が，保佐人の同意を得なければならない行為）の一部に限られる。

➡ 被補助人は，被保佐人よりも判断能力があることが前提だから。

・　本人以外の者の請求により上記の審判をするには，**本人の同意が必要**である。

➡ 本人の自己決定権を尊重する趣旨である。

② 補助人の同意を得ないでした行為の効力

> （補助人の同意を要する旨の審判等）
> **第17条**
> **4** 補助人の同意を得なければならない行為であって，その同意又はこれに代わる許可を得ないでしたものは，取り消すことができる

補助人の同意が必要な行為について，補助人の同意を得ないで被補助人が行為をした場合には，**その行為を取り消すことができる**。

理由　被補助人を保護する趣旨である。

・　行為をした被補助人自身が取り消すこともできるし，同意権を有する補助人が取り消すこともできる（民§120Ⅰ）。

(6)　補助人の代理権

（補助人に代理権を付与する旨の審判）
第876条の９　家庭裁判所は，第15条第１項本文に規定する者又は補助人若しくは補助監督人の請求によって，被補助人のために特定の法律行為について補助人に代理権を付与する旨の審判をすることができる。
２　第876条の４第２項及び第３項の規定は，前項の審判について準用する。

補助人は，被補助人の財産に関する法律行為について当然に代理権を有するわけではない。

ただし，一定の者からの請求があったときは，家庭裁判所は，被補助人のために特定の法律行為について補助人に代理権を付与する旨の審判をすることができる。 H15-4

重要!

補助人に代理権のみが付与された場合（同意権は付与されていない場合）には，被補助人の行為能力は制限されない。そのため，被補助人は単独で行為をすることができ，被補助人の行為であることを理由に取り消すことはできない。

・　本人以外の者の請求によって代理権付与の審判をするには，本人の同意がなければならない（民§876の９Ⅱ，876の４Ⅱ）。

(7)　補助開始の審判の取消し

①　補助開始の審判の原因が消滅したときは，家庭裁判所は，本人，配偶者，４親等内の親族など一定の者の請求によって，補助開始の審判を取り消さなければならない（民§18Ⅰ）。

②　また，家庭裁判所は，これらの者の請求により，補助人に対する同意権または代理権付与の審判の全部または一部を取り消すことができる（民§18Ⅱ，876の９Ⅱ，876の４Ⅲ）。

重要!

同意権および代理権付与の審判をすべて取り消す場合には，家庭裁判所は，補助開始の審判を取り消さなければならない（民§18Ⅲ）。

➡　代理権，同意権がまったくなければ，被補助人にしておく意味がなくなる。

☆　審判相互の関係

（審判相互の関係）

第19条　後見開始の審判をする場合において，本人が被保佐人又は被補助人であるときは，家庭裁判所は，その本人に係る保佐開始又は補助開始の審判を取り消さなければならない。

2　前項の規定は，保佐開始の審判をする場合において本人が成年被後見人若しくは被補助人であるとき，又は補助開始の審判をする場合において本人が成年被後見人若しくは被保佐人であるときについて準用する。

【例】　保佐開始の審判を受けているAが，意思能力を欠く常況となったので，後見開始の審判を受けることになった。この場合，家庭裁判所は，Aについて後見開始の審判をするためには，Aについての保佐開始の審判を取り消す必要がある。

理由　同一人について，後見制度や保佐制度の重複を避けるためである。

7　制限行為能力者の相手方の保護

制限行為能力者による取り消し得る行為は，取り消されるまでは有効であるが，取り消されると行為の時に遡って無効となる（民§121）。

【例】　未成年者のAは，親権者の同意を得ることなく，Xから中古車を購入する契約をした。

この場合，Aやその親権者から取消しがされなければ，売買契約は有効であるが，取消しがされたら初めから無効であったことになる。

つまり，制限行為能力者と取引をした相手方からすると，その行為が有効となるのか無効となるのかが分からず，大変に不安定な状況に置かれることになる。

そこで，取引の相手方を保護するため，次のような規定が定められた。

① 催告権（民§20）
② 制限行為能力者が詐術を用いた場合の取消権の喪失（民§21）
③ 法定追認（民§125）
④ 取消権の期間制限（民§126）

ここでは，①と②について説明する。

8　制限行為能力者の相手方の催告権（民§20）

制限行為能力者の相手方は，一定の期間を定めて，その期間内に，取り消すことができる行為を追認するかどうかを確答すべき旨の**催告をすることができる**。

そして，その期間内に，制限行為能力者側から「追認する」という確答（返事）があれば，その行為は有効なものとして確定する。反対に，「取り消す」という確答があれば，その行為は初めから無効であったことになる。

上記のように，相手方の催告に対し，制限行為能力者の側から確答があればその通りとなるが，確答をしてくれない場合もある。

この場合，行為が追認されたことになるか，取り消されたことになるのかが問題となる。

➡ 確答がない場合については，民法は，いくつかの場合に分けて，「追認したものとみなす」，「取り消したものとみなす」としている。

重要！

確答がない場合，追認が擬制されるのか取消しが擬制されるのかの区別は重要。

一言でいえば，催告を受けた者が単独で有効に追認をすることができる場合には追認が擬制され，そうでない場合には取消しが擬制される。

もう少し詳しくみていこう。

(1)　行為能力者になった者に対して催告をした場合

（制限行為能力者の相手方の催告権）
第20条　制限行為能力者の相手方は，その制限行為能力者が行為能力者（行為能力の制限を受けない者をいう。以下同じ。）となった後，その者に対し，１

か月以上の期間を定めて，その期間内にその取り消すことができる行為を追認するかどうかを確答すべき旨の催告をすることができる。この場合において，その者がその期間内に確答を発しないときは，その行為を追認したものとみなす。

H4-7

これは，行為をした制限行為能力者が行為能力者になった後に，その者に対して行為を追認するかどうか催告した場合の話。

➡　その者が一定の期間内に確答を発しないときは，その行為を**追認したものとみなされる**。

理由　行為能力者になれば，単独で有効に追認をすることができる。そのような立場の者が何も返事をしないということは，現状のまま効力を確定させようという意思を有していると考えられるので，追認が擬制される。

プラス アルファ

「制限行為能力者が行為能力者となる」とは，未成年者が成年者となった場合，後見開始等の審判が取り消された場合等がある。

【例】　未成年者のAは，親権者の同意を得ることなく，Xから中古車を購入する契約をした。その後，月日がたち，Aは成年者となった。

そして，Xは，成年となったAに対し，中古車の売買について追認するかどうかの返事を2か月以内にしてくれと催告した。

しかし，Aは，2か月以内に何の返事もしなかった。

➡　Aは，中古車の売買を追認したものとみなされる。

重要!

確答を発しない場合に，追認が擬制される（発信主義）。

➡　通常，意思表示は相手に到達することによって効力を生ずるが（到達主義；民§97Ⅰ），民法20条はその例外である。

⑵　行為能力者とならない間に，法定代理人等に対して催告をした場合

（制限行為能力者の相手方の催告権）

第20条

2　制限行為能力者の相手方が，制限行為能力者が行為能力者とならない間に，

その法定代理人，保佐人又は補助人に対し，その権限内の行為について前項に規定する催告をした場合において，これらの者が同項の期間内に確答を発しないときも，同項後段と同様とする。

これは，行為をした制限行為能力者が，行為能力者となっていない間に，その法定代理人等に行為を追認するかどうか催告した場合の話。 H29-4 H23-4

➡　その者が一定の期間内に確答を発しないときは，その行為を追認したものとみなされる。

理由　法定代理人等は，（その権限内の行為について）単独で有効に追認をすることができるので，確答を発しない場合には追認が擬制される。

プラス アルファ

「法定代理人」とは，未成年者の親権者，成年後見人，代理権付与の審判を受けた保佐人等である。

【例】　未成年者のAは，親権者の同意を得ることなく，Xから中古車を購入する契約をした。

そして，Xは，Aの単独親権者であるBに対し，中古車の売買について追認するかどうかの返事を2か月以内にしてくれと催告した。

しかし，Bは，2か月以内に何の返事もしなかった。

➡　中古車の売買を追認したものとみなされる。

(3)　特別の方式を要する場合

（制限行為能力者の相手方の催告権）

第20条

3　特別の方式を要する行為については，前二項の期間内にその方式を具備した旨の通知を発しないときは，その行為を取り消したものとみなす。

「特別の方式を要する」場合とは，後見人が後見監督人の同意を得なければならない行為（民§864）が該当する。

この場合は，催告を受けた後見人が単独で有効に追認をすることができないので（後見監督人の同意が必要），確答を発しない場合は取消しが擬制される。

⑷　行為をした被保佐人，被補助人に対して催告をした場合

（制限行為能力者の相手方の催告権）
第20条
4　制限行為能力者の相手方は，被保佐人又は第17条第１項の審判を受けた被補助人に対しては，第１項の期間内にその保佐人又は補助人の追認を得るべき旨の催告をすることができる。この場合において，その被保佐人又は被補助人がその期間内にその追認を得た旨の通知を発しないときは，その行為を取り消したものとみなす。

これは，行為をした被保佐人，（同意が必要との審判を受けたが同意を得ずに行為をした）被補助人に対して催告をした場合の話。
➡　催告の内容は，「保佐人又は補助人の追認を得るべき」旨。

H29-4　そして，その者が一定の期間内に確答を発しないときは，その行為を**取り消したものとみなされる。**

理由　被保佐人や被補助人は，単独で有効に追認をすることはできない（保佐人又は補助人の同意が必要である）ので，確答を発しない場合には取消しが擬制される。

【例】　被保佐人のＡは，保佐人の同意を得ることなく，自分の所有する不動産をＸに売却する契約をした。
そして，Ｘは，Ａに対し，２か月の期間を定めて，不動産の売買について保佐人の追認を得るべき旨の催告をした。
しかし，Ａは，２か月以内に何の返事もしなかった。
➡　不動産の売買を取り消したものとみなされる。

重要！

H2-14　未成年者または成年被後見人に対して催告をしても何の効力も生じない。
➡　未成年者や成年被後見人には，意思表示の受領能力がないからである（民§98の２）。

だから，仮に未成年者に対して催告をして，一定の期間内に確答を発しない場合でも，追認あるいは取消しが擬制されることはない。

☆　まとめ

<table>
<tr><th></th><th colspan="2">催告の相手方</th><th>効　果</th></tr>
<tr><td>制限行為能力者が行為能力者となった後に催告する場合</td><td colspan="2">本　人</td><td>追認の擬制（民§20Ⅰ）</td></tr>
<tr><td rowspan="4">制限行為能力者が行為能力者にならない間に催告する場合</td><td rowspan="2">保護者</td><td rowspan="2">・法定代理人
・保佐人
・補助人</td><td>追認の擬制（民§20Ⅱ）</td></tr>
<tr><td>特別の方式を要する行為の場合は取消しの擬制（民§20Ⅲ）</td></tr>
<tr><td rowspan="2">本　人</td><td>・未成年者
・成年被後見人</td><td>催告は無効，何らの効果も生じない（民§98の２本文）
＊受領能力なし</td></tr>
<tr><td>・被保佐人
・同意権付与の審判を受けた被補助人</td><td>取消しの擬制（民§20Ⅳ）</td></tr>
</table>

9　制限行為能力者の詐術

（制限行為能力者の詐術）

第21条　制限行為能力者が行為能力者であることを信じさせるため詐術を用いたときは，その行為を取り消すことができない。

(1)　意　義

制限行為能力者が，詐術（詐欺的な行為）を用いて，相手方に自分が行為 H29-4
能力者であると信じさせようとしたときは，**その行為を取り消すことができない。** H9-1

そんなことをする奴を，制限行為能力者制度によって保護する必要はない。

⑵ 行為能力者であると信じさせるための詐術

① （自分が行為能力者であると信じさせるため）自分が行為能力者であると偽った場合。

② （自分が制限行為能力者であることは認めるが）法定代理人などの適法な同意を得たと信じさせた場合（大判明37.6.16）。

重要！

「詐術」とは，偽造の戸籍や偽造の同意書を用いるなど，原則として積極的なものでなければならない（大判大5.12.6）。したがって，自分が制限行為能力者であることを単に黙秘しているだけでは，詐術には該当しない。

H23-4 ➡ ただし，制限行為能力者であることを黙秘していた場合で，それが制限行為能力者の他の言動とあいまって相手方を誤信させ，または，誤信を強めたと認められる場合には，詐術があったものとみなされる（最判昭44.2.13）。

H2-14 ③ 詐術は，制限行為能力者自身が行ったものであることが必要である。

➡ 第三者の詐術によって取引の相手方が誤信した場合は，その行為を取り消すことができる。

④ 詐術と相手方の誤信との間には因果関係があることを要する（大判昭2.5.24）。

⑶ 効　果

制限行為能力者は，**取消権を失い，完全に有効な法律行為となる。**

➡ 制限行為能力者本人だけでなく，その法定代理人，保佐人および補助人も，その行為を取り消すことができなくなる。

第3節　住　所

Topics・試験にはまず出題されない。概念だけ押さえておけば足りる。

1　住　所

(1)　意　義

住所とは，生活の本拠である（民§22）。

➡　「生活の本拠」とは，人の生活関係の中心となる場所をいう。

住所は“生活の本拠”であり，実質的な生活関係に基づいて認定される（実質主義）。必ずしも，住民登録地がその人の住所というわけではない。

プラスアルファ

「住所」と「本籍地」は関係ない。

➡　「本籍地」とは，戸籍の所在場所であって，住所とは別概念である。

(2)　「住所」を基準とした法律関係

民法上，法律関係を規定するのに住所を基準としている場合がある。

①　不在者，失踪者の認定（民§25，30）

②　債務の履行の場所（民§484）

➡　AがXから借りたお金を返す場合，債権者Xの住所において返す必要がある。

③　相続の開始地（民§883）

プラスアルファ

訴訟を起こす場合も，住所が基準となる（民訴§４Ⅱ）。

2　居　所

「居所」とは，人が多少の期間は居住しているが，その土地との関わり具合が“生活の本拠”とまではいえない程度の場所をいう。

・　住所が知れない場合には，居所が住所とみなされる（民§23Ⅰ）。

・　日本人であると外国人であるとを問わず，日本に住所を有しない者は，日本における居所がその者の住所とみなされる（同Ⅱ）。

第4節　不在者

Topics・そんなに出題可能性は高くないが，不在者の財産管理については理解しておくこと。
・財産管理人の権限は，（他の分野でも）重要。

1　意　義

不在者とは，**従来の住所または居所を去って，すぐにそこに帰ってくる見込みがない者**をいう。

不在の状態が続くと，その者がほったらかしにした財産を管理する必要が生じたり，その者に対して利害の関係を有する者（債権者など）が適切な対応をとれないといった事態が生じ得る。

そのため，民法では，不在者の財産の管理に関する規定が設けられた。

➡　公益的な意味もあるので，国家が積極的に関与する。

2　不在者の財産の管理

（不在者の財産の管理）
第25条　従来の住所又は居所を去った者（以下「不在者」という。）がその財産の管理人（以下この節において単に「管理人」という。）を置かなかったときは，家庭裁判所は，利害関係人又は検察官の請求により，その財産の管理について必要な処分を命ずることができる。（後略）

「財産の管理について必要な処分」とは，**財産の管理人を選任すること**等である。

➡　この管理人を，**不在者の財産管理人**という。

・　不在者本人が，自分の財産の管理人を置いている場合には，その者が不在者の財産の管理等をすることができ，国家が干渉する必要はない。

しかし，本人の不在中にその管理人の権限が消滅した場合には，家庭裁判所が財産の管理人を選任することができる（民§25Ⅰ後段）。

3　不在者の財産管理人の権限

(1)　不在者の財産管理人の地位

家庭裁判所の選任した不在者の財産管理人は，（対外的には）不在者の法定代理人と解されている。

そして，不在者と不在者の財産管理人の関係は，委任の規定が適用される(民§644等)。

(2) 不在者の財産管理人の権限

（管理人の権限）

第28条　管理人は，第103条に規定する権限を超える行為を必要とするときは，家庭裁判所の許可を得て，その行為をすることができる。（後略）

【参考】

（権限の定めのない代理人の権限）

第103条　権限の定めのない代理人は，次に掲げる行為のみをする権限を有する。

一　保存行為

二　代理の目的である物又は権利の性質を変えない範囲内において，その利用又は改良を目的とする行為

通常，権限の定めのない代理人は，民法103条に規定する行為（保存行為や物の性質を変えない範囲内での利用・改良行為)のみをすることができる。

しかし，不在者の財産の管理においては，不在者の財産の売却などの処分行為をする必要も出てくるので，家庭裁判所の許可を得た上で，民法103条に定められた範囲を超える行為をすることができるとされた。 H22-4

➡　さすがに勝手に処分することはできない。

用語説明

保存行為→　財産の現状を維持するための行為。

➡　家屋を修繕するなど。

重要!

不在者の財産管理人は，不在者の財産について保存行為や性質を変えない範囲内での利用・改良行為は当然にできる（家庭裁判所の許可は不要)。また，家庭裁判所の許可を得れば，これらの権限を超える行為をすることができる。 R2-4

第5節　失踪宣告

Topics　**・過去数回出題されているが，出題可能性としては低い。**
・要件と効果をしっかりと把握しておくこと。

ケーススタディ

甲野太郎さんは，花子さんと結婚し，子の一郎君がいる。そして，マイホームを建てて平穏に暮らしていたが，10年前に家を飛び出し，その所在が分からない。

残された家族や財産はどうなるのだろうか。

（失踪の宣告）

第30条　不在者の生死が７年間明らかでないときは，家庭裁判所は，利害関係人の請求により，失踪の宣告をすることができる。

２　戦地に臨んだ者，沈没した船舶の中に在った者その他死亡の原因となるべき危難に遭遇した者の生死が，それぞれ，戦争が止んだ後，船舶が沈没した後又はその他の危難が去った後１年間明らかでないときも，前項と同様とする。

1　失踪宣告の意義

失踪宣告とは，不在者の生死が明らかでない状態が一定期間継続した場合に，その者を死亡したとみなすことにより，従来の住所を中心とする法律関係を確定させる制度である。

失踪には，**普通失踪**と**特別失踪**がある。

⑴　普通失踪

一般的な生死不明の状態をいう。

➡　ケーススタディの甲野太郎さんは，普通失踪に当たる。

⑵　特別失踪

戦争に行った，乗っていた船が沈没した，飛行機が墜落したといったように，死亡している蓋然性が高いような状態をいう。

2 要 件

次の要件を満たすときは，家庭裁判所は失踪宣告をすることができる。

(1) 実質的要件

不在者の生死不明の状態が，一定の期間継続すること。

① 普通失踪の場合

不在者の生存を証明できる最後の時から**7年間**（民§30Ⅰ）

➡ 最後に見た日，あるいは最後に電話で話した日など。

② 特別失踪の場合

戦争が止んだ後，船舶が沈没した後，飛行機が墜落した後またはその他の危難が去った時から**1年間**（同Ⅱ）

(2) 形式的要件

利害関係人の請求があること（民§30）。

➡ 利害関係人とは，配偶者，法定相続人，親権者など。

プラス アルファ

検察官は，失踪宣告の請求をすることはできない。 R2-4

➡ 家族は，夫が帰ってくると信じて待っているのに，検察官が勝手に請求して，夫が死亡したものとみなされてしまうのは，冷酷。

3 失踪宣告の効果

（失踪の宣告の効力）

第31条 前条第1項の規定により失踪の宣告を受けた者は同項の期間が満了した時に，同条第2項の規定により失踪の宣告を受けた者はその危難が去った時に，死亡したものとみなす。

(1) 効 果

失踪の宣告を受けた者は，**死亡したものとみなされる**（民§31）。

プラス アルファ

死亡したものとみなされるので，仮にその者が生きていることが証明されても，それによって直ちに死亡の効果が覆されることはない。

➡　失踪宣告の取消し（民§32）がされないと，死亡の効果は覆せない。

①　財産関係

死亡したものとみなされるので，**相続が開始する**（民§882）。

【例】　ケーススタディの事例では，失踪の宣告がされたときは，夫の太郎さんが死亡したものとみなされるので，相続が開始し，配偶者の花子さんと子の一郎君が相続する。

➡　太郎さんの家や車などの財産は，この２人に承継される。

②　身分関係

婚姻中の者が失踪宣告を受けた場合には，婚姻関係は当然に解消される。

【例】　ケーススタディの事例では，夫の太郎さんが失踪宣告を受けたことによって，太郎さんと花子さんの婚姻関係は当然に解消される。

➡　花子さんは，別の人と再婚することができる。

重要!

H22-4　**失踪宣告を受けた者は，当然に権利能力を失うというわけではない。**

理由　失踪宣告の制度は，失踪した者がかつて生活していた場所を中心として，法律関係を処理（婚姻の解消や財産の相続）するため，法律上死亡したものとみなすというもの。

その者が，「今までの生活が何もかも嫌になったので新たな場所で心機一転頑張ろう」と別の場所で活動している場合には（かなり身勝手ではあるが），権利能力を有する者として活動をすることができる。

(2)　死亡したものとみなされる時期

①　普通失踪の場合

R2-4
H14-1
不在者の生存を証明できる最後の時から**７年の期間が満了した時**

②　特別失踪の場合

危難が去った時

➡　特別失踪の場合は，１年経った時ではなく，沈没した時や墜落した時（危難が去った時）に死亡した可能性が高いといえるから。

4　失踪宣告の取消し

（失踪の宣告の取消し）
第32条　失踪者が生存すること又は前条に規定する時と異なる時に死亡したことの証明があったときは，家庭裁判所は，本人又は利害関係人の請求により，失踪の宣告を取り消さなければならない。この場合において，その取消しは，失踪の宣告後その取消し前に善意でした行為の効力に影響を及ぼさない。
2　失踪の宣告によって財産を得た者は，その取消しによって権利を失う。ただし，現に利益を受けている限度においてのみ，その財産を返還する義務を負う。

(1)　意　義

次の要件を満たすときは，家庭裁判所は，**失踪の宣告を取り消さなければならない**（民§32 I 前段）。

①　実質的要件
・　失踪の宣告を受けた者が生存することが証明されたこと
・　失踪の宣告によって死亡したものとみなされた時と異なる時に死亡したことの証明があること　H14-1

②　形式的要件
本人または利害関係人の請求があること

(2)　効　果

失踪の宣告が取り消されると，初めから失踪の宣告がなかったのと同様の効果を生ずる。
➡　ずーっと生きていたことになる。

したがって，婚姻は解消されなかったことになるし，相続も開始しなかったことになる。

【例】　ケーススタディの事例で，失踪の宣告が取り消されたときは，太郎さんと花子さんは婚姻したままの状態ということになり，また花子さんや一郎君が相続した財産は，太郎さんに返還する必要がある。

しかし，これを厳格に貫くと，失踪宣告を信じた者に思わぬ損害が生ずることがある。

そこで，民法は，２つの例外規定を設けた。

① 善意でした行為の効力の維持（以下の(3)）
② 返還すべき財産の範囲（以下の(4)）

(3) 善意でした行為の効力の維持

失踪の宣告後，取消し前に善意でした行為の効力は，取消しによって影響を受けない（民§32Ⅰ後段）。

用語説明

善意→ 法律上，善意とは「**知らない**」ということ。
➡ “良い心”といった意味ではない。
➡ つまり，本条項においては，「失踪者が生存しているとは知らなかった」，または「宣告とは異なる時期に死亡したということを知らなかった」ということ。

悪意→ 法律上，悪意とは「**知っていた**」ということ。
➡ 本条項においては，「失踪者が実は生存していることを知っていた」，または「宣告とは異なる時期に死亡したということを知っていた」ということ。

R2-4
H22-4
H18-5

・ その行為が売買などの契約である場合には，契約当時において，当事者の双方が善意でなければならない（大判昭13.2.7）。

【例】 ケーススタディの事例で，（失踪宣告により）太郎の所有していた自動車を相続した一郎は，その自動車を友人の乙川誠に30万円で売った。

そして，この後に（太郎が生きていたため）太郎の失踪宣告が取り消された。

➡ 自動車の売買契約をした当時，甲野一郎と乙川誠の双方が善意であった場合（２人とも，甲野太郎が生きていたということを知らなかった場合）は，この売買は影響を受けず，乙川誠は自動車を取得する。

仮に，甲野一郎か乙川誠のどちらか一方でも，“実は甲野太郎が生きているということを知っていた”場合（悪意の場合）には，売買は失効し，乙川誠は甲野太郎に自動車を返還する必要がある（反対説もある）。

・　失踪宣告を受けた者の配偶者が再婚をした後に，失踪宣告が取り消された場合，再婚当事者の双方が善意であれば，前婚は復活しない。

【例】　ケーススタディの事例で，（失踪宣告により）太郎との婚姻が解消された花子は，乙川誠と再婚した。

そして，この後に太郎の失踪宣告が取り消された。

➡　再婚をした当時，甲野花子と乙川誠の双方が善意であった場合は，甲野花子と乙川誠の婚姻のみが有効で，甲野太郎と花子の婚姻は復活しない。

一方，再婚の当時，当事者の一方または双方が悪意であった場合は，前婚（甲野太郎と花子の婚姻）が復活し，後婚（甲野花子と乙川誠の婚姻）は重婚となり，後婚は取り消すことができるものとなる（民§744，732），といった説などがある。

(4)　返還すべき財産の範囲

失踪宣告が取り消された場合，失踪宣告により財産を得た者は，その取得した財産を返還しなければならない。

ただし，返還すべき財産については，**現に利益を受けている限度（現存利益）においてのみ**返還すれば足りるとされている（民§32Ⅱ）。 H22-4 H18-5

“現に利益を受けている限度”で返還するとは，受けた利益がそのままの形で，または形を変えて残っている場合は，その限度で返還すればいいということである。

理由　すべて返還しなければならないとすると，失踪宣告を信じて財産を取得した者に酷となるからである。

たとえば，失踪宣告により生命保険金を受け取ったものとして，

①　その保険金を使わずに大事にタンスにしまっていた。

➡　その全額を返還する。

H18-5　② その保険金を元手にギャンブルをして，スッてしまった（遊興費として使った）。

➡ 利益は現存していないので，返還することを要しない。

H18-5　③ その保険金を**生活費として使った。**

➡ 利益が現存しているとして，**その分を返還する必要がある。**

生活費は，本来，自分の財布から出すべきものであり，保険金を生活費に充てたことによって“必要な出費を免れた”という利益が現存している（利益は形を変えて残っている）と考えることができる。

☆ 一般の感情からいうとちょっと納得いかないかもしれないが，このような扱いとされている。

重要❗

この“現存利益の返還”という考え方は，制限行為能力者の取消し（民§121Ⅲ）や不当利得の返還（民§703）でも出てくる。

第6節　同時死亡の推定

Topics・相続の分野を理解するうえで必要な知識なので，要件・効果をしっかりと理解しておくこと。

ケーススタディ

Ａ一家は家族で旅行に出かけたが，飛行機事故に遭い，Ａと長男のＣが死亡してしまった。厳密には，ＡとＣのどちらが先に死亡したかは明らかではない。

子は父を相続することができるか？

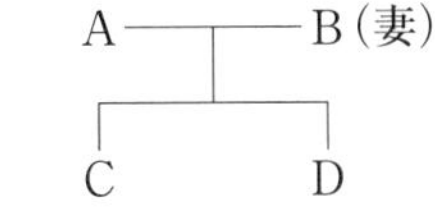

＊　Ｃに子はいないものとする。

1　前提の話

人が死亡したときは，相続が開始する（民§882）。

死亡した者（「**被相続人**」という）に配偶者と子がいる場合，その配偶者と子が相続人となり（民§887Ⅰ，890），被相続人の権利や義務を承継する（民§896）。

ケーススタディの事例で，仮にＡが午前10時ジャストに死亡し，Ｃはその後の午前10時２分に死亡した場合には，Ａが死亡した時点でＣは生きていたので（直後に死亡したが），Ａの相続人はＢ，Ｃ，Ｄとなる。

➡　Ａの相続財産についてＢが４分の２の割合，ＣとＤがそれぞれ４分の１の割合で取得する（民§900）。

一方，Ｃが午前10時ジャストに死亡して，Ａはその後の午前10時２分に死亡した場合は，Ａが死亡した時点で既にＣは死亡しているので，ＣはＡの相続人とはならず，Ａの相続人はＢ，Ｄとなる。

➡　Ａの相続財産についてＢとＤがそれぞれ２分の１の割合で取得する。

このように，複数の者が死亡した場合，どちらが先に死亡したかによって，相続関係が大きく変わる。

しかも厄介なことに，どちらが先に死亡したのかの認定が困難な場合も多い。このように，複数の者の死亡の先後が明らかでない場合，どのように決着をつければいいのか？

➡ 民法では，**“同時死亡の推定”**という規定を設けた。

2　同時死亡の推定の意義

> **第32条の2**　数人の者が死亡した場合において，そのうちの１人が他の者の死亡後になお生存していたことが明らかでないときは，これらの者は，同時に死亡したものと推定する。

数人の者が死亡した場合で，そのうちの１人が他の者の死亡後になお生存していたことが明らかでないとき，つまり**どちらが先に死亡したのか明らかでないときは**，これらの者は**同時に死亡したものと推定される**。

【例】 ケーススタディの事例では，ＡとＣは同時に死亡したものと推定される。

・ 「推定」であるから，反証を挙げればこの推定は覆される。

・ 複数の者が同一の事故（危難）で死亡したものである必要はない。まったく別の場所で死亡した場合で，その先後が不明なときも同時死亡が推定される。

3　効　果

数人の者が同時に死亡したものと推定されるということは，この数人の者の間では相続は開始しないということ。

【例】 ケーススタディの事例では，ＣはＡの相続人とならないし，またＡはＣの相続人とはならない。

プラス アルファ

仮に，Ｃに子のＥがいる場合は，ＥがＣを代襲してＡの相続人となる（代襲相続；民§887Ⅱ）。

→ 代襲相続は，相続編で詳しく説明する。

第３章
物

Topics ・直接の出題可能性は低いが，物権，債権などの基礎となる知識なので，しっかりと理解しておくこと。

前章までは，権利の主体（人）について解説してきた。
本章は，権利の客体の話である。

権利の客体は，いくつかに分けることができる。
物権の客体は「物」である。債権の客体は「債務者の行為」である。

本章では，「物」について解説する。

1　物の意義

> （定義）
> **第85条**　この法律において「物」とは，有体物をいう。

有体物とは，固体，液体，気体のような有形的存在を意味する。

2　物の分類

物は，いくつかの観点から分類をすることができる。このうち，「不動産と動産」，「主物と従物」，「元物と果実」という分類については，民法で規定されているが，その他にも以下のような分類がある。

(1)　可分物と不可分物

可分物→　その性質や価値を著しく損なわないで分割できる物
➡　土地，金銭等

不可分物→　上記のような分割ができない物
➡　自動車等

⑵　特定物と不特定物

特定物→　当事者が，その物の個性に着目し，他の物をもって代えることができない物。「これしかない！」という物。

➡　中古車。野球の〇〇選手が第１号ホームランを打ったときのバット。

プラスアルファ

野球のバットは世の中に何万本もあるが，〇〇選手が第１号ホームランを打ったバットは世の中に１本しかない。まさに「その物の個性に着目し，他の物をもって代えることができない物」といえる。

不特定物→　同種の他の物をもって代えることができる物

➡　新車。新品の野球のバット。

プラスアルファ

同じメーカーの同じ型の新品の野球のバットは，小売店に行けば何本も置いてある。買う側にとっては，その中のどれか１本が手に入ればよい。「この１本しかない！」というものではない。

3　不動産と動産

（不動産及び動産）
第86条　土地及びその定着物は，不動産とする。
2　不動産以外の物は，すべて動産とする。

⑴　不動産

不動産とは，土地およびその定着物をいう（民§86Ⅰ）。

①　土　地

土地はだだっ広いものであり，たとえば日本の本州で１個の土地ともいえるが，人為的に細かく区分されている。

区分された１つの区画を「１筆」という。１筆の土地について１つの登記記録が設けられる（不登§２⑤）。

1番3	1番4
公　道	
2番	3番

➡ 1番3，1番4，2番，3番は，それぞれ1筆の土地である。

プラスアルファ

通常は，1筆単位で土地の売買がされるが，1筆の土地の一部（1番3の土地の東側の一部30㎡）を取引の対象とすることもできる。

② 土地の定着物

土地の定着物とは，土地に継続的に付着し，かつその土地に永続的に付着した状態において使用されることがその物の取引上の性質であるものをいう（最判昭37.3.29）。

建物や樹木などがこれに該当する。

③ 定着物の態様

土地の定着物も，いくつかに分類することができる。

㋐ 土地の一部となり，**独立の不動産とは認められないもの**

【例】 石垣，（取外しの困難な）庭石，くつぬぎ石，一般的な立木

➡ 土地にがっちりと固着された石垣などは，独立の不動産とはいえず，土地の一部といえる。取引上も，土地が譲渡されたときは石垣等も土地に従って譲渡されたことになる。

㋑ 土地とは**独立した不動産といえるもの**

【例】 **建物**，立木法による登記がされた立木

➡ 建物は，土地から独立した不動産。取引上も，土地と建物を別々に譲渡することができる。

プラスアルファ

建物とは，屋根および周壁またはこれらに類するものを有し（雨風がしのげる），土地に定着した建造物であって，その目的とする用途に供し得る状態（住もうと思ったら住める状態）にあるもの（不登規§111）。

☆（立木法の登記をしていない）樹木について

樹木は，基本的に土地の構成部分（土地の一部）であり，土地の所有権と一体となるもの。

➡ 特別の合意をしなければ，土地に抵当権を設定したときは，立木にも抵当権の効力が及ぶ（民§370）。

しかし，土地とは別個の物として取引をすることもあり，この場合には明認方法をしておけば，立木のみの処分を第三者に対抗することができる（大判大5.3.11）。

用語説明

明認方法→　立木の所有者の氏名を書いた標木（木で作った立て看板）を立てたり，あるいは立木の樹皮を削って所有者の氏名を書いておくこと。

(2) 動　産

不動産以外の物は，すべて動産である（民§86Ⅱ）。

【例】 テレビ，自動車，書籍など

プラスアルファ

自動車も動産であるが，自動車には登録制度があるので，一般の動産とは少し扱いが異なる場合もある。

・ 貨幣（金銭）について

貨幣は動産の一種ではあるが，貨幣という物（円形の物体や紙）に意味があるのではなく，貨幣によって他の物と交換することができる（100円を出せばガムが買える）ということに意味がある。

➡ “物”ではなく“価値”に意味がある。

そのため，通常の動産とは扱いが異なる場面がある。

➡ 即時取得（民§192）の適用はない（最判昭39.1.24）。

参考　不動産と動産の比較

	不動産	動　産
公示方法	登記（民§177）	引渡し（民§178）
公信力	なし	あり（即時取得；民§192）
無主物先占	認められない（国庫に帰属；民§239Ⅱ）	認められる（先占者が取得；民§239Ⅰ）

4　主物と従物

(1)　主物・従物の意義

（主物及び従物）
第87条　物の所有者が，その物の常用に供するため，自己の所有に属する他の物をこれに附属させたときは，その附属させた物を従物とする。

従物とは，「家屋」と「畳」の関係などのように，**独立の物でありながら客観的には他の物（主物）に従属してその効用を高めるものをいう。**

➡　上記の例では，「建物」が主物で，「畳」が従物。

【他の例】　母屋と物置，カバンと鍵

プラス アルファ

独立した2個の物の間に社会的，経済的な主従の関係がある場合には，その両者について法律的運命も同じくする制度。

(2)　従物となるための要件

① 主物の常用に供せられていること
② 特定の主物に付属すると認められる程度の場所的関係にあること
③ 主物から独立した物であること
④ 主物と同一の所有者に属すること（大判昭10.2.20）

①　主物の常用に供せられていること

➡　主物の経済的な効用を継続的に助けるような物

② 特定の主物に付属すると認められる程度の場所的関係にあること

➡ 場所的に主物とあまり離れていてはいけない。

③ 主物から独立した物であること

➡ 主物の構成部分となっているものは主物の一部であって，従物とはならない。主物・従物とは，２個の独立した物の間に主従の関係がある場合の制度。

【例】 **土地に置かれた石灯籠や（取外しが容易な）庭石は，独立した物であって土地の従物といえる。**

一方，庭に敷かれた砂利などは，土地の構成部分（土地の一部）となっていると考えられ，従物ではない。

④ **主物と同一の所有者に属すること**

従物は，主物に従うものである（法律的運命を同じくするものである）。そのため，第三者の所有する物を従物として，主物に従わせるとすると，第三者の権利を不当に害することになる。

したがって，従物となるためには，主物と所有者が同一であることが要求されている。

(3) 効　果

（主物及び従物）
第87条
２ 従物は，主物の処分に従う。

「処分」とは，広く主物に関する権利義務を変動させる法律行為を意味する。売買，賃貸借などの債権行為，所有権の譲渡，地上権の設定などの物権行為の双方を含む。

【例】 **家屋の売買契約がされたら，当然に家屋内の畳にもその売買の効力が及ぶ**（畳も買主のものとなる）。

➡ 建物の売買契約の他に，畳の売買契約をする必要はない。

【例】 ガソリンスタンドの店舗建物に抵当権を設定したら，その店舗の地下タンクにも抵当権の効力が及ぶ（最判平2.4.19）。

➡ 地下タンクは店舗建物の従物といえる。

・ 当事者間で別段の定めをすることは可能。
➡ 主物と切り離して，従物だけを処分することも可。

(4) 従たる権利

主物・従物の関係は，「物」についてだけでなく，「権利」についても生じ得る。

【例】 Aの所有する土地にBが賃借権（借地権）の設定を受け，Bが建物を建てた。そして，Bはこの建物をCに譲渡した。
➡ 建物だけでなく，借地権もCに譲渡されたことになる（最判昭47.3.9）。
➡ この場合の借地権は，「従たる権利」といえる。

【例】 利息付きの債権が譲渡されたら，その譲渡の効力は利息債権についても及ぶ（大判大10.11.15）。

5 元物と果実

(1) 果実とは

果実とは，物から生じる経済的な収益をいう。
➡ 果実を生み出すものを“元物”という。

そして，果実には２つの種類がある。

> （天然果実及び法定果実）
> **第88条** 物の用法に従い収取する産出物を天然果実とする。
> **2** 物の使用の対価として受けるべき金銭その他の物を法定果実とする。

① 天然果実→ まさに天然の果実。果樹から取れる果実（ミカンなど）。

【例】 牛の乳。鉱山からとれる鉱物（石炭など）。

② 法定果実→ ある物を使用させ，その対価として受け取る金銭等。

【例】 家屋の使用の対価である家賃。元本から発生する利息。

(2) 果実の帰属

（果実の帰属）

第89条　天然果実は，その元物から分離する時に，これを収取する権利を有する者に帰属する。

2　法定果実は，これを収取する権利の存続期間に応じて，日割計算によりこれを取得する。

① 天然果実

ミカンなどを収穫する時に，これを収取する権利を有する者に帰属する。

② 法定果実

家屋を賃貸している間に，家屋の所有者が変わった場合は，家賃は日割り計算をして前の所有者と後の所有者で分ける。

理由　ミカンなどの天然果実は１回収穫するだけなので，その収穫の時（ミカンを木からもぎ取った時，牛の乳を搾った時）の権利者が取得する。

一方，法定果実は，一定期間の使用の対価という意味があるので，家賃が支払われる時の所有者にすべて帰属するのではなく，所有している期間に応じた日割り計算で分配する。

第４章
法律行為

Topics ・この章は，初学者の方にとっては少し分かりにくいかもしれない。しかし，契約等の具体的な話を考える上で是非とも知っておかなければならない事項なので，何とか頑張っていただきたい。

ケーススタディ

ＡとＢは，Ａの所有する自動車をＢに100万円で売る契約をした。
この契約によって，どのような法律的な効果が生ずるか。

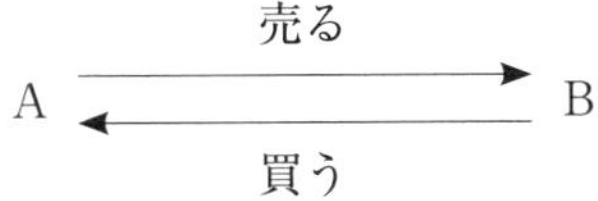

1　法律効果，法律要件，法律事実

売買契約がされると，その物の所有権は売主から買主に移転する（買主が所有者となる）。

また，買主は売主に対して「物を引き渡してくれ」と請求することができ，反対に売主は買主に対して「代金を払ってくれ」と請求することができる。

少し言いかえると，

売買契約という要件（**法律要件**）が整えば，引渡しを請求できる・代金を請求できるという効果（**法律効果**）が発生する。

そして，売買という法律要件をもう少し分解すると

（売買）
第555条　売買は，当事者の一方がある財産権を相手方に移転することを約し，相手方がこれに対してその代金を支払うことを約することによって，その効力を生ずる。

売主の「財産権を相手方に移転することを約した」という事実（法律事実）
買主の「その代金を支払うことを約した」という事実（法律事実）
➡ この両者の意思表示が合致することによって売買の効力が生ずる。

プラス アルファ

法律効果を発生させる法律要件は，売買などの契約が一般的であるが，それに限られるわけではない。

【例】 人が死亡したら，その相続人が被相続人の権利義務を承継する。
➡ "人の死亡"という事実によって，権利義務の承継という効果が発生する。

【例】 うっかりして他人のパソコンを壊してしまったら，損害の賠償をしなければならない。
➡ "不注意で壊した"という事実によって，損害賠償請求権が発生する。

2　法律行為

法律行為とは，意思表示を要素とし，人が一定の法律効果を発生させようとしてなす行為。
➡ 意思表示という法律事実から構成される法律要件。

売買，贈与，賃貸借などの契約がその典型である。

【例】 売買契約は，売主の"財産権を相手方に移転する（売る）"という意思表示と，買主の"その代金を支払う（買う）"という意思表示が要素である。そして，売主については"代金の支払いの請求"，買主については"物の引渡しの請求"という法律効果を発生させるための行為である。

重要！

法律要件には，相続や不法行為など，当事者の意思表示を要件としないものもあるが，契約などの当事者の意思表示に基づく法律行為が最も重要。

3　法律行為の分類

法律行為は，いくつかの分類をすることができるが，その中でも重要なのが，単独行為，契約，合同行為の区別である。

⑴　単独行為

行為者１人の意思表示のみで成立する法律行為。

単独行為はさらに，相手方のある単独行為と，相手方のない単独行為に分けることができる。

・　相手方のある単独行為→　債務の免除，取消しや解除など
・　相手方のない単独行為→　遺言など

⑵　契　約

２個以上の意思表示の合致によって成立する法律行為。

売買や贈与などの契約である。

【例】　売買契約は，“この自転車を１万円で売ります”という意思表示と，“はい。買います”という２つの意思表示の合致によって成立する。

⑶　合同行為

同じ方向を向いた２個以上の意思表示が集中することによって成立する法律行為。

【例】　社団法人の設立行為など

４　法律行為の有効要件

ケーススタディー１

Ａ子さんは，婚約関係にあるＢ男君に，「私たちの未来を見たいから，タイムマシンで30年後に連れて行って」とお願いし，Ｂ男君は，「分かった。僕が連れていくよ」とこれを承諾した。

この契約は有効か？

ケーススタディー２

民法606条１項には，「賃貸人は，賃貸物の使用及び収益に必要な修繕をする義務を負う」と規定されているが，賃貸人Ａと賃借人Ｂは，建物の賃貸借契約において「賃借人が必要な修繕をする」という特約をした。

この特約は有効か？

法律行為が完全に有効なものとしてその意味を持つためには，一定の要件を満たしていなければならない。これを，**法律行為の有効要件**という。

法律行為の有効要件は，以下のとおりである。

①　当事者が能力を有すること。
②　内容を確定させることができるものであること（確定可能性）。
③　実現することが可能であること（実現可能性）。
④　目的が適法であること（適法性）。
⑤　目的が社会的に妥当であること（社会的妥当性）。
⑥　意思表示につき，意思と表示が一致し，瑕疵がないこと。

＊　①については，第２章で解説した。⑥については，この後の第５章で解説する。

(1)　確定可能性

法律行為の内容が不明確であり，確定させることができないものである場合には，いったい何を意図しているのか分からず，これに法的な保護を与えることはできない。つまり，無効である。

(2)　実現可能性

実現する可能性のないことを内容とする法律行為は，無効である。

【例】　タイムマシンで未来に連れていくというのはなかなか夢のある話であるが，現在の科学技術では到底不可能なので，このような契約は無効である。

➡　婚約関係にある２人にとって，未来は見ない方がいいかもしれない。

・　ただし，売買の目的である建物が契約締結前に焼失していたような場合は，直ちに契約が無効となるものではないとされている（民§412の２Ⅱ）。

(3)　適法性

強行規定に反する法律行為は，無効である。

強行規定→　「公の秩序」に関する規定のこと（民§91参照）。

➡　公の秩序に反するような行為は，（ちょっと大げさにいえば）

社会に対する挑戦ともいうべきものであり，効力は認められない。

プラスアルファ

任意規定→　公の秩序に関しない規定

➡　当事者が，公の秩序に関しない規定と異なる意思を表示したときは，その意思に従う（民§91）。

☆　もう少し詳しく。

民法をはじめ，世の中には数多くの法律があり，あらゆることを規定している。

【例】　ほんの一例をあげると，民法210条１項では，「他の土地に囲まれて公道に通じない土地の所有者は，公道に至るため，その土地を囲んでいる他の土地を通行することができる。」と規定している。また，民法614条では，「賃料は，動産，建物及び宅地については毎月末に，その他の土地については毎年末に，支払わなければならない」と規定している。

そして，このような法の規定のうち，“公の秩序”に関するものとして，これと異なる定めをすることができないものが強行規定であり，公の秩序に関するものではないからこれと異なる定めをしてもよいとされているものが任意規定である。

民法でいうと，**物権編**の規定は，**多くが強行規定**である。

理由　物権は，契約の当事者間だけの話ではなく，“世間に対して”主張することができるという性質のものである。そのため，あまり勝手なことをされると社会が混乱してしまう。だから，多くを強行規定にしておく必要がある。

一方，**債権編**の規定は，**多くが任意規定**である。

理由　債権は，ＡとＢの間の契約関係といったように，“限られた当事者間”についての規定であるので，ある程度は当事者の自由が認められるべきである。

➡　民法で一応規定はしておくけれど，これと異なる定めをしてもいいですよ，ということ。

【例】 賃貸物の修繕をすべき者を賃貸人ではなくて賃借人とする合意は有効。
【例】 賃料の支払い時期について，毎月末に“翌月分を”支払うという特約も有効。

プラスアルファ

任意規定と異なる慣習

任意規定と異なる慣習がある場合に，法律行為の当事者がその慣習による意思を有していると認められるときは，その慣習に従う（民§92）。

(4)　社会的妥当性

> （公序良俗）
> **第90条**　公の秩序又は善良の風俗に反する法律行為は，無効とする。

①　意　義

法律行為が反社会的といえるものである場合は，その行為は無効となる。

重要！

個人の意思はなるべく尊重されるべきであるが，社会秩序や一般の道徳観念に反するような行為について法律的に認めるわけにはいかない。

用語説明

「公の秩序又は善良の風俗」は，**公序良俗**といわれる。

②　公序良俗違反の具体例

- 不倫契約などの人倫に反する行為。
- 親族間の不同居契約などの家族的な秩序に反する行為。
- 人を殺すことを依頼する契約のように刑法上犯罪とされる行為。賭博も同様。

等々。

③　動機の不法について

法律行為自体は特に問題なさそうに見えるが，その動機が不法（反社会的）である場合，法律行為の効果をどうすべきかが問題となる。

➡ 不法な動機をもって法律行為をした者を保護する必要はないが，当然に無効としてしまうと，そのような動機を知らない相手方は不利益を受けることになる（取引の安全が害される）。

この場合，相手方が，不法な動機を知っていたような場合は，契約は無効となるとされている（大判昭13.3.30）。

【例】 Aは，賭博場にするため，Bから家屋を賃借する契約をした。この場合，Bが，Aの不法な動機（賭博場を開くため）を知っていたら，家屋の賃貸借契約は無効となる。

第５章
意思表示

第1節　総　説

Topics
・意思表示は民法総則の１つの大きな山である。こまごました話が続くが，避けては通れない。
・ただ，この山を越せば，かなり民法的な考え方が身につくと思うので，この後はスムーズに進むはずである。

1　意　義

意思表示とは，一定の法律上の効果の発生を欲する意思を表示する行為である。

2　意思表示を分解する（意思を表示するまでのプロセス）

法律上，意思表示は次の過程を経てするものと考えられている。

(1)　動　機

まずは動機である。何かを買う場合，何らかの動機があってそれを買いたいと思うはずである。

【例】　旅行にパソコンを持っていきたいけど，うちにあるデスクトップだと大きすぎるからノートパソコンがあった方がいいなぁ。

(2)　効果意思

続いて意思決定である。動機に基づいて，いろいろ考えて，○○を買おうと意思決定をする。

この決定された意思を**効果意思**という。

➡　"○○を買う" という法律上の効果を発生させようという意思。

【例】　旅のお供とするためにノートパソコンがあった方がいいという動機に基づき，値段，大きさ，デザイン，操作性などいろいろ考えて，X社製の15インチのノートパソコンを買おう，と意思決定をする。

➡　"X社製の15インチのノートパソコンを買おう" というのが効果意思。

プラス アルファ

効果意思は，自分の心の中での意思だから，**「内心の意思」**あるいは「内心的効果意思」ということもある。

(3)　表示行為

最後は意思の表示行為である。相手方に対して「○○を買います」という意思を表示して，意思表示が完了する。

【例】　○○電機の××店に行って，「このX社製の15インチのノートパソコンを買います」と意思を表示する。

重要！

意思表示は，動機→効果意思→表示行為というプロセスを経てされるもの。
➡　効果意思と表示行為の間に「表示意思」が必要であるとする見解もある。

プラス アルファ

正直，意思表示を分解して何の意味があるのかと思わないでもないが，このように分解することによって後述する“意思の不存在”や“瑕疵ある意思表示”という概念が分かりやすくなる。

3　意思主義と表示主義

上記２のとおり，意思表示は**内心の意思と表示行為**から成り立っている。
では，内心の意思と表示が食い違っている場合には，どちらを重視すべきであるかが問題となる。これには２つの考え方がある。

(1)　意思主義

意思表示をした者（表意者）の内心を尊重する立場。内心の意思と表示行為が異なるときは意思表示を無効とする。

➡　表意者は保護されるが，表示を信頼した相手方は大変に困る。つまり，**取引の安全**が害される。

(2)　表示主義

表示行為を優先する立場。表示に対応する内心がなくてもそれを有効な意思表示とする。

➡　取引の安全は保護されるが，表意者の保護には欠ける。

☆　意思主義は表意者の利益を守るためには優れており，逆に表示主義は取引の安全を図るためには優れている。民法は，意思主義，表示主義どちらか一方だけを採用するのではなく，様々な事情，結果の妥当性を考慮したうえで，使い分けをしている。

4　意思の不存在（欠缺(けんけつ)），瑕疵ある意思表示〜正常でない意思表示

繰り返しになるが，意思表示は，内心の意思があって，それを表示する行為から成り立っている。

正常でない意思表示とはどのようなものか。これは，大きく分けて２つある。

⑴　意思の不存在（欠缺）

表示行為はあるが，それに対応する内心の意思がないことを**意思の不存在（または意思の欠缺）**という。

➡　意思表示の要素である意思がないのだから，正常な意思表示ではない。

意思の不存在は，具体的に３つに分けることができる。

①　心裡留保
②　虚偽表示
③　錯誤

【例】　本当は売る気などないのに，冗談で「売る」と言った（心裡留保）。
　➡　本当は売る気がない。つまり，内心の意思がない。

【例】　Ａは，債権者に財産を差し押さえられるのが嫌だから，本当はあげる気はないのに，Ｂに自分の土地を「贈与する」と言った。Ｂも，Ａの真意を了解した上で「もらう」と言った（虚偽表示）。
　➡　Ａは本当にあげる気はないし，Ｂも本当に貰う気はない。つまり，内心の意思がない。

【例】　Ａはフルーツのことをぜんぜん知らなくて，メロンのことをスイカだと思っていた。Ｂから「スイカ買ってきて」と頼まれたＡは，果物屋でメロンを指さし，「これを買う」と言った（錯誤）。
　➡　Ａは，メロンを買う気はなかった。つまり，内心の意思がない。

このような場合，表示に対応する意思がないので，**基本的にその意思表示**

は無効とされるが，相手方や第三者の保護とのバランスも考えて，意思表示が有効とされることもある。

→ 意思の不存在は，次節以降で詳しく解説する。

➡ 錯誤に関しては，その意思表示は無効ではなく「取り消すことができる」とされている（第4節参照）。

(2) 瑕疵ある意思表示

表示に対応する意思があることはあるが，その意思が形成されるプロセスに問題がある場合を瑕疵ある意思表示という。

➡ 内心の意思と表示行為の両方が揃っているが，内心の意思を形成するプロセスに問題があるのだから，正常な意思表示とはいえない。

用語説明

瑕疵→ きず。欠点。

瑕疵ある意思表示は，具体的に2つに分けることができる。

① 詐欺

② 強迫

【例】 Xが持っていた車は事故車でオイル漏れが酷かったが，Aに「新車同然で最高ですよ」と嘘を言った。Aはこれを信じて買おうと思い，「買う」と言った（詐欺）。

➡ Aは「買おう」という意思があって「買う」と言った。つまり，内心の意思と表示行為の両方が備わっているが，内心の意思の形成のプロセスに問題（騙された）がある。

【例】 XはAに，「俺の車を買わないとブッ飛ばすぞ」と言った。Aはブッ飛ばされたくないから買おうと思い，「買う」と言った（強迫）。

➡ Aは「買おう」という意思があって「買う」と言った。つまり，内心の意思と表示行為の両方が備わっているが，内心の意思の形成のプロセスに問題（強迫された）がある。

このような場合，内心の意思があることはあるが，その形成のプロセスに問題があるので，完全に有効な意思表示とすることはできない。瑕疵ある意思表示については，取り消すことができるとされている。

第2節　心裡留保

Topics
・この節では，心裡留保（しんりりゅうほ）について学習する。
・心裡留保自体の出題例はほとんどないが，肢の１つとして出題されることがあり，今後も出題される可能性がある。

ケーススタディ

Ａは，車を売る気はまったくないが，冗談で，Ｂに「車を売るよ」と言った。Ｂは喜んで「買うよ」と言った。

この売買は有効か。

1　意　義

（心裡留保）

第93条　意思表示は，表意者がその真意ではないことを知ってしたときであっても，そのためにその効力を妨げられない。ただし，相手方がその意思表示が表意者の真意ではないことを知り，又は知ることができたときは，その意思表示は，無効とする。

心裡留保とは，**表意者が，その真意でないことを知りながら意思表示をすること**をいう。

➡　表示行為に対応する内心がないことを知りながらする意思表示。
　　真意を心の中に留保する，といった意味である。

プラスアルファ

心裡留保である。心理留保ではない。

【例】　ケーススタディのように，売る気はないのに冗談で「売る」と言った。

要件は２つである。

①　内心の効果意思と表示が一致しないこと。
②　その不一致を表意者が知っていること。

2 効 果

(1) 原 則

意思表示は，原則として有効である（民§93Ⅰ本文）。

理由　ある意味当たり前である。“冗談を言った人”と“それを信じた人”のどちらを保護すべきかと言えば，当然“それを信じた人”である。

「冗談でした。すいません。」で終わらせるべきではない。

【例】 ケーススタディの事例では，ＡＢ間の自動車の売買契約は有効である。

(2) 例 外

相手方が，その意思表示が表意者の真意ではないことを知っていた場合（本心では売る気がないことを知っていた場合），または，知ることができた場合（不注意で冗談であることを見抜けなかった場合）は，意思表示は無効である（民§93Ⅰただし書）。 H3-8

【例】 ケーススタディの事例で，Ｂが，「Ａがあんなに大事にしていた自動車を売るなんて考えられない。あれは絶対に冗談だ。」と分かっていた場合には，売買は無効となる。

➡ Ｂも冗談と分かっているのだから，無効としてもＢの利益は特に害されない。

用語説明

真意ではないと知っていた場合→　悪意という。

真意ではないと知ることができた場合（不注意で見抜けなかった場合）→　有過失という。

重要！

心裡留保の意思表示が有効になるのは，相手方が善意かつ無過失の場合。

相手方が悪意もしくは善意だけど有過失の場合は，意思表示は無効。

3 民法93条の適用範囲

婚姻や養子縁組のような身分法上の行為については，当事者の真意が重要であるので，民法93条の適用はないと解されている。

4　民法93条１項ただし書と善意の第三者の関係

ケーススタディ

Ａは，実際には売る気がないのに，甲土地をＢに「売る」と言い，Ｂはこれを買い受けた。Ｂは，Ａの意思表示が真意ではないと知らなかったが，知らないことに過失があった。

その後，Ｂは，甲土地をＣに転売した。Ｃは，Ａの売買の意思表示について心裡留保であることをまったく知らなかった。

Ａは，Ｃに対して売買の無効を主張することができるか。

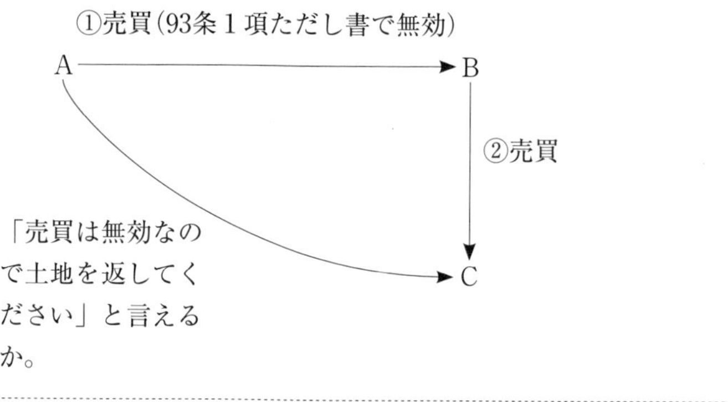

登場人物の整理

・　Ａ→　甲土地を売る気はないのに「売る」と言った。
　➡　混乱を引き起こした張本人。

・　Ｂ→　Ａの意思表示が真意でないこと（売る気はない）につき善意だが過失があった。
　➡　93条１項ただし書により，ＡＢ間の売買は無効となる。

・　Ｃ→　ＡＢ間の売買が無効だなんてまったく知らず，Ｂから甲土地を買い受けた。
　➡　いわゆる善意の第三者。

ＡＢ間の売買は民法93条１項ただし書により無効である。つまり，Ｂは甲土地を取得できない。

そのため，ＢＣ間の売買も無効となり，Ｃは甲土地を取得できない（ＡはＣに対して「甲土地を返してくれ」と言える）はずである。

しかし，これはおかしい。

➡ Ａは，売る気がないのに「売る」と言って，混乱を引き起こした張本人。一方，Ｃは，ＡＢ間の売買にこんな事情があったとは知らずに取引関係に入った者。

この場合に，Ｃの利益を害してまでＡを保護するのは妥当でない。
そこで，善意の第三者を保護する規定が設けられている。

（心裡留保）
第93条
2　前項ただし書の規定による意思表示の無効は，善意の第三者に対抗することができない。

“対抗することができない”ということは，ＡはＣに対して**無効を主張することができず**，Ｃは甲土地を取得することができるということ。
➡ これで妥当な結論となった。

・　保護されるのは，**善意の第三者**である。
　➡ 仮に，Ｃが「Ａ・Ｂ間の売買が93条１項ただし書により無効であった」と知っていた場合には，Ａは甲土地の売買の無効をＣに主張することができる。

第3節　通謀虚偽表示

Topics・通謀虚偽表示は，民法総則で頻出論点の１つである。また，今後学習する債権などで，第三者保護として94条２項が類推適用されるなど，重要な論点でもある。判例も多く存在するので，１つ１つ確認しておくこと。

ケーススタディ

AはXから1,000万円借金しているが，とても返済できそうにない。このままだと自分の所有する土地が差し押さえられそうなので，Bに頼んで，土地をBに売ったことにした。つまり，仮装の売買をした。

この売買は有効か。

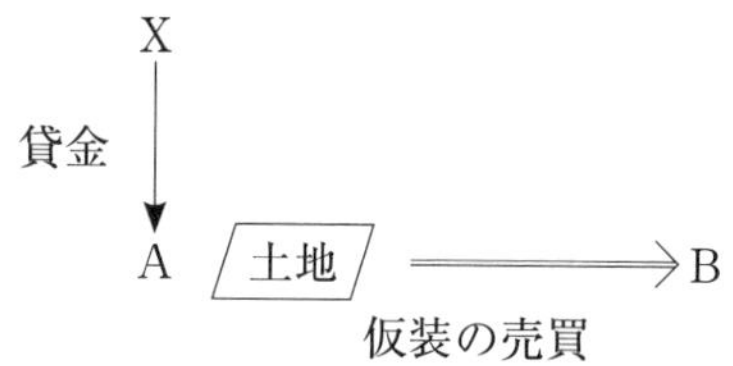

1　意　義

（虚偽表示）
第94条　相手方と通じてした虚偽の意思表示は，無効とする。

相手方と通じてした虚偽の意思表示を，**通謀虚偽表示**という。

【例】ケーススタディの事例では，AとBは，本当は売買などする気はないのに，Aの土地をBに売ったこととした。
➡ AとBが通謀して，虚偽の売買をした。

プラスアルファ

前節の心裡留保は，表意者が単独で虚偽の意思表示(真意でない意思表示)をするもの。本節の通謀虚偽表示は，相手方と通謀して虚偽の意思表示をするもの。

2 効　果

(1) 当事者間における効果

通謀虚偽表示による意思表示は，**無効**である（民§94Ⅰ）。 H3-8

理由　相手方も虚偽の意思表示である（内心の効果意思がない）ことを知っているわけだから，それを無効としても不当な不利益を受けることはない。

【例】 ケーススタディの事例では，ＡＢ間の土地の売買契約は無効である。

(2) 善意の第三者の保護

ケーススタディ

Ａは，債権者からの差押えを免れるため，Ｂと通謀して，Ａの所有する土地をＢに売り渡す虚偽の売買契約をした。そして，ＡからＢに所有権が移転した旨の登記を完了した。

その後，Ｂは，（本当は自分のものではないが）この土地をＣに売り渡す契約をした。Ｃは，ＡＢ間の土地の売買が通謀虚偽表示であったことをまったく知らない。

Ａは，Ｃに対し，売買の無効を主張して土地の返還を請求できるか？

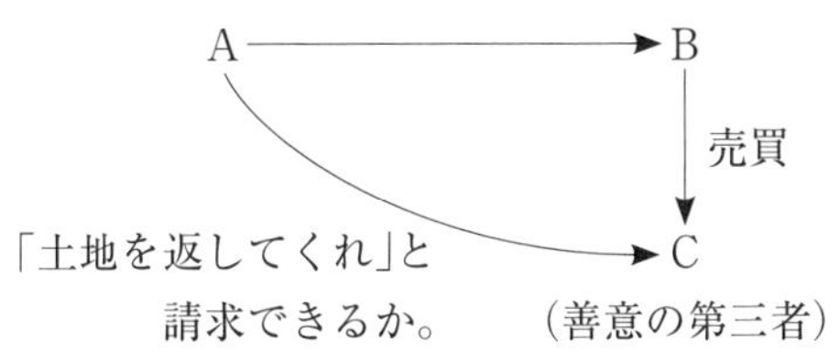

① 意　義

（虚偽表示）
第94条
2　前項の規定による意思表示（通謀虚偽表示）の無効は，善意の第三者に対抗することができない。

ケーススタディの事例では，ＡＢ間の売買は通謀虚偽表示なので無効である。つまり，土地の所有権はＢに移転していない。

ということは，ＢＣ間の売買も無効となり，Ｃは土地を取得できない（ＡはＣに対して「土地を返してくれ」と言える）はずである。

しかし，これはおかしい。

ＡとＢは通謀して虚偽の売買をしている。

➡　売買によって土地がＢに移転したという**虚偽の外観を作出**している。

そして，Ｃは，その外観を信じてＢと取引をしている。

このような場合に，ＡとＣのどちらを保護すべきかといえば，当然，Ｃである。

H30-4　そこで，民法は，通謀虚偽表示による無効は，**善意の第三者に対抗することができない**としている。

➡　“対抗できない”ということは，ＡはＣに対して**無効を主張できず**，Ｃは土地を取得できるということ。

重要！

Aは，自ら虚偽の外観（自分以外の者が権利者であるかのような外観）を作り出しているのだから，その外観を信じた人に対しては責任をとる必要がある，という考え方。

➡　この考え方を外観法理（表見法理）という。

プラスアルファ

この外観法理は，虚偽表示だけでなく，他の場面でも顔を出すことがある（表見代理など）。民法においてけっこう重要な考え方。

・　第三者の側から無効を認めることは構わない。

➡　Ｃが，ＡＢ間の売買が虚偽表示で無効だから，ＢＣ間の売買も無効だ，ということは可能。

理由　虚偽表示による無効を善意の第三者に対抗できないというのは，第三者を保護する趣旨であるから，その第三者が「保護はいらない」と言うのであれば，それを尊重すべき。

H27-7　・　第三者が保護されるために，登記は必要ない（最判昭44.5.27）。

用語説明

登記→　不動産の物権の変動について，登記簿（国の管理するコンピュータ）に記録すること。
　ＢからＣに土地の所有権が移転した場合は，当該土地について「所有権移転登記」というものをする。

【例】　ケーススタディの事例において，ＢからＣに土地の所有権が移転した旨の登記がされていなくても，善意のＣは保護される。

・　善意の第三者に無効を主張することができない場合でも，（通謀した）当事者間では無効であることに変わりはない。

②　善意とは
　ＡＢ間の売買が通謀虚偽表示であることを**知らない**ことである。
➡　Ｃが，Ｂとの間で土地の売買契約をした時に善意であること（大判大5.11.17）。

アルファ

　善意であれば足り，知らないことについて無過失であることは要求されていない（大判昭12.8.10）。

③　第三者とは
　通謀虚偽表示の当事者およびその一般承継人以外の者であって，**虚偽表示による法律行為を前提として，新たに独立した法律上の利害関係を有するに至った者**（大判大9.7.23）。

アルファ

「一般承継人」の意味
　承継というのは，前の人から権利や義務を引き継ぐこと。これには２種類ある。

用語説明

特定承継→　売買や贈与等によって，個別に権利を引き継ぐこと。
一般承継→　相続や会社の合併によって，前主の権利義務の一切を包括的に承継すること。「包括承継」ともいう。

【例】 ＡとＢは，通謀して，Ａの所有する土地をＢに売り渡す虚偽の売買契約をした。そして，Ｂが死亡し，Ｃが相続した。

➡ Ｃは，虚偽表示の当事者Ｂの一般承継人なので，"第三者"とはいえず，保護されない。つまり，ＡはＣに対して売買の無効を主張できる。

(3) 第三者の具体例（第三者の範囲）

第三者は，虚偽表示による法律行為を前提として，新たに独立した法律上の利害関係を有するに至った者である必要がある。

➡ 虚偽表示がされる前から利害関係を有していた者は，第三者に該当しない。

➡ 独立した利害関係を有するとはいえない者は，第三者に該当しない。

以下，第三者に該当する者，しない者の具体例を掲げる。

重要!

第三者に該当する？　しない？　の判断は，本試験でよく出題される。

【第三者に該当する者】

① 虚偽表示による譲受人から目的物を譲り受けた者（最判昭28.10.1）。

➡ ケーススタディの事例。

② 虚偽表示による譲受人から目的物に担保権の設定を受けた者（大判昭6.10.24）。

【例】 Ａの所有する土地が虚偽表示によりＢに売り渡された。そして，虚偽の売買であることについて善意のＣが，この土地に抵当権の設定を受けた。

➡ ＡはＣに売買の無効を対抗できず，Ｃは抵当権を取得する。

H27-5　H19-7　H11-3

③ 虚偽表示による譲受人の債権者で，その目的物を差し押さえた者（最判昭48.6.28）。

【例】 Ａの所有する土地が虚偽表示によりＢに売り渡された。そして，虚偽の売買であることについて善意のＣ（Ｂに対する債権者）が，この土地を差し押さえた。

H19-7

④ 虚偽表示により債権を取得した者から，その仮装債権を譲り受けた者（大

決大15.9.4)

【例】　ＡＢ間で実際にお金の貸し借りはないのに，虚偽表示により，Ｂが Ａに対して100万円を貸したこととした。そして，この債権が虚偽表示によるものであることについて善意のＣが，Ｂから債権を譲り受けた。

➡　ＡはＣに対し債権の無効を対抗できず，Ｃは100万円の債権を取得する。

【第三者に該当しない者】

①　虚偽表示により債権が譲渡された場合の債務者（大判大4.12.13）。　H15-5

➡　虚偽表示による法律行為を前提として新たに利害関係を取得した者ではないから。

【例】　ＸはＡに対して100万円の貸金債権を持っている（これは虚偽表示ではない）。そして，ＸとＹは，通謀してこの債権をＹに譲渡する虚偽の債権譲渡をした。

➡　債務者Ａは“第三者”には該当しない。ＸＹ間の債権譲渡は無効。

②　虚偽表示により債権を取得した者から，その債権を**取立てのために**譲り受けた者（大決大9.10.18）。

➡　単に取立てのために債権の譲渡を受けた者である。自分の独立した固有の利益がないので，第三者には該当しない。

【例】　ＸＡ間には実際には債権がないのに，虚偽表示により，ＸがＡに対して100万円の債権を有していることとした。そして，Ｘは，この債権の取立てのために，債権が仮装なものであることについて善意のＹに債権を譲渡した。

➡　Ｙは，Ｘに代わってＡから100万円を取り立てるために債権の譲渡を受けている。100万円が自分のものになるわけではないので，独立した固有の利益を有する者とはいえず，第三者には該当しない。

③　虚偽表示による譲受人の**一般債権者**

➡　虚偽表示による譲渡がされた物について新たな**独立した利害関係を取得したわけではないから。**

【例】 Aの所有する土地が虚偽表示によりBに売り渡された。一方，Cは Bに対して100万円の債権を取得した。Cは，AB間の売買が虚偽表示であることを知らない。

➡ Cは，虚偽の売買がされた土地について新たな独立した利害関係を取得したわけではない。そのため，第三者には該当しない（Aは売買の無効を主張できる）。

なお，Cが，この土地を差し押さえた場合は，第三者に該当する（上記の該当する者の③）。

H15-5
H11-3
④ 虚偽表示により土地を取得した者が，その土地上に建物を建築した場合に，その建物を賃借した者（最判昭57.6.8）

➡ 土地について利害関係を取得した者とはいえないから。

【例】 Aの所有する土地がBに虚偽表示により売り渡された。そして，この土地上にBが建物を建築し，この建物を（AB間の虚偽表示につき善意の）Cに賃貸した。

Cは第三者に該当せず，Aは売買の無効をCに対抗できる。

➡ Cは，建物を賃借した者であり，（虚偽の売買がされた）土地を賃借したわけではない。なお，この判例に反対する学説も有力。

H11-3
⑤ 不動産が仮装譲渡された場合に，譲受人の譲渡人に対する移転登記請求権を代位行使する譲受人の債権者（大判昭18.12.22）。

➡ 債権者代位の話（民§423）なので，今は少々難しい。この事例も，仮装譲渡された不動産について新たな独立した利害関係を取得したわけではない。

⑷ 第三者からさらに権利を取得した人（転得者）が生じた場合

ケーススタディ

Aの所有する土地が虚偽表示によりBに売り渡され，Bが当該土地をCに売り渡し，さらにCは当該土地をDに売り渡した。

Dは保護されるか。

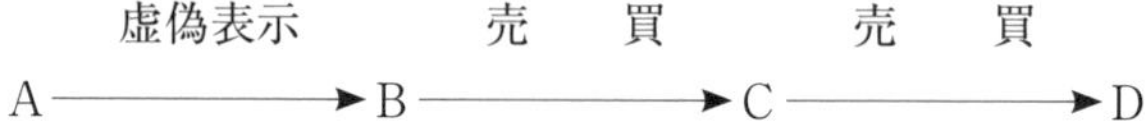

このような場合，Ｃが善意か悪意か，またＤが善意か悪意かといった場合分けが必要となる。

① Ｃ，Ｄともに（ＡＢ間の虚偽表示につき）善意である場合
➡ ＡはＤに対して無効を対抗できない。これはまったく問題ない。

② Ｃ，Ｄともに悪意である場合
➡ ＡはＤに対して無効を対抗できる。これもまったく問題ない。

③ Ｃは悪意，Ｄは善意である場合 H27-5
➡ ＡはＤに対して**無効を対抗できない**（最判昭45.7.24）。Ｄは善意の第三者といえる。 H19-7 H15-5

④ Ｃは善意，Ｄは悪意である場合
➡ 学説は分かれる。

(a) **絶対的構成**

いったん善意の第三者が出てきたら，その者が確定的（絶対的）に権利を取得し，その後の転得者が悪意であったとしても，第三者から権利を取得できるという説。

➡ Ｃが善意なので，その時点でＡは無効を対抗できないということが確定する（Ｃが確定的に土地を取得する）。その後のＤは悪意であるが，Ｃから土地を取得する。

(b) 相対的構成

当事者ごとに個別的に判断し，たとえ善意の第三者が出てきたとしてもそこでは確定せず，その後の転得者が悪意であったらＡは無効であることをその者に対抗できるという説。

➡ Ｃは善意であるが，Ｄは悪意なので，Ａは無効をもってＤに対抗できる。

・ 判例は，絶対的構成をとっている（大判昭6.10.24）。 H11-3

3　民法94条２項の類推適用

民法94条２項は，相手方と通謀して虚偽の外観を作出した場合，その外観を信頼した第三者を保護するというもの。

➡ 虚偽の外観を作り出したのだから，それについて責任を負うべきという考え方（外観法理）。

このような趣旨から，相手方との通謀はなくても，虚偽の外観を作り出した責任があるといえるような場合は，この民法94条２項の規定を**類推適用**し，第三者を保護する必要があるといえる。

➡ 判例も，民法94条２項の類推適用を広く認めている。

用語説明

類推適用→ この事例にピタリと当てはまる条文はないが，似た事例について規定した条文を用いること。

【例】 Ａの所有する土地につき，Ｂが書類を偽造するなどして，Ｂに所有権が移転した旨の登記がされた。Ａはこの事実（虚偽の登記がされたこと）に気付いたが，何の手も打たずに数年間放置していた。

そして，Ｂは，この土地が本当はＡのものだということを知らないＣに売り渡し，Ｃへの所有権の移転登記がされた。

➡ Ｂ名義の登記を信頼したＣは保護される（Ａは，所有権がＢに移転していないことをＣに対抗できない）。

理由 ＡＢ間に通謀はないが，Ａは，虚偽の登記がされていることを知った上で何年も放置していた。つまり，Ａにも責任があるといえる。そのため，民法94条２項を類推し，善意のＣを保護すべきである。

重要！

虚偽の外観を信頼した第三者が必ず保護されるというわけではない。あくまで，その虚偽の外観が作出されたことについて真実の権利者に**何らかの帰責性**があることが必要となる。

➡ 帰責性がある真実の権利者と，外観を信頼した善意の第三者のどちらを保護すべきかという観点から，善意の第三者が保護される。

第4節　錯　誤

Topics
・ここでは，錯誤について学習する。
・平成29年改正において，錯誤による意思表示は「無効」から「取り消すことができる」に変更された。

ケーススタディ

Aは，自分の所有している車をBに100万円で売るつもりだったが，契約書に誤って「100円で売る」と書いてしまった。
Aは本当に100円で車を手放さなければならないのだろうか？

1　意　義

（錯誤）
第95条　意思表示は，次に掲げる錯誤に基づくものであって，その錯誤が法律行為の目的及び取引上の社会通念に照らして重要なものであるときは，取り消すことができる。
一　意思表示に対応する意思を欠く錯誤
二　表意者が法律行為の基礎とした事情についてのその認識が真実に反する錯誤
2　前項第２号の規定による意思表示の取消しは，その事情が法律行為の基礎とされていることが表示されていたときに限り，することができる。

錯誤とは，一般的に，表意者が効果意思と異なる表示をし，その効果意思と表示の不一致を表意者自身が知らない（気付いていない）ことをいう。
➡　**勘違い**。

その錯誤が法律行為の目的および取引上の社会通念に照らして重要なものであるときは，その意思表示を**取り消すことができる**。

【例】　ケーススタディの事例のように，書き間違いや言い間違いがもっとも分かりやすい例である。

➡　Aは，効果意思と表示が異なっていることに気づいていない（後に気付いて冷や汗をかくことになろうが，表示の段階では気付いてない）。

重要！

錯誤は，効果意思と表示が異なっていることを表意者が知らないことが特徴。この点で心裡留保や通謀虚偽表示と大いに異なる。

➡　心裡留保や通謀虚偽表示では，表意者が，効果意思と表示が異なっていることを知っている。

2　錯誤の態様

錯誤は，大きく２つに分けることができる。

> (1)　意思表示に対応する意思を欠く錯誤
> (2)　表意者が法律行為の基礎とした事情についてのその認識が真実に反する錯誤

(1)　意思表示に対応する意思を欠く錯誤

①　表示上の錯誤

書き間違いや言い間違いのように，表示行為を誤ること。

➡　ケーススタディの事例。

②　内容の錯誤（表示行為の意味に関する錯誤）

Aは，アメリカドル（米ドル）とオーストラリアドル（豪ドル）は同価値だと思っていた（対円のレートがまったく同じだと思っていた）。

Aは，オーストラリア産のビーフを買い付けるときに，100米ドルで買うつもりで「100豪ドルで買う」と言った。

プラス アルファ

これは①の表示上の錯誤とは違う（言い間違いではない）。100米ドルと100豪ドルが同価値だと思って，100豪ドルと表示した。

(2) 表意者が法律行為の基礎とした事情についてのその認識が真実に反する錯誤

いわゆる**動機の錯誤**である。

➡ 効果意思を形成する過程である動機に誤りがあること。

【例】 N県のS地区にはリニアモーターカーの駅ができるとの噂があり，Aは，将来地価が高騰すると思って，S地区の土地を買った。しかし，この噂は間違いであり，実際にはリニアモーターカーはS地区を通らなかった。

☆ 動機の錯誤も“錯誤”といえるか？

動機の錯誤が，いわゆる“錯誤”といえるか，かつて大きな議論があった。

動機の錯誤においては，「効果意思」と「表示」は一致している。

➡ 上記の【例】でいうと，Aは，「S地区の土地を買おう」という効果意思があって，「S地区の土地を買う」と表示している。

ただ，「S地区の土地を買おう」という効果意思を形成する過程の動機に誤りがある。

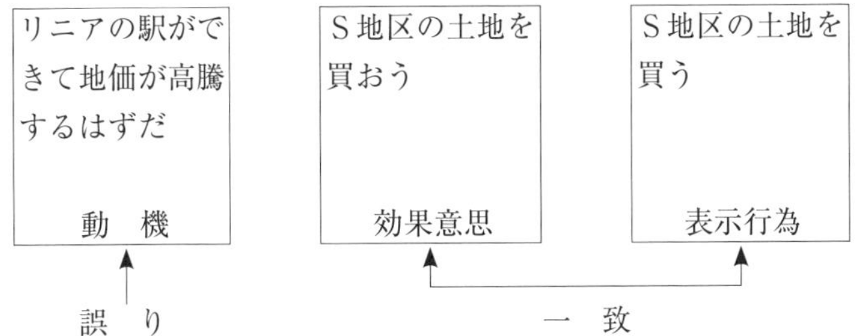

そのため，伝統的な議論としては，動機の錯誤はいわゆる（意思の不存在としての）“錯誤”には当たらないとされていた。

しかし，実際には，錯誤の事例として最も多いのが動機の錯誤であり，これを無視するわけにはいかない。

➡ また，動機の錯誤と他の錯誤を明確に区別できない場面もある。

そこで，平成29年の民法改正において，動機の錯誤が明文化された。

具体的には，意思表示について動機の錯誤（表意者が法律行為の基礎とした事情についてのその認識が真実に反する錯誤）がある場合，その事情が法律行為の基礎とされていることが表示されていたときに限り，その意思表示を取り消すことができる。

重要！

R3-5 動機の錯誤がある場合，当然にその意思表示を取り消すことができるわけではない。その事情（動機）が法律行為の基礎とされていることが表示されていることが要件である（民§95Ⅱ）。

➡ 「こういった動機があるから契約をします」ということが表示されていることが必要。

➡ そして，その錯誤が法律行為の目的および取引上の社会通念に照らして重要なものであるときは，その意思表示を取り消すことができる（同Ⅰ）。

【例】 上記の事例では，Aが，「リニアモーターカーの駅ができてＳ地区の土地の価値が高まるから」，といったことをBに表示していれば，錯誤を理由として売買の意思表示を取り消すことができる。

プラス アルファ

動機の表示は黙示によるものも含む。

【例】 Aは，Bと離婚する際に，自分の土地や建物などをBに財産分与した。その際，Aは，自分に譲渡所得税が課せられるとはまったく思っておらず，逆にBに多額の税金がかかってくることを心配していた。

ところが，実際には，Aに多額の譲渡所得税が課せられた。

➡ Aは，この財産分与において課税の点を重視しており，自分には課税されないことを当然の前提としつつ，かつその旨を黙示的に表示していたといえるので，Aの財産分与の意思表示には錯誤があるといえる（最判平元.9.14）。

3　錯誤によって取り消すための要件

(1) 錯誤が，法律行為の目的および取引上の社会通念に照らして重要なものであること（民§95Ⅰ）
(2) 表意者に重大な過失がないこと（同Ⅲ）

(1)　錯誤が，法律行為の目的および取引上の社会通念に照らして重要なものであること

意思表示に錯誤がある場合でも，それが重要なものでない場合には，その意思表示を取り消すことができない。

もう少し詳しくいうと，「その錯誤がなかったら，表意者だけでなく，普通の人でもその意思表示をしなかったであろうと思われる程度の重要な部分に錯誤があること」（大判大7.10.3）をいう。

理由　錯誤による意思表示の取消しは，取引の安全（相手方の利益）を犠牲にして表意者を保護する制度であるから，ちょっとした錯誤で意思表示の取消しを認めるべきではない。

(2)　表意者に重大な過失がないこと

錯誤に陥ったことについて表意者に**重大な過失**がある場合には，一定の例外を除き，その意思表示を取り消すことができない（民§95Ⅲ）。

➡　このような場合は，取引の安全を犠牲にしてまで表意者を保護すべきではない。

・　重大な過失とは，自分が著しく不注意であったために錯誤に陥ったことをいう。

➡　ものすごくうっかりしていた。

【例】　株式の売買を職業とする者が会社の定款を調査しないことは，重大な過失に該当する（大判大6.11.6）。

ただし，以下に掲げる場合には，表意者に重大な過失があっても，その意思表示を取り消すことができる（民§95Ⅲ）。

①　相手方が，**表意者に錯誤があることを知り**，または重大な過失によって知らなかったとき　R3-5　H30-4

➡　「表意者は錯誤に陥っているな」ということを相手方が知っている場合には，意思表示の取消しを認めても，相手方が不測の損害を被ることはない。

② 相手方が，表意者と同一の錯誤に陥っていたとき（**共通錯誤**）

➡ 表意者だけでなく，相手方も錯誤に陥っていたのだから，その意思表示をなかったものとしても，相手方が不測の損害を被ることはない。

【例】 売主も，買主も，Ｓ地区にリニアモーターカーの駅ができると信じていたような場合。

4　意思表示に錯誤がある場合の効果

表意者は，その意思表示を**取り消すことができる**（民§95Ⅰ）。

プラスアルファ

かつて，錯誤のある意思表示については「無効」とされていた。

➡ 表示に対応する意思がないのだから，意思表示の効力は生じないということ。

しかし，錯誤による無効は，表意者のみが主張することができるもの（表意者を保護するもの）であり，実質的には取消しに近かった。

また，錯誤と詐欺は競合する（重なる）ことが多いが，錯誤は無効（改正前民§95），詐欺は取消し（民§96Ⅰ）であり，効果に著しい差があった。

そこで，平成29年の改正で，錯誤のある意思表示については，「取り消すことができる」と改められた。

5　錯誤による取消しと第三者の関係

ケーススタディ

Aの所有する甲土地をBに売り渡す契約がされ，Bに所有権が移転した旨の登記がされた。しかし，この売買に関するAの意思表示には，重要な部分に錯誤があった。

その後，Bは，甲土地をCに売り渡した（転売した）。なお，Cは，Aの意思表示について錯誤があったことを知らず，また知らないことについて過失もなかった。

Aは，甲土地の売買契約の意思表示を取り消し，Cに対して甲土地の返還を求めることができるか。

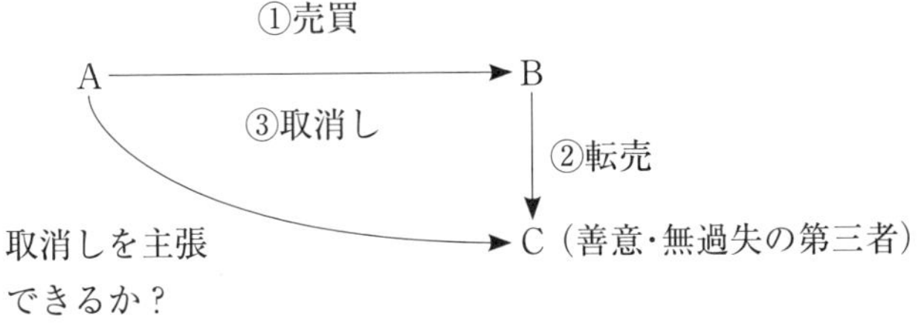

（錯誤）

第95条

4　第１項の規定による意思表示の取消しは，善意でかつ過失がない第三者に対抗することができない。

ケーススタディの事例で，Aが売買の意思表示を錯誤を理由に取り消した場合，甲土地はBに移転しなかったことになるので，Cは無権利者から甲土地を買い受けたことになり，Cは甲土地を取得できないはずである。

➡　AはCに対し，甲土地を返してくれと言えるはずである。

しかし，そうすると，Bが甲土地の所有者であると信じて取引をしたCの利益（**取引の安全**）が害される。

では，錯誤に陥っていた者（A）と善意・無過失の第三者（C）のどちらを保護すべきか？

民法は，錯誤による取消しは，**善意でかつ過失がない第三者に対抗することができない**として，善意・無過失の第三者を保護することとした。 R3-5

理由　表意者は，うっかり勘違いして意思表示をしているので（落ち度がある），それによって善意・無過失の第三者の権利を害するのは適当でない。

【例】　ケーススタディの事例では，Cが，Aの意思表示について錯誤があったことを知らず（善意），かつ知らないことについて過失がなかったので（無過失），Aは，意思表示の取消しをもってCに対抗することができない。つまり，Cに対して甲土地の返還を請求することができない。

重要！

善意であっても，過失のある第三者は保護されない（心裡留保による無効や，通謀虚偽表示による無効とは異なる）。

➡　心裡留保や通謀虚偽表示の場合は，表意者が，「真意でないことを分かった上で意思表示をしている」という悪質性がある。そのため，過失がある第三者も保護に値する。

一方，錯誤の場合は，“うっかり勘違いをした”という意味では表意者に責任があるが，それ以上の悪質性はないので，表意者の保護と第三者の保護のバランスを考え，“善意・無過失の”第三者は保護されるとされた。

6　身分行為について

H29-5　身分行為については，民法95条の規定（錯誤の規定）の適用はないと解されている。

H17-4　【例】　A子さんは，B男くんが資産家の息子であると思って，それを動機として婚姻した（動機も表示している）。しかし，実際にはぜんぜん違った。

この場合，A子さんは，婚姻について錯誤による取消しを主張することはできない。

➡　こんなことで錯誤取消しを主張できたら，世の中の婚姻の相当数は･･･（以下，省略）。

＋アルファ

婚姻の無効や取消しの事由は，民法742条等で規定されている。

H29-5　・　相続の放棄については，財産的な法律行為といえるので，意思表示の重要な部分に錯誤があるときは，その取消し（かつては無効）を主張することができる（最判昭40.5.27）。

第5節　詐欺・強迫

Topics・詐欺は，今後も出題が予想される論点である。ここでも第三者の保護規定が重要である。

1　瑕疵ある意思表示

本節の「詐欺」と「強迫」は，**瑕疵ある意思表示**と呼ばれる。

前節までの「心裡留保」，「通謀虚偽表示」「錯誤（意思表示に対応する意思を欠く錯誤）」は**意思の不存在（欠缺）**と呼ばれ，これらとは区別されている。

復習になるが，意思表示とは，内心の効果意思があって，それが外部に表示されることをいう。

心裡留保，通謀虚偽表示，錯誤は，表示に対応した内心の効果意思がない場合の話であった。

➡　表示に対応する意思がないのだから，その意思表示は無効（錯誤は例外的に取消し）であるという結論になる。

一方，瑕疵ある意思表示は，表示に対応する内心の効果意思はあるが，その効果意思を形成する過程に瑕疵（きず）がある場合の話である。

➡　一応，効果意思があるという点で，意思の不存在とは異なる。

瑕疵ある意思表示がされた場合，それは当然に無効ということにはならず，**取り消すことができる**とされている。

2　詐　欺

ケーススタディ

Ａは，Ｂに対し「近いうちＯ電鉄Ｔ線が延伸してきて，この近くに駅ができるよ」とウソをつき，土地を高値で売った。しかし，実際にはそんな計画はまったくなく，Ｂは「騙された！」と気付いた。

Ｂは，Ａに対して何か主張することができるか。

1　意　義

（詐欺又は強迫）
第96条　詐欺又は強迫による意思表示は，取り消すことができる。

(1)　詐欺とは

詐欺とは，簡単にいえば，**人を騙して意思表示をさせること**である。
➡　“騙して”とは，人を欺罔して錯誤に陥れること。

もう少し詳しく要件を挙げると，以下のとおりである。

① 詐欺の故意があること
② 欺罔行為があること
③ その欺罔行為によって相手方に錯誤が生じたこと（因果関係）
④ その錯誤によって意思が決定され，意思表示がされたこと

プラスアルファ

H23-5　詐欺の故意については，(i)欺罔行為によって錯誤に陥らせ，かつ(ii)その錯誤に基づいて意思表示をさせようとする故意（２段の故意）が必要とされている。

重要！

H23-5　**積極的な行為だけでなく，場合によっては沈黙も詐欺になり得る。**

(2)　詐欺による意思表示までのプロセス（ケーススタディの事例）

①　Aの欺罔行為（駅ができるよ！）。

↓

②　これにより，Bは「これから地価が高騰するかもしれない。おいしい物件だ。今買っておくべきかもしれない」という動機が芽生えた。

↓

③　Bは，「この土地を買おう」と決めた（内心の効果意思）。

↓

④　Bは，「この土地を買う」と表示した（表示行為）。

☆　効果意思（この土地を買おう）と表示行為（この土地を買う）は一致して

いる。しかし，効果意思を形成する過程において瑕疵（Aに騙されて錯誤に陥った）がある。

2　効　果

詐欺による意思表示は，**取り消すことができる**（民§96Ⅰ）。

理由　詐欺により瑕疵ある意思表示をした者を保護する趣旨である。

【例】　ケーススタディの事例では，Bは，売買の意思表示を取り消すことができる。

プラスアルファ

取り消されなければ，意思表示は効力を保ったまま。

意思表示の取消しがされたら，初めから無効であったものとみなされる（民§121Ⅰ）。

3　第三者による詐欺

ケーススタディ

Aは X から1,000万円の借金をしているが，AはBに対してこの借金の保証人になってくれと頼んだ。その際，AはBに対し「自分の土地に抵当権をつけたから，実際には君が払うことはないよ」と告げていた。

Bはこの言葉を信じ，Xとの間で保証契約を締結した。しかし，実際にはAは土地を持っておらず，抵当権をつけたというのはデタラメであった。

Bは，保証契約の意思表示を取り消すことができるか。

・　上記の契約の当事者について

①　AはXに1,000万円の借金をしている（AとXの関係）。

②　AはBに借金の保証人となってくれと頼んだ（AとBの関係）。

③　Bは，Aの借金の保証人となった（BとXの関係）。

➡　保証契約は，債権者（X）と保証人（B）の間の契約。保証契約には債務者（A）はタッチしない。

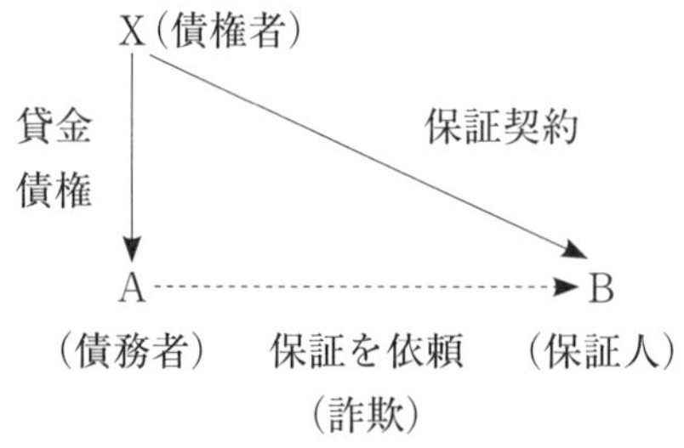

この事例では，X・B間の保証契約に関して，AがBに対して詐欺をしている。

➡　第三者による詐欺といえる。

> （詐欺又は強迫）
> **第96条**
> 2　相手方に対する意思表示について第三者が詐欺を行った場合においては，相手方がその事実を知り，又は知ることができたときに限り，その意思表示を取り消すことができる。

第三者による詐欺がされた場合は，**相手方がその事実を知り，又は知ることができた場合に限り**，意思表示を取り消すことができる。

【例】　ケーススタディの事例では，Xが，AがBに対して詐欺を行ったことを知っていたまたは知ることができた場合には，Bは保証契約の意思表示を取り消すことができる。

H13-1　➡　Xがそのような事情を知らない場合（知ることができなかった場合）は，Bは意思表示を取り消すことができない。

理由　Bは詐欺を受けているので，その意思表示の取消しを認めるべきといえるが，無条件に取消しを認めると，何も知らないXが不当な不利益を受けることとなる。

➡　自分は何もしていないのに，いきなり契約が無効になってしまう。

それは妥当ではないので，契約の相手方であるXが詐欺の事実を知っていたまたは知ることができた場合に限り，取消しが認められた。

4　詐欺による取消しと第三者の関係

ケーススタディ

Ａは，Ｂの詐欺によって土地をＢに売り渡し，ＡからＢへの所有権の移転の登記がされた。そして，Ｂは，この土地をＣに転売した。Ｃは，Ａが詐欺によって売買の意思表示をしたことを知らず，また知らないことについて過失もなかった。

Ａは売買の意思表示を取り消し，Ｃに対して土地の返還を求めることができるか。

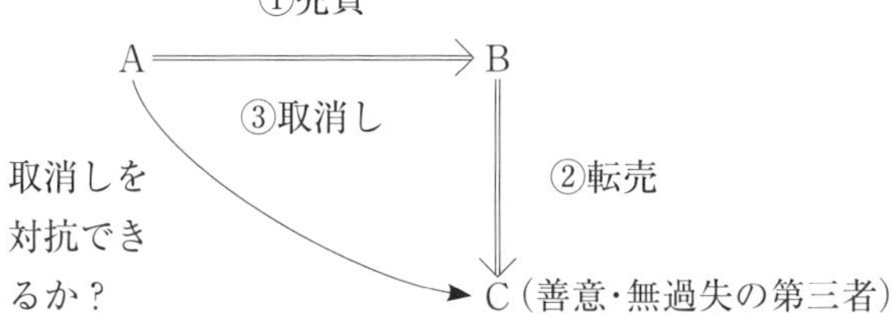

⑴　善意・無過失の第三者の保護

（詐欺又は強迫）
第96条
3　前二項の規定による詐欺による意思表示の取消しは，善意でかつ過失がない第三者に対抗することができない。

錯誤による取消しと同様，詐欺による意思表示の取消しは，**善意・無過失の第三者に対抗することができない。**

【例】　ケーススタディの事例では，Ｃは，Ａが詐欺によって意思表示をしていたことを知らず，かつ知らないことについて過失がなかったので，Ａは，意思表示の取消しをもってＣに対抗することができない。つまり，Ｃに対して甲土地の返還を請求することができない。

プラスアルファ

詐欺による取消しの場合は，表意者は詐欺を受けた被害者であり，帰責性はほとんどない（うっかり騙されたという意味で責任はあるが）。なので，表意者を保護すべきか第三者を保護すべきかは難しい判断であるが，善意・無過失の第三者は保護されるとされた。

(2) 第三者の範囲

善意・無過失の第三者に該当する者の範囲は，民法94条２項（通謀虚偽表示）の善意の第三者と同様である。

つまり，**詐欺による法律行為を前提として，新たに独立した法律上の利害関係を有するに至った者**である（最判昭49.9.26参照）。

➡　詐欺に基づく行為によって反射的に利益を受けたに過ぎない者は第三者には該当しない。

【例】　甲土地には，順位１番でX，２番でY，３番でZの抵当権の登記がされているが，Zの詐欺により，Xは１番抵当権を放棄する意思表示をした。

➡　Xの抵当権が消滅したので，Yは第１順位の抵当権者となった。

その後，Xは，抵当権を放棄する意思表示を詐欺を理由に取り消した。

➡　Xの抵当権が第１順位として復活すると，Yは第２順位に逆戻りする。だから，Yは，自分は善意（無過失）の第三者だと主張したい。

H18-6　しかし，Yは，詐欺に基づく行為（抵当権の放棄）を前提として新たに利害関係を取得した者ではないので，善意（無過失）の第三者には該当せず，保護されない（大判明33.5.7）。

➡　残念ながら第２順位に逆戻りする。

(3) 登記の要否

善意・無過失の第三者が保護されるために登記が必要か否かについては，議論がある。

➡　登記必要説と登記不要説がある。

登記不要説→　条文では登記が要求されていないし，取引の安全を保護する趣旨から登記まで要求する必要はない。

登記必要説→　帰責性の（ほぼ）ない表意者を犠牲にして善意・無過失の第三者を保護するものであるため，第三者としてもなし得ることをすべてなすべきだ。

判例は登記不要説に立っているかのようにも見えるが，そうではないと解釈する人もいる。

(4)　第三者が利害関係を有するに至った時期

善意・無過失の第三者として保護されるためには，**詐欺による意思表示の取消しがされる前に利害関係を有するに至った者**である必要がある。

➡　つまり，善意・無過失の第三者として保護されるのは，詐欺に基づく法律行為がされた後，詐欺による取消しがされる前に利害関係を有するに至った者。

詐欺による取消しがされた**後に**利害関係を有するに至った者は，善意・無過失の第三者として保護されない。

【例－1】　ケーススタディのように，①Ｂの詐欺に基づきＡは売買の意思表示をした。②Ｂは善意・無過失のＣに土地を転売した。③Ａは，Ｂの詐欺を理由に売買の意思表示を取り消した。という流れであれば，Ｃは善意・無過失の第三者として保護される。

【例－2】　ケーススタディの事例で，仮に①Ｂの詐欺に基づきＡは売買の意思表示をした。②Ａは，Ｂの詐欺を理由に売買の意思表示を取り消した。③Ｂは善意・無過失のＣに土地を転売した。という流れであれば，Ｃは善意・無過失の第三者として保護されない。

詐欺による取消しがされた後に第三者が権利を取得した場合は，権利が復帰した表意者と第三者は**対抗の関係**（民§177）となるとされている。 H27-7 H18-6

【例】　上記【例－2】の場合は，土地が復帰したＡとＢから土地を買い受けたＣは対抗の関係となる。
　つまり，**先に登記をした方が勝つ**。

重要!

“対抗”の話は，物権編で詳しく解説する。

3　強　迫

ケーススタディ

Aは，Bから「お前の腕時計を１万円で俺に売らなければぶっ飛ばすぞ！」と言われ，ぶっ飛ばされるのが嫌なので時計を売った。

その後，体を鍛えてBの脅しもへっちゃらになったAは，腕時計を取り戻すことができるか（力ずくで取り戻すという意味ではない）。

1　意　義

（詐欺又は強迫）

第96条　詐欺又は強迫による意思表示は，取り消すことができる。

(1)　強迫とは

強迫とは，不法に害悪を告知することによって相手方を畏怖させ，意思表示をさせることをいう。

プラスアルファ

“きょうはく”は，民法では強迫と書く。刑法では脅迫と書く（刑§222）。

(2)　強迫による意思表示までのプロセス（ケーススタディの事例）

①　Bの強迫行為（１万円で売らないとぶっ飛ばすぞ！）。

↓

②　これにより，Aは「やばい。売らないとぶっ飛ばされる。嫌だなぁ。売るしかないかなぁ」という動機が生まれた。

↓

③　Aは，「腕時計を１万円で売ろう」と決めた（内心の効果意思）。

↓

④　Aは，「腕時計を１万円で売る」と表示した（表示行為）。

☆　効果意思（腕時計を１万円で売ろう）と表示行為（腕時計を１万円で売る）は一致している。しかし，効果意思を形成する過程において瑕疵（Bに脅された）がある。

2　効　果

強迫による意思表示は，取り消すことができる（民§96Ⅰ）。

理由　強迫により瑕疵ある意思表示をした者を保護する趣旨である。

【例】　ケーススタディの事例では，Aは，売買の意思表示を取り消すことができる。

意思表示の取消しがされたら，初めから無効であったものとみなされる（民§121Ⅰ）。

・　もの凄い強迫をされて，完全に意思の自由を奪われて意思表示をした場合には，その意思表示は当然に無効と解されている（最判昭33.7.1）。

➡　内心の意思がないのだから，無効。

【例】　拳銃をこめかみに突きつけられて「時計を１万円で売れ」と脅され，何の思考もできないまま「はい」と答えたような場合は，売買の意思表示は無効。

3　第三者による強迫

第三者による強迫がされた場合，相手方がその事実を知らなくても，意思表示を取り消すことができる。

プラス アルファ

民法では，第三者による“詐欺”がされた場合，相手方がその事実を知っている場合または知ることができた場合に限り意思表示を取り消すことができると規定している（民§96Ⅱ）。一方，第三者による“強迫”については規定していない。

そのため，民法96条２項の反対解釈として，第三者による強迫の場合は，相手方の善意・悪意を問わずに取り消すことができるとされている。

理由　詐欺をされた者よりも強迫をされた者の方を厚く保護すべきである。

➡　詐欺をされた者は，“うっかり騙された”という落ち度がある。

4　強迫による取消しと第三者の関係

ケーススタディ

Aは，Bの強迫によって土地をBに売り渡し，AからBへの所有権の移転の登記がされた。そして，Bは，この土地をCに転売した。Cは，Aが強迫によって売買の意思表示をしたことを知らず，また知らないことについて過失もなかった。

Aは売買の意思表示を取り消し，Cに対して土地の返還を求めることができるか。

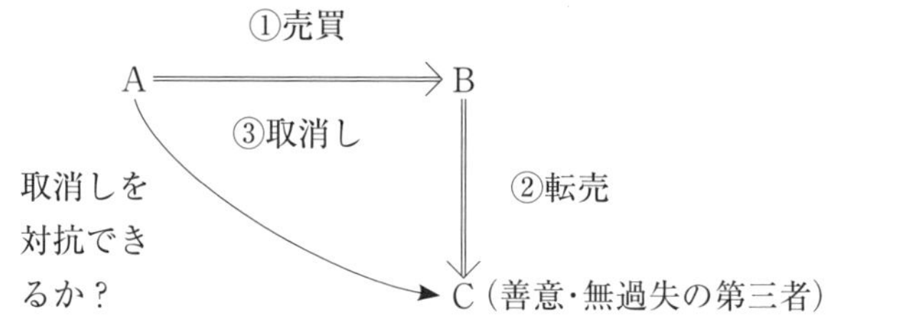

⑴　善意の第三者との関係

強迫による意思表示の取消しについては，善意・無過失の第三者を保護する規定は置かれていない。

R4-7
H30-4
H27-7
H18-6
H3-8

したがって，強迫による意思表示の取消しをもって，**善意・無過失の第三者に対抗することができる**（民法96条３項の反対解釈）。

アルファ

詐欺による意思表示の取消しについては，善意・無過失の第三者に対抗することができない（民§96Ⅲ）。

考え方　詐欺をされた者よりも強迫をされた者の方を厚く保護すべきである。

【例】　ケーススタディの事例では，AはCに対し，AB間の売買の意思表示の取消しをもって対抗することができる。つまり，AはCに対し，土地を返してくれと請求できる。

⑵　取消し後の第三者との関係

強迫による取消しがされた後に第三者が権利を取得した場合は，権利が復帰した表意者と第三者は**対抗の関係**（民§177）となるとされている。

第6節　意思表示の効力発生時期と受領能力

Topics
・ここでは，意思表示の効力発生の時期と意思表示の受領能力について学習する。
・効力発生については，到達主義と発信主義という概念に注意しておくこと。

1　序　論

売買等の契約は，契約当事者の（申込みと承諾の）意思表示が合致することによって成立する（民§522 I）。

【例】　売買契約の場合は，売主の「この時計を10万円で売ります」という意思表示と，買主の「その時計を10万円で買います」という意思表示が合致することによって成立する。

契約当事者が同じ場所にいて，その場で「売ります」，「買います」という意思表示をした場合（また，離れた場所にいても，電話でやりとりをした場合）は，まったく問題なくその瞬間に契約が成立する（対話者間の意思表示）。

では，当事者が離れた場所にいて，手紙のやりとりで契約の意思表示をしたような場合は，**どの時点で意思表示の効力が生じて，どの時点で契約が成立するのか？**

2　意思表示の効力発生時期

(1)　意思表示が伝達されるまでのプロセス

隔地者（離れた場所にいる者）間での意思表示は，以下のプロセスを経て伝達される。

①表白	→	②発信	→	③到達	→	④了知
（手紙を書く）		（投函する）		（配達される）		（手紙を読む）

この①から④までのプロセスの中で，どの段階で意思表示の効力の発生を認めるかが問題となる。

> （意思表示の効力発生時期等）
> **第97条**　意思表示は，その通知が相手方に到達した時からその効力を生ずる。

民法では，（原則として）**到達主義**を採用している。

➡　上記のプロセスの③の時点で意思表示の効力が発生する。

プラスアルファ

ただし，例外的に発信主義が採用されている場面もある（民§20，後述）。

(2)　到達とは

"到達した時"とは，社会観念上，相手方がその意思表示を了知し得る客観的状況が生じたといえる時点をいう。

少し平たくいえば，意思表示が相手方の勢力圏内に入れば到達したことになる。

重要！

相手方本人が現実に受領しなくても，手紙が郵便受けに入れられた場合には，到達したことになる。

➡　本人が手紙の内容を見ていなくても，意思表示の効力が生ずる。

【例】　以下の場合も，到達したといえる。

① （意思表示が記載された書面を）同居の親族が受け取った（大判明45.3.13）。

② 本人が，（正当な理由なく）郵便物の受領を拒絶した（大判昭11.2.14）。

③ 本人が不在のため内容証明郵便を交付できず，さらに郵便局の留置期間も過ぎたために差出人に送り返された場合（最判平10.6.11）。

(3)　意思表示の撤回

意思表示は到達主義が採用されているので，意思表示が到達するまでであれば，その意思表示を撤回することができる。

(4)　意思表示の到達の妨害

（意思表示の効力発生時期等）
第97条
2　相手方が正当な理由なく意思表示の通知が到達することを妨げたときは，その通知は，通常到達すべきであった時に到達したものとみなす。

意思表示の到達を妨害した者が，「到達してないですよ」と主張することは許されない。

➡　当たり前である。

(5)　表意者の死亡，能力の喪失

①　原　則

（意思表示の効力発生時期等）
第97条
3　意思表示は，表意者が通知を発した後に死亡し，意思能力を喪失し，又は行為能力の制限を受けたときであっても，そのためにその効力を妨げられない。

表意者が通知を発した後に死亡し，意思能力を喪失し，又は行為能力の制限を受けたときであっても，意思表示の効力に影響は及ばない（民§97Ⅲ）。 H24-4 H3-8

意思表示を発した時点で意思表示は完成しているので，その効力を否定する必要はない。

②　例　外

“契約の申込みの意思表示”については，例外的な規定が設けられている（民§526）。

(6)　意思表示の効力の発生につき発信主義が採用される場合

・　相手方の催告に対する制限行為能力者側の確答（民§20）

制限行為能力者が法律行為をした場合は，（一定の要件のもと）これを取り消すことができる（民§５等）。

一方，その相手方は，制限行為能力者の側（法定代理人等）に対し，その行為を追認するか否か確答してくれと催告をすることができる（民§

20)。

そして，この催告に対し，一定の期間内に確答を発しないときは，追認した（取り消した）ものとみなされる（同）。

理由　到達主義を採用すると，制限行為能力者側に不測の損害が及んでしまう場合があり，適切でない。

(7) 公示による意思表示

意思表示の相手方が行方不明であったり，また意思表示の相手方が誰か分からないということもあり得る。

このような場合は，公示による意思表示が認められている。

> （公示による意思表示）
> **第98条**　意思表示は，表意者が相手方を知ることができず，又はその所在を知ることができないときは，公示の方法によってすることができる。
> **2**　前項の公示は，公示送達に関する民事訴訟法の規定に従い，裁判所の掲示場に掲示し，かつ，その掲示があったことを官報に少なくとも１回掲載して行う。（後略）
> **3**　公示による意思表示は，最後に官報に掲載した日又はその掲載に代わる掲示を始めた日から２週間を経過した時に，相手方に到達したものとみなす。（後略）

裁判所に行くと，入口のあたりにガラス窓のついた掲示板がある。ここに意思表示の内容が記載された書面を掲示する。そして，官報にも掲載する。

用語説明

官報→　政府が発行する新聞のようなもの。

H24-4　この要件が整ったら，最後に官報に掲載等された日から２週間を経過した時に，その意思表示が相手方に到達したものとみなされる。

3　意思表示の受領能力

(1) 意　義

意思表示はその到達によって効力を生ずるが，これは意思表示を受け取った相手方がその内容をきちんと理解（了知）できる能力を有していることが前提である。

この“意思表示の内容をきちんと理解（了知）できる能力”を，意思表示の受領能力という。

(2) 受領能力のない者

（意思表示の受領能力）
第98条の２　意思表示の相手方がその意思表示を受けた時に意思能力を有しなかったとき又は未成年者若しくは成年被後見人であったときは，その意思表示をもってその相手方に対抗することができない。ただし，次に掲げる者がその意思表示を知った後は，この限りでない。
一　相手方の法定代理人
二　意思能力を回復し，又は行為能力者となった相手方

受領能力は，他人の意思表示の内容を理解する能力なので，行為能力と比較すると，ある程度低い精神能力で足りる。

そこで，民法は，意思能力のない者，未成年者および成年被後見人について受領能力を否定した。 H31-4 H3-8

重要!

被保佐人や被補助人は受領能力を有する。

プラスアルファ

未成年者に対して意思表示をした場合は，その意思表示をもって相手方（未成年者）に“対抗できない”とされている。まったく効力が生じないわけではない。

そのため，未成年者の側から意思表示の到達（意思表示の効力の発生）を主張することはできる。

・ 未成年者や成年被後見人に対して意思表示がされた場合でも，その法定代理人（親権者や成年後見人）がその意思表示を知ったときは，意思表示があったことを対抗することができる（民§98の２ただし書）。 H24-4

第６章
代　理

第1節　総　則

Topics
- この章では代理について学習する。
- 代理は，本試験でも頻繁に出題されており，重要な論点である。条文上の要件・効果を押さえると同時に，類似概念（使者など）もしっかり押さえておくこと。

ケーススタディ

Ａは自宅建物を売却したいと考えているが，不動産取引の経験がないので，かなり不安であった。Ａの知人のＸは，以前不動産会社に勤めていたので，不動産取引に慣れている。そこで，Ａは，建物の売却についてＸにすべて任せたいと思った。

それは可能か。

1　代理とは

1　代理とは

代理とは，他人が本人に代わって法律行為をして，その効果が本人に帰属することをいう。

ケーススタディの事例で，ＡがＸに対し，建物の売却のための代理権を与えたものとする。この場合，代理人であるＸは，Ａに代わって（Ａを契約の名義人として），Ａの建物を第三者Ｂに売却することができる。

売買契約書

第１条　Ａは，その所有に係る○市△町×丁目１番地，家屋番号１番の建物をＢに売り渡す。

⑵　前項の売買の代金は金1,000万円とする。

（後略）

令和４年３月１日
売主　A
上記代理人　X　㊞
買主　B　㊞

このように代理人がした法律行為（契約）の効力は，本人（A）に帰属する。
➡　Aの建物が適法にBに売り渡されたことになる。

重要❗

この契約は，実際にはXとBが締結している（Aはこの契約に立ち会っていない）。それでも，契約の効力は本人であるAに帰属する。これが“代理”である。

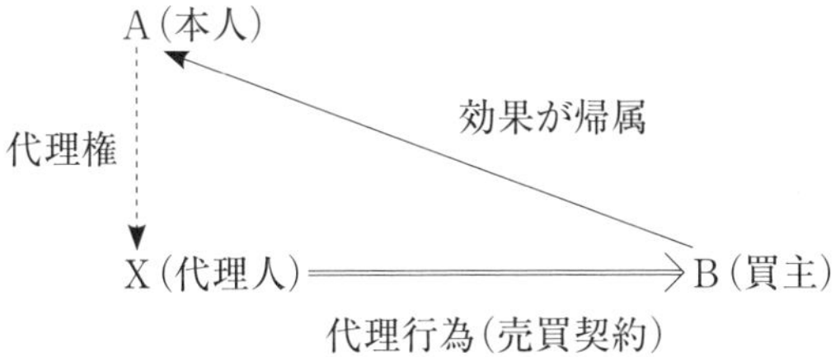

・　詳しくは後で解説するが，このように代理人の行為の効果を本人に帰属させるためには，以下の２つの要件が必要である。

①　代理権の存在
②　顕名

①　代理権の存在

他人のした法律行為の効果が本人に及ぶためには，代理権の存在が必要である。

上記の事例のように，本人が他人に対して代理権を授与したり，あるいは法の規定によって代理権が付与される場合もある。

➡　未成年者の親権者など。

②　顕　名

代理人のした法律行為の効果が本人に及ぶためには，代理人が「本人のためにする」ことを示さなければならない（民§99）。

➡　「私XはAの代理人として（Aのために）契約をしています」と示す必要がある。

2　代理という制度の必要性

⑴　私的自治の拡大

ケーススタディの事例のように，自分には難しくてなかなかできないことが，代理という制度を利用することでできるようになる。

➡　任意代理がこれに当てはまる。

⑵　私的自治の補充

意思能力がない者や行為能力がない者は，自分で有効に契約等をすることができない。この場合は，法定代理人（親権者等）がこれらの者に代わって契約等をして，財産の管理等が実現される。

➡　法定代理がこれに当てはまる。

3　代理の分類

代理も，いくつかの観点から分類することができる。

⑴　任意代理と法定代理

①　任意代理

当事者の意思に基づいて代理権が発生するもの。

【例】　AがBに対し，建物の売却の代理権を与える。

②　法定代理

法律の規定によって代理権が発生するもの。

【例】　民法824条で，「親権を行う者は，子の財産を管理し，かつ，その財産に関する法律行為についてその子を代表（代理）する。」と規定している。

子供が親権者（親）に対して代理権を与えるのではなくて，法律上当然に親は子の代理人となる。

その他，成年後見人（民§859），不在者の財産管理人（民§25），遺言執行者（民§1015）などが規定されている。

⑵　能動代理，受動代理

①　能動代理

代理人が本人に代わって，相手方に意思表示をすること。

②　受動代理

相手方の意思表示を，代理人が本人に代わって受けること。

(3) 有権代理，無権代理

①　有権代理

きちんと代理権があって代理人が行為をすること。

➡　これが通常である。

②　無権代理

代理権がないのに，代理人として行為をすること。

➡　代理権がないのだから，代理人としてした行為の効力は，原則として本人に及ばない。ただし，場合によっては本人に効力が及ぶこともある（詳しくは後述）。

【例】　ＡはＸに対して代理権を与えていないのに，Ｘは，Ａの代理人と嘘をついて，Ａの所有する建物をＢに売却した。

➡　Ｘは代理権を有していないので，Ｘのした売買の効力は（原則として）本人Ａに及ばない。

4　代理と使者の違い

(1) 使者とは

使者とは，本人の命によって動く伝達機関あるいは表示機関。

【例】・　本人が書いた手紙を相手方に届ける。　→　伝達機関

・　本人の決定した意思を相手方に表示する（言う）。→　表示機関

(2) 代理との違い

根本的な違いは，意思決定をする主体。

代理の場合→　**代理人が意思決定**をする。　H16-5

【例】　Ａが，建物の売却の代理権をＸに与えた場合，誰に売るか，そしていくらで売るかを決定するのは代理人Ｘ。

➡　代理人Ｘの判断で契約をする。

使者の場合→　**本人が意思決定**をする。使者は，その意思表示を伝達（表示）　H16-5

するだけ。

【例】 Aが，Bに対して建物を1,000万円で売ることに決めた。そして，この意思表示を手紙に書いて，使者であるXに対し「これをBに渡してきて」と託した。XはB宅に行って，この手紙を渡した。
➡ 本人Aの判断で契約をする。

重要！

このように，意思決定をする主体が異なるので，代理と使者では以下のような違いが生ずる。

① **本人に要求される能力**

H16-5 代理の場合→ 意思決定をするのは代理人なので，本人は，意思能力も行為能力も不要。

H16-5 使者の場合→ 意思決定をするのは本人なので，本人は，意思能力，行為能力ともに必要。

② **代理人または使者に要求される能力**

H16-5 代理の場合→ 意思能力は必要であるが，行為能力は不要（民§102）。
➡ 詳しくは後述。

H16-5 使者の場合→ 使者は，本人の決定した意思を単に伝達（表示）するだけの機関であるから，意思能力，行為能力ともに不要。

③ **主観的事情**

H16-5 代理の場合→ 意思の不存在，意思表示の瑕疵，善意・悪意については，意思表示の主体である**代理人を基準**とする。

H16-5 使者の場合→ 意思の不存在，意思表示の瑕疵，善意・悪意については，意思表示の主体である**本人を基準**とする。

④ 錯誤の有無

代理の場合→ 代理人の意思と代理人の表示が食い違う場合に生ずる。
➡ 代理人が意思決定をして代理人が表示行為をするので，代理人の意思と表示の間に食い違いがある場合には，錯誤が生ずる。

使者の場合→　本人の意思と使者の表示が食い違う場合に生ずる。
➡　本人が意思決定をして，使者が表示行為をするので，本人の意思と使者の表示に食い違いがある場合には，錯誤が生ずる。

⑤　復任権の有無（他人に任務をさせることの可否）
代理の場合→　任意代理の場合は原則としてなし（民§104）。法定代理の場合はあり（民§106）。 H16-5

理由　任意代理の場合，本人は，ある特定の人物を信頼して代理権を与えたのだから，代理人は気軽に「ちょっと代わって」と言うことはできない。

使者の場合→　権限が小さいので，復任が広く認められる。 H16-5

2　代理の要件，効果

1　代理権の発生

(1)　法定代理権の発生

①本人に対して一定の地位を有する者が当然に法定代理人となる場合，②協議や指定によって法定代理人となる場合，③裁判所が選任する場合がある。

①　本人に対して一定の地位を有する者が当然に法定代理人となる場合
未成年者の親権者（父母）は，当然に未成年者の代理人となる（民§824）。

②　協議や指定によって法定代理人となる場合
親権者である父母が離婚をするときは，父または母のどちらかを親権者と定める必要があり（民§819Ⅰ），その者が代理人となる。

③　裁判所が選任する場合
成年後見人，相続財産清算人等は，家庭裁判所が選任する。

⑵　任意代理権の発生

本人が代理人に対して代理権を授与することによって任意代理権が発生する。

プラスアルファ

この代理権の授与（授権行為）の法的な性質については，議論がある。

① 単独行為説→　本人から代理人への代理権を授与する旨の一方的な（単独の）意思表示によって代理権が発生するとする説。
② 契　約　説→　本人と代理人の間の代理権授与契約によって代理権が発生するとする説。
＊　民法に定める委任契約をすることによって当然に代理権が発生する（委任契約とは別に代理権の授与は不要）と解する説もある。

2　代理人の能力

ケーススタディ

Aは，親戚のX（17歳の未成年者）に対し，自分の所有する建物を売却するための代理権を与えた。そして，XはAを代理して，Aの所有する建物をBに売却する契約を締結した。

本人Aは，この売買契約について，未成年者（制限行為能力者）がした行為であることを理由に取り消すことができるか。

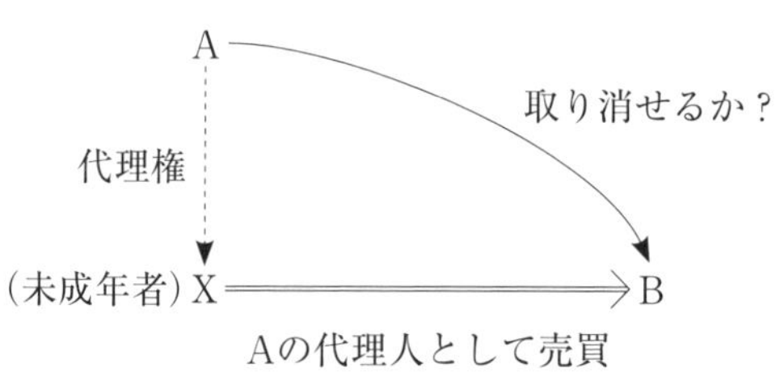

⑴　代理人に要求される能力

（代理人の行為能力）
第102条　制限行為能力者が代理人としてした行為は，行為能力の制限によっては取り消すことができない。（後略）

代理人は，意思能力は必要であるが，**行為能力は必要ではない。** H22-5

理由 代理人のした行為の効力は，本人に及ぶ（民§99)。代理人（制限行為能力者）には効力が及ばないので，制限行為能力者が不利益を受けることはない。また，本人が，制限行為能力者であることを承知で代理人に選ぶのであれば，それは自由といえる。

➡ 代理人がヘンな内容の意思表示をしたとしても，それはその者を代理人として選んだ本人の責任。

制限行為能力者である代理人が，相手方と売買等の契約をした場合，**本人は，制限行為能力者の行為であることを理由として取り消すことはできない。** R4-4 H29-4 H13-1 H12-3

【例】 ケーススタディの事例では，本人Aは，代理人Xのした売買について，未成年者の行為である（親権者の同意を得ていない）ことを理由として，取り消すことはできない。

・ ただし，制限行為能力者が，**他の制限行為能力者の法定代理人として**した行為については，行為能力の制限を理由として**取り消すことができる**（民§102ただし書)。

理由 制限行為能力者が，他の制限行為能力者の法定代理人として行為をした場合，その行為を取り消せないものとすると，本人である制限行為能力者の保護に欠けるおそれがある。

➡ 任意代理の場合は，制限行為能力者を代理人に選んだ本人の責任といえるが，法定代理の場合は，本人がその制限行為能力者を代理人に選んだわけではないので，(判断能力が十分でない）代理人の行為のリスクを，本人に負担させるのは適切でない。

【例】 未成年者Xの父Aが，保佐開始の審判を受けた。

➡ 制限行為能力者（被保佐人）Aが，他の制限行為能力者（未成年者）Xの法定代理人（親権者）である。

そして，被保佐人である親権者Aは，子Xを代理して，Xの所有する建物をBに売却した（保佐人の同意は得ていない)。なお，この建物の市場価格はおよそ800万円であるが，Aは判断能力が十分でないため，300万円でBに売ってしまった。

➡ 本人Xとしては，500万円の損となってしまう。
➡ 本人Xにとって，酷である。

この場合，制限行為能力者（被保佐人）Aが，他の制限行為能力者（未成年者）Xの法定代理人としてした行為（建物の売買契約）について，行為能力の制限を理由として取り消すことができる。

(2) 代理権発生の基礎となる委任契約について

ケーススタディでは，「Aは，･･･X（17歳の未成年者）に対し，･･･代理権を与えた。」とだけ記したが，実際は，AX間で建物の売却に関する委任契約（民§643）をして，AがXに代理権を与える，といった流れとなる。

では，この委任契約について，Xが親権者の同意を得ることなくAと締結した場合，X（または親権者）は，この委任契約を取り消すことができるか否かが問題となる。

この委任契約については，通常の法律行為であるので，未成年者は法定代理人（親権者等）の同意を得なければ委任契約を締結することはできない（民§5Ⅰ）。

法定代理人の同意を得ないで委任契約を締結した場合は，未成年者または法定代理人はこの委任契約を取り消すことができる（同Ⅱ）。

3　代理権の範囲

代理人は，本人のためにどういったことをすることができるのか。これは，任意代理と法定代理で異なる。

(1) 任意代理の場合

任意代理人の権限は，当事者間の合意（授権行為）の内容による。

【例】 AがXに対して，建物の売却のための代理権を与えた場合は，Xは，Aの建物を売却する契約をし，その登記をすることができる（大判大14.10.29）。

(2) 法定代理の場合

法定代理は，法の規定による代理であるから，その権限も法で定める内容となる。

【例】　不在者の財産管理人の権限については民法28条で定められている。
　　　　未成年者の親権者の権限については民法824条で定められている。

(3)　権限の定めのない代理人の場合

代理権があることは明らかであるが，その権限が定められていない場合は，代理人は以下の行為をすることができる。

（権限の定めのない代理人の権限）
第103条　権限の定めのない代理人は，次に掲げる行為のみをする権限を有する。
一　保存行為
二　代理の目的である物又は権利の性質を変えない範囲内において，その利用又は改良を目的とする行為

代理権の内容が定められていなかったり，また明確でない場合，代理人はあまり勝手なことをするべきではない。

このような場合，代理人は，本人の財産について保存行為，（性質を変えない範囲内における）利用または改良を目的とする行為をすることができる。

➡　いわゆる**管理行為**。
➡　処分行為をすることはできない。

	意　義	具体例
保存行為	財産の現状を維持する行為	家屋を修繕する。 消滅時効の完成を猶予させる。 期限の到来した債務を弁済する。 腐敗しやすい物を売ってお金にしておく。
利用行為 ＊1	財産の収益を図る行為	物を賃貸する。 金銭を利息付で貸し付ける。 現金を銀行預金にする。

改良行為 ＊1	財産の使用価値または交換価値を増加する行為	家屋に造作を施す。 無利息の貸金を利息付に改める。 ＊2

＊1 利用行為，改良行為については，物や権利の性質を変えない範囲内においてすることができる。

＊2 田んぼを宅地にすることは，物の性質が変わるので認められない。

重要！

保存行為という言葉はこれから何回か出てくる（民法だけではない）。保存行為とは財産の現状を維持する行為だということをしっかり理解しておくこと。

4 顕名（本人のためにすることを示すこと）

(1) 顕名の必要性

（代理行為の要件及び効果）
第99条 代理人がその権限内において本人のためにすることを示してした意思表示は，本人に対して直接にその効力を生ずる。

代理人がその権限内において本人のために行為をしたときは，その効果は直接本人に対して及ぶが，そのためには，**本人のためにすることを示す**必要がある（顕名）。

【例】 Aは，Xに対し，M社のNというスポーツカーを購入するための代理権を与えた。

この場合，代理人Xは，「自分はAの代理人です」ということを示して，スポーツカーの購入契約をする必要がある。具体的には，以下のような契約書となる。

自動車売買契約書

（中略）

買主 A
上記代理人 X ㊞

➡　これにより，売買の効果は直接Aに帰属する（Aが自動車を買ったことになる）。

プラスアルファ

署名代理

代理人が，代理という形ではなく，あたかも本人が契約をしているように，本人の名前を書いて契約等をすることを，**署名代理**という。 H26-5

➡　そして，本人から借りてきたハンコを押す。

この場合，きちんと代理権があって，代理人に代理意思があれば，有効な代理行為と認められる。 H22-5

(2)　本人のためにすることを示さなかった場合

代理人が本人を代理する意思で意思表示をしたが，**本人のためにすることを示さなかった**，ということもあり得る。

➡　うっかりしてしまったのだろう。

【例】　Aは，Xに対し，M社のNというスポーツカーを購入するための代理権を与えた。そして，Xは，Aのためにスポーツカーを購入しようと思ったが，間違って契約書に「買主　X」と書いて自分のハンコを押してしまった。

➡　「Aの代理人」と書き忘れた。

この場合の意思表示の効力はどうなるのか。

（本人のためにすることを示さない意思表示）

第100条　代理人が本人のためにすることを示さないでした意思表示は，自己のためにしたものとみなす。ただし，相手方が，代理人が本人のためにすることを知り，又は知ることができたときは，前条第1項の規定を準用する（本人に対して直接にその効力を生ずる）。

重要!

顕名をしなかったときは，代理人がした意思表示は，自己のためにしたものとみなされる。 R4-5

理由　代理人の意思としては本人のためにするつもりであったとしても，表示としては代理人自身の名義で意思表示をしているので，当然にその効力を本人に及ぼすことはできない。

【例】　前記の例でいうと，Xがスポーツカーを買ったことになる。

➡　Xは「俺は車なんかいらない」と思うかもしれないが，「買主　X」として売買契約をしたのだから，仕方ない。

プラスアルファ

Xとしては，内心の意思は「Aのために車を買う」で，表示行為は「Xが車を買う」なので，錯誤取消しを主張したいところだが，それは許されない。

➡　錯誤取消しを認めたら，契約の相手方が不当な不利益を受けることになる。

H26-5
H22-5
H18-4

ただし，**相手方が，代理人が本人のためにしていることを知っていた場合，またはそれを知ることができた場合**は，その効力は本人に帰属する。

理由　代理人が（顕名はしていないが）本人のために意思表示をしていることを相手方が知っている（知ることができた）のだから，その効力を本人に帰属させても，相手方に不当な不利益が及ぶようなことはない。

【例】　前記の例で，代理人Xは「買主　X」として売買契約をしてしまったが，相手方が，“XはAに頼まれてAのために売買をしているんだな”と知っていた場合は，この売買の効力はAに及ぶ。

5　代理の効果

本章の最初に述べたとおり，代理人がその権限内において本人のためにすることを示してした意思表示は，**本人に対して効力を生ずる**（民§99Ⅰ）。

6　代理権の濫用

ケーススタディ

AはXに対し，建物を売却するための代理権を与えた。Xは，代理人としてAの建物を売却するにあたり，代金を着服して遊びまくろうと考えていた。そして，XはAの代理人として，Aの所有する建物をBに売り渡す契約をし，その代金を着服した。
　Aは，Bに建物を引き渡さなければならないのだろうか。

⑴　代理権の濫用

代理権の濫用とは，代理人が，本人の利益のためではなく，**自分の利益のために代理行為をすること**である。

ケーススタディの事例では，代理人Xは，代理権の範囲内で，Aの代理人として売買契約を締結している。

➡　代理権があって顕名もしているので，適法な代理行為のように見える。

しかし，Xの真意は，売却代金を着服し，自分のために使おうと考えている。

この場合，代理人Xがした売買の効力は本人Aに及ぶのか，それとも及ばないのかが問題となる。

➡　売買の効力が本人Aに及ぶのならば，Aは（代金を貰っていないのに）建物をBに引き渡さなければならない。一方，本人Aに及ばないのならば，Bは（代金を支払ったのに）建物を取得できないことになる。

⑵　結　論

（代理権の濫用）
第107条　代理人が自己又は第三者の利益を図る目的で代理権の範囲内の行為をした場合において，相手方がその目的を知り，又は知ることができたときは，その行為は，代理権を有しない者がした行為とみなす。

代理権の濫用があった場合でも，**原則としては，その効力は本人に対して及ぶ**。 H22-5

【例】　ケーススタディの事例では，代理人XとBの間でされた売買の効力は，本人Aに及ぶ。つまり，Aは，建物をBに引き渡す必要がある。

理由　代理権の範囲内の行為で，顕名もあるのだから，代理行為の効力を生じさせて相手方を保護すべきである。本人は不利益を受けることになるが，代理権の濫用をするような奴を代理人に選んでしまったのだから，その不利益は受け入れるしかない。

H30-5
H26-5
H18-4
H12-3

ただし，相手方が代理人の真意（本人の利益のためではなく自分または第三者の利益のために行為をする）を知っていた，あるいは知ることができた場合は，その行為は代理権を有しない者がした行為（**無権代理行為**）とみなされる。

➡　原則として，本人に対して効力を生じない。

→　無権代理については後述。

【例】　ケーススタディの事例で，Bが，Xの真意（代金を着服して遊びまくろうと思っている）を知っていた場合，もしくは知ることができた場合は，この売買の効力は本人Aに及ばない。

➡　BはAに対し，建物を引き渡してくれと請求することができない。

理由　代理人の意図を知っていた（知ることができた）のだから，相手方より本人を保護すべき。

3　代理行為の瑕疵

ケーススタディ

Aは，Xに対し，中古車の購入のための代理権を与えた。そして，代理人XがBから中古車を購入する契約をする際に，BはXに対して詐欺を行った（本当は事故車でオイル漏れもしているのに，事故をしたことがなく不具合は一切ないと告げた）。

Aは，詐欺を理由に売買の意思表示を取り消すことができるか？

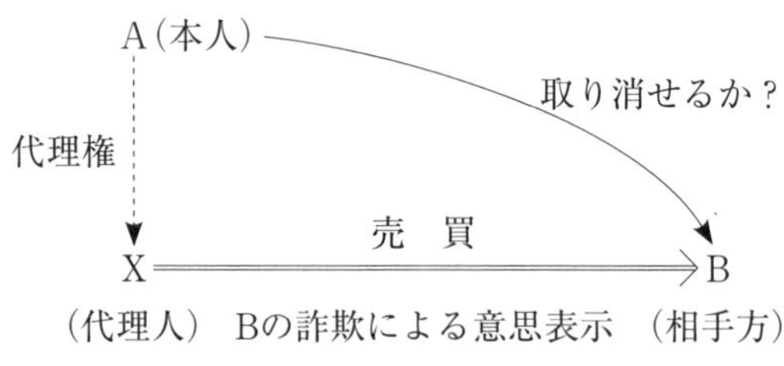

1　代理行為に瑕疵がある場合

第５章の「意思表示」で解説したように，契約等の意思表示が通謀虚偽表示である場合にはそれは無効であり（心裡留保は原則有効），また錯誤，詐欺や強迫によって意思表示がされた場合は，表意者はそれを取り消すことができる。

では，代理人が本人のために意思表示をする場合，意思の不存在や瑕疵ある意思表示等の事情は，**誰を基準として**考えるべきであるか。

➡　本人を基準として考えるべきか，代理人を基準として考えるべきか。

（代理行為の瑕疵）

第101条　代理人が相手方に対してした意思表示の効力が意思の不存在，錯誤，詐欺，強迫又はある事情を知っていたこと若しくは知らなかったことにつき過失があったことによって影響を受けるべき場合には，その事実の有無は，代理人について決するものとする。

2　相手方が代理人に対してした意思表示の効力が意思表示を受けた者がある事情を知っていたこと又は知らなかったことにつき過失があったことによって影響を受けるべき場合には，その事実の有無は，代理人について決するものとする。

結論としては，**代理人を基準として**考えるべきである。 R4-5

理由　代理行為においては，代理人自身が意思表示の内容を決定するから。

【例】・　代理人が相手方と通謀して虚偽の意思表示をした場合には，本人がそのことを知らなくてもその意思表示は無効（民§94）。 H9-2

➡　異なる見解もある。

・　代理人が詐欺や強迫を受けて意思表示をした場合は，**本人はそれを取り消すことができる**（民§96Ⅰ）。 H22-5

➡　ケーススタディの事例では，本人Aは売買の意思表示を取り消すことができる。

・　代理人が相手方に対して詐欺を行った場合，本人がその事情を知らなくても，相手方はその意思表示を取り消すことができる（民§96Ⅰ，大判明39.3.31，大判昭7.3.5）。 H12-3

プラス アルファ

H9-2　本人が相手方に対して詐欺を行った場合，代理人がその事情を知らなくても，相手方はその意思表示を取り消すことができる。

➡　代理においては，基本的に本人の事情は代理行為の効果に影響を及ぼさないが，本人が詐欺を行ったような場合に（代理人がその事情を知らないからといって）相手方がその意思表示を取り消せないとしたら極めて不当といえる。

2　代理人が，本人から特定の法律行為をすることを委託された場合

（代理行為の瑕疵）
第101条
3　特定の法律行為をすることを委託された代理人がその行為をしたときは，本人は，自ら知っていた事情について代理人が知らなかったことを主張することができない。本人が過失によって知らなかった事情についても，同様とする。

1のとおり，代理行為においてある事実を知っているもしくは知らないということは，代理人を基準として判断する。

H30-5 H9-2　しかし，**本人が代理人に対して特定の法律行為をすることを委託**したような場合は，本人は，自分が知っていた事情について代理人が知らなかったことを主張することができない。

理由　この場合は，実質的に本人が意思決定をしているから。

H5-4　【例】　AはXに対し，Bの所有する特定の家屋を購入することを委託し，代理人XはBから当該家屋を購入した。しかし，その家屋には（居住の目的を達成できないほどの）不具合があった。
代理人Xはこの不具合を知らなかったが，本人Aは不具合があることを知っていたときは，Aはこの売買契約を解除することができない。

4　復代理

ケーススタディ

　AはXに対し，中古車を購入するための代理権を与えた。Xは，最初はAのためにいい中古車を買ってあげようとやる気まんまんだったが，だんだん面倒くさくなってきた。

　Xは，他の人に「Aのために中古車を買ってくれ」と頼むことができるか。

1　復代理とは

　復代理とは，代理人が，自己の名でさらに代理人（復代理人）を選任して，復代理人が本人を代理して行為をすることである。 H19-5

アルファ

「自己の名で」というのは，復代理人を選任することは代理行為ではないことを意味する。

2　復代理人を選任することの可否（復任権）

(1)　任意代理の場合

（任意代理人による復代理人の選任）
第104条　委任による代理人は，本人の許諾を得たとき，又はやむを得ない事由があるときでなければ，復代理人を選任することができない。

　任意代理人は，原則として復任権はない。 R4-5

理由　本人は，ある特定の人を信頼して代理権を与えている。なのに，勝手に復代理人が選任されて，勝手にその人に代理行為をされてしまったら，本人は困る。

　ただし，①本人の許諾がある場合，または②やむを得ない事由があるときは，任意代理人は復代理人を選任することができる。 H4-2

【例】　ケーススタディの事例では，代理人Xは，本人Aの許諾がある場合またはやむを得ない事由がある場合でなければ，復代理人を選任することはできない。

⑵ 法定代理の場合

① 復任権の有無，本人に対する責任

> （法定代理人による復代理人の選任）
> **第105条** 法定代理人は，自己の責任で復代理人を選任することができる。この場合において，やむを得ない事由があるときは，本人に対してその選任及び監督についての責任のみを負う。

法定代理人は，**いつでも自由に復代理人を選任することができる。**

理由 法定代理人は本人の信任に基づいて選任されるものではなく，また辞任も容易ではない。それに法定代理人は広範な代理権を持つので，復任権を制限するのは妥当ではない。

プラス アルファ

法定代理人の復任権が制限される場面もある（遺言執行者について：民§1016Ⅰ）。

・ 法定代理人は，自己の責任で復代理人を選任することができるとされている（民§105前段）。

つまり，法定代理人は，復代理人の行為について**全責任**を負う。

➡ 自由に復代理人を選任してよいが，その代わりにすべての責任を負う必要がある。

H5-4 ただし，やむを得ない事由によって復代理人を選任した場合は，選任および監督についてのみ責任を負う。

➡ この場合に全責任を負わせるのは酷。

【例】 法定代理人が病気になってしまったため，やむを得ず復代理人を選任したような場合。

3 復代理人の権限

⑴ 復代理人の権限

> （復代理人の権限等）
> **第106条** 復代理人は，その権限内の行為について，本人を代表する。

2　復代理人は，本人及び第三者に対して，その権限の範囲内において，代理人と同一の権利を有し，義務を負う。

復代理人は，本人を代理する。

➡　“代表”というのは，代理の意味。

重要!

復代理人は，あくまで本人の代理人である。代理人の代理人ではない。 H5-4

したがって，復代理人が代理行為をするときは，本人のためにすることを示す必要がある。 H14-4 H4-2

➡　代理人のためにすることを示すのではない。

そして，復代理人が代理行為をしたときは，**その効果は直接本人に帰属する。**

・　代理人の代理権が消滅したときは，復代理人の代理権も消滅する。 H30-5 H19-5

・　復代理人は，本人および第三者に対して，その権限の範囲内において，代理人と同一の権利義務を有する（民§106Ⅱ）。 H14-4

参考判例（最判昭51.4.9）

本人と復代理人との間に選任行為はないが，本人・代理人間に委任契約がある場合には，復代理人は本人に対して受任者としての権利義務を有する。

したがって，復代理人が委任事務を処理するにあたり，相手方より金銭等の物を受領した場合，復代理人は，特別の事情がない限り，その受領した物を本人に対して引き渡す義務を負うほか，代理人に対してもこれを引き渡す義務を負い，復代理人がその受領した物を代理人に引き渡したときは，代理人に対する受領物引渡義務が消滅するとともに，復代理人の本人に対する受領物引渡義務も消滅する。 H19-5

(2)　代理人の権限

代理人が復代理人を選任しても，**代理人の代理権が消滅するものではない。** H19-5 H4-2

➡　代理権を譲渡するわけではない。

代理人と復代理人は，同じ立場で本人を代理することができる（大判大10.12.6）。

5　自己契約，双方代理その他の利益相反行為

📖ケーススタディ

Aは X に対し，自分の所有する建物を売却するための代理権を与えた。Xは,「いい建物だな」と思ったので，自分が買いたいと思った。

Xは，自ら買主となることができるか。

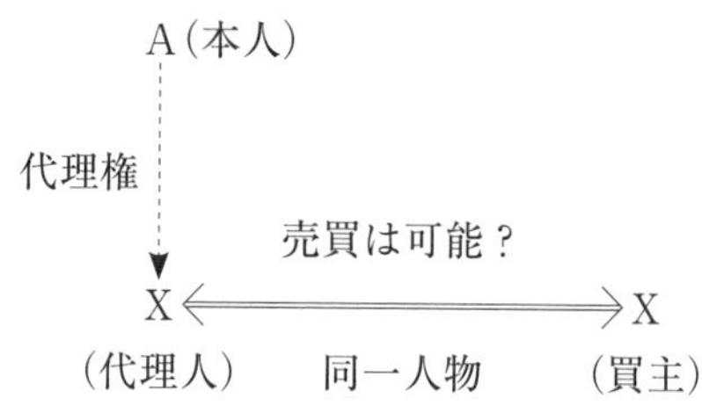

(1)　自己契約，双方代理の（事実上の）禁止

（自己契約及び双方代理等）

第108条　同一の法律行為について，相手方の代理人として，又は当事者双方の代理人としてした行為は，代理権を有しない者がした行為とみなす。ただし，債務の履行及び本人があらかじめ許諾した行為については，この限りでない。

自己契約→　契約の一方の当事者が，相手方の代理人となること。

【例】　ケーススタディの事例。契約の一方の当事者（買主X）が相手方（売主A）の代理人となること。

双方代理→　同一人が，当事者双方の代理人となること。

【例】　A，M間の建物の売買契約において，XがAとMの双方を代理すること。

R4-5　このような自己契約や双方代理は，有効な代理行為とは認められず，代理

権を有しない者がした行為（**無権代理行為**）とみなされる。

➡　事実上，禁止される。

➡　無権代理なので，本人が追認すれば本人に対して効力を生ずる。 H30-5

理由　自己契約については，本人の利益を不当に犠牲にして，自分(代理人）に利益となる契約をしてしまうおそれがあるから（本人と代理人の利益が相反する行為)。

双方代理については，当事者の一方の利益を不当に犠牲にして，他方の利益となる契約をしてしまうおそれがあるから。

【例】　ケーススタディの事例では，Xは，安く建物を手に入れたいから，市場価格より安い値段で売買契約をしてしまう可能性がある。

➡　本人Aの利益を不当に犠牲にして，Xが利益を受ける契約をしてしまうおそれがある。

(2)　自己契約，双方代理ができる場合

自己契約や双方代理は原則としてすることができないが，以下の場合には例外的にすることができるとされている。

①　債務の履行 ②　本人があらかじめ許諾した行為

理由　本人の利益が不当に害されることがないような場合。

①　債務の履行

借りていたお金を返す，あるいは売買の代金を支払うといった行為である。

➡　払わなければいけないものを払うだけの行為である。**新たに契約を結ぶようなものではないの**で，自己契約や双方代理のような形であっても本人の利益を不当に害することはない。

【例】　不動産の売買による所有権の移転の登記について，司法書士は，売主と買主の双方を代理して登記を申請することができる（大判昭19.2.4)。 H11-4

➡　登記の申請も債務の履行といえるものである。

② **本人があらかじめ許諾した行為**

自己契約や双方代理の禁止は，本人の利益が不当に害されるのを防止する趣旨であるから，本人が「別に構わない」と言うのであれば，これを禁止する必要はない。

【例】 ケーススタディの事例で，Aが，代理人Xが買主となることについて許諾すれば，代理人Xは自ら買主となることができる。

(3) その他の利益相反行為

自己契約または双方代理に該当しなくても，代理人と本人の利益が相反する行為については，代理権を有しない者がした行為（無権代理行為）とみなされる（民§108Ⅱ）。

【例】 未成年者Aの親権者（法定代理人）がXであるものとする。

そして，XがYに対して負担している借入金債務を担保するため，Aの所有する不動産にYのために抵当権を設定する場合は，AとXの利益が相反する行為に該当するため（Xがお金を返せなかったときは，Aの不動産が競売されてしまう），本来であれば，XはAのために特別代理人を選任することを家庭裁判所に請求することを要する（民§826Ⅰ）。そして，その特別代理人がAを代理して，Yと抵当権設定契約をする必要がある。

→ 特別代理人については，親族編で解説する。

しかし，特別代理人を選任することなく，XがAを代理して，Yと抵当権設定契約をしたときは，代理権を有しない者がした契約（無権代理行為）とみなされる。

➡ 原則として，本人Aに対して効力を生じない（抵当権は成立しない）。

6 代理権の消滅

（代理権の消滅事由）

第111条 代理権は，次に掲げる事由によって消滅する。

一 本人の死亡

二 代理人の死亡又は代理人が破産手続開始の決定若しくは後見開始の審判を受けたこと。

2 委任による代理権は，前項各号に掲げる事由のほか，委任の終了によって消滅する。

１項は法定代理，任意代理共通の代理権の消滅事由であり，２項は任意代理の代理権の消滅事由である。

➡ 法定代理の代理権の消滅事由は，この民法111条のほか，その種類に応じて，民法の各所で個別に規定されている（民§25Ⅱ，834等）。

(1) 法定代理，任意代理に共通の代理権の消滅事由

① 本人の死亡
② 代理人の死亡
③ 代理人が破産手続開始の決定を受けた
④ 代理人が後見開始の審判を受けた

① 本人の死亡

本人が死亡した場合，本人の地位が相続人に承継されるのではなく，代理権が消滅する。

② 代理人の死亡

任意代理の場合は，本人は，ある特定の人物を信頼して代理権を与えている。そのため，代理人が死亡した場合，その相続人に代理権を承継させることは妥当でなく，代理権は消滅するものとされている。

また，法定代理の場合も，一定の理由があってその者が代理人となっているので，相続人に代理権を承継させることは妥当でなく，代理権は消滅する。

③ 代理人が破産手続開始の決定を受けた

破産したということは，財産管理に関する信用を失ったということである。したがって，その代理人の代理権は消滅する。

プラス アルファ

破産した者を代理人に選任することは構わない。

➡ 財産管理に関する信頼性は低いが，本人がそれでいいと思うのなら，これを否定する必要はない。

民法111条１項２号は，代理人として選任された後に破産手続開始の決

定を受けた場合は，代理権が消滅するという規定である。

プラス アルファ

本人が破産手続開始の決定を受けた場合

任意代理の場合→　本人の破産は，委任の終了事由である（民§653②）。
そのため，代理人の代理権も消滅すると解されている。

法定代理の場合→　代理権は消滅しないと解されている。

④　**代理人が後見開始の審判を受けた**

後見開始の審判を受けたということは，判断能力がかなり低下したということであるから，代理権は消滅する。

(2)　任意代理特有の代理権の消滅事由

代理権の発生の基礎である委任契約が終了した場合は，代理権も消滅する。

第2節　無権代理

Topics
・だんだん話がややこしくなっていくが，出題頻度が高い論点である。条文や判例を丁寧に確認すること。
・無権代理と相続も重要。

ケーススタディ

Xは，代理権がないにもかかわらず，Aの代理人として，Aの所有する建物をBに売り渡す契約をした。

Aは，Bに建物を引き渡さなければならないのか？

1　意　義

（無権代理）

第113条　代理権を有しない者が他人の代理人としてした契約は，本人がその追認をしなければ，本人に対してその効力を生じない。

代理権がないにもかかわらず，代理人として法律行為をすることを，**無権代理**という。

【例】　ケーススタディの事例では，Xは，代理権がないにもかかわらず，Aの代理人として売買契約をしている。まさに無権代理である。

この場合，代理権がないのだから，無権代理人のした法律行為は，**本人に対して効力が生じない**。

理由　当たり前の話である。

【例】　ケーススタディの事例では，無権代理人Xがした売買の効力は，本人Aに対して及ばない。つまり，Aは，建物をBに引き渡す必要はない。

プラスアルファ

ケーススタディの事例で，Xは，あくまで“Aの代理人として”売買契約をしている。X自身を売主としているわけではないから，X・B間の売買として効力を生ずることもない。

2　本人の追認

(1)　追認の意義

無権代理人がした法律行為は，本人に対して効力を生じないが，本人が“無権代理人がした行為を認めてもいい”と思う場合もある。

【例】 ケーススタディの事例で，Aは特に自分の建物を売却する意思はなかったが，無権代理人Xが想定外に高い値段でBに売る契約をしていた場合には，「あっ，売ってもいいかも」と思うこともある。

このような場合，本人は，無権代理人のした行為を**追認**することができる(民§113Ⅰ参照)。

本人が追認したら，無権代理人がした行為は，有効な代理行為となる。つまり，**本人に対して効力が生ずる**ことになる。

理由 本人がいいと言っているわけだし，相手方にとっても契約が実現されるのだから好都合である。

プラス アルファ

無権代理行為は原則として本人に対して効力を生じないが，本人の追認があれば本人に対して効力を生ずることになる。その意味で，無権代理行為は“不確定無効”といえる。

(2)　追認の方法

（無権代理）
第113条
2　追認又はその拒絶は，相手方に対してしなければ，その相手方に対抗することができない。ただし，相手方がその事実を知ったときは，この限りでない。

追認は，相手方のある単独行為である。

追認の意思表示は，相手方に対してしてもいいし，無権代理人に対してしてもいい。

H28-5
H9-3
H7-4

ただし，無権代理人に対して追認の意思表示をしたときは，相手方がその事実を知るまでは，相手方に対抗することができない。

・　追認は，明示の意思表示の形でなく，黙示でもよい。

【例】　ケーススタディの事例で，本人Ａが，相手方Ｂに対し，「売買代金を払ってくれ」と履行の請求をしたときは，無権代理行為について黙示の追認をしたことになる（大判大3.10.3）。

(3)　追認の効果

> （無権代理行為の追認）
> **第116条**　追認は，別段の意思表示がないときは，契約の時にさかのぼってその効力を生ずる。ただし，第三者の権利を害することはできない。

追認がされたら，原則として契約の時にさかのぼってその効力を生ずることになる（遡及効）。 H15-6 H7-4

【例】　ケーススタディの事例で，本人Ａが追認をしたときは，Ｘ・Ｂ間で売買契約がされた時から有効な代理行為であったことになる。

ただし，例外が２つある。

①　別段の意思表示がある場合。
相手方の同意を得て，遡及効を制限したような場合。
➡　追認の時から有効な代理行為とする，といった意思表示。

②　追認の遡及効をもって，第三者の権利を害することはできない。
無権代理行為がされてから，本人の追認がされるまでに，本人と第三者の間で法律関係が発生した場合，追認の遡及効によって第三者の権利を害することができない。

しかし，実際にこの規定が適用される場面はほとんどない。
無権代理行為の相手方と，新たに本人から権利を取得した第三者の関係は，対抗の問題（民§177等）となる場面が多いからである。
➡　“対抗”の意味については，物権編で詳しく解説する。簡単にいうと，不動産に関する物権変動は，先に登記をした方が勝つという原則（民§177）。

【例】　ケーススタディの事例で，本人Ａが無権代理人Ｘの行為を追認する H23-6

前に，Aは当該建物をCに売り渡した。そして，建物についてAからCに対して所有権の移転の登記がされた(対抗要件を備えた)。その後，Aは，Xの無権代理行為の追認をした。

➡　この追認がされることにより，当該建物については，①A→Bに売り渡された，②A→Cに売り渡された，という関係が生ずる（二重譲渡）。

そしてこの場合，Cが先に登記（対抗要件）を備えているので，Cが当該建物を取得する。

➡　民法116条の問題ではなく，民法177条の規定によりCが勝つ。

(4)　追認の拒絶

本人は，無権代理行為について**追認の拒絶**をすることができる。

追認の拒絶がされることにより，**無権代理行為は本人に対して効力を生じないことが確定する。**

3　相手方の催告権，取消権

(1)　相手方の催告権

（無権代理の相手方の催告権）

第114条　前条の場合（無権代理行為がされた場合）において，相手方は，本人に対し，相当の期間を定めて，その期間内に追認をするかどうかを確答すべき旨の催告をすることができる。この場合において，本人がその期間内に確答をしないときは，追認を拒絶したものとみなす。

無権代理行為の相手方は，本人が追認するまで，または追認を拒絶するまでは，その行為が有効となるのか無効となるのかが確定せず，不安定な立場に置かれることになる。

H23-6　そこで，無権代理行為の相手方は，**本人に対し，無権代理行為について追認するかどうかの確答をしてくれと催告することができる。**

そして，本人が「追認」と確答すればその行為は有効な代理行為となり，「追認拒絶」と確答すれば本人に効力が生じないことが確定する。

H28-5
H9-3
H4-7
一方，相手方からの催告に対し，本人が確答をしなかったときはどうなるのかが問題となるが，この場合は**追認を拒絶**したものとみなされる。

理由　そもそも本人は無権代理行為について一切関知していない。なので，催告を放置したからといって有効な代理行為となってしまったら，本人にとって酷。

重要！

無権代理であること（自称代理人に代理権がないこと）を相手方が知っていた場合でも，催告権はある。 H3-1

(2)　取消権

（無権代理の相手方の取消権）
第115条　代理権を有しない者がした契約は，本人が追認をしない間は，相手方が取り消すことができる。ただし，契約の時において代理権を有しないことを相手方が知っていたときは，この限りでない。

無権代理行為の相手方は，上記(1)のとおり不安定な立場にあるので，本人が追認するまでであれば，**契約を取り消すことができる。** H26-5

これによって，無権代理行為は無効なものとして確定する。

プラスアルファ

本人が既に追認している場合には，有効な代理行為として確定しているので，取り消すことはできない。

重要！

無権代理であること（自称代理人に代理権がないこと）を相手方が知っていた場合には，取消権を行使することはできない（催告権とは区別すること）。 H23-6 H14-2

➡ 無権代理であることを知った上で契約をしているのだから，取消権を認めてまで保護する必要はない。

4　無権代理人への責任追及

ケーススタディ

Xは，代理権がないにもかかわらず，Aの代理人として，Aの所有する建物をBに売り渡す契約をした。Aは，後にXがこのような無権代理行為をしたことを知り，追認の拒絶をした。

Ｂは，Ｘに対し，責任を追及することができるか。

(1) 無権代理人の責任

（無権代理人の責任）
第117条　他人の代理人として契約をした者は，自己の代理権を証明したとき，又は本人の追認を得たときを除き，相手方の選択に従い，相手方に対して履行又は損害賠償の責任を負う。

無権代理人の行為について本人の追認が得られなかった場合，本人に対して効力を生じないので（契約の内容が実現されないので），相手方は損害を被ることになる。

このような事態を引き起こしたのは無権代理人であるから，（一定の要件のもと）無権代理人は相手方に対して責任を負うものとされた。

プラスアルファ

他人の代理人として契約をした者が，自己の代理権を証明したとき，または本人の追認を得たときは，本人に対して契約の効力が生ずることになるので，無権代理人は責任を負わない。

(2) 無権代理人の責任の内容

無権代理人の責任の内容は，**①履行責任，または②損害賠償責任**である。

➡　相手方はこのどちらかを選択することができる。

①　履行責任

無権代理人と相手方との間で契約の効力が生ずるわけではないが，あたかもこの両者間で契約の効力が生じたかのような形で履行を請求することができる。

【例】　Ｘは，（実際には代理権がないが）Ａの代理人として，Ｂの所有する腕時計を５万円で購入する契約をした。そして，Ｂが無権代理人Ｘに対して（無権代理人の責任追及として）履行を請求した場合は，ＸはＢに対して代金５万円を支払う必要がある。

アルファ

無権代理人が，本人の所有する物（替えのきかない物）を売却する契約をした場合は，事実上，**履行責任を追及することはできない。**

【例】　ケーススタディの事例では，無権代理人Xは，Aの所有する建物をBに売却している。この場合，BがXに対する責任追及として契約の履行を請求した場合でも，Xはその建物をBに引き渡すことはできない（Aのものだから）。

この場合は，BはXに対して損害賠償請求をするしかない。

②　損害賠償責任

相手方は無権代理人に対して，損害の賠償を請求することができる。 H14-2

この場合，相手方は，いわゆる**履行利益**の賠償を請求することができる（最判昭32.12.5）。

➡　信頼利益というわけではない。

用語説明

履行利益→　この契約が履行されていたら相手方が得られたであろう利益。具体的には転売利益など。

➡　ある物を30万円で購入したとして，これを40万円で他に転売すれば，10万円の利益が得られる。このような転売利益などが履行利益。

信頼利益→　（契約が無効なのに）契約が有効であると信じたことによって被った損害。

➡　契約書を作成するための費用，目的物を調査するための費用など。

➡　信頼利益という用語であるが，これは“損害”と表現した方がしっくりくる。

(3)　無権代理人の責任を追及することができない場合

（無権代理人の責任）
第117条
2　前項の規定は，次に掲げる場合には，適用しない。
一　他人の代理人として契約をした者が代理権を有しないことを相手方が知

っていたとき。
二　他人の代理人として契約をした者が代理権を有しないことを相手方が過失によって知らなかったとき。ただし，他人の代理人として契約をした者が自己に代理権がないことを知っていたときは，この限りでない。
三　他人の代理人として契約をした者が行為能力の制限を受けていたとき。

①　相手方が，他人の代理人として契約をした者が**代理権を有しないことを知っていた**場合には（悪意），相手方は，無権代理人の責任を追及することができない。

【例】　ケーススタディの事例において，相手方Bは，「Xは建物を売却するための代理権を有していない」ということを知っていたものとする（悪意）。この場合，相手方Bは，無権代理人Xの責任を追及することができない。

理由　相手方は，代理人として契約をした者に代理権がないことを知っていたのだから，保護する必要はない（不測の損害を被ることはない）。

②　相手方が，他人の代理人として契約をした者が代理権を有しないことを知らなかったが（善意），**知らないことについて過失がある**場合には（有過失），相手方は，無権代理人の責任を追及することができない。

理由　代理権がないことについて善意であっても，過失がある場合には，履行の請求や損害賠償の請求といった強い保護を与えるべきではない。
➡　契約の取消しは認められる（民§115）。

・　ただし，他人の代理人として契約をした者が，自己に代理権がないことを知っていたときは，（過失のある）相手方は，無権代理人の責任を追及することができる。
➡　この無権代理人は，自分に代理権がないと分かった上で契約をしている。この場合は，たとえ過失があっても善意である相手方を保護すべきである。

③　他人の代理人として契約をした者が**制限行為能力者（未成年者など）である**場合には，相手方は，無権代理人の責任を追及することができない。
➡　通常の法律行為について，制限行為能力者は手厚く保護されている。制限行為能力者が無権代理行為をした場合も，保護される。

重要！

相手方の催告権　→　悪意でも可。
相手方の取消権　→　善意の場合のみ可（無過失は要求されない）。
責任の追及　　　→　（原則として）善意・無過失の場合のみ可。

プラスアルファ

相手方が，民法115条の規定に基づいて無権代理行為の取消しをした場合には，無権代理人の責任を追及することができない。
➡　契約が取り消されたら，はじめから契約は無かったことになるので，責任追及の問題とはならない。

5　単独行為の無権代理

契約の解除の意思表示など，単独行為を無権代理人がなすこともあり得る。

(1)　相手方のない単独行為の場合

代理権のない者が，代理人として相手方のない単独行為をした場合は，絶対的に無効である。
➡　本人が追認しても効力を生じない。

【例】　所有権の放棄，遺言など。

(2)　相手方のある単独行為

代理権のない者が，代理人として相手方のある単独行為をした場合は，原則として無効である。

【例】　契約の解除や取消しの意思表示。

ただし，相手方が，代理人と称する者が代理権を有しないで行為をすることに同意し，またはその代理権を争わなかったときは，民法113条から117条までの規定（無権代理に関する規定）が準用される（民§118）。
➡　本人の追認，相手方の催告権，取消権，無権代理人への責任追及など。

6　無権代理と相続

(1)　総　説

無権代理行為がされた後，無権代理人が死亡して本人が相続した，あるいは本人が死亡して無権代理人が相続したといったように，**本人と無権代理人の地位が同化することがある。**

この場合，無権代理行為の効果はどうなるのか？

➡　たとえば無権代理人が本人を相続した場合，無権代理人は，本人の地位で追認を拒絶することができるのか？

無権代理と相続については，いくつか場合を分けることができる。

> ①　本人が死亡して，無権代理人が単独で本人を相続した（単独相続）。
> ②　本人が死亡して，無権代理人と他の者が本人を相続した（共同相続）。
> ③　無権代理人が死亡して，本人が無権代理人を相続した。
> ④　無権代理人と本人が死亡して，他の者が相続した。

以下，それぞれについて解説する。

➡　かなりややこしくなるが，重要！

①　本人が死亡して，無権代理人が単独で本人を相続した（単独相続）

ケーススタディ

Xは，代理権がないにもかかわらず，Aの代理人として，Aの所有する建物をBに売り渡す契約をした。その後，Aが死亡し，子のXが単独でAを相続した。

Xは，本人Aの相続人の立場で，追認の拒絶をすることができるか？

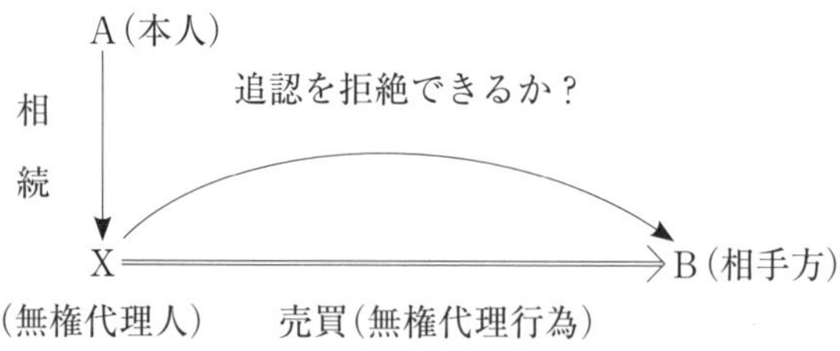

この場合の考え方は，いくつかある。

(a) 資格融合説

本人が死亡して，無権代理人が相続した場合，無権代理人の地位と本人の地位は融合し（1つになって），本人が行為をしたのと同様の扱いをすべきとする説。

➡ 本人が行為をしたのと同様の扱いだから，当然，契約は有効ということになる。

➡ ケーススタディの事例でいうと，本人Aの死亡により，本人Aと無権代理人Xの地位が融合し，あたかも本人が行為をしたのと同様の効果を生ずる。つまり，Xは，相手方Bからの履行の請求を拒むことはできない。

(b) 資格併存説

本人が死亡して無権代理人が相続した場合，本人の地位と無権代理人の地位が融合することなく併存するという説。

➡ ケーススタディの事例では，本人Aが死亡して無権代理人Xが相続したが，Xは，無権代理人としての地位と本人としての地位の2つを有していることになる。

なお，資格併存説も2つに分かれている。

(ア) 信義則説

（本人の地位と無権代理人の地位は併存しているが）無権代理行為をした者が，本人の立場で追認を拒絶するのは信義則に反すると考える説。

➡ ケーススタディの事例では，Xが，本人の地位で追認を拒絶することは信義則に反して許されない。

(イ) 資格併存貫徹説

資格併存という考え方を貫徹し，本人の立場で追認を拒絶することができるとする説。

➡ ケーススタディの事例では，Xは，本人の地位で追認を拒絶することができる。

☆　結論（Xが追認を拒絶することの可否）

R2-5 H20-6 H13-3 ケーススタディの事例では，結論としては，Xは本人の地位で（自分がした無権代理行為について）**追認を拒絶することはできない**（最判昭40.6.18）。

➡　結果として，Xのした行為は有効ということになる。

プラスアルファ

本人が既に追認を拒絶していた場合

H28-5 H20-6 H13-3 ケーススタディの事例で，Aが生前に，Xのした無権代理行為（建物の売買）の追認を拒絶していたものとする。そして，その後にAが死亡して，XがAを相続したものとする。

➡　Aが追認を拒絶した時点で，Xの無権代理行為は本人に効力が生じないことが確定している。

そのため，この後に本人Aが死亡して，無権代理人Xが本人を相続した場合でも，**この無権代理行為が有効になることはない**（最判平10.7.17）。

②　本人が死亡して，無権代理人と他の者が共同で本人を相続した（共同相続）

ケーススタディ

Xは，代理権がないにもかかわらず，Aの代理人として，Aの所有する建物をBに売り渡す契約をした。その後，Aが死亡し，子のXとYが共同でAを相続した。

この契約の効力はどうなるのか？

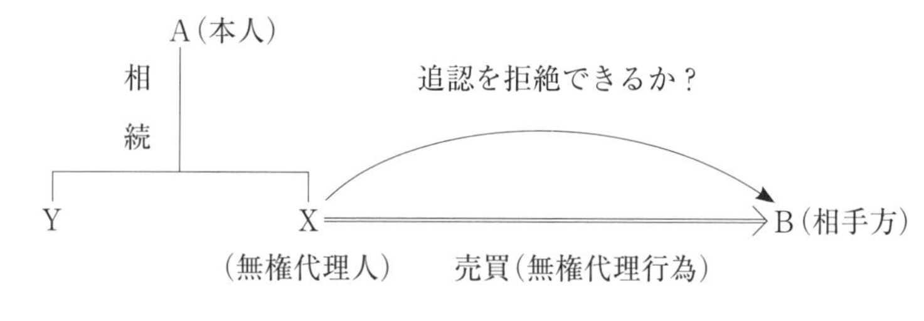

結論をまず掲げる（最判平5.1.21を引用する）。

R2-5 H20-6 「無権代理人が本人を他の相続人と共に共同相続した場合において，無権代理行為を追認する権利は，その性質上相続人全員に不可分的に帰属するところ，無権代理行為の追認は，本人に対して効力を生じていなかった法律行為を本人に対する関係において有効なものにするという効果を生じさせるものであるから，共同相続人全員が共同してこれを行使しない限り，無権代理行為が有効となるものではないと解すべきである。そうすると，他の共同相続人全員が無権代理行為の追認をしている場合に無権代理人が追認を拒絶することは信義則上許されないとしても，他の共同相続人全員の追認がない限り，無権代理行為は，無権代理人の相続分に相当する部分においても，当然に有効となるものではない。」

以下，いくつかのポイントを指摘する。

・　無権代理行為を追認する権利は，その性質上，**相続人全員に不可分的に帰属**している。

➡　ケーススタディの事例では，Xのした無権代理行為を追認する権利は，本人Aの相続人全員（XとY）に不可分的に帰属している。

・　無権代理行為の追認は，**共同相続人全員が共同して**これを行使しない限り，無権代理行為が有効となるものではない。 H28-5

➡　Xが単独で無権代理行為の追認の意思表示をしても，無権代理行為が有効になるわけではない。

➡　無権代理行為をしたわけではない他の相続人の追認拒絶権を無視することはできない。

・　他の共同相続人全員が無権代理行為の追認をしている場合に無権代理人が追認を拒絶することは，**信義則上**許されない。 H13-3

➡　他の相続人であるYが無権代理行為の追認をしている場合は，無権代理行為をしたXが追認の拒絶をすることは，信義則上許されない。

・　（他の共同相続人全員の追認がない限り）無権代理行為は，無権代理人の相続分に相当する部分においても，当然に有効となるものではない。 H13-3

➡　他の相続人であるYが追認を拒絶した場合は，無権代理行為は本人に効力が生じないことが確定し，無権代理人Xの相続分に相当する部分についても有効になるものではない。

③　無権代理人が死亡して，本人が無権代理人を相続した

ケーススタディ

Xは，代理権がないにもかかわらず，Aの代理人として，Aの所有する建物をBに売り渡す契約をした。その後，Xが死亡し，親のAが単独でXを相続した。

Aは，本人の立場で，追認の拒絶をすることができるか？

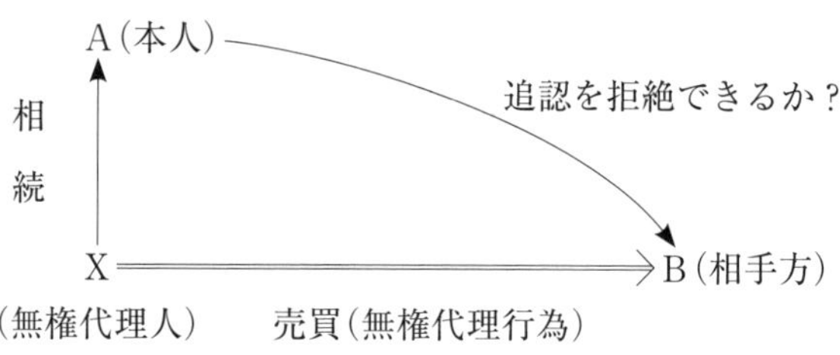

結論をまず掲げる（最判昭37.4.20を引用する）。

R2-5 H23-6 H13-3 「相続人たる本人が被相続人の無権代理行為の追認を拒絶しても，何ら信義に反するところはないから，被相続人の無権代理行為は一般に本人の相続により当然有効となるものではないと解するのが相当である。」

以下，いくつかのポイントを指摘する。

H20-6 ・　相続人たる本人が被相続人の無権代理行為の**追認を拒絶しても，何ら信義に反するところはない。**

➡　本人Aは，Xのした無権代理行為の追認を拒絶することができる。

理由　本人Aは何もしていないのだから，Xの相続という事情によって当然に追認拒絶ができないとなるのは妥当ではない。

・　被相続人の無権代理行為は本人が相続したことにより当然有効となるものではない。

➡　本人Aが無権代理行為の追認を拒絶すれば，本人に対して効力を生じない。

重要！

H20-6 H6-4 **ただし，本人Aは，無権代理人Xの責任（民§117）は承継する（最判昭**

48.7.3）。

・　本人は，履行または損害賠償の責任を負うことになるが，特定物の給付などの履行の責任は負わないと解されている。

理由　本来，本人が追認を拒絶すれば，本人は履行する必要はない（建物をBに引き渡す必要はない）。

　ところが，Xの相続という偶然の事情によって，履行（建物の引渡し）をしなければならないとなるとAにとって酷であるので，履行の責任はないと解すべき。

➡　この場合は，損害賠償の責任を負う。

④　**無権代理人と本人が死亡して，他の者が相続した**

ケーススタディ

　Xは，代理権がないにもかかわらず，Aの代理人として，Aの所有する建物をBに売り渡す契約をした。その後，Xが死亡し，AとYがXを相続した。そして，今度はAが死亡し，Yが相続した。

　Yは，Xのした無権代理行為の追認を拒絶することができるか？

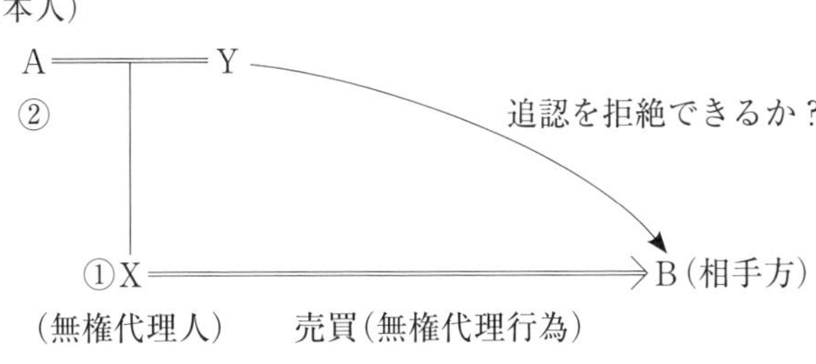

　事例を整理すると，

・　Xが無権代理行為をした。

・　無権代理人Xが死亡し，本人Aと他の者YがXを相続した。

・　本人Aが死亡し，YがAを相続した。

という流れとなる。

➡　Yは，**最初に無権代理人Xを相続し，その後に本人Aを相続している。**

　無権代理人Xが死亡してAとYがXを相続したということは，Yは，そ

の時点で無権代理人としての地位を承継している。

➡　Ｙは無権代理人と同一の地位となった。

そして，この後に本人Ａが死亡し，Ｙが相続したということは，無権代理人が本人を相続した場合と同様に考えることができる(上記①と同じ状態)。

R2-5
H20-6
したがって，Ｙは，Ｘのした無権代理行為の**追認を拒絶することはできず**，本人自らが行為をしたのと同様の効果を生ずる（最判昭63.3.1)。

➡　①の場合と同様の結論となる。

第3節　表見代理

Topics
・代理権のない者がした代理行為を無権代理というが，その中でも本人との関係性があるものを表見代理と呼ぶ。
・表見代理の出題は少ないが，条文上規定されている３つの類型はしっかり理解しておくこと。

ケーススタディ

Aは，Xに対し，自分の所有する建物を第三者に賃貸する契約をする代理権を与え，印鑑証明書を交付した。しかし，Xは，Aの代理人として，当該建物をBに売却する契約を締結した。

Bは，Aに対し，建物の売買契約を主張することができるか。

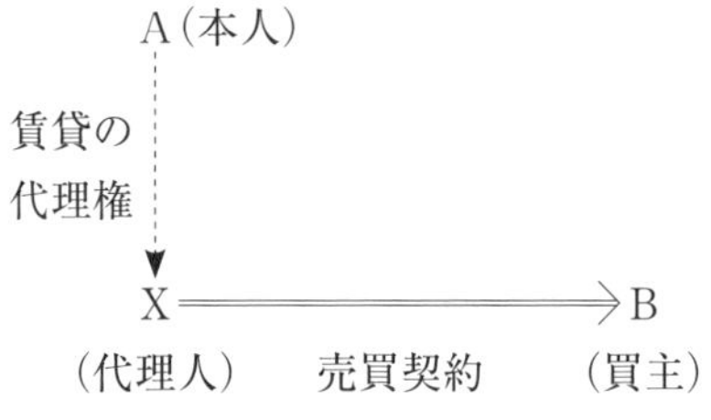

1　表見代理の意義

(1)　表見代理の意義

ケーススタディの事例では，Xは，Aの所有する建物を売却する代理権はない。つまり，Aの代理人として建物をBに売却する行為は，無権代理行為といえる。

この場合は，前節でみたとおり，本人Aに対して効力を生じない。

➡　Bは，売買の効力をAに主張することができず，善意・無過失であればXに責任を追及できるにすぎない。

しかし，この事例では，AはXに対し建物の賃貸の代理権を与え，印鑑証明書を交付している。そして，Bは，Xが正当な代理人だと信じて売買契約を締結している。

このような場合でも，本人Aが保護され，相手方Bの信頼が害されるというのは，妥当ではない。

➡　少なくとも，本人Aには，**“本来の権限を超えるような行為をする者に代理権を与えた”**という責任がある。

そこで，（実際には代理権がないけれど）代理人だと信じても仕方がないような客観的状況がある場合には，一定の要件のもと，本人に責任を負わせる（本人に代理行為の効果が生ずる）こととした。

これが表見代理である。

➡　表（おもて）から見て代理人らしい者のした行為。

重要！

本人の帰責性（代理人らしい外観を与えた）

＋

相手方の信頼（正当な代理人であると過失なく信じた）

という要件が満たされた場合に，表見代理が成立する。

このような場合は有効な代理行為があったのと同様の効果を生じさせて，相手方（取引の安全）を保護する趣旨である。

プラス アルファ

表見代理も，広い意味では無権代理である。

➡　表見代理が成立する場合，有権代理となるわけではない。

無権代理ではあるけれど，一定の要件が満たされた場合には表見代理が成立し，本人に責任を負わせる（つまり本人に効力が生ずる），という考え方である。

H14-2　H6-4　だから，表見代理が成立する場合でも，相手方は，（表見代理として本人に対して契約の効力を主張しないで）無権代理人の責任を追及することができる（最判昭62.7.7）。

➡　無権代理人は，表見代理が成立している（本人に対して効力が生じている）と主張して，自分の責任を免れることはできない。

(2)　表見代理の種類

民法上，表見代理は以下の３つの場合に認められている。

①　代理権授与の表示による表見代理（民§109）

②　権限外の行為の表見代理（民§110）

③　代理権消滅後の表見代理（民§112）

以下，これらを解説する。

2　代理権授与の表示による表見代理

ケーススタディ

Aは，実際にはXに代理権を与えていないが，Bに対し「Xに建物の売却のための代理権を与えた」と告げた。そして，XはAの代理人として，Aの所有する建物をBに売却する契約をした。

Aは，「実際にはXに代理権を与えていません」と言って，Bからの契約の履行の請求を拒むことができるか。

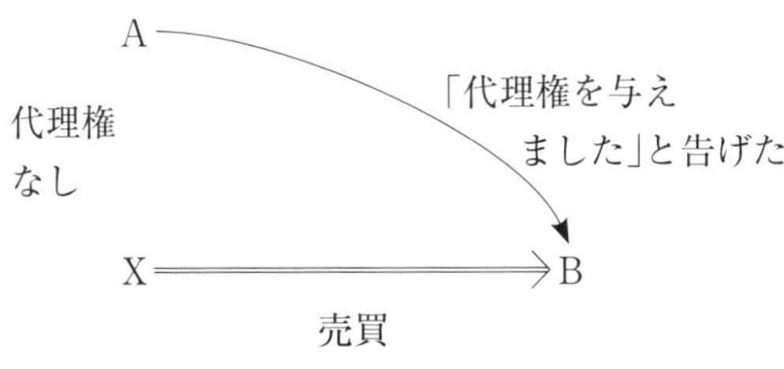

(1)　代理権授与の表示による表見代理の意義

（代理権授与の表示による表見代理）

第109条　第三者に対して他人に代理権を与えた旨を表示した者は，その代理権の範囲内においてその他人が第三者との間でした行為について，その責任を負う。ただし，第三者が，その他人が代理権を与えられていないことを知り，又は過失によって知らなかったときは，この限りでない。

ケーススタディの事例では，Aは実際にはXに代理権を与えていないにもかかわらず，「代理権を与えた」と表示している。そして，Bはそれを信じて，代理人と表示されたXと売買契約を締結している。

この場合，実際には代理権がないので，Xがした売買の効力はAに対して生じないはずである。しかし，**Aには，「代理権を与えた」と表示したという帰責性がある。**

したがって，この場合には（**一定の要件を満たせば**）**表見代理が成立し，本人Aはその責任を負う。**

➡　Ａは，相手方Ｂからの契約の履行の請求を拒むことができない。

(2)　代理権授与の表示による表見代理が成立する要件

①　本人が第三者に対して，ある人物に代理権を与えた旨を表示したこと（**本人の帰責性**） ②　代理人（と表示された者）が，代理権の範囲内でその第三者と行為をしたこと ③　その第三者（相手方）が，（代理人と表示された者に）代理権が与えられていないことを知らず，また知らないことについて過失がないこと（**相手方の善意・無過失**）

①　本人が第三者に対して，ある人物に代理権を与えた旨を表示したこと

ケーススタディの事例のように，「Ｘに代理権を与えた」と積極的に表示した場合に限られず，代理権の授与の表示があったといえる客観的事情があれば足りる。

・　本人が，ある人物に対して「自分の名前（商号）を使って取引をしてもよい」と認めたような場合も，民法109条の趣旨に照らして，本人は責任を負う。

・　代理権授与の表示を撤回することもできるが，その表示の外形を除去しなければ，善意の第三者に撤回を対抗することができない。
➡　委任状を回収するなど。

・　民法109条の表見代理は，任意代理の場合にのみ適用され，法定代理の場合には適用されない（大判明39.5.17）。
➡　法定代理の場合は，基本的に本人が代理権を授与するという行為がないからである。

②　代理人（と表示された者）が，代理権の範囲内でその第三者と行為をしたこと

ケーススタディの事例では，ＡはＢに対し，「Ｘに建物の売却のための代理権を与えた」と表示しており，実際にＸは，その代理権の範囲内の行為（建物の売却）をしている。つまり，表見代理の要件を満たしている。

→　代理人（と表示された者）が，その代理権の範囲外の行為をした場合の効果については，後記5参照。

③　**その第三者（相手方）が，（代理人と表示された者に）代理権が与えられていないことを知らず，また知らないことについて過失がないこと**

相手方が，代理人として行為をした者に代理権がないことを知っていた場合，または過失により知らなかった場合は，本人は責任を負わない。

重要！

表見代理は，相手方を保護して本人に責任を負わせるという制度であるから，相手方は善意・無過失であることを要する。

➡　表見代理は，本人の帰責性と相手方の信頼（善意無過失）があって初めて成立するもの。

(3)　代理権授与の表示による表見代理が成立した場合の効果

本人は責任を負う。

つまり，有効な代理行為がされた場合と同様に，**本人は契約の履行の責任を負う。**

理由　取引の安全を図るためである。

【例】　ケーススタディの事例では，Aは，Bからの契約の履行の請求（建物の明渡しの請求）を拒むことはできない。

3　権限外の行為の表見代理

ケーススタディ

Aは，Xに対し，自分の所有する建物を第三者に賃貸する契約をする代理権を与え，印鑑証明書を交付した。しかし，Xは，Aの代理人として，当該建物をBに売却する契約を締結した。Bは，XがAの印鑑証明書を持っていたので，正当な代理権があると信じていた。

Bは，Aに対し，建物の売買契約を主張することができるか。

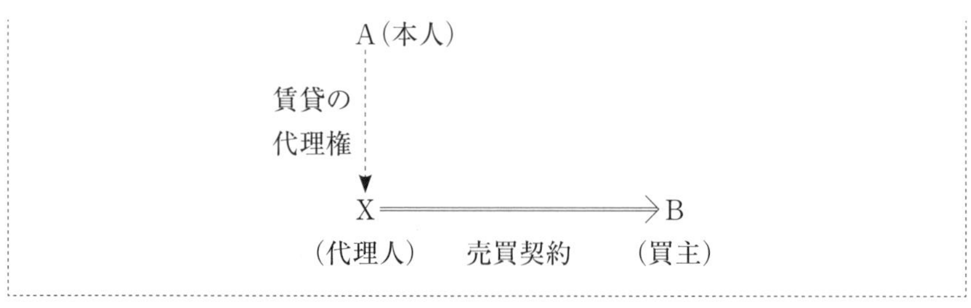

(1)　権限外の行為の表見代理の意義

（権限外の行為の表見代理）
第110条　前条第１項本文の規定（代理権授与の表示による表見代理の規定）は，代理人がその権限外の行為をした場合において，第三者が代理人の権限があると信ずべき正当な理由があるときについて準用する。

ケーススタディの事例では，Xは，Aの建物を賃貸する代理権があるにすぎないが，Aの建物をBに売却する契約をした。

➡　**本来の権限を超える行為をしてしまった。**

Bは，XがAの印鑑証明書を持っていることから，**適法な代理人であると信じ**，この契約を締結した。

H3-1　この場合，Xには建物を売却する代理権はないので，Xがした売買の効力はAに対して生じないはずである。しかし，Aには，「権限外の行為をしてしまうような人間に（賃貸借の）代理権を与えた」という帰責性がある。

したがって，この場合には（一定の要件を満たせば）表見代理が成立し，本人Aはその責任を負う。

(2)　権限外の行為の表見代理が成立する要件

①　ある一定の行為についての権限（**基本代理権**）があること
②　代理人が，その権限外の行為をしたこと
③　第三者（相手方）が，代理人の権限があると信ずべき**正当な理由**があること

①　ある一定の行為についての権限があること

ケーススタディの事例では，Xは，Aの所有する建物について賃貸をする権限（代理権）を有している。

このように，権限外の行為の表見代理が成立するためには，まず，代理人に一定の権限（**基本代理権**）があることが必要である。

㋐　事実行為に関する権限について

法律行為ではなく，事実行為をするにすぎない権限は，“基本代理権”にはならないとされている。

➡　表見代理は，取引の安全を図るための制度であるから。

【例】　A会社（金融会社）に勤めているBは，投資の勧誘をする外交員であった。しかし，Bは体調を崩し，長男のXに勧誘行為を任せていた。

ところが，Xは，Bに無断で，本来のXの権限を超える行為をしてしまった。

➡　Xは勧誘という事実行為をする権限しか有していないので，民法110条にいう基本代理権がなく，表見代理は成立しない（最判昭35.2.19）。

プラスアルファ

これには反対説も多い。事実行為であっても，法律行為に劣らないほどに重要な行為もあるわけで，その場合にも表見代理が一切成立しないというのは適当ではないという考え方。

本人の保護とのバランスは，（後述する）“正当な理由”の認定を厳しくすることで図ることができるとする。

㋑　公法上の行為について

権限外の行為の表見代理が成立するために必要とされる“基本代理権”は，私法上の行為についての代理権であることを要し，公法上の行為についての代理権は基本代理権に当たらない（最判昭39.4.2）。

【例】　AはXに対し，「区役所に行って印鑑証明書をとってきてくれ。」と頼み，実印を渡した。ところが，Xは，この実印を使って，本来の権限を超える行為をしてしまった。

➡　Xは，印鑑証明書の交付請求という公法上の権限しか有していないので，民法110条にいう基本代理権がなく，表見代理は成立しない（最判昭39.4.2)。

プラスアルファ

ただし，この「公法上の行為についての代理権は基本代理権に当たらない」という要件は緩和されている。

➡　私法上の取引行為の一環として公法上の行為につき代理権が与えられた場合には，その代理権は“基本代理権”に当たる（最判昭46.6.3)。

【例】　Aは，Bに建物を贈与した。そして，この贈与に基づく所有権の移転の登記をするため，AはXに対し，登記申請の代理権を与え，印鑑証明書を交付した。ところが，Xは，この印鑑証明書を利用して，権限外の行為をしてしまった。

➡　登記申請に関する代理権は，公法上の行為についての代理権であるので，本来であれば“基本代理権”には当たらず，表見代理は成立しないはずである。

しかし，本件では，贈与という私法上の取引行為の義務の履行として公法上の行為の代理権を与えているので，これは“基本代理権”に当たる。

㋒　その他

H18-4
H6-4

・　夫婦の日常家事に関する相互の権限（民§761）を基礎として，民法110条の表見代理は（原則として）成立しない。しかし，相手方において，その行為がその夫婦の日常家事に関する法律行為であると信じるにつき正当の理由があるときは，民法110条の趣旨が適用される（最判昭44.12.18)。

→　親族編で学習する。

・　市町村長が法令で定められている権限を超えて代理行為をした場合も，民法110条が類推適用される（大判昭16.2.28)。

② **代理人が，その権限外の行為をしたこと**

ケーススタディの事例では，代理人Xは，Aの所有する建物について第三者に賃貸する代理権（基本代理権）を有しているが，Xは，その権限を超えて，Aの所有する建物を売却する契約をしている。

・　基本代理権の内容と性質や種類が異なる行為がされた場合

代理人が，基本代理権の内容とは性質や種類が異なる行為をした場合でも，民法110条の表見代理(権限外の行為の表見代理)は成立し得る(最判昭40.11.30)。

③　第三者（相手方）が，代理人の権限があると信ずべき正当な理由があること

相手方が，代理人にその行為をする権限があると信じ，そう信じたことについて正当な理由があることを要する。 H12-3

重要！

代理人にその行為をする権限がないことについて，相手方が善意，無過失であること。

【例】　ケーススタディの事例では，相手方Bは，代理人XにAの建物を売却する権限があると信じて売買契約を締結したが，Bがそのように信じ，かつ信じたことに過失がなければ，Bは表見代理によって保護される（本人Aは責任を負う。)。

重要！

“正当な理由”の存否は，個々の事案においていろいろな事情を考慮して総合的に判断される。

➡ 「○○という要件を満たせば正当な理由がある」といった感じで単純に判断することはできない。

・　代理人が本人の実印や印鑑証明書を所持している場合は，その取引をする代理権があると信じる正当な理由があると認められやすい（最判昭35.10.18)。

➡　実印や（印鑑証明書の交付を受けるための）印鑑カードは厳重に保管されているものであり，そう簡単に他人に手渡すものではない。したがって，本人の実印を所持しているということは，その代理人に正当な権限があると信じるのが相当。

➡　訴訟実務の世界では,「ハンコは空を飛ばない」といった比喩がある。

・　第三者の範囲について

民法110条の“第三者”とは，代理行為の直接の相手方を指す（最判

昭36.12.12)。相手方から目的物を譲り受けた者（転得者）等は，ここにいう“第三者”には当たらない。

(3) 権限外の行為の表見代理が成立した場合の効果

本人は責任を負う。

つまり，有効な代理行為がされた場合と同様に，本人は契約の履行の責任を負う。

理由 取引の安全を図るためである。

4 代理権消滅後の表見代理

ケーススタディ

Aは，Xに対し，品質のいい中古車を（台数を定めず）購入する代理権を与えた。そして，1年後，Aは満足いくだけの数の中古車を買い集められたので，Xとの委任契約を解除し，Xの代理権は消滅した。ところが，Xは，その後も，Aの代理人としてBから中古車を購入する契約を締結した。Bは，かつて代理人Xに中古車を売り渡したことがあったので，まさかXの代理権が消滅しているとは知らなかった。

Aは，Bからの代金の支払い請求を拒むことができるか？

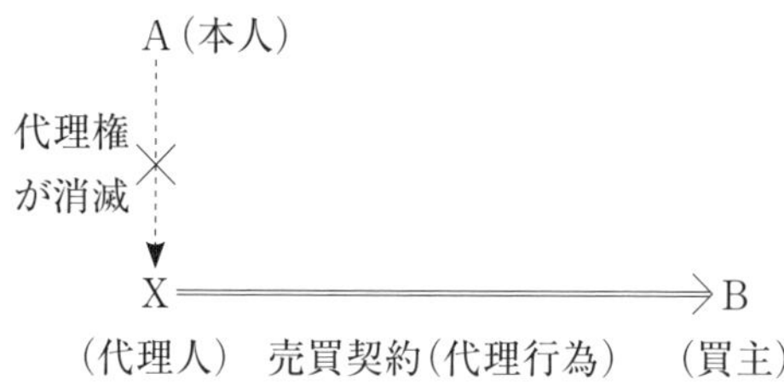

(1) 代理権消滅後の表見代理の意義

（代理権消滅後の表見代理等）

第112条 他人に代理権を与えた者は，代理権の消滅後にその代理権の範囲内においてその他人が第三者との間でした行為について，代理権の消滅の事実を知らなかった第三者に対してその責任を負う。ただし，第三者が過失によってその事実を知らなかったときは，この限りでない。

ケーススタディの事例では，Xは，もともとAの代理人の立場であったが，委任契約が解除され，**代理権が消滅した**（民§111Ⅱ）。

しかし，代理権が消滅したにもかかわらず，Xは，Aの代理人として，Bから中古車を購入する契約をしてしまった。

Bは，かつてAの代理人であるXと中古車の売買をしたことがあったから，**今回も適法な代理行為であると信じて代理人Xに中古車を売り渡した。**

この場合，現時点では，Xには中古車を購入する代理権がないので，Xがした売買の効力はAに対して生じないはずである。しかし，Aには，「代理権消滅後も代理行為をしてしまうような人間にかつて代理権を与えた」という**帰責性**がある。

したがって，この場合には（一定の要件を満たせば）表見代理が成立し，本人Aはその責任を負う。

(2)　代理権消滅後の表見代理が成立する要件

① 代理権が消滅したこと。
② かつて代理権を有していた者が，その代理権の範囲内で行為をしたこと。
③ 第三者（相手方）が，代理権の消滅を知らず，かつ知らないことについて過失がないこと（**相手方の善意・無過失**）。

①　代理権が消滅したこと

【例】 任意代理の場合は，委任の終了によって代理権が消滅する（民§111Ⅱ）。

その他，本人の死亡等によっても代理権は消滅する（民§111Ⅰ）。

・　法定代理について

民法112条の表見代理は，法定代理の場合にも適用される（大判昭2.12.24）。

【例】 未成年者が成年に達した後に，親（親権者であった者）が子を代理して行為をしたような場合。

② かつて代理権を有していた者が，その代理権の範囲内で行為をしたこと
➡ かつて代理権を有していた者が，その代理権の範囲外の行為をした場合の効果については，後記5参照。

③ **第三者（相手方）が，代理権の消滅を知らず，かつ知らないことについて過失がないこと**

ケーススタディの事例では，相手方Bは，Xがまだ Aの代理人であると信じて取引をしている（代理権の消滅について善意）。そして，代理権の消滅を知らないことについて過失がなければ，Bは保護されることになる。

⑶ 代理権消滅後の表見代理が成立した場合の効果

本人は責任を負う。

つまり，**有効な代理行為がされた場合と同様に，本人は契約の履行の責任を負う。**

理由　取引の安全を図るためである。

5　表見代理の規定の重畳適用

上記2から4のとおり，民法上，表見代理として3つの類型が定められている。

① 代理権授与の表示による表見代理（民§109）
② 権限外の行為の表見代理（民§110）
③ 代理権消滅後の表見代理（民§112）

しかし，実際の事例では，①と②が重なる場合，また②と③が重なる場合がある。

そして，これらの場合も，(i)代理権を有しているかのような外観＋(ii)相手方の信頼（善意・無過失）の要件を満たした場合には，表見代理が成立し，相手方は保護される。

➡ 有効な代理行為がされた場合と同様に，本人は契約の責任を負う。

・　①と②について

（代理権授与の表示による表見代理等）
第109条
2　第三者に対して他人に代理権を与えた旨を表示した者は，その代理権の範囲内においてその他人が第三者との間で行為をしたとすれば前項の規定によりその責任を負うべき場合において，その他人が第三者との間でその代理権の範囲外の行為をしたときは，第三者がその行為についてその他人の代理権があると信ずべき正当な理由があるときに限り，その行為についての責任を負う。

【例】　Aが，実際には代理権を与えていないにもかかわらず，Xに一定の行為の代理権を与えたと表示し，Xが，その表示された代理権の範囲を超える行為をした場合，相手方が，代理権がないことについて善意・無過失であれば，本人は責任を負う。

・　②と③について

（代理権消滅後の表見代理等）
第112条
2　他人に代理権を与えた者は，代理権の消滅後に，その代理権の範囲内においてその他人が第三者との間で行為をしたとすれば前項の規定によりその責任を負うべき場合において，その他人が第三者との間でその代理権の範囲外の行為をしたときは，第三者がその行為についてその他人の代理権があると信ずべき正当な理由があるときに限り，その行為についての責任を負う。

【例】　Aの代理人Xが，代理権が消滅した後に，従前の代理権の範囲を超える行為をした場合，相手方が，代理権がないことについて善意・無過失であれば，本人は責任を負う。

第７章
無効および取消し

Topics
- 無効とは，当然にかつ絶対的に効力がないとされるものであるが，取消しとは，取り消された場合にだけ最初から効力がないとされるものである。
- 取消しは，出題の可能性が高いところである。

ケーススタディ

17歳のＡは，親の同意を得ることなく，自分が所有する土地をＢに売り渡す契約をした。しかし，契約をした後に「勝手なことをして怒られる」と心配したＡは，この契約を取り消したいと思った。

Ａは，親の同意を得ることなく，売買契約を取り消すことができるか？

1　総　説

契約等の法律行為がされたが，結果としてその効力が生じない場合がある。これには，法律行為が**無効な場合と，取り消された場合**がある。

無効→　形式的には法律行為が成立したように見えるが，何らかの原因によって，はじめから法律効果が発生しないこと。

取消し→　法律行為の効力がいったん生じたが，取消権者が取消しの意思表示をすることによって最初から無効となること。

無効も取消しも，結果として法律行為の効果が生じない点では同じである。ただ，無効の場合は本当に最初からまったく効果が生じていないのに対し，**取消しの場合は，取り消されるまでは有効であるが取り消されたら最初から無効となるという点で異なる。**

2 無　効

1 意　義

無効とは，法律行為が有効要件を欠くため，誰からの主張を待つまでもなく，**最初から法律効果が発生しないこと**をいう。

法律行為が無効となるのは，以下のような場合である。

① 公序良俗に反する法律行為（民§90）
② 強行規定に反する法律行為（民§91参照）
③ 意思能力のない者のした法律行為（民§3の2）
④ 心裡留保があった場合で，相手方が悪意もしくは過失がある場合（民§93ただし書）
⑤ 通謀虚偽表示による法律行為（民§94）

プラスアルファ

上記の①と②は，公益的な理由で無効とされたものである。③から⑤は，表意者を保護する等の理由で無効とされたものである。

プラスアルファ

絶対的無効と相対的無効

絶対的無効→　文字どおり，絶対的な無効。いつでも，だれに対しても無効を主張できる性質の無効。

➡　原則としては，「無効」といったら絶対的に無効。

相対的無効→　表意者を保護するための無効は，表意者という特定人を保護する趣旨のものである。そうすると，善意の第三者など，他の特定人が絡んできた場合に，その第三者の利益をどうすべきか（どちらを保護すべきか），という問題が生ずる。

そこで，第三者を保護すべき一定の場合には，無効をもってその第三者に対抗できないとされている（民§94Ⅱ等）。

このように，一定の場合に第三者に対抗できないような無効を，相対的無効という。

2　無効の効果

(1)　無効の効果

無効な行為は，最初から効力を生じない。

➡　契約が無効である場合，互いに契約の履行を請求することはできない。

契約が無効であるにもかかわらず，その契約に基づく履行がされた場合には，当然，それを返還すべきこととなる。

3　無効な行為の追認

（無効な行為の追認）
第119条　無効な行為は，追認によっても，その効力を生じない。ただし，当事者がその行為の無効であることを知って追認をしたときは，新たな行為をしたものとみなす。

無効とは，効力が無いことであるので，当事者がこれを追認しても，効力を生ずることはない。

H6-5　しかし，当事者が，その行為が**無効であることを知って**追認をしたときは，新たな行為をしたものとみなされる。

理由　無効原因があることを知った上で追認をしたのならば，その行為の効力を認めても差し支えない。

プラスアルファ

H25-5
H16-6　追認をした時に，新たな行為をしたものとみなされる。（原則として）無効な行為をした時に遡って有効となるのではない。

・　ただし，公益的な理由で無効なものについては，追認がされても効力が生ずることはない（当たり前である）。

【例】　ＡとＢは，殺人をするための請負契約をした。そして，ＡとＢが，「この契約が無効なのは百も承知だ」と言って追認をしたとしても，有効になることはない。

3 取消し

1 意 義

法律行為がされたが，**法定の取消原因がある場合**には，取消権者は，その行為を取り消すことができる。

法律行為の取消しをすることができるのは，以下のような場合である。

① 制限行為能力者がした法律行為（民§5，9等）

② 錯誤，詐欺，強迫による意思表示（民§95Ⅰ，96）

【例】 ケーススタディのように，17歳の未成年者Aは，法定代理人（親権者）の同意を得ることなく，自分の所有する土地をBに売り渡す契約をした。

➡ Aは，この売買を取り消すことができる。

プラスアルファ

一般的な取消しと特殊的な取消し

民法総則で定められている取消し（今ここで解説しているもの）を一般的取消しといい，それ以外に定められている取消し（債権法や身分法で定められている取消し）を特殊的取消しと呼んだりする。

➡ 詐害行為の取消し（民§424），婚姻の取消し（民§743），夫婦間の契約の取消し（民§754）等。

これらの取消しの要件や効果は，それぞれの箇所で個別に規定されている。

2 取消権者

(1) 制限行為能力者が行為をしたことによる取消しについて

（取消権者）

第120条 行為能力の制限によって取り消すことができる行為は，制限行為能力者（他の制限行為能力者の法定代理人としてした行為にあっては，当該他の制限行為能力者を含む。）又はその代理人，承継人若しくは同意をすることができる者に限り，取り消すことができる。

取消権者は，以下のとおりである。

①　制限行為能力者（他の制限行為能力者の法定代理人としてした行為にあっては，当該他の制限行為能力者を含む。） ②　その代理人 ③　その承継人 ④　同意をすることができる者

① **制限行為能力者**

制限行為能力者が，必要な同意を得ることなく単独で法律行為をした場合，その行為をした**制限行為能力者自身が法律行為の取消しをすることができる。**

重要!

R4-4
H30-4
H27-4
H23-4
H5-8

取消しをすることについて，法定代理人等の同意を得ることを要しない。

【例】　未成年者Aが，親（法定代理人）の同意を得ることなく土地の売買契約をした場合は，Aがその売買契約を取り消すことができる。
➡　取消しをすることについて親の同意を得ることを要しない。

理由　法律行為の取消しがされたら，その法律行為は最初から無かったことになる。つまり，未成年者がした契約がゼロになるだけであり，新たな不利益を受けるようなことはない。そのため，取消しをすることについては法定代理人の同意は不要とされた。

・　制限行為能力者が，他の制限行為能力者の法定代理人として行為をした場合には，行為をした制限行為能力者のほか，他の制限行為能力者も，取消しをすることができる。

【例】　未成年者Aの親権者Xが，保佐開始の審判を受けた。
➡　Aの法定代理人Xも制限行為能力者となった。

そして，Xが，保佐人の同意を得ることなく，Aを代理して，不動産の売買契約をした場合，Xが売買契約を取り消すことができ，また他の制限行為能力者であるAも売買契約を取り消すことができる。

② **その代理人**

制限行為能力者の代理人は，制限行為能力者がした行為を取り消すことができる。

【例】 未成年者の法定代理人（親権者等），成年後見人等。

③ その承継人

制限行為能力者が死亡した場合，その相続人が取り消すことができる。

④ **同意をすることができる者**

被保佐人が一定の行為（民§13Ⅰに定める行為）をする場合は，保佐人の同意を得ることを要する。

被保佐人が，保佐人の同意を得ないでこのような行為をしたときは，同意権者である保佐人は，その行為を取り消すことができる。

➡ 被保佐人自身が取り消すこともできるし，保佐人が取り消すこともできる。

・ 被補助人についても，家庭裁判所の審判によって，補助人に一定の行為に関する同意権が付与されることがある（民§17Ⅰ）。

➡ 同意権のある補助人は，被補助人が補助人の同意を得ないでした行為について，取り消すことができる。

(2) 錯誤，詐欺または強迫による意思表示の取消しについて

（取消権者）
第120条
2 錯誤，詐欺又は強迫によって取り消すことができる行為は，瑕疵ある意思表示をした者又はその代理人若しくは承継人に限り，取り消すことができる。

取消権者は，以下のとおりである。

① 瑕疵ある意思表示をした者
② その代理人
③ その承継人

①　瑕疵ある意思表示をした者

錯誤，詐欺または強迫によって意思表示をした者は，その行為を取り消すことができる。

【例】　ＢはＡに対し，「ぶっとばされたくなければお前の車を俺に売れよ」と脅した。Ａは本当は売りたくなかったが，仕方なく売ることとし，Ｂに車を売る契約を締結した。

Ｂの強迫によって売買の意思表示をしたＡは，この売買を取り消すことができる。

②　その代理人

法定代理人のほか，任意代理人も，取消しをすることができる。

③　その承継人

瑕疵ある意思表示をした者の一般承継人（相続人等）は，取消しをすることができる。

・　瑕疵ある意思表示をした者の特定承継人が取消しをすることができるかは，議論がある。

取消権を認めるのが通説であるが，特定承継がされると，後述する法定追認（民§125）に該当する場合が多いので，ほとんどの場合，特定承継人による取消しは問題とならない。

プラス アルファ

R3-5　「契約上の地位の譲渡」（民§539の２）がされると，取消権も譲受人に移転する。

・　取消権者に対して債権を有する者は，取消権者に代位して（民§423），行為の取消しをすることができると解されている。

→　債権者代位については，債権編で解説する。

3　取消しの方法

（取消し及び追認の方法）

第123条　取り消すことができる行為の相手方が確定している場合には，その取消し又は追認は，相手方に対する意思表示によってする。

取消しは，相手方に対する**一方的な意思表示**による。

➡ **単独行為**である。相手方の同意等は必要ない。

・　相手方が，目的物を第三者に譲渡したような場合でも，取消しの意思表示は，契約の相手方に対してする必要がある（大判大14.3.3）。

4　取消しの効果

⑴　効　果

> （取消しの効果）
> **第121条**　取り消された行為は，初めから無効であったものとみなす。

契約等の行為が取り消されたときは，その行為がされた時に**さかのぼって無効**となる（遡及効）。

・　初めから無効であったことになるので，その契約の内容が履行されていた場合には，**互いに返還**する必要がある。

➡ まだ契約の内容が履行されていなかった場合には，履行する必要がなくなる。

⑵　第三者との関係

ケーススタディ

未成年者のAは，法定代理人の同意を得ることなく，自分の所有する土地をBに売り渡す契約をした（Bへの移転の登記も済ませた）。そして，Bはこの土地をCに転売し，Cへの移転の登記も済ませた。

この後，Aは，Bとの間の土地の売買契約を取り消した。

Aは，Cに対し，土地の返還を請求することができるか。

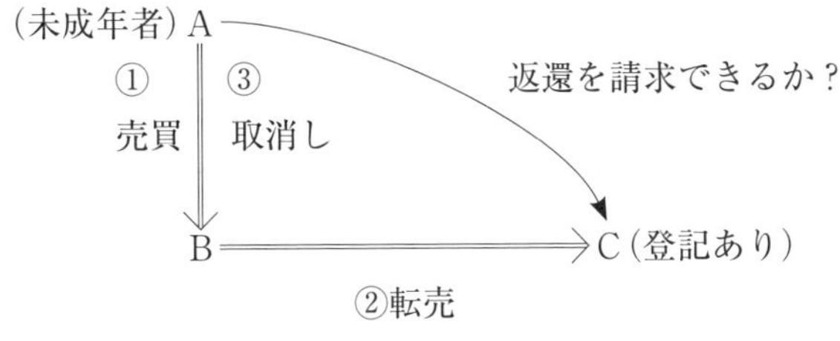

H19-6　契約等の行為が取り消されたら，初めから無効であったことになり，そのことを誰に対しても主張することができる。

【例】　ケーススタディの事例では，売買の取消しをしたAは，初めから売買が無効であったこと（土地がBに移転していなかったこと）をCに主張することができる。
　つまり，（Bは無権利者であったことになるので）Cは土地を取得することができず，Cは土地をAに返還する必要がある。

理由　第三者の利益（取引の安全）は害されるが，表意者を保護する必要があるので，やむを得ない。

重要!

ただし，錯誤または詐欺による取消しについては，善意でかつ過失がない第三者に対抗することができない（民§95Ⅳ，96Ⅲ）。

5　取り消すことができる行為の追認

⑴　意　義

（取り消すことができる行為の追認）
第122条　取り消すことができる行為は，第120条に規定する者が追認したときは，以後，取り消すことができない。

H6-5　追認とは，取り消すことができる行為を，確定的に有効なものとする意思表示である。
H9-1　➡「取り消さない」という宣言のようなもの。つまり，取消権の放棄。

取り消すことができる行為は，取り消されるまでは有効であるが，追認によって確定的に有効となる。

【例】　未成年者のAは，法定代理人の同意を得ることなく，自分の所有する自動車をBに売り渡す契約をした。そして，Aの法定代理人（親権者）は，Aがした売買契約を追認した。
➡　Aのした売買は，確定的に有効となる（もう取り消すことはできない）。

(2) 追認をすることができる者

追認とは，取消権の放棄であるから，追認をすることができる者は，**取消しをすることができる者と同じ**である。

➡ 条文上も，追認をすることができる者を「第120条に規定する者」（＝取消権者）と規定している（民§122）。

(3) 追認の要件

> （追認の要件）
> **第124条** 取り消すことができる行為の追認は，取消しの原因となっていた状況が消滅し，かつ，取消権を有することを知った後にしなければ，その効力を生じない。
> **2** 次に掲げる場合には，前項の追認は，取消しの原因となっていた状況が消滅した後にすることを要しない。
> 一 法定代理人又は制限行為能力者の保佐人若しくは補助人が追認をするとき。
> 二 制限行為能力者（成年被後見人を除く。）が法定代理人，保佐人又は補助人の同意を得て追認をするとき。

① 追認は，**取消しの原因となっていた状況が消滅し，かつ，取消権を有することを知った後でなければ**，することができない。

➡ 正常な判断ができるようになった後に追認をすべき。

・ 制限行為能力者については，行為能力者となった後。
・ 詐欺による意思表示をした者は，詐欺の事実に気付いた後。

【例】 詐欺によって意思表示（売買契約）をした者が，しばらくして「あちゃー，騙されてた」と気が付いた。

そして，冷静になって考えて，「契約の内容としては悪くないし，まあいいか。」と思ったら追認をすればいい（「こんな契約とんでもない」と思ったら取り消せばいい）。

➡ 詐欺の状態を脱して，正常な判断ができるようになった後に追認をすべき。

・ 追認は，取消権の放棄と解することができるので，取消権を有することを知った上ですることを要する。

② 取消しの原因となっていた状況が消滅していなくても，以下の場合には，追認をすることができる。

㋐ 法定代理人または制限行為能力者の保佐人もしくは補助人が追認をするとき

【例】 未成年者Ａは，親権者Ｘの同意を得ることなく，自分の所有するバイクをＢに売り渡す契約をした。

➡ Ａが成年者となる前であっても，親権者Ｘは，この売買を追認することができる。

㋑ 制限行為能力者（成年被後見人を除く）が，法定代理人，保佐人または補助人の同意を得て追認をするとき

【例】 未成年者Ａは，親権者Ｘの同意を得ることなく，自分の所有するバイクをＢに売り渡す契約をした。

➡ Ａは，成年者となる前であっても，親権者Ｘの同意を得て，この売買を追認することができる。

・ 成年被後見人は，成年後見人の同意を得ても，追認をすることができない。

➡ そもそも，成年被後見人は，成年後見人の同意を得ても，契約等をすることができない。

⑷ 追認の方法

追認の方法は，取消しの方法と同じく，**相手方に対する意思表示**である（民§123）。

6 法定追認

ケーススタディ

Ａは，Ｂから詐欺を受けて，自分の所有する30坪の土地を80万円でＢに売り渡す契約をした。Ａは，すぐにＢに騙されたことに気付いたが，「まあいいか」と思い，放置していた（取消しや追認の意思表示をしなかった）。

そして，Ａは土地をＢに引き渡し，Ｂから代金を受領した。

この後に，Ａは土地の売買契約を取り消すことができるか。

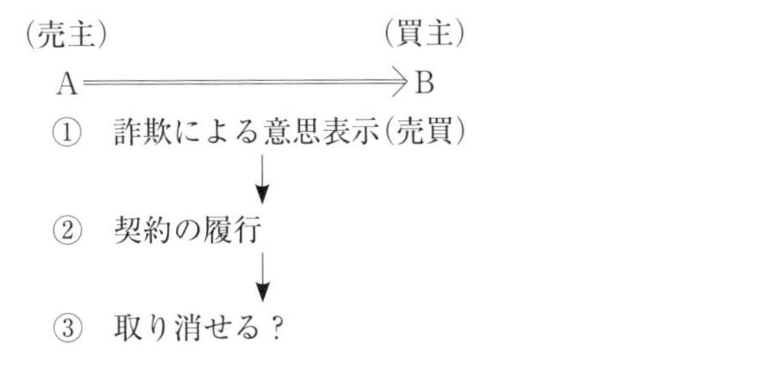

(1) 意　義

法定追認とは，追認の意思表示はないが，社会観念上，追認されたといっていいような客観的状況がある場合に，**「追認したものとみなす」とする制度**である。

【例】 ケーススタディの事例では，Aは契約の直後に詐欺に気付いたので，この契約を取り消そうと思ったらすぐに取り消せたはずである。にもかかわらず，**取り消すことなく，契約の内容を履行している。**

この場合は，追認の意思表示はないけれど，一般的にAはこの売買を追認したと考えるのが自然である（**黙示の追認**）。

➡ このように，客観的に見て追認されたといえるような事情があるときは，法律上，追認をしたものとみなされる。

理由 追認と認められるような客観的な事情がある場合に，相手方の信頼を保護し，法律関係の安定を図る趣旨である。

➡ このような場合に追認を擬制しないと，「追認しただろ」，「いやしていない」と揉める危険性が高くなる。

➡ 本人に追認の意思があるか否かは問題とならない。

(2) 法定追認とされる要件

（法定追認）

第125条 追認をすることができる時以後に，取り消すことができる行為について次に掲げる事実があったときは，追認をしたものとみなす。ただし，異議をとどめたときは，この限りでない。

一　全部又は一部の履行

二　履行の請求

三　更改
四　担保の供与
五　取り消すことができる行為によって取得した権利の全部又は一部の譲渡
六　強制執行

法定追認が生ずるための要件は，３つある。

①　法第125条に掲げられた行為がされたこと。
②　「追認をすることができる時以後に」①の行為がされたこと。
③　異議をとどめていないこと。

①　法第125条に掲げられた行為がされたこと

㋐　**全部または一部の履行**

取り消すことができる行為について，全部または一部の履行をしたときは，**追認をしたものとみなされる**。

【例】　ケーススタディの事例では，Ａは，詐欺による取消しをすることができる売買契約について，履行（土地の引渡しや代金の受領）をしている。
　この場合，Ａは追認をしたものとみなされ，もう売買の取消しをすることはできない。

H25-5
H16-6
H12-1

・　契約の履行とは，自分が相手方に対して履行する場合だけでなく，**相手方からの履行を受領する場合も含む**（大判昭8.4.28）。
➡　“受け取る”ということは，その契約を認めたと考えるのが自然だからである。

【例】　ケーススタディの事例で，Ａが土地をＢに引き渡さなくても，Ｂから代金を受領したときは，「履行」があったものとして追認をしたものとみなされる。

㋑　**履行の請求**

取り消すことができる行為について，履行の請求をしたときは，追認をしたものとみなされる。

・　この「請求」は，**取消権者がした場合に限られる**。相手方から履行の請求をされても，追認をしたものとはみなされない（大判明39.5.17）。 H12-1

【例】　ケーススタディの事例で，Aが詐欺を脱した後，Bに対して「代金を払ってくれ」と請求したときは，追認をしたものとみなされる。
➡　BがAに対して「土地を引き渡してくれ」と請求しても，追認をしたものとはみなされない。

㋒　更　改

「更改」（民§513）については，債権編で学習する。

更改は，債権・債務があることを前提とするものであるので，取り消すことができる行為に関して更改がされたときは，追認をしたものとみなされる。

㋓　担保の供与

担保を供与するということは，債権・債務があることが前提となる。 H4-7 つまり，契約が有効であることを前提としてするものであるので，取り消すことができる行為に関して担保が供与されたときは，追認をしたものとみなされる。

【例】　Aは，Bの詐欺により，借金の保証人となった。そして，詐欺を脱した後，自分が負担する保証債務を担保するため，自分の所有する土地に抵当権（担保）を設定した。
➡　Aは，保証契約について追認をしたものとみなされる。

・　「担保の供与」は，自分が債務者として自分の土地等を担保に差し出す場合だけでなく，自分が債権者として相手方から担保を取る場合も含まれる。
➡　相手方の財産を担保にとるということは，契約が有効であることが前提である。

㋔　**取り消すことができる行為によって取得した権利の全部または一部の譲渡**

これも，契約が有効であることを前提としてするものであるので，追認したものとみなされる。 H30-4

【例】 Ａは，Ｂの詐欺により，Ｂの所有する土地を1,000万円で購入し，土地の引渡しを受けた。その後，ＡはＢに騙されたことを知った。
そして，Ａは，Ｂから買い受けた土地をＣに転売した。
➡ Ａは，取り消すことができる行為（売買契約）によって取得した権利（土地の所有権）を譲渡したので，ＡＢ間の売買を追認したものとみなされる。

H13-1 ・ 上の事例で，ＢがＡに対する代金債権を第三者Ｄに譲渡した場合でも，Ａが追認したとみなされることはない。

㋕ 強制執行

強制執行とは，相手方の財産を差し押さえること。

これも，契約が有効であることを前提とするものであるので，追認したものとみなされる。

・ **強制執行は，取消権者がした場合に限られる。**相手方が取消権者に対して強制執行をした場合でも，追認したものとはみなされない（大判昭4.11.22）。
➡ 取消権者が何か行為をしたわけではない。

H4-7 ② 「追認をすることができる時以後に」①の行為がされたこと

つまり，取消しの原因となっていた状況が消滅した後に上記①の行為がされた場合に，法定追認となる。

具体的には，未成年者が成年者になった後，保佐開始の審判が取り消された後，詐欺から脱した後，強迫による畏怖から脱した後，などである。

【例】 16歳のＡは，法定代理人の同意を得ることなく，自分の所有する自動車をＢに売り渡す契約をした。
そして，その３か月後，ＡはＢに対し，履行を請求した。
H23-4 ➡ Ａはまだ未成年であるので，“追認をすることができる時”になっておらず，追認したものとはみなされない。

H23-4 ・ 上記の事例で，Ａの法定代理人がＢに対して履行の請求をした場合は，法定追認となる。

H6-7 ・ また，Ａが法定代理人の同意を得てＢに対して履行の請求をした場合も，法定追認となる。

③　異議をとどめていないこと

法定追認の事由が生じた場合でも，**本人が異議をとどめていたときは，法定追認とはならない。** H12-1 H10-4

【例】　Aは，Bの詐欺により，Bの所有する建物を300万円で購入する契約をした。その後，AはBに騙されていたことに気付いた。

そして，どうしようか迷っているときに，Bから「代金を払ってください。払わないとあなたの財産を差し押さえます」と言われた。

Aは，差押えをされるのは嫌なので，「追認ではありません」と異議をとどめた上で，とりあえず代金300万円を支払った。

➡　Aは契約の「履行」をしているが，異議をとどめているので，追認をしたものとはみなされない。

7　取消権の期間の制限

（取消権の期間の制限）

第126条　取消権は，追認をすることができる時から５年間行使しないときは，時効によって消滅する。行為の時から20年を経過したときも，同様とする。

法律行為に取消しの原因がある場合，期間の制限なくいつでも取消しができるとすると，相手方や第三者の立場は著しく不安定なものとなる。

➡　相手方は，「この契約はこのまま有効なのか，それとも取り消されて最初から無効になるのか」と，延々ともやもやした日々を過ごすことになる。

そこで，法律関係の早期の安定を図るため，取消権の行使について期間の制限が設けられた。

この期間の制限については，２つの視点から規定されている。

①　**追認をすることができる時から５年**

②　**行為の時から20年**

①は，**追認をすることができる時から起算して，５年間取消権を行使しないときは**，取消権は時効によって消滅すると規定する。 H19-6 H6-7

用語説明

時効による消滅→　ある権利を有していても，その権利を一定の期間行使しないと，その権利が消滅してしまうという制度。詳しくは第10章。

②については，**行為の時**から起算して20年を経過した時は，取消権が消滅すると規定する。

H10-4　これは，まだ追認できる状況になっていなくても（詐欺の状態から脱していなくても），行為の時から20年を経過したときは，取消権は消滅するということである。

➡　まだ追認できる状況になっていないので，取消権が消滅すると本人にとって酷といえるかもしれないが，20年を経過しているので，さすがに法律関係を確定させなければならない。

8　法律行為が無効である場合の原状回復の義務

(1)　原状回復の義務

契約（法律行為）が無効であるにもかかわらず，その契約の内容が履行されてしまうことがある。

➡　契約が無効であることを知らなかった。

また，契約がされて履行がされた後，その契約が取り消されて，結果として無効となることもある。

この場合，既に履行がされたものは，どう清算すべきであるか。

（原状回復の義務）

第121条の２　無効な行為に基づく債務の履行として給付を受けた者は，相手方を原状に復させる義務を負う。

R4-4　契約が無効である場合（取り消されて結果として無効となった場合を含む）は，初めから契約がなかったことになるので，相手方を**原状に復させる義務**を負う。

➡　契約がされる前の状態に戻す必要がある。

➡　引き渡された物を返還し，また受け取った代金を返還する必要がある。

プラス アルファ

ちなみに，**原状**（元の状態）に復させる義務である。**現状**（現在の状態）ではない。

⑵ 無効な無償行為がされた場合の返還義務の範囲

無償行為（贈与等）がされたが，その行為が無効であった場合，その債務の履行として給付を受けた者は，給付を受けた当時その行為が無効であること（取り消すことができるものであること）を知らなかったときは，その行為によって**現に利益を受けている限度において**，返還の義務を負う（民§121の２Ⅱ）。 R3-5

・「現に利益を受けている限度」とは，簡単にいってしまえば，“今，手もとにある分”ということ。

【例】 AとBは，Aの所有するノートパソコンをBに贈与する契約をし，ノートパソコンがBに引き渡された。Bは，パソコンの初心者ということもあり，無茶な操作をしてしまい，ほぼ使い物にならなくなってしまった。

その後，A・B間の贈与契約が無効であることが判明した。

➡ Bが，ノートパソコンの引渡しを受けた当時，贈与が無効であると知らなかったときは，今現在の状態（使い物にならない状態）で，ノートパソコンをAに返還すれば足りる。

➡ 原状，つまり引き渡された時の状態で返還する必要はない。

理由 無効であると知らなかった者について，原状の回復をしなければならないとするのは，酷である。

プラス アルファ

これは，無効な無償行為（贈与等）がされた場合の話である。有償行為（売買等）の場合は，適用されない。

➡ 有償行為の場合は，互いに対価関係のある給付をしているので（物の引渡しと代金の支払い），片方だけに現存利益の返還を認めると，バランスを欠く。

(3) 意思能力を有していなかった者等の返還義務の範囲

> （原状回復の義務）
> **第121条の2**
> **3** 第1項の規定にかかわらず，行為の時に意思能力を有しなかった者は，その行為によって現に利益を受けている限度において，返還の義務を負う。行為の時に制限行為能力者であった者についても，同様とする。

（無効な）行為の時に意思能力を有していなかった者，また制限行為能力者については，その行為によって**現に利益を受けている限度において**，返還の義務を負う。

➡ 現存利益の返還で足りる。

理由　行為の時に意思能力を有していなかった者や制限行為能力者であった者を保護する趣旨である。

【例】 未成年者のAは，法定代理人の同意を得ることなく，自分の所有する自動車を50万円でBに売る契約をした（Bから50万円を受け取った）。

そして，Aは，ゲームセンターやパチンコに通い，40万円を使ってしまった。

その後，Aの法定代理人が，A・B間の自動車の売買契約を取り消した。

➡ Aは，現に存する利益である10万円を返還すれば足りる。

➡ 相当に不公平な気もするが，意思無能力者や制限行為能力者は手厚く保護されている。

重要!

利益が形を変えて残っている場合には，その分も返還する必要がある（大判大5.6.10，大判昭7.10.26）。

➡ 生活費に充てた，または債務を弁済したというように，有益な支出をしたような場合は，利益が形を変えて残っているといえるので，その分も返還する必要がある。

第８章
条件および期限

Topics　・条件と期限の意義，および両者の違いについて正確に掴んでおくこと。
・条件に関しては出題の可能性がある。

1　条　件

ケーススタディ

Ａは，Ｂに対し，「君が今度の試験に合格したら僕の腕時計をあげるよ」と贈与の約束をした。
このような契約は有効か。

1　意　義

条件とは，法律行為の効力の発生または消滅を，将来の不確定な事実にかからせる旨の付款（特約）をいう。

プラスアルファ

法律行為の付款

法律行為の付款とは，その法律行為の効力の発生または消滅について当事者が加えた制約（約定）をいう。
これには，「条件」と「期限」がある。

重要！

「条件」というためには，それが将来発生するかどうか不確定な事実であることを要する。　R2-6　H21-4

【例】 ケーススタディのように，「試験に合格すること」は，不確定な事実であるので，まさに条件である。
➡ Ｂさんとしては，「今年絶対に合格する！」という気持ちであろうが，そのような主観は考慮されない。

2　条件に親しまない行為

法律行為に条件を付すことは，基本的には自由である。しかし，法律行為に条件が付されると，その法律行為の効力は不安定になるので，公益的あるいは私益的な理由から，一定の場合には条件を付すことが禁じられる。

(1)　身分行為

R2-6 婚姻，離婚，縁組，認知などの身分行為について条件を付すことは，公序良俗に反し，また身分関係を不安定なものにしてしまうので，条件を付すことはできない。

【例】「年収が300万円以下になったら離婚する。」などという条件は法的に認めるべきではない。

(2)　単独行為

取消し，解除，追認といった単独行為に条件を付すことは，相手方の地位を不安定にしてしまうので，条件を付すことはできない。

R2-6 相殺については，条件を付すことは明文で禁じられている（民§506Ⅰ後段）。

H2-16

3　条件の種類

条件には，**停止条件**と**解除条件**という２つの種類がある。

(1)　停止条件

停止条件とは，**法律行為の効力の発生**を，将来の不確定な事実にかからせる旨の付款をいう。

➡　その条件が成就するまでは，法律行為の効力の発生が停止されている，という意味である。

【例】ケーススタディの事例では，試験に合格するという条件が成就したら贈与の効力が発生する，という契約なので，停止条件といえる。

(2)　解除条件

解除条件とは，**法律行為の効力の消滅**を，将来の不確定な事実にかからせる旨の付款をいう。

➡　条件が成就することによって，法律行為の効力が解除される（消滅する），という意味である。

【例】「Aの所有する腕時計をBに贈与する。ただし，Bが次の試験に落ちたら，腕時計を返す。」という契約。

➡ この契約によって，直ちに贈与の効力が生ずる。そして，後に「試験に落ちた」という条件が成就したら，贈与の効力が消滅する。

4 条件が成就した場合の効果

(1) 停止条件付の法律行為の場合

（条件が成就した場合の効果）
第127条 停止条件付法律行為は，停止条件が成就した時からその効力を生ずる。 H17-6

ケーススタディの事例では，条件が成就した時，つまり試験に合格した時に，贈与の効力が生ずる。

プラスアルファ

ただし，当事者は，効力の発生を条件が成就した時より前に遡らせることもできる（民§127Ⅲ）。 R2-6

(2) 解除条件付の法律行為の場合

（条件が成就した場合の効果）
第127条
2 解除条件付法律行為は，解除条件が成就した時からその効力を失う。 H21-4

【例】「Aの所有する腕時計をBに贈与する。ただし，Bが落第したら腕時計を返す。」という契約がされた場合に，Bが落第してしまったときは，その落第が決まった時に贈与の効力は消滅する。

5 条件付きの権利の保護

(1) 相手方の利益の侵害の禁止

（条件の成否未定の間における相手方の利益の侵害の禁止）
第128条 条件付法律行為の各当事者は，条件の成否が未定である間は，条件が成就した場合にその法律行為から生ずべき相手方の利益を害することができない。

条件付きの法律行為がされた場合，条件の成否が未定の間は，まだその効力が確定していない状態である。

とはいえ，当事者は，条件が成就したら一定の利益を得ることができるという期待を持っており（期待権），それは保護に値するといえる。

したがって，各当事者は，**条件の成否が未定の間に，相手方の利益を害することはできない**とされた。

H24-5

【例】 ＡＢ間で，「Ｂが今年の試験に合格したらＢに腕時計を贈与する」という契約がされた。そして，その条件の成否が未定である間に，Ａは，腕時計を捨ててしまった。

➡ Ｂが試験に合格したときは，ＡはＢに対して損害賠償責任を負う。

(2) 条件付権利の処分

（条件の成否未定の間における権利の処分等）

第129条 条件の成否が未定である間における当事者の権利義務は，一般の規定に従い，処分し，相続し，若しくは保存し，又はそのために担保を供することができる。

ＡＢ間で，「Ｂが今年の試験に合格したらＢに腕時計を贈与する」という契約がされた場合，すぐに腕時計がＢのものになるわけではない（条件が成就しなければ貰えない）。

しかし，Ｂは，“試験に合格したら自分のものになる”という条件付きの権利を有しているといえる。

そして，この条件付きの権利も一種の財産権であるといえるので，これを処分（売買等）したり，担保に供することができる。

(3) 条件の成就を妨害した場合の効果

ケーススタディ

ＡとＢは，「Ｂが今年の試験に合格したらＡの自動車をＢに贈与する」という契約を締結した。

しかし，Ａは，自動車を手放すのが嫌になって，試験前日，前夜祭と称して友達とともにＢ宅に押しかけ，嫌がるＢを無視してどんちゃん騒ぎをしてＢの睡眠を妨害し，これによって（本当ならば合格確実だったのに）Ｂは不合格となってしまった。
Bは，自動車を貰うことはできないのだろうか。

契約の内容からすると，“今年の試験に合格したら”という条件が成就しなかったので，贈与の効力は生ぜず，Bは自動車を貰えないということになりそうである。

しかし，これはあまりに不当である。

そこで，以下のような規定が設けられている。

（条件の成就の妨害等）

第130条 条件が成就することによって不利益を受ける当事者が故意にその条件の成就を妨げたときは，相手方は，その条件が成就したものとみなすことができる。

ケーススタディの事例では，条件が成就することによって不利益を受ける当事者（A）が，故意にその条件の成就を妨げた（どんちゃん騒ぎをしてBの睡眠を妨げて試験に合格できないようにした）ときは，相手方（B）は，**その条件が成就したものとみなすことができる**（自動車の贈与を受けることができる）。

☆ 条件成就とみなすための要件

① 故意に条件の成就を妨害したこと
② 条件が成就することによって不利益を受ける当事者が妨害したこと
③ 妨害行為と条件の不成就に因果関係があること
④ 妨害行為が信義則に反すること

・ 条件の成就によって利益を受ける当事者が，不正にその条件を成就させた場合も同様である。 H24-5 H21-4

（条件の成就の妨害等）

第130条

2 条件が成就することによって利益を受ける当事者が不正にその条件を成就させたときは，相手方は，その条件が成就しなかったものとみなすことができる。

【例】　AとBは,「Aは,一定の特殊なピンを使った部分カツラを販売しない。もしその販売をしたらBに損害賠償を支払う」という合意（裁判上の和解)をした。その後，Bは，おとりの客を使うなど不正な手段を用いて，Aにその部分カツラの販売をさせた。

➡　条件の成就によって利益を受ける当事者（損害賠償を貰えるB）が，不正にその条件を成就させた(不正な手段を用いてAに販売をさせた)。
この場合，Aは，条件が成就していないとみなすことができる。

6　特殊な条件

	条件の種類		法律行為の有効・無効	
			停止条件	解除条件
H17-6	既成条件 (民§131)	(法律行為の時に)条件成就が既に確定している場合	無条件に有効（同Ⅰ）	当初から無効（同Ⅰ）
H31-5 H2-16		(法律行為の時に)条件不成就が既に確定している場合	当初から無効（同Ⅱ）	無条件に有効（同Ⅱ）
H31-5	不法条件 (民§132)	条件が不法な場合 【例】妾関係の維持を目的とした遺贈	無効	
H21-4 H17-6		不法行為をしないことが条件の場合 【例】暴力を振るわないことを条件とした贈与（殴らないから金をよこせ）		
H31-5 H17-6	不能条件 (民§133)	社会通念上実現が不可能な条件の場合	無効（同Ⅰ）	無条件に有効（同Ⅱ）

純粋随意条件（民§134）	条件が債務者の意思のみにかかる場合	無効 【例】債務者（条件の成就により不利益を受ける者）が気が向いたら与える。	有効 【例】債務者が不要と思ったら仕送りをやめる。
	条件が債権者の意思のみにかかる場合	有効	

H31-5
H17-6

2 期限

ケーススタディ

Aは，Bに対し，「自分が死亡したときは甲土地をあげるよ」と贈与の約束をした。
このような契約は有効か。

1 意義

期限とは，法律行為の効力の発生・消滅または債務の履行を，将来において到来することが確実な事実にかからせる旨の付款（特約）をいう。

重要！

「期限」というためには，それが将来到来することが確実な事実であることを要する。 R2-6

➡ 「条件」は，将来，それが発生するか否か不確定な事実にかからせるものである。

【例】 ケーススタディのように，「自分が死んだとき」は，将来確実に到来する事実である。

➡ Aさんとしては，「自分は不老不死だ」と思っているかもしれないが，そのような主観は考慮されない。

2 期限の種類

(1) 確定期限と不確定期限

① 確定期限

到来する時期が定まっている期限を，確定期限という。

【例】・　3か月後に返す。
　　　・　令和6年10月1日に渡す。

②　不確定期限
到来することは確実であるが，いつ到来するかは分からない期限を，**不確定期限**という。

【例】私が死んだらあげる。
➡　人が死ぬことは確実であるが，いつ死ぬかは分からない。これが不確定期限。

プラスアルファ

いわゆる「出世払い」の約定の効果

R2-6
H21-4

「成功した時に払う」，「事業が軌道に乗った時に返す」といったような約定は，条件なのか不確定期限なのかが問題となるが，判例は，一般的に不確定期限としている。

(2)　始期と終期

①　始　期
法律行為の**効力の発生**の期限または債務の履行に関する期限を，**始期**という（民§135Ⅰ）。

【例】来年1月1日から賃貸する。

②　終　期
法律行為の**効力の消滅**に関する期限を，**終期**という（民§135Ⅱ）。

【例】3年後に賃貸借が終了する。

3　期限の到来の効果

（期限の到来の効果）
第135条　法律行為に始期を付したときは，その法律行為の履行は，期限が到来するまで，これを請求することができない。
2　法律行為に終期を付したときは，その法律行為の効力は，期限が到来した時に消滅する。

4　期限の利益

⑴　意　義

期限の利益とは，期限が到来しないことによって当事者が受ける利益のことをいう。

【例】「１か月後に返す」という約束で，ＡはＸから100万円を借りた。

➡　１か月後という確定期限が定められた契約である。

➡　**Aは，1か月後まではお金を返さなくて良い。つまり，Aは期限の利益を有しているといえる。**

⑵　期限の利益を有しているのは誰か

> （期限の利益及びその放棄）
> **第136条**　期限は，債務者の利益のために定めたものと推定する。

基本的に，**期限の利益は債務者が有する**ものである。

理由　一般的には，債務者に猶予を与える趣旨で期限が定められるのが通常であるから。

①　無利息でお金を貸し付けたときは，期限の利益は債務者が有している。

➡　債務者は，期限までは返さなくていいので，期限の利益がある。

➡　一方，債権者は，期限によって特に利益を受けることはない。

②　利息付きでお金を貸し付けたときは，期限の利益は，債務者と債権者の双方にある。

➡　債務者は，期限までは返さなくていいので，期限の利益がある。

➡　また，債権者も，期限までの利息を受け取れるので，債権者も期限の利益を有する。

⑶　期限の利益の放棄

> （期限の利益及びその放棄）
> **第136条**
> 2　期限の利益は，放棄することができる。ただし，これによって相手方の利益を害することはできない。

期限の利益を有する者は，これを放棄することができる。

➡ 利益を有する者が「いらない」と言っているのだから，特に問題はない。

【例】 Aは，「1か月後に返す」という約束で，Xから無利息で100万円を借りた。

➡ Aは，1か月後までは返さなくていいという期限の利益を有するが，これを放棄して，1週間後にXに返済することができる。

ただし，期限の利益の放棄によって，相手方の利益を害することはできない。

(4) 期限の利益の喪失

（期限の利益の喪失）

第137条 次に掲げる場合には，債務者は，期限の利益を主張することができない。

一　債務者が破産手続開始の決定を受けたとき。

二　債務者が担保を滅失させ，損傷させ，又は減少させたとき。

三　債務者が担保を供する義務を負う場合において，これを供しないとき。

期限の利益は，債務者を信頼して，履行の猶予を与える趣旨で定められるものである。

そのため，債務者の信用状態が悪化したような場合，または債務者が信頼を破壊するような行為をした場合にまで，債務者に期限の利益を認める必要はない。

そこで，一定の事実が生じた場合には，**債務者は期限の利益を主張することができない**とされた（民§137）。

【例】 XはAに対して，弁済期を1年後と定めて，1,000万円を貸し付けた。そして，Aの所有する建物に抵当権を設定した。

この3か月後，Aは，抵当権が設定された建物を取り壊した（担保を滅失させた）。

➡ 債務者Aは期限の利益を主張することができず，**Xは直ちにAに対して弁済を請求することができる。**

第９章
期　間

Topics ・初日不算入の原則は重要。民法の択一問題で問われることは少ないが，意外といろいろな場面で期間計算が要求されることがある。

ケーススタディ

10月３日の午前11時，ＡとＢは，Ａのバイクを「10日間」という約束でＢに貸す契約をした。

Ｂは，いつバイクを返せばいいだろうか。

１　意　義

期間とは，ある時点から他の時点までの，継続した時間の区分をいう。

ケーススタディのように「10日間貸す」や，「３年間有効だ」といったように，法律行為において期間が定められることがよくある。また，民法上，債権を5年間行使しないときは時効によって消滅すると規定されている（民§166Ⅰ）。

このような期間の定めがある場合，その期間はどのように計算すべきか。

【例】 ケーススタディの場合，Ｂは今日からバイクを使えるから，今日を１日目として計算すべきか，それとも今日は11時間も過ぎているから，明日から計算すべきか。また，最終日の午前11時までに返す必要があるのか，それとも夜までに返せばいいのか。

意外と悩ましい。

そこで，民法では，一般的な期間の計算方法を定めている。

２　期間の計算方法

(1)　時を単位とする期間

（期間の起算）

第139条　時間によって期間を定めたときは，その期間は，即時から起算する。

時間，分，秒を単位とする期間の計算は，即時から起算する。

【例】「10時25分から２時間」という約束でバイクを貸した場合は，10時25分から起算して，２時間後の12時25分に期間が満了する。

(2) 日，週，月または年を単位とする期間

第140条　日，週，月又は年によって期間を定めたときは，期間の初日は，算入しない。ただし，その期間が午前零時から始まるときは，この限りでない。

（期間の満了）

第141条　前条の場合には，期間は，その末日の終了をもって満了する。

日，週，月または年を単位とする期間の計算は，その期間が午前０時から始まる場合を除いて，**翌日から起算する**（**初日不算入の原則**；民§140本文）。

【例】ケーススタディの事例では，契約をしたのが10月３日の午前11時なので，翌日（10月４日）から起算して，10月13日の夜中の12時に期間が満了する。

重要！

この初日不算入の原則は大変に重要。

＋（プラス）アルファ

ただし，期間が午前０時から始まる場合は，初日を参入する。

【例】10月３日に，「10月10日から10日間」という約定をした場合は，10月10日の午前０時から期間が始まるから，初日（10月10日）を参入して，10月19日の夜中の12時に期間が満了する。

3　期間の満了に関して

第142条　期間の末日が日曜日，国民の祝日に関する法律（省略）に規定する休日その他の休日に当たるときは，その日に取引をしない慣習がある場合に限り，期間は，その翌日に満了する。

（暦による期間の計算）

第143条　週，月又は年によって期間を定めたときは，その期間は，暦に従っ

て計算する。

2　週，月又は年の初めから期間を起算しないときは，その期間は，最後の週，月又は年においてその起算日に応当する日の前日に満了する。ただし，月又は年によって期間を定めた場合において，最後の月に応当する日がないときは，その月の末日に満了する。

第10章
時　効

第1節　総　説

Topics ・**第１節では，時効の種類と時効の存在理由（趣旨）をしっかりと理解すること。今後，学習を進めていくに当たり，３つの存在理由は理解の助けとなる。**

ケーススタディ－1

Ａは，Ｂから土地を買って，引渡しを受けた。そして建物を建てて，家族とともに20年以上そこに住んでいた。そしたら突然Ｘが訪ねてきて，「この土地は私のものです。Ｂが勝手にあなたに売ったようですが，Ｂはそもそも所有者ではありませんでした。土地を返してください」と言われた。

Ａは一瞬頭が真っ白になったが，本当に土地をＸに返さなければならないのだろうか。

ケーススタディ－2

Ａは，20年ほど前，Ｘから50万円を借りた。返したかどうかは覚えていない。そしたら先日，ＸがＡ宅を訪ねてきて，「20年前に貸したお金を返してもらっていないので，利息をつけて返してください」と請求してきた。Ａは，「今さらそんなことを言われても･･･」と困ってしまった。

Ａは，お金を返さなければならないのだろうか。

1　時効制度の意義

時効とは，ある事実状態が一定の期間継続して存在する場合に，それを尊重して，**その事実状態に即した形での権利関係を認めようとする制度**である。

一般的には，時効といえば刑法関係をイメージする方が多いかと思う。

【例】“○年逃げ切れば時効によって逮捕されない”，“○○という罪については時効が撤廃された”等々。

しかし，時効という制度は，刑法だけでなく，民法にも存在する。
民法に規定する時効には，**取得時効**と**消滅時効**の２つの種類がある。

⑴　取得時効

取得時効とは，他人の物を一定の期間占有することにより，その物の所有権（またはその他の財産権）を取得することができる制度である。

【例】　ケーススタディ－１の事例では，この土地は，本当はXのものかもしれないが，Aは自分のものとして20年以上もそこに住んでいる（占有している）。
　このように，長期間，自分のものとして占有をしている場合は，その土地を時効取得することができる。
➡　つまり，この土地はAのものとなる。

⑵　消滅時効

消滅時効とは，権利を一定の期間行使しないことにより，その権利が消滅する制度である。

【例】　ケーススタディ－２の事例では，Aは（たぶん）Xにお金を返していないのだから，20年たとうが，お金を返すべきと考えることもできる。しかし，実際は返したかもしれないし，その事実の確定は難しい（昔のことだから証拠も残っていないだろう）。また，何で今まで請求しないで放置していたのだということもできる。
　このように，長期間，権利を行使しないで放置していた場合には，その権利（50万円の貸金債権）は時効により消滅する。
➡　つまり，Aは，Xにお金を返さなくてよい。

2　時効制度の存在理由

時効の制度は，効果としては，他人の物を自分のものにする（取得時効の場合），あるいは，借金をしたけれど返さなくていい（消滅時効の場合）というものである。

これは，**一般の道徳感情からすると，ちょっとおかしな制度**である。

では，なぜ，時効という制度が設けられたのか。
いくつか理由がある。

(1)　永続した事実状態の尊重（社会の法律関係の安定）

長期間にわたって一定の事実状態が存在している場合には，その事実状態に対する信頼を保護して，権利関係として認めることにより，社会生活の安定を図る必要がある。

【例】　ケーススタディ－1の事例では，Ａは，この土地は自分のものであると信じて20年以上にもわたって生活をしてきた。Ａは，この事実を基礎として様々な法律関係を築きあげてきただろう。これを今になって覆すのは，社会生活の安定を脅かすことになる。

その意味で，時効という制度が必要になる。

(2)　証明の困難さの救済

長期にわたって権利が行使されない場合には，証拠の散逸等によって，その権利関係の立証が困難になるので，その不都合を救済する必要がある。

➡　長期間継続した事実状態は，真の権利関係に一致する蓋然性が高いので，時効の主張を認めて，真の権利者を保護しよう。

【例】　ケーススタディ－2の事例で，実は，Ａは18年前にＸに50万円を返していたものとする。

この場合，50万円の領収証があれば，Ａは「私はあなたに50万円を返した」と主張することができる。しかし，そんな昔の領収証は残っていない可能性が高い。そうすると，ＸがＡを被告として「50万円貸したので返せ」と訴えてきた場合，Ａには50万円を返した証拠が残っていないので，Ａの敗訴となる（「ＡはＸに50万円払え」という判決が出る）。

➡　これは酷である。

そこで，（Ｘは長期間にわたって何も請求してこなかったので）ＸのＡに対する50万円の貸金債権は時効により消滅したということにして，Ａを保護する必要がある。

➡　まさに，立証の困難さを時効という制度によって救済している。

(3)　権利の上に眠る者は保護に値しない

権利を持っている者でも，長期間それを行使しないで放置している（権利の上に眠っている）場合には，法による保護に値しない。

【例】　ケーススタディ－2の事例で，Ａは，Ｘに50万円を返していなかったものとする。

この場合，本来であれば，AはXに50万円を返済すべきであるが，Xは，20年も請求しないで放置してきた。まさに権利の上で眠っていたといえるので，法によって保護するに値しない（Aは債権の消滅時効を主張して，債務をないものとすることができる）。

＋（プラス）アルファ

上記の(1)から(3)までは，どれももっともらしい理由ではあるが，それぞれについて批判も加えられており，また，他の側面から時効の存在理由を説明する学説もある。

第2節　取得時効

Topics・取得時効の要件，効果をしっかり理解しておくこと

ケーススタディ

Ａの所有する土地をＢが賃借し，Ｂはそこに建物を建てて住んでいる。もう20年以上そこに住んでいる。

Ｂは，この土地を時効取得することができるか。

1　取得時効の意義

取得時効とは，（本当は他人の物だけど）自分のものとして一定の期間その占有を継続した場合に，その物の所有権を取得できる制度である。

➡　その反射的効果によって，他人の権利は消滅してしまう。

2　取得時効の要件

（所有権の取得時効）

第162条　20年間，所有の意思をもって，平穏に，かつ，公然と他人の物を占有した者は，その所有権を取得する。

2　10年間，所有の意思をもって，平穏に，かつ，公然と他人の物を占有した者は，その占有の開始の時に，善意であり，かつ，過失がなかったときは，その所有権を取得する。

取得時効は，一定の期間，他人の物を占有することが要件となるが，その占有の期間は20年の場合と10年の場合がある。

➡　基本的には20年で，一定の要件（善意・無過失）を満たした場合には10年で足りる。

20年の方（民§162Ⅰ）の要件を抽出すると，以下のとおりである。

・　20年間
・　所有の意思をもって

・　平穏に，かつ，公然と
・　他人の物を
・　占有した

以下，それぞれの要件を解説する（順番は変わります）。

1 「占有した」こと

占有とは，自己のためにする意思をもって物を所持することをいう（民§180）。

詳しくは「物権編」で学習するが，物を事実上その支配下に置いている状況をいう。動産であれば持っている状態（自宅に置いてある状態），土地であればそこに建物を建てて住んでいる状態などである。

2 「所有の意思をもって」占有したこと

占有には，“所有の意思をもった”占有と，“所有の意思のない”占有がある。

所有の意思とは，自己に所有権を帰属させる意思をいう。簡単にいえば，**“自分のものとして占有すること”＝“所有の意思をもった占有”といえる。**

・　所有の意思をもった占有を**「自主占有」**，所有の意思のない占有を**「他主占有」**という。

【例】・　お店で腕時計を買った人は，（当たり前だが）その腕時計を自分のものとして占有している。つまり，自主占有をしている。
➡　真実の所有者が自主占有をしているという正常な事例。

・　お店から腕時計を万引きした人は，（後ろめたい気持ちはあるだろうが）その腕時計を自分のものとして占有している。つまり，自主占有である。
➡　真実の所有者ではない人が自主占有をしている事例。
➡　真実の所有者ではなくても，自主占有は成り立つ。

・　友達から腕時計を借りた人は，あくまで借り物として腕時計を占有している。これは，他主占有である。

重要！

物を時効取得するためには，所有の意思をもって占有していなければならない。
➡　自分のものとして長期間占有してきたから，時効によってその物の所有権を取得できる，という考え方。

【例】　ケーススタディの事例では，Bは，Aから土地を借りてそこを占有している。

H21-7　つまり，所有の意思のない他主占有なので，Bは当該土地を時効取得することはできない。

➡　当たり前である。

(1)　所有の意思をもった占有か否かの判断

所有の意思をもった占有といえるか否かは，その占有を始めた原因から客観的に判断される（最判昭45.6.18）。

①　真実の権利者から買って（贈与を受けて）占有を開始した場合。
➡　自主占有

②　真実の所有者から盗んで占有を開始した場合。
➡　自主占有

③　真実の所有者から買い受けて占有を開始したが，実はその売買は無効であった場合。
➡　買主の占有は自主占有

④　所有者から借りて物の占有を開始した場合。
➡　他主占有

重要！

H27-6　占有者の主観は問題とならない。
➡　物を借りている人が，内心で「これはオレの物だ」と思っても，他主占有であることに変わりはない。

3　「他人の物を」占有したこと

他人の物を一定の期間占有することによって，その物を時効取得するというのが基本である。

⑴　物とは

時効取得の対象となる「物」には，動産や不動産がある。

・　１筆の土地の一部を時効により取得することもあり得る。 H31-6

➡　甲土地（400㎡）の東側の一部30㎡の部分のみを占有している場合は，その部分について取得時効が成立する。

⑵　自己の物を時効取得することができるか

自分の物を自分が時効取得できるか，というのは一見すると奇妙な問いであるが，その可否が問題となることがある。

【例】　だいぶ昔に土地を買ったが，売買契約書などは捨ててしまって，自分の土地であることを証明できないような場合は，自分の土地の時効取得を認めて，改めて自分のものとする意味がある。

取得時効の制度は，物を一定の期間占有したという事実状態を，権利として認めようというものであるから，他人の物であるか自分の物であるかは大した問題ではない。

判例も，自己の物の時効取得を認めている（最判昭42.7.21）。

参考判例　Aは，Bから甲土地を買い，引渡しを受けて占有を始めた。しかし，所有権の移転の登記はしなかった。その後，Bは，同じ甲土地をCにも売り渡し，Cに対して所有権の移転の登記をした。 H10-3

➡　甲土地について二重譲渡がされた場合である。Aは登記をしていないので，Cに対抗できない（民§177，対抗の意味は物権編で学習する）。

そして，Cは，Aに対し，甲土地の明渡しを求めた。

この場合，Aは，（自分が買った）甲土地の時効取得を主張することができる（最判昭42.7.21）。

⑶　公有の財産を時効取得できるか

細かい要件については議論があるが，公共用の財産も時効取得が認められる（最判昭51.12.24）。

4 「平穏に，かつ，公然と」占有したこと

「平穏に」とは，暴行や強迫によって占有を取得したものではないことをいう。「公然と」とは，占有について密かに隠すことがないことをいう。

5 「20年間」の占有があったこと

取得時効が成立するためには，その物について（原則として）20年間の**占有の継続**が必要である。

【例】 3年間占有を継続して，いったん占有を手放して，2年後にまた占有を始めて･･･という形で，最初に占有した時から20年を経過していた（または通算して20年間占有していた）というのはダメ。時効取得できない。
➡ 20年間の占有の継続が必要。

20年間の占有の継続なんて実際に証明できるのか？　と思うところであるが，便利な条文が存在する。

> **（占有の態様等に関する推定）**
> **第186条**
> **2** 前後の両時点において占有をした証拠があるときは，占有は，その間継続したものと推定する。

【例】 Aが，甲土地を2000年3月1日の時点で占有していたこと，そして2020年4月10日の時点でも甲土地を占有していたことを証明すれば，**その間占有を継続していた**（20年1か月ちょっと占有を継続していた）**と推定される**。

(1) 占有が承継された場合

H21-7

Aが物の占有を開始した後，その占有がBに引き継がれたときは，Bは，自分の占有だけを主張することができ，またAの占有とBの占有を**併せて主張することもできる**（民§187 I）。

【例】 Aが甲土地を5年間占有した後，その占有がBに承継され，Bが15年間占有を継続したときは，Bは，Aの占有と併せて20年間の占有を主張することができる。

ただし，前の占有者の占有を併せて主張する場合には，その瑕疵をも承継する（民§187Ⅱ）。

➡ 「瑕疵」とは，悪意，過失，暴行や強迫，隠匿などをいう。

6　取得時効の自然中断

（占有の中止等による取得時効の中断）
第164条　第162条の規定による時効（取得時効）は，占有者が任意にその占有を中止し，又は他人によってその占有を奪われたときは，中断する。

前記5のとおり，取得時効が成立するためには，20年間の占有の継続が必要である。

いったん占有を開始したが，占有者が任意にその占有を中止したときは，"占有の継続"という要件が破られるので，**その時点で時効期間のカウントはリセットされる。**

➡ 改めて占有を始めた場合は，そこから20年間の占有継続が必要。前の占有の期間は加算されない。

また，いったん占有を開始したが，他の人に占有を奪われたときも，"占有の継続"という要件が破られるので，その時点で時効期間のカウントはリセットされる。 H10-3

ただし，占有を奪われた場合は，**占有回収の訴え**によりその物の返還を請求することができ（民§200），これにより占有を回復したときは，占有を継続していたものとみなされる（民§203ただし書）。 H30-6 H10-3

7　10年間の取得時効の要件

10年間の取得時効の要件について，条文を再掲する。

（所有権の取得時効）
第162条
2　10年間，所有の意思をもって，平穏に，かつ，公然と他人の物を占有した者は，その占有の開始の時に，善意であり，かつ，過失がなかったときは，その所有権を取得する。

"所有の意思をもって"，"平穏に，かつ，公然と" "他人の物を占有" といった要件は，20年間の取得時効と同じである。

10年間の取得時効は，これに“その占有の開始の時に，善意であり，かつ，過失がなかったとき”という要件が加わる。

8 「その占有の開始の時に，善意であり，かつ，過失がなかった」こと

(1) 「善意」とは

この場合の「善意」とは，自分の所有の物であると信じていることをいう。

つまり，自分のものであると信じて物の占有を開始した場合は，“占有の開始の時に善意”ということになる。

【例】 本当はCが所有している土地について，Bが，自分のものであると嘘をついて，Aに売り渡した。Aは，本当の所有者から土地を買ったと信じてその土地の占有を開始した。

➡ Aは，他人の物（本当はCが所有している土地）について，所有の意思をもって占有を開始した。占有の開始の時，Aは善意であった(自分の土地だと信じている)。

(2) 「過失がない」とは

「過失がない（無過失)」とは，自分の所有であると信じることについて過失がないことをいう。つまり，自分の所有であると誤信するのもやむを得ない，という事情があること。

➡ 少し乱暴にいえば，“ちょっと注意すれば自分のものじゃないと分かるだろ”という場合は，過失があるといえる。

この「過失」の有無の判断はなかなか難しい。

(3) 善意，無過失の判断の時期

H21-7 善意，無過失は，「その占有の開始の時に」あればよい（大判明44.4.7)。

占有の開始の時に善意・無過失であれば，占有を継続している間に悪意になっても（自分のものではないと気付いても)，10年間の取得時効は妨げられない。

(4) 占有の承継があった場合

H21-7 占有の承継があった場合は，現在の占有者は，自己の占有のみを主張することができ，また前の占有者の占有を併せて主張することもできる（民§187Ⅰ)。

ただし，前の占有者の占有を併せて主張する場合には，その瑕疵をも承継

する（民§187Ⅱ）。

【例】・　Aは，所有の意思をもって甲土地の占有を開始した。占有の開始の時，Aは善意であったが過失があった。そして，Aが4年間の占有を継続した後，Bが占有を承継した。Bが占有を開始した時，Bは善意・無過失であった。そして，Bは7年間の占有を継続した。

➡　Bが，自己の占有とAの占有を併せて主張する場合は，11年間占有を継続したことになるが，Aの過失も承継するので，10年間の取得時効は認められない。

・　反対に，最初に占有したAが善意・無過失であれば，占有を承継したBが悪意（または善意だけど過失あり）であっても，Bは，自己の占有とAの占有を併せて主張して，10年の取得時効が認められる（最判昭53.3.6）。 H21-7

➡　占有の開始の時，つまりAが占有を開始した時に善意・無過失なので，10年間の取得時効の要件を満たす。

➡　学説上は，反対説も有力に主張されている。

3　取得時効の効果

ケーススタディ

Aは，平成10年3月1日，所有の意思をもって甲土地の占有を開始した(善意だが過失があった)。そして，20年間甲土地の占有を継続し，甲土地を時効取得した。

いつから甲土地はAのものとなるのか。

1　時効の効力

(1)　遡及効

（時効の効力）

第144条　時効の効力は，その起算日にさかのぼる。

時効が成立した場合，その効力は，**起算日にさかのぼる**。

➡　取得時効，消滅時効を問わない。

H27-6　つまり，時効取得した者は，**占有を開始した時から所有者であったことになる**。

【例】　ケーススタディの事例では，Aは，平成10年3月1日から甲土地の所有者であったことになる。

理由　“占有を開始した時から所有者であった”というのは多少の違和感を覚えるところであるが，長期間にわたる事実状態を尊重して，権利関係を複雑にしないようにするため，といった理由から遡及効が認められている。

プラス アルファ

仮に遡及効がなく，時効が完成した時に所有権を取得するとしたら，ケーススタディの事例のAは，平成30年3月2日から甲土地の所有者ということになる。

ということは，平成10年3月1日から平成30年3月1日までは無権利者ということになり，その間の甲土地の使用利益（賃料相当額）を元の所有者に払え，といった議論になってしまう。

・　占有を開始した時から所有者であったことになるので，その間に生じた果実は，時効取得者が収取することができる。もとの所有者に返還する義務はない。

(2)　原始取得

時効取得は，**原始取得**と解されている。

用語説明

原始取得→　前の所有者から権利を承継するのではなく，自分が独自に新たな（完全な）所有権を取得すること。

自分が独自に新たな所有権を取得するので，目的物に付着していた第三者の権利は，消滅する。

【例】　Aの所有する甲土地には，Xの抵当権がついていた。そして，この甲土地をBが時効取得した場合，**Xの抵当権は消滅する**（民§397）。

➡　Bは，Aから（Xの抵当権の付いた）所有権を承継するわけではない。過去のしがらみのない独自の新しい完全な所有権を取得する。

・　ただし，第三者の権利（地役権等）が付着しているのを認容した上で占有を継続し，時効取得した場合は，その第三者の権利は消滅しない（大判大9.7.16）。

プラス アルファ

前の所有者から，そのままの姿（第三者の権利もそのまま付いた状態）で取得することを，**「承継取得」**という。

➡　権利の取得は，承継取得であるのが通常。

➡　売買や相続による取得は，承継取得。

4　所有権以外の財産権の取得時効

（所有権以外の財産権の取得時効）
第163条　所有権以外の財産権を，自己のためにする意思をもって，平穏に，かつ，公然と行使する者は，前条の区別に従い20年又は10年を経過した後，その権利を取得する。

物の所有権でなくても，占有を伴う財産権は，取得時効の対象となる。

【例】　地上権，永小作権，地役権，質権，賃借権等。 H31-6 H18-7

・　解除権，取消権といった形成権（権利者の一方的な意思表示により法律効果を発生させることができる権利）は，取得時効の対象とならない。

理由　形成権は，権利を１回行使すると消滅するものであり，時効による取得に馴染まない。

第3節　消滅時効

Topics・消滅時効は，その起算点の判断（いつから時効が進行するか）が重要。

ケーススタディ

平成23年５月１日，ＸはＡに対し，弁済期を平成25年４月30日と定めて100万円を貸した。そして，弁済期を過ぎたが，Ａはお金を返さず，Ｘも特に請求をしなかった。

このＸの債権は，どの時点から何年経てば，消滅時効にかかるか。

1　消滅時効の意義

消滅時効とは，**ある権利が行使されないまま一定の期間を経過した場合に，その権利が消滅する制度**である。

・　所有権以外の権利は，およそ消滅時効にかかる（民§166Ⅱ）。

➡　**所有権は消滅時効にかからない。**

➡　いろいろな権利が消滅時効にかかるが，とりわけ重要なのが，債権の消滅時効である。

2　消滅時効の起算点

ある権利が行使されないまま一定の期間を経過したときは，その権利は時効により消滅するが，その一定の期間の起算点が問題となる。

（債権等の消滅時効）
第166条　債権は，次に掲げる場合には，時効によって消滅する。
一　債権者が権利を行使することができることを知った時から５年間行使しないとき。
二　権利を行使することができる時から10年間行使しないとき。

債権の消滅時効については，債権者が権利を行使することができることを知った時（**主観的起算点**）と，権利を行使することができる時（**客観的起算点**）という２つの起算点がある。

理由　消滅時効の制度は，権利を行使できる状態にありながら，その権利を行使しないで一定の期間が経過した場合に，その権利が消滅する，というものである。
　だから，消滅時効の進行が開始するのは，債権者が権利を行使することができる時以降となる。

「権利を行使することができる時」とは，権利の行使について法律上の障害が存在しなくなった時をいう。
ちょっと抽象的なので，具体的に見ていく。

(1) 確定期限のある債権

➡ **期限が到来した時** H19-4

【例】 ケーススタディの事例では，Aの債務の弁済期は平成25年4月30日である。 H18-7
➡ Aは，平成25年4月30日までに100万円を返せばいい。すなわち，債権者Xは，平成25年4月30日が到来するまでは，権利を行使することができない。
➡ まだ消滅時効の進行は開始しない。

そして，弁済期である平成25年4月30日が到来した。
➡ 弁済期が到来したので，債権者Xは，権利を行使することができる（Aに対して100万円返してくれと請求することができる)。
➡ この時から，Xの債権について消滅時効の進行が開始する（客観的起算点であり，主観的起算点でもある)。

(2) 不確定期限のある債権

➡ **期限が到来した時** H18-7

【例】 XはAに対し100万円を貸し付けた。この契約では，「Aの父が死んだ時に返す」と定められた。そして，この後にAの父が死亡した。
➡ 期限が到来した時，つまりAの父が死亡した時が「権利を行使することができる時」となる。

(3) 期限の定めのない債権

➡ **債権の成立した時**

理由　期限の定めのない債権については，債権者は，債権が成立した後いつでも請求することができるので，債権が成立した時が「権利を行使することができる時」となる。

H5-3　【例】 返還時期の定めのない寄託契約においては，寄託者はいつでも返還を請求することができるので（民§662 I 参照），その返還請求権の消滅時効は，契約成立の時から進行する（大判大9.11.27）。

(4) 返還時期の定めのない消費貸借

H16-7　➡ 消費貸借契約が成立した時から**相当の期間を経過した時**

理由　金銭消費貸借とは，お金を貸すことである。お金を貸す場合，「1年後に返す」といったように期限（弁済期）の定めをする場合もあれば，特に期限を定めない場合もある。

そして，期限を定めずにお金を貸した場合は，債権者（貸主）は，**相当の期間を定めて返還の催告をすることができる**（民§591 I）。

➡ 「1週間後に返してくれ。」

借主は，返済するお金を用意する必要があるので，「すぐに返してくれ」と請求することはできない。

そのため，消滅時効の起算点も，債権が成立した時から“相当の期間を経過した時”とされている。

(5) 債務不履行に基づく損害賠償請求権

H16-7　➡ 本来の債務の履行を請求できる時（最判平10.4.24）

理由　債務不履行による損害賠償請求権は，本来の債務の拡張ないし内容の変更であって，本来の債務と同一性があるから。

(6) 不法行為に基づく損害賠償請求権

客観的起算点→　不法行為の時（民§724②）

主観的起算点→　被害者またはその法定代理人が**損害および加害者を知った時**（同①）

重要！

主観的起算点については，「損害および加害者を知った時」とされている。

➡　不法行為があった場合，だれが加害者かすぐに分からない場合もある。また，すぐに損害を把握できないこともある。そのため，被害者を保護する趣旨で，消滅時効の起算点を遅らせることとされた。

(7)　期限の利益の喪失約款が付された債権

割賦払いの債務においては，通常，債務者が1回でも支払いを怠れば債権者は残債権の全額を直ちに請求できる，といった特約が付されている。

【例】　AはX時計店から24万円の腕時計を買った。しかし，Aは24万円もの大金を直ちに用意できないので，「代金は毎月2万円の12回払い」ということにした。この場合，「Aが1回でも支払いを怠ったら，債権者（X時計店）は直ちに残額の全部の履行を請求できる」という特約がされるのが通常である。

このような特約がある場合に，債務者が途中で支払いを怠ったときは，残債権の全額についての消滅時効の起算点はいつになるのかが問題となる。

➡　債務者が支払いを怠った時が起算点になるという説と，債権者が残債務の全部の履行を請求した時が起算点になるという説がある。

判例は，各割賦金債務（毎月の支払額）については約定の弁済期ごとに順次消滅時効が進行し，債権者が特に残債務全額の弁済を求める意思表示をしたときは，**その請求の時から**残債務全額について消滅時効が進行を開始する，としている（最判昭42.6.23）。 H16-7

(8)　債務不履行に基づく契約解除権

➡　債務不履行があった時（大判大6.11.14）。

(9)　契約の解除による原状回復請求権

➡　契約の解除の時（大判大7.4.13）。 H16-7

(10)　その他

①　権利者が病気で事実上権利を行使することができない場合でも，消滅時効は進行する。

➡　権利の行使について法律上の障害がなくなれば，消滅時効は進行する。病気等の事実上の障害は（原則として）考慮されない。

H30-6
H28-6
②　相手方の同時履行の抗弁権が付着している債権についても，消滅時効は進行する。

3　消滅時効の期間

(1)　債権の消滅時効の期間

（債権等の消滅時効）

第166条　債権は，次に掲げる場合には，時効によって消滅する。

一　債権者が権利を行使することができることを知った時から５年間行使しないとき。

二　権利を行使することができる時から10年間行使しないとき。

R3-6
債権の消滅時効の期間は，**主観的起算点から５年，客観的起算点から10年**である。

プラス アルファ

契約に基づく債権については，債権者が，権利を行使することができる時期を知っているのが通常であるから，この場合は主観的起算点と客観的起算点が一致する。

ということは，債権の消滅時効の期間は，一般的に５年だと考えてよい。

【例】　ＸはＡに対し，弁済期を令和４年４月30日と定めて100万円を貸し渡した。そして，弁済期を過ぎたが，Ａはお金を返さず，Ｘも特に請求をしなかった。

➡　この弁済期から消滅時効の進行が開始し，この時から５年を経過すれば，ＸのＡに対する貸金債権は時効消滅する。

R3-6
・　人の生命または身体の侵害による損害賠償請求権の消滅時効については，主観的起算点から５年，客観的起算点から20年とされている（民§167)。

➡　客観的起算点に関しては，10年から20年に延長されている。

理由　人の生命や身体は，大変に重要な法益であるので，これが侵害された場合の損害賠償の請求権について，他の場合よりも時効期間を長期化し，被害者を保護する趣旨である。

(2) 債権以外の財産権の消滅時効の期間

（債権等の消滅時効）
第166条
２　債権又は所有権以外の財産権は，権利を行使することができる時から20年間行使しないときは，時効によって消滅する。

債権または所有権以外の財産権の消滅時効の期間は，**20年**である。
➡ 所有権は消滅時効にかからない。

① 債権または所有権以外の財産権とは　**H18-7**
地上権，永小作権，地役権等である。また，抵当権も，一定の要件を満たした場合には20年の消滅時効にかかる（民§396の反対解釈）。

② 形成権について
解除権，取消権といった形成権（権利者の一方的な意思表示により法律効果を発生させることができる権利）は，“債権または所有権以外の財産権”といえるが，話は少し異なる。

まず，取消権については，民法126条で特別の定めがある。
➡ 追認をすることができる時から５年間行使しないときは，時効によって消滅する。行為の時から20年を経過したときも同様。

解除権は，契約から生ずる権利であるので，債権に準じて扱われる。つまり，主観的起算点から５年，客観的起算点から10年で時効消滅する。

(3) 判決で確定した権利の消滅時効

（判決で確定した権利の消滅時効）
第169条　確定判決又は確定判決と同一の効力を有するものによって確定した権利については，10年より短い時効期間の定めがあるものであっても，その時効期間は，10年とする。

債権の消滅時効の期間は，主観的起算点から５年であるが（民§166 Ⅰ①），確定判決によって確定した権利については，その時効期間は10年となる。　**R3-6**

理由　確定判決という強い証拠が得られたので，消滅時効の期間を伸ばしても債務者が不当な不利益を受けるようなことはない。

【例】 Ａの所有する自動車をＢに売り渡す契約をした。この場合，（通常であれば）代金の支払期日から５年を経過すれば，ＡのＢに対する代金支払請求権は時効消滅する。

しかし，５年を経過する前に，ＡがＢを被告として訴えて，「ＢはＡに対して自動車の売買代金を支払え」という内容の判決が確定した場合には，代金支払請求権の消滅時効の期間は10年となる。

(4)　消滅時効にかからない財産権

財産権は基本的に消滅時効にかかるが，中には消滅時効にかからない権利もある。

① 所有権

H18-7　➡ 所有権に基づく物権的請求権，登記請求権も消滅時効にかからない。

② 占有権，留置権，先取特権，相隣権

➡ 一定の法律関係または事実状態が存すれば必ず認められる権利だから。

4　除斥期間

(1)　意　義

消滅時効と似て非なるものに除斥期間というものがある。

除斥期間とは，権利を行使することのできる確定的な期間をいう。

➡ 除斥期間を経過したら，その権利を行使することができない。

プラス アルファ

民法には「除斥期間」という語句は存在しないが，古くから認められている概念である。

➡ 民法上「時効によって消滅する」と規定されている場合であっても，それは消滅時効ではなく除斥期間である場合がある。

➡ それが消滅時効なのか除斥期間なのかは，解釈による（学説上，争いのある場面も多い）。

(2)　消滅時効と除斥期間の違い

① 消滅時効には更新があるが，除斥期間には更新がない。

プラス アルファ

時効の更新については後述するが，時効の場合は，一定の事由が生じたら，時効の進行がストップする。そして今までの時効期間は無意味なものになって，新たにゼロから時効期間が進行する。

一方，除斥期間は更新がない。いったん除斥期間の進行が始まったら，（大原則として）だれも止められない。期間がリセットされることもなく，その期間が経過したら権利が消滅する。

② 消滅時効は当事者の援用が必要であるが，除斥期間は当事者の援用を必要としない。

プラス アルファ

時効の援用についても後述するが，時効によって利益を受ける者は，その時効の利益を受ける旨の表示（時効の援用）が必要とされる。つまり，当事者が望まなければ，時効の利益を受けなくてもいい。

一方，除斥期間については当事者の援用は不要であり，期間の経過により当然にその権利は消滅することになる。

③ 消滅時効の起算点は，権利を行使することができる時であるが，除斥期間の起算点は，権利が発生した時である。

(3) 除斥期間の具体例

除斥期間とされるものはけっこうあるが，1つ例をあげる。

【例】 盗まれた物が取引され，第三者がその物を取得（即時取得）した場合，盗まれた被害者は，盗難の時から2年間，その物の回復を請求することができる（民§193）。

この「2年間」は，除斥期間である。

➡ 盗まれた時から2年を経過したら，盗まれた物の回復を請求することはできない。

速やかに権利関係を確定させるため。

第4節　時効の完成猶予，更新

Topics
・時効の進行が開始した場合，完成まで一直線というわけではなく，一定の事由が生じたときは，その完成が猶予され，また更新(リセット)されることもある。
・どのような事由が生じたら時効の完成が猶予され，また更新されるのかを押さえておく必要がある。

1　総　説

ケーススタディー1

XはAに100万円を貸し付け，その弁済期が到来したが，Aは返済をしなかった。そして，Xの債権の消滅時効の進行が開始したが，1年後，XはAを被告として，貸金の返還を求める訴えを提起した。

この場合も，Xの債権の消滅時効は進行を続けるのか。

ケーススタディー2

上記の訴えについて，裁判所はXの請求を認め，「AはXに対して100万円を支払え」との判決が確定した。

この場合も，Xの債権の消滅時効は進行を続けるのか。

時効の制度は，ある一定の事実状態が継続する場合に，その事実状態を尊重してそれを権利として認めるものである。

取得時効→　他人の物について一定の期間占有を継続すれば，その物の所有権を取得する。

消滅時効→　債権者が，一定の期間その権利を行使しなければ，その債権は消滅する。

このように，時効は，一定の事実状態がそのまま継続することが前提であるので，時効の進行が始まった場合でも，**その事実状態を覆すような事由**が生じたときは，時効の進行をいったんストップさせるべきである。

この時効の進行のストップには，時効の「完成猶予」と「更新」がある。

完成猶予→　文字どおり，時効の完成が一定の期間猶予される。
そして，その猶予の期間を過ぎれば，時効が完成する。

更　新→　時効期間のリセットである。
　　　　　更新された時から，また新たな時効が進行する（ふりだしに戻る）。

【例】　ケーススタディ－1の事例では，弁済期の到来により，Xの債権について消滅時効の進行が開始したが，その後，XはAを相手に訴訟を起こしている。

➡　Xは，権利を行使している。

つまり，“権利を行使できるのに行使しない”という事実状態が覆されたので，この場合は時効の進行をストップさせるべきである。

このように，「裁判上の請求」がされた場合は，その裁判が終了するまでの間は，**時効が完成しない**とされている（時効の完成猶予，民§147Ⅰ①）。

【例】　ケーススタディ－2の事例では，XがAを相手に起こした訴訟について，Xが勝訴している。

➡　AはXに金銭を支払えという判決が確定している。

このように，「確定判決によって権利が確定した」ときは，時効は，**その確定の時から新たに進行を始める**（時効の更新，民§147Ⅱ）。 H15-7

➡　訴えの提起まで進行してきた時効は，無になる（リセット）。判決確定の時からまったく新しい時効が進行を始める。

重要！

時効の前提となる事実状態を覆す事由が生じたときは，時効の完成が猶予され，その権利が確定判決等によって確定したときは，時効が更新される。

➡　基本的には，時効の完成猶予⇒時効の更新という流れになる。

2　裁判上の請求等による時効の完成猶予および更新

(1)　裁判上の請求等による時効の完成猶予

（裁判上の請求等による時効の完成猶予及び更新）
第147条　次に掲げる事由がある場合には，その事由が終了する（確定判決又は確定判決と同一の効力を有するものによって権利が確定することなくその事由が終了した場合にあっては，その終了の時から6箇月を経過する）までの間は，時効は，完成しない。
　一　裁判上の請求

> 二　支払督促
> 三　民事訴訟法第275条第１項の和解又は民事調停法（中略）若しくは家事事件手続法（中略）による調停
> 四　破産手続参加，再生手続参加又は更生手続参加

時効の進行が開始した場合でも，以下の事由が生じたときは，その事由が終了するまでの間は，**時効は完成しない**（時効の完成猶予）。

①　裁判上の請求
②　支払督促
③　訴え提起前の和解，民事調停法もしくは家事事件手続法による調停
④　破産手続等への参加

理由　権利者が権利を行使したといえるので，その手続が終了するまでの間は，時効を完成させるべきではない。

①　**裁判上の請求**

訴えを提起することである。

ケーススタディの事例のように，債権者が債務者に対して金銭の支払いを求める訴えを提起した場合は，**その裁判が終了するまでの間は**，ＸのＡに対する債権の消滅時効は完成しない。

・　給付の訴えだけでなく，確認の訴えや形成の訴えでもよい。
・　反訴でもよい。
H28-6
・　相手方が起こした訴えに対して応訴した場合にも，「裁判上の請求」が認められることがある。
　→　給付の訴え，確認の訴え，形成の訴えなどの用語は，民事訴訟法で学習する。

②　支払督促

支払督促も民事訴訟法で学習するが，裁判上の請求と同様，権利を行使していることが明確であるので，時効の完成猶予事由とされる。

③　訴え提起前の和解，民事調停法もしくは家事事件手続法による調停

裁判所が関与する形の和解や調停は，裁判上の請求と同じように考えることができるので，その手続が終了するまでの間は，時効の完成が猶予される。

④　破産手続等への参加

これも，権利者が権利を行使しているといえるので，時効の完成猶予事由とされている。

プラスアルファ

上記の①から④までの事由が生じたが，確定判決等によって権利が確定することなくその事由が終了した場合には，**その終了の時から6か月を経過するまでの間は**，時効の完成が猶予される（民§147Ⅰ）。 R4-6 H26-6 H15-7

➡　直ちに完成猶予の効果が消滅するのではなく，6か月間は待ってもらえる。

【例】 債権者Xは，債務者Aを被告として，金銭の支払いを求める訴えを提起した。しかし，Xは，裁判の途中で，訴えを取り下げた。

➡　確定判決によって権利が確定することなく「裁判上の請求」が終了した。

➡　取下げの時から6か月を経過するまでの間は，Xの債権について消滅時効が完成しない。

(2)　権利の確定による時効の更新

（裁判上の請求等による時効の完成猶予及び更新）

第147条

2　前項の場合において，確定判決又は確定判決と同一の効力を有するものによって権利が確定したときは，時効は，同項各号に掲げる事由が終了した時から新たにその進行を始める。

上記(1)の①から④までの事由が生じたため，時効の完成が猶予された場合において，確定判決（またはこれと同一の効力を有するもの）によって権利が確定したときは，**時効は，その事由が終了した時（判決が確定した時）から新たにその進行を始める（時効の更新）**。 H26-6

重要!

時効が更新された場合，今までの時効の期間はリセットされる。まったく新しい時効がスタートする。

➡　確定判決（と同一の効力を有するもの）によって権利が確定しているので，その時効期間は10年となる（民§169）。

3　強制執行等による時効の完成猶予および更新

(1)　強制執行等による時効の完成猶予

（強制執行等による時効の完成猶予及び更新）
第148条　次に掲げる事由がある場合には，その事由が終了する（申立ての取下げ又は法律の規定に従わないことによる取消しによってその事由が終了した場合にあっては，その終了の時から６箇月を経過する）までの間は，時効は，完成しない。
一　強制執行
二　担保権の実行
三　民事執行法（中略）第195条に規定する担保権の実行としての競売の例による競売
R4-6
四　民事執行法第196条に規定する財産開示手続又は同法第204条に規定する第三者からの情報取得手続

強制執行や担保権の実行があった場合も，その事由が終了するまでの間は，**時効は完成しない**（時効の完成猶予）。

理由　強制執行とは，裁判所の手を借りて，債務者の財産を強制的に売却（競売）し，その代金から債権の回収を図る手続である（担保権の実行も同様）。
これも，権利者が権利を行使しているといえるので，時効の進行をストップさせるべきである。

【例】　ＸはＡに対して貸金債権を有しており，ＸはＡを被告として，「ＡはＸに対して金○万円を支払え」という確定判決（債務名義）を得た。
➡　時効が更新された。

そして，Ｘは，この債務名義に基づいて，Ａの財産について強制執行の申立てをした。
➡　この後，Ａの財差が差し押さえられ，競売され，その代金が債権者Ｘに配当されることになる。
➡　この強制執行の手続が終了するまでの間は，ＸのＡに対する貸金債権の消滅時効は完成しない。

・　強制執行や担保権の実行が開始された場合でも，申立ての取下げ等によりその事由が終了した場合には，**その終了の時から6か月の間は**，時効の完成が猶予される（民§148Ⅰ）。

➡　6か月間は待ってもらえる。

(2)　強制執行等の事由が終了したことによる時効の更新

強制執行や担保権の実行の事由が終了したときは，時効が更新され，**その時から新たな時効の進行が開始する**（民§148Ⅱ）。

➡　前の時効はリセットされ，まったく新しい時効が進行する。

・　強制執行等によって，債権者が債権の全額の弁済を受けた場合は，債権自体が消滅するので，時効の問題は発生しない。

(3)　強制執行や担保権の実行等が時効の利益を受ける者に対してされたものではない場合の効果

強制執行や担保権の実行等の手続が，時効の利益を受ける者に対してされたものでない場合には，**その者（時効の利益を受ける者）に通知をした後でなければ**，時効の完成猶予や更新の効力を生じない（民§154）。

理由　時効の利益を受ける者が何も知らない間に，時効の完成が猶予されたり，時効が更新されてしまうのは，適切でない。

【例】　XのAに対する債権を担保するため，B（物上保証人）の所有する甲土地に抵当権が設定されたものとする。そして，Xが，抵当権の実行として甲土地の競売の申立てをした場合，これだけではXのAに対する債権について時効の完成は猶予されない。

➡　物上保証人の不動産について競売の申立てをしたのであり，債務者Aに対して権利を行使したわけではないから。

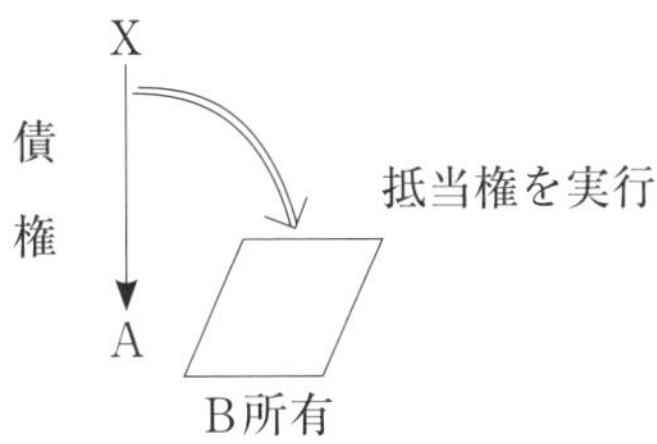

この場合は，時効の利益を受ける者（債務者A）に対して通知をすれば，XのAに対する債権について時効の完成が猶予される。そして手続が終了し

たときは，時効が更新される。

4　仮差押え等による時効の完成猶予

（仮差押え等による時効の完成猶予）
第149条　次に掲げる事由がある場合には，その事由が終了した時から6箇月を経過するまでの間は，時効は，完成しない。
一　仮差押え
二　仮処分

R4-6　仮差押えや仮処分があったときは，その事由が終了した時から6か月を経過するまでの間は，時効は完成しない（時効の完成猶予）。

理由　仮差押えや仮処分は，“仮の”手続であるので（暫定性），時効の更新という強い効力を認める必要はないといえる。
ただ，権利者が権利を行使しているので，一定の期間は時効が完成しないとされた。

・　仮差押えや仮処分も，時効の利益を受ける者に対してしないときは，その者に通知をした後でなければ，時効の完成猶予の効力を生じない（民§154）。

5　催告による時効の完成猶予

（催告による時効の完成猶予）
第150条　催告があったときは，その時から6箇月を経過するまでの間は，時効は，完成しない。
2　催告によって時効の完成が猶予されている間にされた再度の催告は，前項の規定による時効の完成猶予の効力を有しない。

催告とは，裁判外において，債権者が債務者に対して債務の履行を請求することをいう。

H15-7　催告があったときは，その時から6か月を経過するまでの間は，時効は完成しない（時効の完成猶予）。

理由　催告も，権利者が権利を行使しているといえるので，時効の完成猶予の事由とされている。

催告に関しては，時効の完成猶予のみが認められており，時効の更新事由とはされていない。

時効を更新させるためには，催告をした後に，裁判上の請求＋確定判決による権利の確定といった他の手続を踏む必要がある。

重要!

つまり，催告は，もうすぐ時効が完成しそうだが，準備不足のためすぐに裁判上の請求ができないような場合に，とりあえず催告をして時効の完成に“待った”をかけるために利用するものである。

➡ 催告をしておけば，とりあえず6か月間は時効の完成が猶予されるので，その間に証拠集め等の準備をして，6か月以内に裁判を起こせばよい。

・ 催告によって時効の完成が猶予されている間に**再度の**催告をした場合でも，それは**時効の完成猶予の効力を有しない**（民§150Ⅱ）。 R4-6 H26-6

➡ 催告によって時効の完成が猶予されるのは，一度きりである。催告を繰り返してズルズルと時効の完成を引き延ばそうということは認められない。

6　協議を行う旨の合意による時効の完成猶予

(1)　協議を行う旨の合意による時効の完成猶予

（協議を行う旨の合意による時効の完成猶予）

第151条　権利についての協議を行う旨の合意が書面でされたときは，次に掲げる時のいずれか早い時までの間は，時効は，完成しない。

一　その合意があった時から1年を経過した時

二　その合意において当事者が協議を行う期間（1年に満たないものに限る。）を定めたときは，その期間を経過した時

三　当事者の一方から相手方に対して協議の続行を拒絶する旨の通知が書面でされたときは，その通知の時から6箇月を経過した時

債権者と債務者の間で，債権について協議をしましょうと書面で合意がされたときは，一定の期間，**時効の完成が猶予される**。

理由　時効の対象となっている権利について協議をしましょうと合意をしているのだから，その間は時効を完成させるべきではない。

ただ，無制限に時効の完成が猶予されるわけではなく，次に掲げる時のいずれか早い時までの間，時効の完成が猶予される。

① その合意があった時から**1年を経過した時**。

【例】 XはAに対して貸金債権を有しており，もうすぐ消滅時効が完成しそうである。そして，XとAは，「この債権について（弁済する額や弁済方法について）協議をしましょう」という合意をした。なお，この合意は，書面によってされている。

➡ この合意があった時から1年を経過するまでの間は，Xの債権について消滅時効が完成しない。

② その合意において，当事者が協議を行う期間（1年未満に限る）を定めたときは，その期間を経過した時。

③ 当事者の一方が相手方に対して，**協議の続行を拒絶する**旨の書面による通知をした時から**6か月を経過した時**。

【例】 XとAは，上記の事例のような合意をし，実際に協議をしてみたが，Aは逆ギレし，「もうやってられん」ということで，Xに対し，協議の続行を拒絶する旨を書面によって通知した。

➡ この通知をした時から6か月を経過した時，または当初のX・A間の合意の時から1年を経過した時の，いずれか早い時までは，Xの債権について消滅時効が完成しない。

プラスアルファ

権利についての“協議を行う”という合意がされれば，時効の完成が猶予される。

➡ 実際に協議がされたか否かは関係ない。

・ 権利についての協議を行う旨の合意は，**書面によって**することを要する（民§151Ⅰ）。

➡ 電磁的記録でも差し支えない（同Ⅳ）。

(2) 再度の合意の効力

上記(1)の合意によって時効の完成が猶予されている間に，当事者は，改めて，権利に関する協議を行う旨の（書面による）合意をすることができる（民§151Ⅱ）。

➡　これにより，さらに，**時効の完成が猶予される**。

・　ただし，当初の時効期間が満了すべき時から**通算して，5年を超えることができない**（同Ⅱ）。 R4-6

➡　合意は繰り返すことができるが，最長で5年ということである。

⑶　**催告がされた後の合意の効力**

催告（民§150）によって時効の完成が猶予されている間に，当事者間で，権利に関する協議を行う旨の（書面による）合意がされても，**時効の完成猶予の効力を有しない**（民§151Ⅲ）。

また，権利に関する協議を行う旨の（書面による）合意により時効の完成が猶予されている間に，催告がされても，時効の完成猶予の効力を有しない（同Ⅲ）。

7　承認による時効の更新

（承認による時効の更新）
第152条　時効は，権利の承認があったときは，その時から新たにその進行を始める。

⑴　**意　義**

承認とは，時効によって利益を受ける者が，相手方に対し，その権利の存在を認識していることを表示することである。

【例】　XがAに対して100万円の貸金債権を有している場合に，債務者Aが，債権者Xに対し,「あなたに対して100万円の債務があることを認めます」といった表示をすること。

承認は，権利者が権利を行使するものではないが，承認によって権利の存在が明確になるので，**時効の更新事由**の1つとされている。

【例】　上記の事例では，債務者が債務の承認をしたので，XのAに対する貸金債権の消滅時効は更新される。

(2) 承認の要件

① 特に方式は問わない。

書面によって承認してもいいし，口頭で承認してもいい。黙示の承認もあり得る。

・ **弁済の猶予を求める**ことも，「承認」に当たる。

➡ 弁済の猶予を求めるということは，債務が存在することが前提である。

H29-6 ・ 債務の一部の弁済も，「承認」に当たる（債務の一部として弁済した場合；大判昭8.12.26）。

➡ 債務が存在することを前提として一部を弁済しているから。

H21-5 ・ 利息の支払いも，「承認」に当たる（大判昭3.3.24）。

② 承認によって時効が更新される，という認識は必要ない。

③ 承認をする場合，相手方の権利についての処分につき，行為能力の制限を受けていないことまたは権限があることを要しない（民§152Ⅱ）。

➡ ちょっと分かりづらい規定である。これは，「仮に相手方の権利を自分が持っているとして，その処分について行為能力や権限があることを要しない」という意味である。

理由 承認は，新たに債務を負担する行為ではないので（既に存在する債務等を認めるだけ），処分についての行為能力等は不要ということ。

H28-6
H11-2
H5-3 ・ 被保佐人は，保佐人の同意なく承認をすることができる（大判大7.10.9）。

➡ これにより，時効が更新される。

H30-6
H21-5 ・ ただし，管理の能力や権限は必要であり，未成年者は単独で債務の承認をすることができない（大判昭13.2.4）。

8　時効の完成猶予や更新の効力を生ずる人的範囲

民法147条から152条までの規定による時効の完成猶予や更新は，その事由が生じた当事者およびその承継人の間においてのみ，その効力を有する（民§153)。

9　その他の時効の完成猶予

時効が完成する直前に，その時効の完成を猶予させたくてもできないような特別な事情（やむを得ない事情）がある場合，時効の完成が一定の期間猶予される。

具体的には，以下の場合である。

⑴　未成年者または成年被後見人と時効の完成猶予

H26-6

（未成年者又は成年被後見人と時効の完成猶予）
第158条　時効の期間の満了前6箇月以内の間に未成年者又は成年被後見人に法定代理人がないときは，その未成年者若しくは成年被後見人が行為能力者となった時又は法定代理人が就職した時から6箇月を経過するまでの間は，その未成年者又は成年被後見人に対して，時効は，完成しない。

【例】　未成年者Xは，Aに対して100万円の貸金債権を有している。そして，あと1か月でこの債権について消滅時効が完成してしまうという時に，両親が死んでしまった。

➡　消滅時効の完成を猶予させたくても，未成年者なので自ら訴えを提起することができず，どうしようもない。

この状態で消滅時効を完成させてしまうのは酷であるので，Aが成年者になるか，あるいは法定代理人（未成年後見人）が選任されてから6か月を経過するまでの間は，消滅時効の完成が猶予される。

⑵　夫婦間の権利の時効の完成猶予（民§159)
⑶　相続財産に関する時効の完成猶予（民§160)
⑷　天災等による時効の完成猶予（民§161)

第5節　時効の援用，時効の利益の放棄

Topics　・時効の援用権者（特に消滅時効）がよく出題される。
・時効の利益の放棄と，援用権の喪失を区別して押さえること。

1　時効の援用

1　総　説

（時効の援用）
第145条　時効は，当事者（消滅時効にあっては，保証人，物上保証人，第三取得者その他権利の消滅について正当な利益を有する者を含む。）が援用しなければ，裁判所がこれによって裁判をすることができない。

たとえば民法162条は，20年間，所有の意思をもって，平穏に，かつ公然と他人の物を占有した者は，その所有権を取得すると規定している。

また，民法166条１項１号は，債権は，債権者が権利を行使することができることを知った時から５年間行使しないときは消滅すると規定している。

これを素直に読めば，時効が完成すると，直ちに，確定的に，権利の取得や消滅の効果が生ずるように見える。

しかし，上に掲げた民法145条では，時効の利益を受けるためには**「援用」という行為が必要**であると規定している。

では，援用とはどういう性質の行為であるのか，そして，時効による権利の得喪と援用との関係はどのようなものであるのか。

これを（ある程度）しっかり解説すると，だいぶ長くなる。そのため，この解説は本章の最後の部分でするとして，援用権者等の試験によく出る論点から解説する。

2　時効の援用の意義

時効の援用とは，時効の利益を享受しようとする者が，その旨を主張する行為をいう。

【例】　ＸのＡに対する100万円の貸金債権について，弁済期から５年を経過

し，消滅時効が完成した。

この場合，ＡがＸに対して**時効を援用することによって**，ＸのＡに対する貸金債権は時効消滅する。

時効の援用の性質は後で説明するが，時効による権利の得喪は，時効の完成によって確定的に生ずるものではなく，時効の援用によって確定的に生ずると解されている。

理由　時効は，他人の物を自分のものとしたり，借りた金を返さなくていいといったように，不道徳ともいえる側面を持っている。そのため，時効による利益を享受することを潔しとしない人もいるわけで，そういった人に時効の利益を強制することは妥当でない。

そこで，時効による利益を受けるか否かの選択権を与える趣旨で，時効による利益を受けるためには援用が必要であると説明されている。

3　援用権者

援用権者とは，時効の援用をすることができる者をいう。

民法145条では，「**当事者（消滅時効にあっては，保証人，物上保証人，第三取得者その他権利の消滅について正当な利益を有する者を含む。）が**」時効を援用することができると規定している。

この“当事者”とは，時効により直接に利益を受ける者（およびその承継人）と解されているが，その判断は意外と難しい。

以下，具体的に見ていく。

(1)　取得時効の場合

Ａの所有する甲土地につき，Ｂが所有の意思をもって占有を開始し，取得時効が完成したときは，Ｂは時効を援用することができる。

➡　これは問題ない。

・　Ａの所有する甲土地につき，Ｂが所有の意思をもって占有を開始し，取得時効が完成した。なお，Ｂは甲土地の上に建物を建てて，これをＣに貸していた。 H20-7

➡　Ｃは，甲土地についてのＢの取得時効を援用することはできない（最判昭44.7.15）。 H31-6

理由　Cは甲土地上の建物を借りているだけで，甲土地について利害の関係を有するわけではないから。

(2)　消滅時効の場合

H元-2　①　**保証人（連帯保証人）**は，主たる債権について消滅時効を援用することができる（民§145かっこ書）。

【例】　XはAに対して100万円の貸金債権を有しているが，このAの債務については，Bが保証人となっている。そして，XのAに対する貸金債権について消滅時効が完成した。

➡　保証人Bは，XのAに対する貸金債権（主たる債権）について消滅時効を援用することができる。

理由　主たる債権が消滅すれば，保証人の保証債務も当然に消滅する。つまり，保証人Bは，XのAに対する債権の時効消滅によって直接に利益を受けるといえる。

H20-7　②　**物上保証人**は，その担保権の被担保債権について，消滅時効を援用することができる（民§145かっこ書）。

【例】　XはAに対して100万円の貸金債権を有しているが，この債権を担保するため，Bの所有する甲土地に抵当権を設定した。

➡　Bは物上保証人の立場である。

そして，Xの有する債権について，消滅時効が完成した。

➡　物上保証人Bは，XのAに対する貸金債権について，消滅時効を援用することができる。

➡　XのAに対する債権が消滅すれば，この債権を担保する甲土地の抵当権も消滅する。つまり，甲土地が競売されないで済むので，Bも安心でき，債権の時効消滅につき直接に利益を受ける立場といえる。

H24-6
H20-7　③　**抵当不動産の第三取得者**は，その抵当権の被担保債権について，消滅時効を援用することができる（民§145かっこ書）。

【例】　XのAに対する債権を担保するため，Aの所有する甲土地に抵当権が設定された。その後，Ａは甲土地をＢに売った。

➡　第三取得者Ｂは，抵当権の被担保債権であるＸのＡに対する債権について消滅時効を援用することができる。

➡　考え方は，上記の物上保証人と同じ。

④　詐害行為における受益者は，当該債権者が債務者に対して有する債権（詐害行為取消によって保全される債権）の消滅時効を援用することができる（最判平10.6.22）。 H20-7

⑤　譲渡担保の目的となっている不動産を譲渡担保権者から取得した第三者は，譲渡担保権設定者の譲渡担保権者に対する清算金支払請求権について，消滅時効を援用することができる（最判平11.2.26）。

⑥　後順位の抵当権者は，先順位の抵当権の被担保債権について，消滅時効を援用することはできない（最判平11.10.21）。 H24-6

理由　先順位の抵当権が消滅すれば，後順位の抵当権の順位が上昇するが，これは先順位抵当権の消滅による反射的な利益であり，後順位の抵当権者は先順位抵当権の被担保債権の時効による消滅について，直接的な利益を受ける者とはいえない。

⑦　債務者Ａに対して単に債権を有しているに過ぎない者（一般債権者）は，他の債権者のＡに対する債権について消滅時効を援用することはできない。 H20-7

【例】

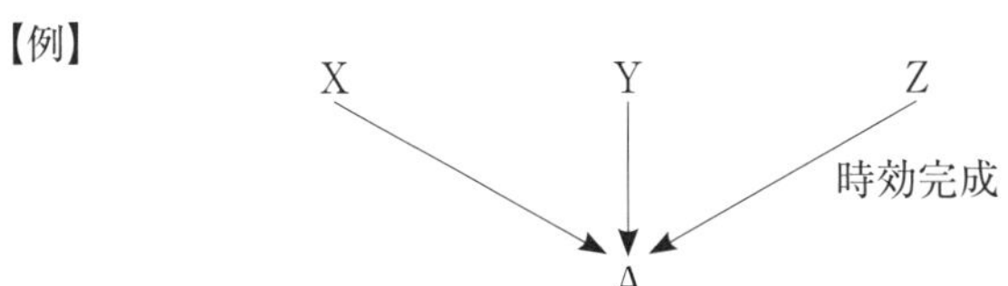

Ｘ，Ｙ，Ｚは，それぞれＡに対して債権を有している。そして，ＺのＡに対する債権について，消滅時効が完成した。

この場合，他の債権者であるＸは，ＺのＡに対する債権について消滅時効を援用することはできない。

プラスアルファ

上記の事例で，Ａが**無資力**であるときは，ＸはＡに**代位して**，ＺのＡに対 H24-6

する債権について消滅時効を援用することができる（最判昭43.9.26）。

→　債権者代位（民§423）については債権編で解説する。

4　援用の方法

時効の援用は，裁判上だけでなく，裁判外でもすることができる。

・　裁判外で援用する場合は，時効によって不利益を受ける者に対してすることになる。

5　時効の援用の効果（援用の相対効）

時効を援用することができる者が数人いる場合に，そのうちの１人だけが時効を援用したときは，その者についてのみ援用の効力が生じ，他の者については援用の効果は及ばない（相対効）。

理由　時効の利益を受けるか否かは，各人の判断に委ねられるべきである。

【例】　Ａの所有する甲土地について，Ｂが所有の意思をもって占有を開始し，取得時効が完成した。しかし，Ｂは，時効の援用をする前に死亡し，子のＣとＤが相続した。

➡　ＣだけがＡに対して時効の援用をしたときは，Ｃは相続分（２分の１）の限度で甲土地を時効取得する（最判平13.7.10）。Ｄは，自分で時効の援用をしない限り，甲土地の持分を時効取得できない。

2　時効の利益の放棄

1　意　義

時効の利益の放棄とは，時効の利益を享受しないという意思表示をいう。

2　時効完成前の時効の利益の放棄

（時効の利益の放棄）
第146条　時効の利益は，あらかじめ放棄することができない。

R3-6
H11-2
時効が完成する前に，時効の利益を放棄することはできない。

時効の制度は公益的なものであるので，私人の意思によってあらかじめ排除することを認めるべきではない。 H元-2

また，時効が完成する前に時効の利益の放棄を認めると，（立場の強い）債権者が，（立場の弱い）債務者に対し，消滅時効の利益の放棄を強要することが考えられ，時効制度を認めた意味がなくなってしまう。

➡　お金を借りる段階で，「私（債務者）は消滅時効を援用しません」という特約を入れさせられてしまうおそれが強い。

3　時効完成後の時効の利益の放棄

民法146条の反対解釈として，時効が完成した**後は**，時効の利益を放棄することができるとされている。

【例】　借金について消滅時効が完成した後に，時効を援用しないで借金を返済することはできる。

(1)　時効の利益の放棄の要件

①　時効の利益の放棄は，自分がもっている利益を放棄すること，つまり権利の処分といえるので，処分に関する行為能力または権限が必要である（大判大8.5.12）。

②　時効の利益の放棄は，相手方のある単独行為（意思表示）である。

(2)　時効の利益の放棄の効果

時効の援用権者が数人いる場合に，そのうちの1人が時効の利益の放棄をしたときは，その効果は他の援用権者に及ばない（**相対効**，最判昭42.10.27）。

➡　他の援用権者は，時効の援用をすることができる。

【例】　XはAに対して100万円の貸金債権を有している。このAの債務については，Bが保証人となっている。そして，XのAに対する債権について消滅時効が完成した。

➡　Aが消滅時効の利益を放棄した場合でも，その効果はBに及ばない。Bは消滅時効を援用して，債務を免れることができる（大判大5.12.25）。

4 時効の援用権の喪失

(1) 意 義

ケーススタディ

Xは Aに対して100万円の貸金債権を有している。この債権については，消滅時効が完成した。

そして，Aは，消滅時効が完成していることを知らずに，「返済をちょっと待ってください」と支払いの猶予を求めた。

その後，Aは，この債務について消滅時効が完成していることを知った。

Aは，消滅時効を援用することができるか。

Aが，消滅時効が完成していることを知った上で，支払いの猶予を求めたら，それは時効の利益の放棄といえる。

しかし，ケーススタディのAは，消滅時効が完成していることを知らないので，時効の利益を放棄したということはできない。

では，この後に，消滅時効を援用できるのか？

H29-6 H15-7 H11-2 H5-3

結論 信義則に照らし，**Aは消滅時効を援用できない**（**援用権の喪失**，最判昭41.4.20）。

理由 消滅時効が完成していることを知らなかったとしても，Aはいったん債務の存在を認めているので（自認行為），その後に消滅時効を援用することは，矛盾的な態度といえる。

また，相手方Xとしても，Aが自ら債務の存在を認めたので，もはや消滅時効を援用されることはないだろうと期待するはずであり，その信頼は保護されるべきである。

重要!

時効の完成を知らないでする自認行為は，時効の利益の放棄と考えるのではなく，時効の援用権を喪失するということ。

(2) 援用権を喪失した後の時効の進行

自認行為によって援用権を喪失した場合であっても，その時点から新たな時効が進行し，時効が完成したときは，債務者は時効の援用をすることができる（最判昭45.5.21）。

3　時効の援用の性質について

最後に，時効の援用の性質について解説する。時効の援用の性質については，いくつかの考え方がある。

これらを理解するためには，時効という制度の存在理由というか，時効観といったものから理解する必要がある。

まず，時効とはどういう制度か（何のためにあるのか）について，大きく2つの見解がある。実体法説と訴訟法説である。

(1)　実体法説

時効によって権利を取得したり，権利が消滅するといったように，時効によって**実体法上の権利の得喪が生ずる**と考える説。

【例】　他人の所有する土地について，所有の意思をもって一定期間の占有を継続したら，その土地の所有権を取得する。

☆　この説によれば，時効によって他人の物を自分のものにする，借りたお金を返さなくていいということになるので，時効は少々不道徳な制度だという話になる。

(2)　訴訟法説

時効は，真実の権利関係の**立証が困難**な場合に，それを**救済する制度**と考える説。

➡　ちょっと分かりにくいので，具体的に説明する。

【例】　XはAに対して100万円を貸し付けた。そして，AはきちんとXに対して100万円を返した（受取証書も貰った）。

しかし，それから10数年後，XはAに対して「まだ100万円返してもらっていないので，返してくれ」と裁判を起こした。

Aはびっくりして，「返したよ」と主張したが，100万円を返した際の受取証書は捨ててしまって，手元にない。だから，100万円を返した証拠がない。

➡　100万円を返した証明ができないので，このままではAは裁判で負けてしまう。

この場合，Aは，消滅時効（弁済期から一定の期間を経過し，時効が完成している）を証拠として裁判所に提出する。

これにより，裁判所は，Xの債権は消滅しているとしてXの請求を退けることになる（Aは負けないで済む）。

重要！

上記の事例では，消滅時効によって債権が消滅したわけではない。もともとXの債権は弁済により消滅しているが，（受取証書がないために）ストレートに弁済を証明できないので，消滅時効を利用してXの債権の消滅を裁判所に認めさせている。

この説では，時効は，真実の権利関係の立証が難しい場合にそれを救済するものであり，時効によって権利の得喪が生ずるのではない，と考える。

☆　この説によれば，時効は真実の権利関係の立証を助けるものであるので，時効の制度は不道徳なものではないといえる。

・　訴訟法説をとれば，時効の援用は，時効という証拠を裁判所に提出すること，ということができる。

(3)　どちらの説に説得力があるか

訴訟法説も，「なるほど」と唸らされるものはあるが，民法の条文では，時効によって権利の得喪（取得や消滅）が生ずると規定されている。

そのため，訴訟法説をとるのは困難といわざるを得ない。

(4)　実体法説の中の分類

実体法説の中でも，権利の得喪が生ずる時期をめぐって，大きく2つの説に分かれている。確定効果説と不確定効果説である。

①　確定効果説

援用を待たずに，時効の完成によって確定的に権利の得喪が生ずる，と考える説。

この説によると，時効の援用は，「裁判所に時効を取り上げてもらうために，時効の主張をすること」（攻撃防御方法）と説明される。

② 不確定効果説

時効が完成しても当然に（確定的に）権利の得喪が生ずるのではなく，援用があってはじめて確定する，と考える説。

この不確定効果説は，さらに停止条件説と解除条件説に分かれている。

㋐ 停止条件説

時効の援用があってはじめて権利の得喪の効果が生ずる，と考える説。

㋑ 解除条件説

時効の完成によって一応権利の得喪の効果は生ずるが，時効の利益の放棄がされると，これを解除条件として時効の効果は消滅する，と考える説。

重要!

不確定効果説の停止条件説が現在の通説といえる。

第2編

債　権

第１章
債権の意義・目的

第1節　総　説

Topics
- 第２編は，「債権」である。
- 債権とはどういうものか。債権にはどういう効力があるか。債権を発生させる原因にはどういうものがあるか。また各種の契約の内容等を学習する。
- まずは，債権の意義，目的である。

1　債権の意義

(1)　債権とは

本書の冒頭の「民法序論」で概説したとおり，民法は，「**財産法**」と「**家族法**」に分けることができる。そして，財産法については，「**債権**」と「**物権**」に分けることができる。

債権と物権を簡単に定義すると，以下のとおりである。

債権→	人に対する請求権
物権→	物に対する直接的，排他的な支配権

債権とは，**人に対する請求権**，つまり，ある人が他の人に対して，ある特定の行為をすること（またはしないこと）を請求できる権利をいう。

【例】　ＡとＢは，Ａの所有している自動車をＢに100万円で売る契約（売買契約）をした。この場合，ＡはＢに対し，「代金100万円を払ってくれ」と請求することができる。また，ＢはＡに対し，「自動車を引き渡してくれ」と請求することができる。

➡　上記の事例では，ＡはＢに対して「代金100万円を払ってくれ」という債権を有しており，ＢはＡに対して「自動車を引き渡してくれ」という債権を有している。

このように，人に対する請求権を，**債権**という。

・　上記の事例では，ＡはＢに対して「代金100万円を払ってくれ」という債権を有しているが，反対から見ると，ＢはＡに対し100万円の代金を支払う義務がある。

➡　この義務を，**債務**という。

つまり，代金の100万円の支払いに関しては，Ａは債権を有しており，Ｂは債務を負っている。

一方，自動車の引渡しに関しては，Ｂは債権を有しており，Ａは債務を負っている。

(2)　債権が発生する原因

債権が発生する原因は，売買等の**契約**が代表的だが，これだけではない。

契約のほか，**事務管理**（民§702），**不当利得**（民§703），**不法行為**（民§709）等によっても，債権が発生する。

【例】　Ａは，うっかりして，Ｂの所有するスマホを風呂に沈めてしまった。あいにくＢのスマホは防水仕様ではなく，使用不能になってしまった。

➡　ＢはＡに対し，スマホが壊れたことによる損害を賠償してくれという債権を取得する。

債権の発生原因は，後で詳しく解説する（いわゆる「債権各論」）。

2　債権の目的

債権とは，特定の者（債務者）に対して一定の行為を請求する権利であるから，債権の目的とは，「債務者の行為」である。

➡　「債務者の行為」は，「給付」と呼ばれる。

【例】　Ａの所有する甲建物をＢに賃貸する契約がされた場合，ＢのＡに対する債権の目的は，「甲建物を使用収益させろ」という給付である。

重要！

「給付」というと，物を引き渡す，あるいは労務を提供するといったように，積極的な行為をすること（作為）がイメージされるが，必ずしもそうではない。騒音を出さない，あるいは眺望を害するような建物を建てない，といったような不作為も含まれる。

債権の目的について，民法399条は，「債権は，金銭に見積もることができないものであっても，その目的とすることができる」と規定している。

➡　現代社会においては，だいたいのもの（行為）が金銭的に評価をすることができるので，あまり意味のない規定となっている。

➡　ちなみに，大昔は，医者や弁護士や教師などの仕事は，金銭に見積もることができないものとされていた。

第2節　債権の種類

Topics・ひとくちに債権といっても，いろいろな角度から分類することができる。特に，特定物債権，種類債権の概念は重要。

1　債権の分類

いくつかの視点から，債権を分類してみる。

(1)　作為債務，不作為債務

作為債務→　債務者が積極的に何かの行為をする債務。

【例】　物を引き渡す債務，労働に従事する債務。

不作為債務→　債務者が何かをしないという消極的な行為を目的とする債務。

【例】　日照を確保するために高さ○メートル以上の建物を建てないという債務，一定の基準を超える騒音を出さないという債務。

(2)　与える債務，なす債務

与える債務→　物の引渡し等を目的とする債務。

【例】　金銭の支払いの債務，売買の目的物を買主に引き渡す債務。

なす債務→　債務者の行為自体（労務の提供等）を目的とする債務。

【例】　雇用主に対して労働に従事する債務。

(3)　金銭債権，非金銭債権

金銭債権→　金銭の支払いを目的とする債権。

非金銭債権→　金銭以外の引渡しを目的とする債権

金銭債権は重要なので，後で詳しく解説する（以下の4）。

(4)　特定物債権，種類債権（不特定物債権）

特定物債権→　特定物の引渡しを目的とする債権

種類債権→　種類物（不特定物）の引渡しを目的とする債権

特定物債権，種類債権（不特定物債権）の概念は大変に重要なので，以下の2，3で詳しく解説する。

債権の分類

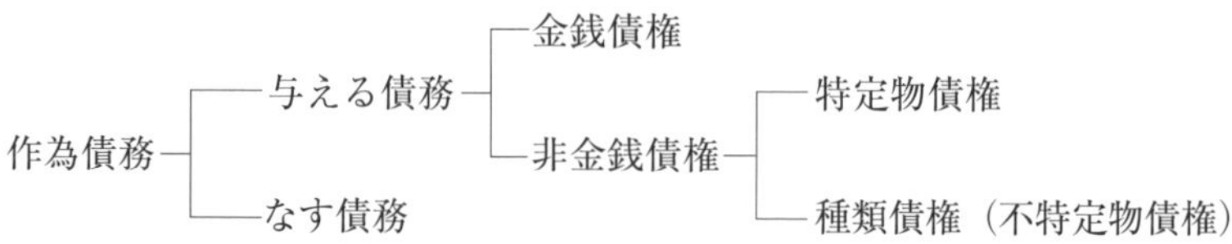

2　特定物債権

1　まず特定物債権と種類債権（不特定物債権）の違いについて

(1)　特定物債権と種類債権

物の引渡しを目的とする債権については，「**特定物債権**」と「**種類債権（不特定物債権）**」に分けることができる。

特定物債権とは，特定物の引渡しを目的とする債権である。

種類債権とは，特定物ではないもの（一定の種類と数量で定められているもの。つまり種類物）の引渡しを目的とする債権である。

(2)　特定物と種類物の意義

第１編（総則）第３章（物）の繰り返しになるが，特定物とは，当事者が，その物の個性に着目し，他の物をもって代えることができない物をいう。「**これしかない！**」というものである。

【例】　中古車。野球の○○選手が第１号ホームランを打った時のバット。

➡　野球のバットは世の中に何万本もあるが，○○選手が第１号ホームランを打ったバットは世の中に１本しかない。まさに「その物の個性に着目し，他の物をもって代えることができない物」である。

特定物債権とは，このような特定物の引渡しを目的とする債権である。

一方，種類物とは，一定の種類と数量で定められた物をいう。つまり，**同種の他の物をもって代えることができる物**である。

【例】　新車。新品の野球のバット。

➡　同じメーカーの同じ型の新品のバットは，小売店に行けば何本も置いてある。買う側にとっては，その中のどれか１本が手に入ればいい。「この１本しかない！」というものではない。

種類債権とは，このような種類物の引渡しを目的とする債権である。

2　特定物の現状による引渡し

（特定物の現状による引渡し）
第483条　債権の目的が特定物の引渡しである場合において，契約その他の債権の発生原因及び取引上の社会通念に照らしてその引渡しをすべき時の品質を定めることができないときは，弁済をする者は，その引渡しをすべき時の現状でその物を引き渡さなければならない。

特定物の引渡しをすべき場合，契約その他の債権の発生原因および取引上の社会通念に照らしてその引渡しをすべき時の品質を定めることができないときは，弁済をする者は，**その引渡しをすべき時の現状で**，その物を引き渡すことを要する。 H30-17 H2-3

理由　特定物は，他の物をもって代えることができない物であるので，基本的には，引渡しをすべき時の現状でその引渡しをすれば足りることになる。

ただし，契約その他の債権の発生原因および取引上の社会通念に照らしてその引渡しをすべき時の品質が定められている場合には，その定められた品質で引き渡すことを要する。

3　特定物の引渡しの場合の注意義務

(1)　注意義務の内容

（特定物の引渡しの場合の注意義務）
第400条　債権の目的が特定物の引渡しであるときは，債務者は，その引渡しをするまで，契約その他の債権の発生原因及び取引上の社会通念に照らして定まる善良な管理者の注意をもって，その物を保存しなければならない。

特定物の引渡しをすべき債務者は，その引渡しをするまで，契約その他の債権の発生原因および取引上の社会通念に照らして定まる**善良な管理者の注**

意をもって，その物を保存しなければならないとされている。

用語説明

「善良な管理者の注意」（善管注意義務）

→　債務者の職業や専門家としての能力，社会的地位などに応じて，一般的に要求される程度の注意

➡　ニュアンスとしては，「かなりしっかりと保存しなければならない」という感じ。

なお，「善良な管理者の注意」は，客観的に明確な基準があるわけではなく，“契約その他の債権の発生原因および取引上の社会通念に照らして”定まることになる。

・「保存」とは，その物の価値を維持することをいう。単なる保管では足りない。

【例】　A楽器店は，中古のギター（G社製の1965年製造のRというビンテージギター）をBに180万円で売る契約をした。この場合，A楽器店は，このギターをBに引き渡すまでは，一定の善良な管理者の注意をもって，ギターを保存しなければならない。

➡　外に放置して雨に降られて錆びてしまったような場合には，A楽器店はBに対し，債務不履行による損害賠償責任を負う（民§415）。

アルファ

「善良な管理者の注意」と区別されるものとして，**「自己の財産に対するのと同一の注意」**というものがある（民§413Ⅰ）。

これは，「善良な管理者の注意」に比べて注意義務が軽いものである。

➡　自分の財産については，ある程度は適当に扱って構わない。

(2)　いつまで注意義務が存続するのか

債務者の善管注意義務は，履行期にかかわらず，実際に引渡しをする時まで存続すると解されている。

アルファ

債権者が債務の履行を受けることを拒み，または受けることができない場合には，債務者は，履行の提供をした時からその引渡しをするまで，自己の財産

に対するのと同一の注意をもって，その物を保存すれば足りる（民§413Ⅰ）。

4　特定物が滅失してしまった場合

特定物の引渡しの債権が発生したが，現実に引き渡される前にその物が滅失してしまったときは，物がなくなってしまったのだから，債務者は，物の引渡しの債務を免れる（民§412の２Ⅰ）。

➡　特定物は，他の物をもって代えることができないものである。なので，その物が滅失してしまったら，どうしようもない。

➡　債務不履行責任（民§415Ⅱ）や危険負担（民§536）の話になる。

3　種類債権（不特定物債権）

1　種類債権の意義

種類債権とは，特定物ではないもの（一定の種類と数量で定められているもの。つまり種類物）の引渡しを目的とする債権である。

重要！

種類債権については，基本的に履行不能ということはない。

➡　債務者の手元にあるものが滅失してしまっても，市場に同種のものがある場合には，他から調達して引き渡すことを要する。

【例】　A酒店は，Bに対し，K社製の500mlの缶ビール３本を600円で売る契約をした。この場合，Bは，A酒店に対し，缶ビール３本の引渡しの債権を取得するが，これは種類債権である。

➡　仮に，A酒店の倉庫に保管されているビールが猛暑によって破裂して，商品として価値がなくなってしまっても，世の中にビールはたくさんあるので，A酒店はどこかからビールを調達して，Bに引き渡すことを要する。

2　目的物の品質

（種類債権）

第401条　債権の目的物を種類のみで指定した場合において，法律行為の性質又は当事者の意思によってその品質を定めることができないときは，債務者は，中等の品質を有する物を給付しなければならない。

H2-3　種類債権が発生した場合に，給付すべき物についての品質が定められていないようなときは，債務者は，中等の品質を有する物を給付することを要する。

【例】　Ａは，Ｂ寿司店に対し，「握り寿司を二人前届けてください」と注文した。Ｂ寿司店の握り寿司には，特上，上，並というランクがあるが，Ａは特にランクを指定しなかった。

この場合，Ｂ寿司店は，中等すなわち「上」の握り寿司を，Ａに届けることを要する。

３　目的物の特定

(1)　目的物の特定の意義

種類債権の**目的物の特定**とは，一定の要件が満たされることによって，債権者に引き渡されるべき物が具体的に確定することをいう。

これにより，種類物であったものが，特定物とほぼ同様の状態となる。

【例】　Ａスポーツ店は，Ｂに対し，Ｐ社製の木製バット１本を売る契約をした。

➡　Ｐ社製の木製バットは世の中にたくさんあるので，これは種類物である。仮に，Ａスポーツ店の倉庫に保管されているバットが燃えてしまった場合でも，Ａスポーツ店は市場から同種のバットを調達し，Ｂに引き渡すことを要する。

しかし，一定の要件が満たされることによって目的物が特定した場合は，Ｂに引き渡すべきバットが確定し，この１本をＢに引き渡せば足りるという状態になる。

・　特定物とほぼ同様の状態となるので，目的物が特定した後にその物が滅失してしまったときは，引渡しをすることができなくなる。

➡　特定の物となったのだから，債務者は，同種の物の調達義務を負わない。

(2)　特定の要件

（種類債権）

第401条

２　前項の場合において，債務者が物の給付をするのに必要な行為を完了し，又は債権者の同意を得てその給付すべき物を指定したときは，以後その物を債権の目的物とする。

① 当事者が合意したとき

当事者が，給付すべき物を「これ」と決めたときは，目的物は特定する。

➡ 当事者の合意による特定については，民法に規定はないが，当然に特定すると解されている。

② 債権者の同意を得てその給付すべき物を指定したとき

債務者が，債権者の同意を得て，給付すべき物を指定したときは，目的物が特定する。

③ 債務者が物の給付をするのに必要な行為を完了したとき

債務者が，物の給付をするのに**必要な行為を完了したとき**は，目的物が特定する。

➡ 債務者が，物の引渡しについて，自分ができることをすべてやり終えたときである。

「物の給付をするのに必要な行為」は，物の引渡しをすべき場所に応じて，３つに区別されている。

㋐ 持参債務の場合

持参債務とは，債務者が，目的物を債権者の住所に持参して，履行をすべき債務である。

持参債務の場合は，債権者の住所において**現実に提供をしたとき**に，目的物が特定する。

【例】 Ａ酒店は，Ｂから，Ｋ社製の500mlの缶ビール10本の配達を頼まれた。そして，Ａ酒店は，倉庫の中からビール10本を取り出し，軽トラックの荷台に積めてＢ宅を訪れた。そして，玄関先でＢにビール10本を提供した。

➡ この提供をした時に，目的物が特定する（このビール10本と確定する）。

【例】 Ａ酒店は，Ｂから，Ｋ社製の500mlの缶ビール10本の配達を頼まれた。そして，Ａ酒店は，倉庫の中からビール10本を取り出し，軽トラックの荷台に積めて走り出した。しかし，道中，後ろから車に追突され，ビール缶が破裂してしまった。

➡ Ａ酒店は，Ｂ宅に辿り着いていないので，目的物は特定しておらず，Ａ酒店は同種のビールの調達義務がある。つまり，店に戻って倉庫からビール10本を取り出し，Ｂ宅に届ける必要がある。

㋑　取立債務の場合

取立債務とは，債務者の住所で引き渡す債務をいう。

➡　債権者が，債務者の住所に取りに行く形。

取立債務の場合は，債務者が，目的物を他の物から**分離し**，引渡しの準備をして，債権者に**通知をしたとき**に，特定する。

➡　分離・準備・通知である。

【例】　Ｂは，Ａ酒店に，「Ｋ社製の500mlの缶ビール10本買います。後日に取りに行きます」と電話した。

➡　Ａ酒店が，倉庫の中の100本のビールの中から，10本を厳選して分離し（レジの横に持ってきた），引渡しの準備をし（袋に入れた），通知をした（いつでも渡せますよと電話した）時に，目的物が特定する。

㋒　送付債務の場合

送付債務とは，債権者または債務者の住所以外の場所に目的物を送付すべき債務をいう。

・　送付債務の場合で，債務者に送付義務があるときは，持参債務と同様に，送付すべき場所で現実に提供された時に特定する。

・　債務者に送付義務がなく，債務者の好意によって送付するときは，発送した時に特定する。

(3)　特定の効果

目的物の特定によって，種類物であったものが特定物とほぼ同様の状態となるので，以下のような効果が発生する。

①　善管注意義務の発生

H2-3　目的物の特定によって，この物を引き渡すべきことになるので，債務者は，目的物の引渡しをするまで，契約その他の債権の発生原因および取引上の社会通念に照らして定まる善良な管理者の注意をもって，その物を保存しなければならない（民§400）。

プラス アルファ

目的物が特定するまでは，債務者は調達義務を負っているので，特に善管注意義務というものは負わない。

② 目的物の所有権の移転

目的物が特定することによって，その物の所有権が移転する（最判昭35.6.24）。

4　制限種類債権

制限種類債権とは，種類債権のうち，一定の範囲に限定されているものをいう。

【例】“A酒店の倉庫に保管されている”K社製の500mlの缶ビール10本を引き渡すという債権。

➡ K社製の500mlの缶ビール10本を引き渡すという債権は，普通の種類債権である。これに一定の制限（A酒店の倉庫に保管されているもの）を加えると，制限種類債権ということになる。

一般的な種類債権については，（同種の物が市場にたくさんあるから）基本的に履行が不能となることはないが，制限種類債権については，その制限された範囲の中の物が滅失すれば，履行が不能となる。

➡ 他の場所から同種の物を調達する義務はない。

4　金銭債権

1　金銭債権

(1)　金銭債権とは

金銭債権とは，一定額の金銭の給付（支払い）を目的とする債権である。

【例】 売買代金債権。賃料債権。貸金債権。

金銭債権は，市民の社会生活においても，大変に重要な債権である。また，金銭は，土地や建物やビールやバットといった物とは異なる性質をもっている。

そのため，民法では，金銭債権に関する規定がいくつか置かれている。

⑵　金銭債権の特徴

金銭債権においては，１万円札や500円玉といったような“物”が重要なのではない。１万円という“価値”が重要である。

通貨は，世の中にいくらでも出回っており，債務者はどの通貨で支払ってもよいので（民§402Ⅰ本文），金銭債権は種類債権的な扱いとなる。しかし，金銭は，“物”ではなく“価値”が重要であるという性質上，通常の種類債権とは異なる。

➡　金銭債権については，通常の種類債権のような「特定」は生じない。

プラスアルファ

金銭の給付を目的とする債権でも，特別な事情がある場合には，特定物債権となることもある。

➡　記念硬貨のようなもの。

・　金銭債権には，**履行不能がない。**

➡　世の中から通貨がなくなることは考えられない。

・　債務不履行の要件，損害賠償の要件について，特別な規定が置かれている（民§419）。

➡　「債務不履行」において詳しく解説する（第２章第３節）。

⑶　どの通貨をもって弁済をすべきか

①　原　則

債務者は，（その選択に従い）各種の通貨をもって弁済することができる（民§402Ⅰ本文）。

【例】　５万円の支払いをすべき場合，１万円札５枚で支払ってもいいし，１万円札４枚＋1000円札10枚で支払ってもいい。

プラスアルファ

貨幣については，特別な規定がある（通貨§７）。

② 特約がある場合

特定の種類の通貨で支払う旨の特約があるときは，その特約に従う（民§402Ⅰただし書）。

③ 外国の通貨で支払うべき場合

外国の通貨で支払うべき場合にも，上記の①と②が適用される（民§402Ⅲ）。

【例】 500ドルの支払いをすべき場合，特約がなければ，各種の通貨（100ドル札や50ドル札など）で弁済することができる。

重要!

外国の通貨で債権額を指定したときは，債務者は，履行地における為替相場により，日本の通貨で弁済をすることができる（民§403）。 H30-17 H2-3

【例】 AはBに対して，100ドルの支払いの債権を有している。この場合，Bは，履行地における為替相場で換算した額の日本円（たとえば1万1,000円）をAに支払うことができる。

2 利息債権

(1) 利息債権とは

利息債権とは，利息の支払いを目的とする債権である。

利息とは，元本である金銭等の**使用の対価**として，その使用の期間に応じて，元本に対する**一定の割合（利率）**で，債権者に支払うべきものである。

住宅ローン（金銭消費貸借）や銀行預金（消費寄託）をする際に，利息の定めをすることが多い。

【例】 Aは，X銀行から住宅ローンとして1,000万円を借り入れた。利息は年2％と定められた。

➡ 元本が1,000万円で利息は年2％なので，AはX銀行に対し，年20万円の利息を支払うことを要する。

【例】 Bは，X銀行に預金口座（普通預金）を作り，1,000万円を預けた。利息は年0.02％と定められた。

➡ 1,000万円預けても，スズメの涙程度の利息しか貰えない。

(2) 遅延損害金との違い

遅延損害金とは，弁済期までに債務者がお金を返せなかった場合の損害賠償金である。

➡ お金を借りる場合，利息のほか，遅延損害金が定められることが多い。

➡ 利息と遅延損害金の違いについては，債権各論の「消費貸借」で解説する。

(3) 利　率

利率は，**約定利率**と，**法定利率**がある。

① 約定利率

当事者の合意によって定められた利率である。

利率は基本的に自由に定められるが，金銭を目的とする消費貸借上の契約においては，一定の制限がある（後述）。

② 法定利率

（法定利率）

第404条　利息を生ずべき債権について別段の意思表示がないときは，その利率は，その利息が生じた最初の時点における法定利率による。

2　法定利率は，年３パーセントとする。

3　前項の規定にかかわらず，法定利率は，法務省令で定めるところにより，３年を１期とし，１期ごとに，次項の規定により変動するものとする。

利息を発生させる合意がされたが，利率について定めなかったような場合は，その利率は，当該利息が生じた最初の時点における法定利率による。

法定利率は，**年3%**とされている。

【例】　ＡはＢに対し，1,000万円を貸し付けた。Ｂは利息を支払うと約束したが，利率については特に定めなかった。

➡ 利率は，年３％となる。

プラスアルファ

法定利率については，３年ごとに見直される（民§404Ⅲ）。

③　高利の制限

お金を借りる消費者を保護するため，一定以上の高金利は制限されている。

利息について規制する法律は，利息制限法，出資法，貸金業法といったものがあるが，まず大事なのは，利息制限法である。

利息制限法

（利息の制限）

第１条　金銭を目的とする消費貸借における利息の契約は，その利息が次の各号に掲げる場合に応じ当該各号に定める利率により計算した金額を超えるときは，その超過部分について，無効とする。

一　元本の額が10万円未満の場合　**年２割**

二　元本の額が10万円以上100万円未満の場合　**年１割８分**

三　元本の額が100万円以上の場合　**年１割５分**

ＡとＢは金銭消費貸借契約を締結し，ＡはＢに対し，30万円を貸し付けた。

➡　これは，「元本の額が10万円以上100万円未満」の場合に該当するので，利息の上限は年１割８分（年18％）である。

仮に，「Ｂは年23％の利息を支払う」と合意された場合でも，年18％を超える部分については無効となる。

重要！

利息制限法により制限されるのは，金銭を目的とする消費貸借における利息である。

・　利息制限法に関連するいくつかの判例

㋐　債務者が，利息制限法の制限を超える利息（本来ならば無効な利息）を任意に支払った場合は，その制限を超える部分（超過利息）は，民法489条の規定により，残存元本に充当される（最判昭39.11.18）。

➡　利息として支払ったものが，元本に充当される（元本債権額が減る）。

㋑　上記㋐に従って超過利息が元本に充当され，計算上，元本が完済された場合に，その後，債務がなくなったことを知らずに債務者が支払った金額については，不当利得として返還を請求することができる（最判昭43.11.13）。

➡　いわゆる"過払い金"の返還請求である。

㋒　債務者が，超過利息や損害金と元本とを一括して支払った場合も，上記㋑と同様である（最判昭44.11.25）。

➡　支払った金額のうち，元本の額と利息制限法の制限内の利息を超える部分については，不当利得として返還を請求することができる。

⑷　重利（複利）

重利とは，利息の弁済期に利息が支払われなかった場合に，その延滞利息を元本に組み入れて，その**利息に対しても利息を発生させる**ことである。

【例】　ＡはＢに対し，1,000万円を貸し付けた。利息は年10％と定められた。

なお，元本の弁済期は10年後，利息は毎年の年末に１年分を支払うと合意された。

➡　Ｂは，元本の1,000万円については，10年後まで支払わなくてもいいが，利息については，毎年の年末に，１年分の100万円を支払うことを要する。

ところが，Ｂは，２年分の利息200万円の支払いを怠った。

そして，ＡとＢは，この延滞利息200万円を，元本に組み入れる合意をした。

➡　元本債権の額が1,200万円になった。

これからは，この1,200万円に対して，年10％の利息（年120万円）が発生する。

➡　つまり，利息に対してさらに利息が発生するということである。

➡　債務者にとっては辛いが，支払うべき利息を支払っていないのだから，まあ仕方がない。

重利には，約定重利と法定重利がある。

①　約定重利

当事者間の合意により，重利とする（延滞利息を元本に組み入れる）ことである。

➡　上記の【例】は，約定重利である。

②　法定重利

> （利息の元本への組入れ）
> **第405条**　利息の支払が１年分以上延滞した場合において，債権者が催告をしても，債務者がその利息を支払わないときは，債権者は，これを元本に組み入れることができる。

㋐　利息の支払いが１年分以上延滞した。
㋑　債権者が催告しても，債務者はその利息を支払わなかった。

この２つの要件が満たされたときは，債権者は，一方的な意思表示により，延滞利息を元本に組み入れることができる。

5　選択債権

1　選択債権の意義

選択債権とは，債権の目的が，**数個の給付の中から選択によって定まる債権**をいう。

【例】　AとBは，Aの所有する甲建物または乙建物のどちらかをBに贈与する契約を締結した。
➡　最終的には，甲建物か乙建物のどちらかが選択され，そのどちらかがBに贈与されることになる。

・　選択債権は，当事者の契約によって発生する場合の他，法律の規定によって発生することもある。

2　選択権者

(1)　選択権者

選択債権が発生した場合，だれが選択をすることができるのか。債権者（給付を請求できる者）か，債務者（給付の義務を負う者）か，はたまた第三者か。

まず，特約があれば，それに従う。
➡　上記の【例】において，「Bが選択することができる」という特約があれば，（債権者）Bが選択できる。

Bが「じゃあ乙建物」と選択すれば，乙建物が贈与されたことになる。

・　第三者を選択権者としても差支えない。

では，特約がない場合はどうなるか。

> **（選択債権における選択権の帰属）**
> **第406条**　債権の目的が数個の給付の中から選択によって定まるときは，その選択権は，債務者に属する。

選択権者について特約がないときは，**選択権は，債務者にある**とされている。

【例】　上記の【例】において，選択権者を特に定めなかったときは，選択権者は債務者（給付の義務を負う者，つまりA）となる。

(2)　選択権の移転

①　当事者が選択しない場合

債権が弁済期にある場合において，相手方から相当の期間を定めて**催告**をしても，選択権を有する当事者がその期間内に選択をしないときは，**その選択権は，相手方に移転する**（民§408）。

②　第三者が選択しない場合

H27-16　第三者が選択権を有する場合に，その第三者が選択をすることができず，または選択をする意思を有しないときは，選択権は，債務者に移転する（民§409②）。

3　選択権の行使とその効力

(1)　選択権の行使

①　当事者が選択権を行使する場合

当事者（債務者または債権者）が選択権を有する場合に，選択権を行使するときは，相手方に対する意思表示によってする（民§407Ⅰ）。

H27-16　・　選択権を行使した当事者が，その選択を撤回したい場合は，相手方の承諾を得ることを要する（同Ⅱ）。

②　第三者が選択権を行使する場合

第三者が選択をすべき場合は，その選択は，債権者または債務者に対する意思表示によってする（民§409Ⅰ）。 H27-16

(2)　選択の効力

（選択の効力）
第411条　選択は，債権の発生の時にさかのぼってその効力を生ずる。ただし，第三者の権利を害することはできない。

選択がされたときは，債権の発生の時にさかのぼってその効力を生ずる。 H27-16

【例】　AとBは，Aの所有する甲建物または乙建物のどちらかをBに贈与する契約を締結した。なお，選択権は，Aが有するものとされた。

➡　この後，Aが，「甲建物にする」と選択したときは，債権の発生の時（契約の時）にさかのぼってその効力を生ずる（契約の時から甲建物が贈与されたことになる）。

・　ただし，選択の遡及効をもって，第三者の権利を害することができない。

➡　条文の上では「第三者の権利を害することができない」と規定されているが，実際のところは，権利変動の対抗要件（民§177等）で優劣が判断されるので，この規定は意味のないものとなっている。

4　不能による選択債権の特定

ケーススタディ

AとBは，Aの所有する甲建物または乙建物のどちらかをBに贈与する契約を締結した（選択権者はA）。しかし，選択がされる前に，甲建物が火事で焼け落ちてしまった。

選択権者Aは，甲建物を選択することができるのか。それとも，当然に乙建物に特定されるのか。

選択債権が発生したが，選択権が行使される前に，目的物のどちらか一方が滅失してしまうこと（給付が不能となること）もあり得る。

この場合，残存するものに特定するのか否かが問題となる。

（不能による選択債権の特定）
第410条　債権の目的である給付の中に不能のものがある場合において，その不能が選択権を有する者の過失によるものであるときは，債権は，その残存するものについて存在する。

H27-16　選択債権のうち，給付が不能となったものがある場合，その不能が**選択権を有する者の過失**によるものであるときは，債権は，その**残存するもの**について存在する。

➡　裏を返すと，選択権を有する者の過失によらないときは，選択権者は，不能となったものを選択することができる。

【例】　ケーススタディの事例において，Aの過失によって甲建物が火事となった場合

➡　選択権者であるAの過失によって，一方の給付が不能となったので，債権は，残存する乙建物について存在する。

➡　Aは，甲建物を選択することはできない（当たり前である）。

【例】　ケーススタディの事例において，Bまたは第三者の過失（あるいは不可抗力）によって甲建物が火事となった場合

➡　選択権者であるAは，焼け落ちてしまった甲建物を選択することができる。

➡　甲建物を選択した場合，実際には履行が不能なので，甲建物の引渡しの義務を免れる。

➡　もちろん，乙建物を選択することもできる。

第２章
債権の効力

第1節　債権の効力

Topics
・債権には，一般的にどういった効力があるのか。
・この節は，そのまま暗記する必要はないが，内容についてはしっかり理解しておく必要がある。

1　総　説

債権には，いくつかの効力がある。

(1)　請求力

請求力とは，債権者が債務者に対し，（任意に）履行をせよと請求することのできる効力である。

➡　債権のもっとも基本的な効力といえる。

(2)　給付保持力

給付保持力とは，債務者が給付をした場合に，それを受領して保持することのできる効力である。

【例】　買主が，売主に対して売買代金として100万円を給付した。売主（売買代金の債権者）は，この100万円を受領し，保持することができる。

➡　これも，債権のもっとも基本的な効力といえる。

(3)　訴求力

訴求力とは，債務者が任意に履行をしない場合に，訴えによって履行を請求することのできる効力である。

【例】　売主Ａは，買主Ｂに対し，売買代金100万円を支払ってくださいと請求したが，Ｂはこれを無視し，債務を履行しなかった。

この場合，Ａは，Ｂを被告として，裁判所に対し，「被告（Ｂ）は原告（Ａ）に対し，100万円を支払え」という判決を求める訴えを起こすことができる。

(4) 執行力

執行力とは，債務者に対して給付を命ずる判決がされたが，それでも債務者が履行をしない場合に，国家機関の手を借りて，強制的に債権の内容を実現することのできる効力である。

【例】 Aは，Bを被告として訴えを起こし，裁判所は「被告（B）は原告（A）に対し，100万円を支払え」という判決を出した。

しかし，Bは，敗訴してもまったく気にせず，100万円を支払わなかった。

この場合，Aは，国家機関（裁判所）の手を借りて，Bの財産（たとえば土地）を差し押さえ，**強制競売**をすることができる。そして，その売却の代金から，100万円を回収することができる。

重要!

このように，金銭債権について債務者が任意に履行をしないときは，最終的には，債務者の持っているいろいろな財産を差し押さえ，競売によってお金に換えて，債権者は金銭の交付を受けることができる。

➡ 債務者の持っているあらゆる財産が，金銭債権の引当てになる。

・ ただし，債務者の生活のために最低限必要となる財産などは，差押えが禁止されている（民執§131，152)。

債務者の全財産から，差押えが禁止された財産などを除いたもの（債権の引当てにできるもの）を，債務者の**一般財産**と呼ぶ。

➡ **責任財産**ともいう（厳密にいうと少し違うが)。

2 自然債務

(1) 自然債務とは

上記1のとおり，債権には，一般的に，請求力や給付保持力，訴求力や執行力といった効力がある。

しかし，債権の中には，請求力や給付保持力はあるが，訴求力や執行力がないものがある。

・ 債務者が任意に履行をしてくれれば，それについては債権者は受領して保持することができるが，債務者が任意に履行をしてくれない場合でも，債権者は，給付を求める訴えを起こすことができないという性質の債務である。

このような債務を，**自然債務**という。

➡　自然債務という概念には，批判的な学説も多い。

⑵　自然債務とされるもの

自然債務とされるものはいくつかあるが，有名な判例として，「カフェー丸玉事件」が挙げられる。

事案としては，カフェー（今でいうキャバクラのようなもの）の客Aが，女給(キャバ嬢)Xの歓心を買うため，独立して店を出すための資金400円(現在の価値だと100万円程度か？）を与えるという書面を作成したが，Aはその債務を履行しなかった。

そして，Xは，Aを訴えた。

➡　裁判所は，Aが馴染みの薄い客であることなどから，Aが自ら進んで債務を履行したときは債務の弁済となるが，Xがその履行を強要することができない特殊な債務関係を生ずるものであると判断した(最判昭10.4.25)。

・　消滅時効にかかった債権なども，自然債務とされる。

第2節　債務が履行されない場合～履行の強制

Topics
- **債務者が債務を履行してくれなかったら，履行を強制することができる。**
- **履行の強制にはどのような方法があるのかを，理解しておくこと。**
- **民法単体での出題可能性は高くない。**

ケーススタディ

ＡとＢは，Ａの所有するノートパソコンをＢに10万円で売る契約をした。Ｂは代金を支払ったが，Ａはノートパソコンを引き渡してくれない。

Ｂは，ノートパソコンの引渡しを受けるためにどのような手段をとることができるか。

1　履行の強制の意義

債務者が，任意に債務を履行しないときは，債権者は，国家の手を借りて，強制的に債権の内容を実現させることができる。これを履行の強制という。

理由　自力救済が禁止されている我が国では，債務の履行がされない場合には，債権の実現のために国家が手を貸す必要がある。

【例】 ケーススタディの事例において，ＢがＡ宅に押しかけ，Ａの部屋から力ずくでノートパソコンを奪い取るようなことはしてはいけない。

➡ このような自力救済は認められないので，その代わりとして，債権の内容の実現のために国家が手を貸すものとされた。

2　履行の強制の方法

（履行の強制）

第414条　債務者が任意に債務の履行をしないときは，債権者は，民事執行法その他強制執行の手続に関する法令の規定に従い，直接強制，代替執行，間接強制その他の方法による履行の強制を裁判所に請求することができる。ただし，債務の性質がこれを許さないときは，この限りでない。

履行の強制には，①直接強制，②代替執行，③間接強制という３つの方法がある。

(1)　直接強制

文字どおり，債権の内容を強制的に直接的に実現する方法である。

【例】　ケーススタディの事例では，Ｂはまず，Ａを被告として，「ＡはＢに対してノートパソコンを引き渡せ」という判決を得る。この判決が出てもＡがノートパソコンを引き渡さないときは，Ｂは裁判所に強制執行を申し立て，執行官がＡからノートパソコンを取り上げて，Ｂに引き渡す。

・「与える債務」については，直接強制の方法が用いられる。

(2)　代替執行

たとえば債務者が何かの行為をすべき場合に，債務者が任意にその行為をしないときは，第三者にその行為をさせて，**その費用を債務者に負担させる**方法である。

【例】　債務者が建物の取壊しの債務を負担している場合に，債務者自身が取壊しをしないときは，第三者（解体業者）に取壊しをさせて，その費用を債務者に負担させる。

・「なす債務」で，第三者が代わって行為をすることができるものについては，代替執行の方法が用いられる。

プラスアルファ

なす債務については，直接強制の方法をとることはできない。

【例】　上記の事例で，債務者の首に縄を付けて引っ張ってきて，強制的に建物の解体工事をさせることは，人権的に無理である。

・　謝罪広告を載せることを命ずる判決がされた場合，代替執行の方法で履行を強制することができる（最判昭31.7.4。程度の問題があるが）。

【例】　芸能レポーターのＡは，テレビのワイドショーで，芸能人Ｂについてのスキャンダラスな話を執拗に喋っていた。怒ったＢはＡを訴え，Ａは新聞に謝罪広告を載せろと命じられた。しかし，Ａは，謝罪広告を出さなかった。

この場合，Ｂは代替執行の方法により謝罪広告を掲載させ，その掲載料をＡに負担させることができる。

⑶　間接強制

「この債務を履行しなければ，１日につき金○円支払え」というように，制裁金を課して，債務の履行を間接的に強制する方法である。

【例】　Ｘ（赤ん坊）は，親Ａの意思に反して，第三者Ｂのもとで暮らしていた。ＡはＢを訴えて，「ＢはＸをＡに引き渡せ」と命じられた。しかし，Ｂは，ＸをＡに引き渡さなかった。この場合，履行の強制の方法として，裁判所は「ＢはＡにＸを引き渡すまで，１日につき金○円支払え」と命ずることができる。

⑷　意思表示をすべき債務について

法律行為を目的とする債務については，**裁判をもって債務者の意思表示に代えることができる**とされている。

【例】　詳しくは不動産登記法で解説するが，登記権利者（不動産の買主）が登記義務者（売主）を被告として，所有権の移転の登記の手続を命ずる判決を得たときは，判決の確定の時に債務者は登記申請の意思表示をしたものとみなされる（民執§177 Ⅰ）。

➡　つまり，登記権利者である買主が単独で所有権の移転の登記を申請することができる。

3　履行の強制ができない場合

すべての債務について，国家の手を借りて履行を強制することができるわけではない。

債務の性質や，債務者の人格の尊重などといった趣旨から，履行の強制が許されない場合もある。

たとえば，夫婦の同居義務は，履行を強制することができない。

【例】　Ａ男とＢ女は夫婦であるが，Ｂ女は家を出て，アパートを借りて一人暮らしを始めた。Ａ男は同居を求めて訴え，Ｂに対し同居が命じられた。

この場合は，直接強制，代替執行，間接強制のいずれも認められない。

- 直接強制について→　Bを強制的に家に引っ張ってきて同居させるというのは，人権的に許されない。
- 代替執行について→　別の女性Cと同居して，その費用をBに請求するというのは，ヘンである。
- 間接強制について→　同居が実現するまで1日あたり金○円支払えというのは，微妙なところではあるが，Bの人格の尊重といったことから，これも認められない（大決昭5.9.30）。

4　履行の強制と損害賠償の請求

履行の強制をした場合であっても，損害賠償の請求は妨げられない（民§414Ⅱ）。

➡　履行を強制し，結果として履行がされた場合でも，損害が生じたときは，その賠償を請求することができる。

第3節　債務が履行されない場合～損害賠償の請求

Topics
- 債務の不履行によって債権者に損害が生じたときは，債権者は，その賠償を請求することができる。
- 損害賠償の論点は大変に重要である。要件，効果をしっかり押さえること。

1　総　説

債務者が債務を履行しないため(**債務不履行**)，債権者に損害が生じたときは，債権者は債務者に対し，その賠償を請求することができる。

債務不履行による損害賠償の請求については，いくつかの論点に分けることができる。

① 債務不履行には，どういう種類（態様）があるのか。
② 債務不履行という事実があれば（そして損害があれば），当然に損害賠償を請求することができるのか。それとも，他にも要件があるのか。
③ 債務不履行によって損害が生じたとして，どれだけの賠償を請求することができるのか（損害賠償の範囲）。

以下，これらの論点を解説する。

2　債務不履行の態様

債務不履行の態様としては，以下の3つに分けられる。

① 履行遅滞
➡ 履行が可能であるにもかかわらず，期限が来ても履行をしなかった。
② 履行不能
➡ 履行が不可能となってしまったため，履行ができなかった。
③ 不完全履行
➡ 一応履行はされたが，それが不完全なものであった。

＊　なお，この３分類は，学説上，いろいろと批判にさらされている。

1　履行遅滞

ケーススタディ

　ＡとＢは，Ａの所有する自動車をＢに100万円で売る契約をした。この契約では，８月10日に自動車をＢに引き渡すと約束された。

　しかし，８月10日になっても，ＡはＢに自動車を引き渡さなかった。Ｂは仕方なく，レンタカー（１日当たり8,000円）を借りて用事を済ませた。

　Ｂは，Ａに対し，このレンタカーの費用を請求することができるか。

⑴　履行遅滞の意義

　履行遅滞とは，**履行が可能であるにもかかわらず，期限（履行期）がきても履行をしないこと**である。

➡　まさにケーススタディの事例である。

・　１つ目のポイントは，「履行が可能であるにもかかわらず」である。

➡　仮に，何らかの事情で履行が不可能となってしまった場合には，「履行遅滞」ではなく「履行不能」となる。

・　２つ目のポイントは，その債務の履行期である。つまり，いつから履行遅滞となるのか，ということである。

⑵　履行遅滞となる時期

①　確定期限のある債務

（履行期と履行遅滞）

第412条　債務の履行について確定期限があるときは，債務者は，その期限の到来した時から遅滞の責任を負う。

　確定期限のある債務については，債務者は，**その期限が到来した時から，**遅滞の責任を負う。

➡　これは当たり前である。

【例】　ケーススタディの事例では，８月10日中に自動車が引き渡されなかったときは，Aは，遅滞の責任を負う。

H23-16　・　ただし，取立債務その他，債務の履行について債権者の協力が必要な場合は，確定期限が到来しただけでは遅滞の責任は発生せず，債権者がまず必要な協力をして履行の催告をしてはじめて遅滞の責任が発生する。

②　不確定期限のある債務

（履行期と履行遅滞）
第412条
2　債務の履行について不確定期限があるときは，債務者は，その期限の到来した後に履行の請求を受けた時又はその期限の到来したことを知った時のいずれか早い時から遅滞の責任を負う。

H19-17　不確定期限のある債務については，債務者は，その期限が到来した後に**履行の請求を受けた時**，または**期限の到来したことを知った時のいずれか早い時**から遅滞の責任を負う。

重要！
期限が到来しただけでは，遅滞の責任は発生しない。
➡　期限が到来したこと（債務を履行しなければならない状態になったこと）を知らない状態で，遅滞の責任を負わせるのは酷である。

用語説明
不確定期限→　到来することは確実であるが，いつ到来するかは分からない期限。

【例】　AとBは，「Cが死亡したらAの所有する時計をBに贈与する」という契約をした。
➡　“Cの死亡”はいつか必ず起こるものであるが，いつ死ぬかは分からない。これが不確定期限である。

このような不確定期限のある債務については，(ｱ) その期限が到来した後に履行の請求を受けた時（Aが，「Cが死んだので時計を引き渡してください」と請求を受けた時）または (ｲ) 期限の到来したことを知った時（Aが，Cの死亡を知った時）のいずれか早い時から遅滞の責任を負う。

重要❗

不確定期限のある債務については，消滅時効に関しては，期限が到来した時から進行を開始する。

遅滞の責任が発生する時期と，消滅時効の起算点が異なるので，注意。

③　期限の定めのない債務

（履行期と履行遅滞）
第412条
３　債務の履行について期限を定めなかったときは，債務者は，履行の請求を受けた時から遅滞の責任を負う。

期限の定めのない債務については，債務者は，**履行の請求を受けた時から**遅滞の責任を負う。 H29-16 H19-17 H6-6

・　法律の規定によって発生する債務などは，別段の定めのない限り，期限の定めのない債務となるので，債務者は履行の請求を受けた時から遅滞の責任を負う（大判昭2.12.26）。

➡　また，契約により発生する債務についても，当事者間で特に履行の期限を定めなかったような場合は，期限の定めのない債務となる。

重要❗

期限の定めのない債務については，消滅時効に関しては，債権が成立した時から進行を開始する（債権者は，いつでも履行の請求ができるから）。

遅滞の責任が発生する時期と，消滅時効の起算点が異なるので，注意。

・　期限の定めのない債務の履行遅滞に関して，重要な例外が２つある。

㋐　返還の期限の定めのない**消費貸借**による債務について H19-17

返還の期限の定めのない消費貸借がされた場合，貸主は，相当の期間を定めて催告をすることを要する（民§591Ⅰ，直ちに返してくれと請求することはできない）。

➡　そのため，催告がされてから**相当の期間が経過した時から**遅滞の責任を負う。

H22-19
H19-17
H6-6

㋑　不法行為による損害賠償債務について

不法行為による損害賠償債務については，不法行為による損害の発生と同時に遅滞の責任を負う（最判昭37.9.4）。

➡　被害者を保護するため，損害の発生により直ちに（催告を経ないで）遅滞の責任が発生するとされた。

(3)　履行遅滞の効果

履行遅滞により債権者に損害が生じたときは，債権者は，債務者に対し，**その賠償を請求することができる**（民§415Ⅰ，詳しくは後述）。

【例】　ケーススタディの事例では，ＢはＡに対し，レンタカーの費用を請求することができる（可能性が高い）。

また，契約によって発生した債務について履行遅滞があったときは，債権者は，相当の期間を定めて催告をした上で，契約を解除することもできる（民§541）。

➡　解除により，契約ははじめからなかったことになる。

【例】　ケーススタディの事例で，履行期である８月10日に自動車の引渡しを受けられなかったＢは，Ａに対し，「１週間以内に自動車を引き渡してくれ」といった催告をすることができる。そして，その期限内に履行がなかったときは，Ｂは売買契約を解除することができる。

➡　解除をしたら，Ａとの売買契約ははじめからなかったことになるので，Ｂは別の人から自動車を買う契約をすることができる。

2　履行不能

(1)　履行不能の意義

履行不能とは，**債務の履行が契約その他の債権の発生原因および取引上の社会通念に照らして不能であること**をいう。

【例】　ＡとＢは，Ａの所有する甲建物をＢに売り渡す契約を締結した。しかし，甲建物がＢに引き渡される前に，失火により，甲建物が焼失してしまった。

➡　甲建物がなくなってしまったので，甲建物のＢへの引渡しの債務は履行不能となる。

(2)　履行が不能であるとは

履行の不能とは，履行が物理的に不可能になった場合だけでなく，契約その他の債権の発生原因および取引上の社会通念に照らして不能な場合も含まれる。

【例】　ＡとＢは，Ａの所有する指輪をＢに贈与する契約をした。そして，Ａは，指輪をＢに届けようと歩いている途中，誤って，橋の上から川に指輪を落としてしまった。

➡　指輪が滅失したわけではないが，常識的に考えて，この指輪を川底から探し出して引き渡すことは不可能である。

➡　取引上の社会通念に照らして不能といえる。

【例】　ＡとＢは，Ａの所有する甲土地をＢに売り渡す契約をした。しかし，Ｂは，その登記をしなかった。その後，Ａは，さらに甲土地をＣに売り渡し，Ｃに対して所有権の移転の登記をした（いわゆる「二重譲渡」）。

➡　先に登記を備えたＣが，甲土地の所有権を確定的に取得する（民§177）。これにより，甲土地をＢに給付するという債務は履行不能（法律的な不能）となった（最判昭35.4.21）。

(3)　履行不能の効果

（履行不能）
第412条の２　債務の履行が契約その他の債務の発生原因及び取引上の社会通念に照らして不能であるときは，債権者は，その債務の履行を請求することができない。

債務の履行が不能な場合は，債権者は，その債務の**履行を請求することができない**。

➡　請求しても無意味である。

・　履行の不能により債権者に損害が生じたときは，債権者は，債務者に対し，その賠償を請求することができる（民§415，後述）。

・　また，契約によって発生した債務について履行不能となったときは，債権者は，契約の解除をすることができる（民§542）。

(4) 債務の履行が契約の成立時から不能であった場合

（履行不能）
第412条の２
２　契約に基づく債務の履行がその契約の成立の時に不能であったことは，第415条の規定によりその履行の不能によって生じた損害の賠償を請求することを妨げない。

契約に基づく債務の履行が，その契約の成立の時に既に不能であった場合（原始的不能），債権者は，債務不履行による損害の賠償を請求することができる。

つまり，契約に基づく債務の履行が，その契約の成立の時に既に不能であった場合でも，契約が**当然に無効となるものではない**ということである。

【例】　ＡとＢは，Ａの所有する甲建物をＢに売り渡す契約をしたが，実は，この契約の３日前に，甲建物は火災によって滅失していた（遠方にある建物なので，Ａも火災の事実を知らなかった）。
➡　契約に基づく債務の履行（甲建物の引渡し）が，その契約の成立時に不能であった。
➡　この場合でも，売買契約は当然には無効とならず，ＢはＡに対し，債務不履行による損害賠償の請求をすることができる。

(5) 履行遅滞中に履行不能となった場合

H28-16

（履行遅滞中又は受領遅滞中の履行不能と帰責事由）
第413条の２　債務者がその債務について遅滞の責任を負っている間に当事者双方の責めに帰することができない事由によってその債務の履行が不能となったときは，その履行の不能は，債務者の責めに帰すべき事由によるものとみなす。

理由　履行遅滞がなければ履行不能になることもなかったのだから，履行不能についても債務者は責任を負う必要がある。

3　不完全履行

ケーススタディ

Ａは，Ｂショップから，防水機能付きのスマートフォンを買い，その引渡しを受けた。Ａは早速，スマートフォンを風呂の中に持ち込んでゲームを始めたが，防水機能が不十分であったため，壊れてしまった。

Ａは，Ｂショップに対し，損害の賠償を請求することができるか。また，防水機能がしっかりしたスマートフォンとの交換を請求することができるか。

結論としては，「できる」。

→　損害賠償の請求については，少し後で解説する。

→　別のスマートフォンとの交換については，債権各論の「売買」において解説する。

(1)　不完全履行の意義

不完全履行とは，一応は債務の履行がされたが，その履行が不完全であるため，**債務の本旨に従った履行とはいえない**ものをいう。

【例】　ケーススタディの事例では，Ｂショップは Ａに対してスマートフォンを引き渡しているので，一応は債務の履行がされている。しかし，不完全なものを引き渡しているので，債務の本旨に従った履行がされたとはいえない。

(2)　不完全履行の態様

ひとくちに「不完全履行」といっても，いくつかの態様があり得る。

①　給付された物や給付された行為に不完全な部分がある場合

➡　ケーススタディの例が典型的である。

②　給付はされたが，その際に注意を怠って債権者に損害が発生してしまった場合

【例】　Ａは，Ｂ家具店からキングサイズのベッドを購入した。Ｂ家具店は，ベッドをＡ宅に持ってきて寝室に置いたが，その際に不注意でＡ宅の壁に穴を開けてしまった。

➡　ベッドの給付という意味では完全であるが，壁に穴を開けたので，トータルとしては不完全な履行といえる。

3　損害賠償の請求

ケーススタディー1

Ａの所有する自動車をＢに売り渡す契約がされたが，Ａは，やっぱり自動車を手放すのが惜しくなり，期限までにＢに自動車を引き渡さなかった。Ｂは，仕方がないので，レンタカーを借りて用事を済ませた。

Ｂは，Ａに対し，損害賠償としてレンタカーの費用等を請求することができるか。

ケーススタディー2

Ａの所有する自動車をＢに売り渡す契約がされたが（履行地はＢ宅），引渡しの期限の直前に大地震がきて，交通が遮断されてしまった。そして，しばらくの間自動車の通行が禁止され，期限までにＢに自動車を引き渡せなかった。

Ｂは，仕方がないので，レンタカーを借りて用事を済ませた。

Ｂは，Ａに対し，損害賠償としてレンタカーの費用等を請求することができるか。

ケーススタディの２つの事例は，履行期日までに自動車をＢに引き渡さなかったという点では共通している。

しかし，１の事例は，明らかに債務者Ａの責任であり，２の事例は天変地異によるものであり，その点で異なっている。

これらの場合，Ｂは，Ａに対して損害の賠償を請求することができるのかが問題となる。

1　損害賠償を請求するための要件

⑴　条　文

（債務不履行による損害賠償）
第415条　債務者がその債務の本旨に従った履行をしないとき又は債務の履行

が不能であるときは，債権者は，これによって生じた損害の賠償を請求することができる。ただし，その債務の不履行が契約その他の債務の発生原因及び取引上の社会通念に照らして債務者の責めに帰することができない事由によるものであるときは，この限りでない。

基本的な考え方としては，債務の不履行という事実があれば，債権者は，これによって生じた**損害の賠償を請求することができる**。ただし，その債務の不履行が，一般的に考えて，債務者の責任とはいえないような事由によるものであるときは，損害の賠償を請求することができない。

【例】 ケーススタディ－1の事例は，どう考えてもAに責任があるので，BはAに対して損害の賠償を請求することができる。

一方，ケーススタディ－2の事例は，大地震で交通が遮断されている。期限までにB宅に自動車を移動させることは不可能なので，Aは，損害の賠償責任を免れる（可能性が高い）。

(2) 債務不履行による損害の賠償を請求するための要件

債務不履行による損害の賠償を請求するための要件を，もう少し細かく検討する。学説によっても異なるが，要件はだいたい以下の4つくらいとされている。

①　債務不履行の事実があること
②　債務の履行をしないことが違法であること
③　損害が発生したこと
④　債務の不履行と損害の発生に因果関係があること

①　債務不履行の事実があること

債務の本旨に従った履行がない，また，債務の履行が不能となった，ということである。

②　債務の履行をしないことが違法であること

“違法”というと重たい感じがするが，そんなに大げさな話ではない。“債務の履行をしないことについて正当な事由がないこと”という感じである。

具体的には，債務者が，**同時履行の抗弁権**（民§533）や**留置権**（民§296）を主張することができる場合には，“債務者が，債務を履行しないことについて正当な事由がある”といえるので，債務不履行責任は問われない。

【例】　AとBは，Aの所有するノートパソコンを10万円でBに売る契約をした。なお，Bは，まだ代金10万円をAに支払っていない。

➡　BがAに対して「ノートパソコンを引き渡してくれ」と請求しても，Aは，「まだ代金を貰っていないから引き渡さないよ」と言える（同時履行の抗弁権）。

➡　Aは，債務の履行をしない（ノートパソコンを引き渡さない）ことについて正当な事由があるといえるので，Bに対して債務不履行責任を負わない。

③　損害が発生したこと

債務不履行があっても，それによって損害が生じなければ，その賠償ということもない。

➡　当たり前である。

では，賠償をすべき「損害」とは何かが問題となる。

㋐　財産的な損害と精神的な損害

損害には，財産的な損害と精神的な損害がある。

さらに，財産的な損害については，積極的な損害（**直接的な損害**）と消極的な損害（**得べかりし利益の損害**）がある。

積極的な損害→　債権者が現に受けた損害。

【例】　自動車の引渡しの履行遅滞により，レンタカーを借りざるを得なかった場合のその費用。

消極的な損害→　債務不履行により，本来ならば得られたはずの利益が得られなかった場合のその利益分

【例】　タクシーの運転手の運転ミスで怪我をして，1週間仕事を休むことになり，5万円の収入が減った。この場合の5万円は消極的損害

（得べかりし利益）である。

・　精神的な損害の賠償については，認められないことも多いが，認められることもある。

➡　精神的な損害の賠償については，**慰謝料**と呼ばれる。

㋑　遅延賠償と填補賠償

損害賠償の性質に関して，遅延賠償と填補賠償に分けることができる。

遅延賠償→　履行が遅れたことによる損害の賠償

【例】　甲建物の引渡しの債務について履行遅滞となり，債権者は，仕方なく，ホテルに泊まった。債権者はこのホテルの費用等を損害賠償として請求できるが，これは遅延賠償としての性質を有する。

填補賠償→　本来の履行の代わりとなる損害の賠償

【例】　甲建物の引渡しの債務ついて，履行不能となった。この場合，債権者は，甲建物の価格程度の賠償を請求することができるが，これは填補賠償としての性質を有する。

・　填補賠償を請求することができるのは，以下の場合である。

（債務不履行による損害賠償）
第415条
2　前項の規定により損害賠償の請求をすることができる場合において，債権者は，次に掲げるときは，債務の履行に代わる損害賠償の請求をすることができる。
一　債務の履行が不能であるとき。
二　債務者がその債務の履行を拒絶する意思を明確に表示したとき。
三　債務が契約によって生じたものである場合において，その契約が解除され，又は債務の不履行による契約の解除権が発生したとき。

④　債務の不履行と損害の発生に因果関係があること

債務の不履行と損害の発生に因果関係がなければ，債権者は，損害の賠償を請求することができない。

➡　因果関係がなければ，損害の発生に債務者は関係ないということだから，債務者がその賠償をすべき理由がない。

(3)　債務者が損害賠償の責任を負わない場合

①　債務者が損害賠償の責任を負わない場合

債務の不履行が契約その他の債務の発生原因および取引上の社会通念に照らして**債務者の責めに帰することができない事由**によるものであるときは，債務者は，損害賠償の責任を負わない。

➡　このような事情がある場合は，債務の履行ができなくても仕方がない。債務者に責任を負わせるべきではない。

具体的には，不可抗力によって履行ができなかった場合，あるいは，債権者または第三者の何らかの行為によって履行ができなかった場合などが考えられる。

②　債務者の責めに帰することができない事由の立証責任

債務の不履行について債務者の責めに帰することができない事由がある，すなわち損害賠償の責任はない，ということは，**債務者が立証する**必要がある。

理由　債務者は，債務を負っている（履行期に履行をすべき義務を負っている）のだから，債務不履行の責任を免れたかったら，債務者の側がその旨を主張・立証すべきである。

2　損害賠償の方法

> （損害賠償の方法）
> **第417条**　損害賠償は，別段の意思表示がないときは，金銭をもってその額を定める。

H4-1　損害賠償は，別段の意思表示がないときは，損害を金銭に評価して支払うという方法による（**金銭賠償の原則**）。

H28-16　➡　別段の意思表示（金銭以外のものを交付する）も有効である。

【例】　自動車の引渡しの債務について履行不能となり，債務者が損害の賠償をすべき場合，損害，つまり自動車を金銭に評価して，その金銭を債権者に支払うことになる。

➡　具体的には，その自動車の価格ぐらいを損害賠償として支払う。

プラス アルファ

上記の事例について，もう少し細かく考える。

上記の事例は，Ａの所有する中古自動車をＢに100万円で売るという契約であったものとする。そして，Ｂは，まだＡに対して代金100万円を支払っていなかったものとする。この状況で，Ａの運転ミスによって自動車がスクラップになり，Ｂに引き渡すことが不可能となった（履行不能）。

この場合，Ｂとしては２つの選択肢がある。

①　ＢはＡに対して，損害（自動車の価値100万円＋これに伴うその他の損害の数万円）の賠償を請求することができる。

一方，Ｂは，Ａに対して売買代金100万円を支払うことを要する。

➡　結果，数万円がＢの手に残る。

②　Ｂは，債務の履行不能を理由として，自動車の売買契約を解除することができる（民§542）。

➡　解除により，はじめから売買契約はなかったことになるので，Ｂは，売買代金の支払義務を免れる。他方，Ａの自動車の引渡しの義務もない。

➡　ただし，Ｂは，Ａの債務不履行により損害（数万円）を被ったので，その賠償を請求できる。

➡　結果，数万円がＢの手に残る。

3　損害賠償の範囲

(1)　総　説

ケーススタディ

Ａは，自動車ディーラーのＢに高級スポーツカーを発注した。履行期は４月１日で，Ａは，恋人のＸと４月２日に新車でドライブデートをする約束をした。しかし，４月１日になってもスポーツカーが引き渡されず，Ａは仕方なく，レンタカー（軽自動車）を借りてデートをしようとした。ところが，Ｘは，話が違うと激怒し，Ａは振られてしまった。Ａは絶望し，仕事でもミスを連発し，解雇されてしまった。仕事を失ってアパートの家賃を払えなくなったAは，アパートから追い出され，野宿を始めた。ただ，5月の夜はまだ寒く，風邪をひいてしまった。
　Aは，Bに対し，損害賠償として，会社を解雇されたことによる逸出利益や，風邪薬の代金なども請求することができるか。

　債務不履行により損害が生じたとして，果たして，債務者はどこまでの損害を賠償すべきであるか。
　ケーススタディの事例では，確かに，Bの債務不履行が原因で，Aは恋人から振られ，仕事を解雇され，風邪までひいてしまった。しかし，かといって，この全額をBに賠償させるのは，酷である。

　そこで，損害賠償の範囲について，一定の制限が設けられた。

（損害賠償の範囲）
第416条　債務の不履行に対する損害賠償の請求は，これによって通常生ずべき損害の賠償をさせることをその目的とする。
2　特別の事情によって生じた損害であっても，当事者がその事情を予見すべきであったときは，債権者は，その賠償を請求することができる。

　債務不履行による損害賠償については，
①　これによって**通常生ずべき損害**は，賠償を請求することができる。
H29-16 ②　**特別の事情**によって生じた損害であっても，当事者がその事情を**予見すべきであったとき**は，その賠償を請求することができる。

　事実的な因果関係をすべて拾っていくと，賠償の範囲が広がりすぎる。そのため，債務不履行により通常生ずるであろう損害は当然に賠償を請求できるが，特別な事情によって生ずる損害については，当事者の予見可能性を前提として，賠償を請求できるものとされた。
　このような考え方を，**相当因果関係説**という。

(2)　通常損害

H4-1 　その債務不履行によって通常生ずるであろう損害については，当然に賠償を請求することができる。

【例】　売主が売買の目的物を引き渡せなくなったので，買主が第三者から代替物を買ったときは，その購入の価格が通常損害といえる。

【例】 目利きのＢは，Ａから備前焼の皿１枚を５万円で購入する契約をした。そして，その引渡しを受ける前に，Ｂは，これをＣに６万円で転売する契約をしていた。しかし，売主Ａは，その皿をＢに引き渡さなかった。

この場合，Ｂの転売利益分は，通常損害として賠償を請求することができる（大判大10.3.30）。

(3) 特別事情による損害

債務不履行によって生じた損害のうち，特別の事情によって生じた損害については，当事者がその事情を予見すべきであったときは，債権者はその賠償を請求することができる。 H29-16

理由 特別な事情によって生じた損害であっても，当事者がその事情を予見すべきであったときは，その賠償の責任を負わせても酷ではない。

重要！

この「当事者」とは，債務者のことである。

➡ 債務者が，特別な事情について予見すべきであったときは，その事情に基づく損害の賠償の責任を負う。

・ ケーススタディの事例では，仕事を失ったことによる逸出利益や，風邪薬の代金を賠償として請求することは無理だろう。

(4) 損害賠償額の算定（基準時）

前述のとおり，損害賠償は，別段の意思表示がないときは，損害を金銭に評価して支払うという方法による（民§417）。

そうすると，損害賠償額を算定する時期（基準時）が問題となる。

➡ 引渡債務の目的である物の価格が変動する場合などは，どの時点での価格を基準とすべきか。

これは，債務不履行の種類によって異なる。

① 履行遅滞の場合→ 履行期（最判昭36.4.28）

履行遅滞によって契約が解除された場合→ 解除時（最判昭28.12.18）

② 履行不能の場合→　履行が不能になった時（大判大15.5.22）
履行不能によって契約が解除された場合→　解除時（最判昭37.7.20）

プラスアルファ

価格が継続的に上昇している場合について

【例】 Ａは，売買により（５月10日に）甲土地をＢに引き渡す債務を負っていたが，Ａは甲土地をＸに二重譲渡し，Ｘは対抗要件を備えたので，Ｂに対する甲土地の引渡しは履行不能となった。

なお，甲土地の時価の推移は以下のとおりである。

① ＡＢ間の売買契約の時点→　1,000万円
② 二重譲渡により履行が不能となった時点→　1,300万円
③ 本来の履行期である５月10日の時点→　1,500万円
④ ６月下旬の時点→　1,700万円
⑤ 現在（８月５日）→　1,900万円。

このように，目的物の価格が継続的に上昇しているという特別の事情がある場合，履行不能時において，債務者Ａがその事情を予見していた（予見することができた）場合には，債権者Ｂは，その騰貴した価格をもって損害の賠償を請求することができる（最判昭37.11.16）。

４　過失相殺

（過失相殺）
第418条　債務の不履行又はこれによる損害の発生若しくは拡大に関して債権者に過失があったときは，裁判所は，これを考慮して，損害賠償の責任及びその額を定める。

(1)　過失相殺の意義

H4-1

債務の不履行や，これによる損害の発生もしくは損害の拡大に関して**債権者にも過失がある**ときは，債務者に損害の全額の賠償をさせるのは公平に反する。そのため，このような事情があるときは，裁判所は，その事情を考慮して，損害賠償の責任や額を定めるものとされた。これを**過失相殺**という。

【例】 タクシーの乗客が，突然，車内で奇声を発し，運転手が驚いてハンドル操作を誤り，電柱に激突した。そして，乗客がけがをした。

➡ 一般的に，運転操作を誤って客にけがをさせることは，タクシー運

転手にとっての（運行契約上の）債務不履行である。

しかし，この事例では，乗客（債権者）が奇声を発したことによってハンドル操作を誤っているので，この債務不履行に関しては債権者に過失がある。

この場合は，債権者の過失を考慮して，損害賠償の責任や額が定められる。

(2) 過失相殺の効果

債務の不履行等に関して債権者に過失があるときは，裁判所は，これを考慮して，損害賠償の責任および額を定める。

ポイント

① 債務の不履行等に関して債権者に過失があるときは，裁判所は，必ず，債権者の過失を考慮することを要する（**必要的**）。

➡ 不法行為における過失相殺（民§722Ⅱ，第13章）においては，過失相殺をするかどうかは裁判所の裁量（**任意的**）である。

② 債務の不履行等に関して過失相殺をする場合，過失の程度によっては，賠償額を減額するだけでなく，賠償責任を否定することもできる。

➡ 不法行為における過失相殺においては，賠償責任の全部を否定することはできず，額を減らせるだけである。

5 金銭債務に関する特則

金銭債務について債務不履行（履行遅滞）があった場合の損害の賠償については，特則が設けられている。

理由 やはり金銭は，世の中において特殊なものである。極度の流通性，万能性という特徴があるので，損害賠償に関しても一般的な債務不履行とは別の規定を設ける必要がある。

（金銭債務の特則）

第419条　金銭の給付を目的とする債務の不履行については，その損害賠償の額は，債務者が遅滞の責任を負った最初の時点における法定利率によって定める。ただし，約定利率が法定利率を超えるときは，約定利率による。

2　前項の損害賠償については，債権者は，損害の証明をすることを要しない。

3　第1項の損害賠償については，債務者は，不可抗力をもって抗弁とすることができない。

(1)　損害賠償の額について

金銭債務について債務不履行があった場合の損害賠償の額については，当該債務について債務者が遅滞の責任を負った時の**法定利率**による。つまり，年3％の割合である。

ただし，約定利率が法定利率を超えるときは，その約定利率による。

重要！

H28-16　これは，つまり，債務不履行によって法定利率（または約定利率）以上の損害が現実に生じた場合であっても，その額の賠償を請求することができないということである。

➡　一般的な債務不履行では，通常損害は当然に，また，特別な事情がある場合は，予見可能性を証明すればその額の賠償を請求できる。

(2)　損害の証明について

金銭債務の債務不履行による損害賠償を請求する場合，債権者は，損害の証明をすることを要しない。

➡　金銭債務については，債務不履行があったら，常に利息分の損害が生じ，そして利息分以上の損害は生じないという形で画一的に処理される。

プラスアルファ

一般的な債務不履行では，損害の賠償を請求するためには，損害の発生とその額を証明する必要がある。

(3)　債務者の抗弁について

H28-16
H15-17　金銭債務の債務不履行による損害賠償については，債務者は，**不可抗力をもって抗弁とすることができない。**

つまり，債務者は，やむを得ない事情があっても免責されないということである。

➡　金銭債務について債務不履行（履行遅滞）があったら，常に利息分の損害を賠償すべきこととなる。

プラスアルファ

一般的な債務不履行では，債務者の責めに帰することができない事由によるものであるときは，損害の賠償の責任を負わない（民§415)。

6　賠償額の予定

（賠償額の予定）

第420条　当事者は，債務の不履行について損害賠償の額を予定することができる。

２　賠償額の予定は，履行の請求又は解除権の行使を妨げない。

３　違約金は，賠償額の予定と推定する。

(1)　賠償額の予定の意義

当事者は，債務の不履行について損害賠償の額を**予め定めておく**ことができる。

理由　債務不履行による損害の賠償を請求するためには，債権者は，損害の発生やその額を証明しなければならない（金銭債務の場合を除く)。これは意外と面倒であり，また，額をめぐって当事者間で紛争が生ずることもある。そこで，このような煩わしさを回避するため，損害賠償の額を予め定めることができるとされた。

(2)　賠償額の予定の効果

賠償額の予定がされた場合，債務不履行があったときは，その予定された額の損害賠償を請求することができる。

ただし，予定された額が不当に過大であるようなときは，過大な部分等について公序良俗に反して無効とされることもある。

・　賠償額の予定がされている場合でも，債権者に過失があるときは，過失相殺（民§418）により，賠償額を減額することができる（最判平6.4.21)。

(3)　違約金について

契約をするに際し，「債務不履行があった場合には違約金を支払う」という合意がされることも多い。

違約金とは，債務不履行があった際に債務者が支払う金銭のことであるが，これには，２種類ある。

① 賠償額の予定としての違約金

「違約金」という言葉を使っているが，意味するところは「賠償額の予定」と同じである，いうものである。

➡ 債務不履行があった場合，その違約金（つまり賠償額の予定）を請求することができるが，それ以外の金銭を請求することはできない。

② 違約罰としての違約金

債務不履行があった場合の罰金（つまり制裁）としての違約金である。

➡ 債務不履行があった場合，罰金としての違約金を請求することができ，その他に現実に損害が発生した場合には，その損害の賠償も請求することができる。

・ 当事者間で「違約金を支払う」という合意がされたが，その性質（賠償額の予定なのか違約罰なのか）が明らかでないときは，賠償額の予定と推定される。

4 債務不履行（損害賠償）に関するその他の論点

1 履行補助者について

履行補助者とは，債務者が債務を履行するために使用する者等をいう。

【例】 家具屋の店主Aは，Xから，キッチンテーブルの注文を受けた。そして，Aは，アルバイトのBに，テーブルの配達を頼んだ。

➡ Bは，Aの債務の履行補助者といえる。

そして，履行補助者を使って債務を履行する際に，何らかの事情で債務不履行となってしまった場合，債務者自身が債務不履行責任を負うのか否かが問題となる。

➡ 言い換えると，履行補助者の責任ということにして，債務者自身は責任を免れられるのか？

【例】 上記の事例において，アルバイトのBは，テーブルをX宅に届ける際に，不手際で，X宅の玄関を軽く破壊してしまった（不完全履行の一種）。

この場合，Aは債務不履行責任を負うのだろうか。

この事例のように，債務者の手足として履行補助者が使用されている場合には，債務者は，債務不履行の責任を負う。

債務者は，履行補助者を使うことによって利益をあげているのだから，その活動から生じた損害についても，債務者自身に帰するべきといえる。

➡「利益の帰する者に損失も帰する」（報償責任の原則）。

2　代償請求権

（代償請求権）

第422条の２　債務者が，その債務の履行が不能となったのと同一の原因により債務の目的物の代償である権利又は利益を取得したときは，債権者は，その受けた損害の額の限度において，債務者に対し，その権利の移転又はその利益の償還を請求することができる。

Ａの所有する甲建物をＢに売り渡す契約がされたが，甲建物がＢに引き渡される前に甲建物が火事になり，燃えてしまった。つまり，甲建物の引渡しの債務は，履行不能となった。

この場合に，Ａが甲建物について火災保険に入っていたため，保険金を受け取ったときは，これは甲建物の代償と考えられるので，Ｂは，Ａが得た保険金について償還（引渡し）を請求することができる。

これが代償請求権である。

公平の観念により認められた請求権である。

3　損害賠償による代位

（損害賠償による代位）

第422条　債権者が，損害賠償として，その債権の目的である物又は権利の価額の全部の支払を受けたときは，債務者は，その物又は権利について当然に債権者に代位する。

ＡとＢは，Ａの所有するビンテージギターをＢに預ける契約（寄託契約）をしたが，Ｂの保管が適当だったため，第三者にギターを盗まれてしまった。

この場合，Ｂのギター返還債務は履行不能となり，ＢはＡに対し，ギターの価額相当の損害賠償を支払った。

このように，債権者（A）が，損害賠償としてその債権の目的である物（ギター）の価額の全部の支払いを受けたときは，債務者（B）は，その物（ギター）について当然に債権者に代位する。

➡ 「債権者に代位する」とは，ギターの所有者がAからBに変わるということである。

理由　このような代位を認めないと，債権者は，ギターの所有権とギターの価額相当の損害賠償を取得できることになり，公平ではない。

＋アルファ

民法422条の「債権者に代位する」は，民法423条の「債権者代位権」とは話が違うので，注意。

➡ ちなみに，民法では，「代位」という言葉がたびたび使われる。“**ある地位に代わって入ること**”という意味では共通であるが，それぞれの場面で行使の方法，効果が異なるので，整理して押さえておく必要がある。

第４節　受領遅滞

Topics
- 受領遅滞とは，債権者が債務の履行を受けることを拒絶するようなことである。
- 受領遅滞の効果は重要なので，しっかり押さえること。

ケーススタディ

Ｂは，Ａから，中古車を購入する契約をした。そして，Ａは，約束に従い，中古車をＢ宅に届けたが，Ｂはその受領を拒んだ。

➡　どうやら，Ｂは，別の中古車店から，安くて良い中古車を買う計画をしているらしい。

この場合，Ａの地位（権利義務）はどうなるか。また，ＡはＢに対し，どういった請求をすることができるか。

1　受領遅滞の意義，要件

一般的に，債務者が債務を履行する場合，債権者の受領が必要となることが多い。

➡　物の引渡しの債務の場合は，債務者が物を提供し，債権者が受領することによって，履行が完了する。

受領遅滞とは，債務の履行につき受領その他の債権者の協力が必要な場合に，債務者が債務の本旨に従った履行の提供をしたにもかかわらず，債権者がその履行を受けることを拒み（**受領拒絶**），または履行を受けることができないために（**受領不能**），履行を完了できない状態にあることをいう。

2　受領遅滞の効果

受領遅滞は，債務者が債務の本旨に従った履行の提供をしたにもかかわらず，債権者がその受領をしない（受領できない）ことをいう。つまり，受領遅滞の効果とは，**弁済の提供の効果でもある**。

受領遅滞の効果については民法413条で，弁済の提供の効果は民法492条で定められている。

（受領遅滞）
第413条　債権者が債務の履行を受けることを拒み，又は受けることができない場合において，その債務の目的が特定物の引渡しであるときは，債務者は，履行の提供をした時からその引渡しをするまで，自己の財産に対するのと同一の注意をもって，その物を保存すれば足りる。

（弁済の提供の効果）
第492条　債務者は，弁済の提供の時から，債務を履行しないことによって生ずべき責任を免れる。

(1)　保存義務の軽減

H23-16　特定物の引渡しをすべき債務者は，その引渡しをするまで，契約その他の債権の発生原因および取引上の社会通念に照らして定まる善良な管理者の注意をもって，その物を保存しなければならないが（民§400），債権者が債務の履行を受けることを拒み，または受けることができない場合には，債務者は，履行の提供をした時から，自己の財産に対するのと同一の注意をもって，その物を保存すれば足りる。

つまり，受領遅滞によって，債務者の**保存義務が軽減**される。

(2)　履行費用（増加費用）の債権者負担

弁済の費用は債務者が負担すべきものであるが（民§485本文），債権者の受領遅滞によって，債務の履行の費用が増加したときは，その増加額は，債権者の負担とする（民§413Ⅱ）。

➡　公平の観念である。

(3)　受領遅滞中の履行不能

H23-16　債権者が債務の履行を受けることを拒み，または受けることができない場合において，履行の提供があった時以後に当事者双方の責めに帰することができない事由によって債務の履行が不能となったときは，その履行不能は，債権者の責めに帰すべき事由によるものとみなされる（民§413の２Ⅱ）。

➡　債権者は，反対給付の履行を拒むことができない（民§536Ⅱ）。

(4)　債務不履行責任の免除

債務者が債務の本旨に従った履行（弁済）の提供をしたときは，債務者は，**債務不履行の責任を免れる**。

➡　損害賠償を請求されることはない。これは当たり前である。

⑸　約定利息の発生の停止

弁済の提供をした後は，約定利息も発生しない（大判大5.4.26）。

⑹　債権者の同時履行の抗弁権の喪失

債務者が弁済の提供をしたときは，相手方（債権者）は同時履行の抗弁権（民§533）を失う。

⑺　債務者の供託権

債権者が弁済の受領を拒み，または受領することができないときは，債務者は弁済の目的物を供託して，債務を消滅させることができる（民§494）。

３　損害賠償の請求の可否

債権者の受領遅滞の状態となっている場合，債務者は，受領遅滞を理由として，債権者に損害の賠償を請求することができるのかが問題となる。

これはつまり，受領遅滞の法的性質をどのように捉えるかの問題である。 H2-11

代表的な学説は２つある。法定責任説と債務不履行説である。

⑴　法定責任説（最判昭40.12.３，通説）

債権者は，権利を有するだけであって義務は負わないから，受領義務というものはない。すなわち，受領しないことは債権者の債務不履行ではないが，一方で，きちんと履行を提供した債務者を保護する必要があるので，民法上，特別に，受領遅滞に関する効果を定めた（民§413），と考える説。

・　この説によると，受領遅滞の効果は，民法492条の弁済の提供の効果とほぼ同じということになる。債権者に受領の義務はないので，義務違反による損害賠償の請求ということもない。

⑵　債務不履行説

債権者と債務者は，信義則に従って互いに給付の実現のために協力すべき関係にあるため，債権者は一般的に受領の義務を負う。したがって，債権者が受領しないことは，一種の債務不履行ということができる，と考える説。

・　この説によると，債務者は，債権者に対し，債務不履行による損害賠償の請求をすることができることになる。

第3章
債務者の責任財産の保全

第1節　総　説

Topics ・債務者の責任財産の意義，債権者平等の原則を理解すること。債権者平等の原則は，試験で直接に問われるものではないが，大変に重要な原則である。

1　債務者の責任財産の意義

債務者が金銭債務を履行しなかった場合，債権者は，（裁判等の手続を経た上で）最終的に，債務者のいろいろな財産（一般財産）を差し押さえ，これを競売してお金に換えて，債権を回収することができる。

・　物の引渡しの債権なども，債務不履行があれば損害賠償債権，つまり金銭債権になるので，この場合には最終的に債務者の一般財産から債権を回収することになる。

債務者は，その一般財産をもって債権者に責任を負っているといえるので，債務者の一般財産のことを**責任財産**と呼んだりもする。

2　債権者平等の原則

ケーススタディ

Aは，XやYやZに対して債務を負担している。負担している債務の額は，Xに対して200万円，Yに対して400万円，Zに対して800万円である。しかし，Aが持っている総財産（責任財産）は，700万円しかない。

XやYやZは，どれだけの額の弁済を受けることができるのか。

仮に，Aの責任財産が1,400万円以上あれば，X，Y，Zの３人は，債権の全額の弁済を受けることができる（全員が満足できる）。しかし，残念ながら，Aの責任財産はその半分である700万円しかない。

この場合，700万円の責任財産をどのように分配するのかが問題となる。

➡　債権の成立が早いものから分配されるのか，差押えの手続が早かった人から分配されるのか，腕力が強い人が好きなだけとれるのか，各債権額の割合に応じて平等に分配されるのか。

結論としては，各債権者は，**その債権額の割合に応じて**弁済を受けることになる。

➡　ケーススタディの事例では，Ｘ，Ｙ，Ｚの債権額の割合は，１：２：４であるので，責任財産700万円をこの割合で分けると，Ｘが100万円，Ｙが200万円，Ｚが400万円の弁済を受けることになる。

このように，債権の発生の時期などにかかわらず，各債権は，その額の割合に応じて平等に扱われることを，**債権者平等の原則**という。

アルファ

ある債権者が，他の債権者に優先して弁済を受けたい場合には，債務者の特定の財産に担保権（抵当権など）を設定してもらうという方法がある。

3　債務者の責任財産の保全の必要性

債権者は，最終的に，債務者の責任財産から債権の回収を図ることになるので，債権者にとって債務者の責任財産は大変に重要である。

そこで，債務者が，責任財産の減少（のおそれ）を放置していたり，また，責任財産を積極的に減少させるような行為をしている場合，債権者は，一定の要件のもと，そのような状態（行為）を阻止することが認められている。

➡　責任財産の保全である。

具体的には，以下の２つの方法がある。

①　債務者が，自ら有する権利を行使しないためにその責任財産が減少してしまうことを防止する方法

➡　**債権者代位権**

②　債務者が，責任財産を積極的に減少させる行為をした場合に，それを取り消し，財産を取り戻す方法

➡　**詐害行為取消権**

以下，節を分けて，この２つの方法を解説する。

プラス アルファ

債権とは，本来，債権者が債務者に対して給付を請求する権利であり，債務者以外の第三者に効力が及ぶものではない。

しかし，債務者の責任財産を保全する必要性がある場合は，一定の要件のもと，債権者代位権や詐害行為取消権という形で，第三者に効力を及ぼすこと（**債権の対外的効力**）が認められている。

第2節　債権者代位権

Topics
・債権者代位権は，頻出の論点の１つである。民法だけでなく，不動産登記法でも出題される。
・その意義，要件，効果，転用といった論点を，しっかり押さえること。

1　債権者代位権の意義，要件

ケーススタディ

XはAに対して200万円を貸している。その弁済期がきたが，Aは手元に現金がなく，弁済してくれない。ちなみに，Aは，Bに対して300万円の売買代金債権を有しているが，他に財産はない。

➡　Aは，Bから300万円の支払いを受けて，そのうちの200万円をXに弁済すればいいのだが，「どうせBから支払いを受けても，200万はXにとられるのだから，どうでもいいや」といった雰囲気で，Bから取り立てようとしない。

Xは，自分の債権を回収するために，どのような手段をとることができるか。

貸金債権　　　代金債権
X ──→ A ──→ B

1　債権者代位権の意義

（債権者代位権の要件）
第423条　債権者は，自己の債権を保全するため必要があるときは，債務者に属する権利（以下「被代位権利」という。）を行使することができる。ただし，債務者の一身に専属する権利及び差押えを禁じられた権利は，この限りでない。

債権者代位権とは，債務者が，その有する権利を自ら行使しない場合に，債権者が，自己の債権を保全するために，債務者に代わって，債務者に属する権利（被代位権利）を行使することができる権利である。

【例】 ケーススタディの事例に当てはめると，債務者（A）が，その有する権利（Bに対する300万円の売買代金債権）を自ら行使しない場合に，債権者（X）が，自己の債権（200万円の貸金債権）を保全するために，債務者（A）に代わって，債務者に属する権利を行使する（Bに対して売買代金を請求する）ことができる。

➡ Xが，Aに代わって，Bに対して売買代金を請求し，Bから200万円を受け取れば，Xは自分の債権を回収することができる。

プラスアルファ

ちなみに，本来的には，XがBから売買代金の支払いを受けたときは，これをAに返還し，Aの責任財産とした上で，強制執行手続によって，Xは200万円の配当を受けるべきである。しかし，実際には，後述するように，XがBから受け取った200万円を自分のフトコロに入れる形で，200万円を回収することが認められている。

➡ XのAに対する200万円の貸金債権と，XのAに対する200万円の返還の債務を相殺する形である。

・ 債権者が債務者に対して有する債権（保全されるべき債権）を，**被保全債権**という。

➡ ケーススタディの事例だと，XのAに対する貸金債権。

・ 債権者によって代位行使される債務者の権利を，**被代位権利**という。

➡ ケーススタディの事例だと，AのBに対する売買代金債権。

・ 被代位権利の債務者を，**第三債務者**という。

➡ ケーススタディの事例だと，Bが第三債務者。

2　債権者代位権の要件

債権者代位権を行使するためには，以下の要件を満たしている必要がある。

(1) 債権者が，自己の債権を保全する必要があること
(2) 債務者が，被代位権利を行使していないこと
(3) 被保全債権の弁済期が到来していること（保存行為をする場合を除く）
(4) 被保全債権が，強制執行により実現することができないものでないこと

(1) 債権者が，自己の債権を保全する必要があること

債権者が，自己の債権を保全する必要性がある場合に，債権者代位権を行使することができる。

➡ 無条件に債務者の権利を代位行使することはできない。債務者の権利は，まさに債務者自身の権利であるから，基本的に他人が介入すべきではなく，"保全の必要性"がある場合に限り代位行使が認められる。

保全の必要性とは，債権者が債務者に代わって被代位権利を行使しなければ，債務者の責任財産が減少し，債権者が弁済を受けられなくなってしまうことをいう。つまり，債務者に弁済の資力がないことである（**無資力要件**。最判昭40.10.12）。 H12-7

➡ 債務者に弁済の資力があれば，普通に債務者の責任財産から弁済を受ければ（強制執行をすれば）いいので，債務者の権利を代位行使する必要はない。

そして，被保全債権は，**原則として金銭債権**とされている。

➡ 被保全債権が金銭債権の場合は，債務者のあらゆる責任財産に強制執行をすることができるので，"債務者の責任財産を保全するため"という債権者代位権の本来の制度趣旨に合致する。

一方，金銭債権以外の債権（特定の物の給付を求める債権等）の場合は，債権者は，その特定の物の給付を求めることができるだけであり，債務者の他の責任財産に強制執行をすることはできないので，債権者代位権の本来の制度趣旨とは合致しないといえる。

・ ただし，金銭債権以外の債権を被保全債権として，債権者代位権を行使することができる場合もある（民§423の７）。

➡ いわゆる債権者代位権の「転用」である。

➡ この場合は，債務者の無資力要件は不要である。

(2) 債務者が，被代位権利を行使していないこと

債権者代位権は，債務者が権利を行使しないためその責任財産が減少してしまうおそれがある場合に，これを保全するために行使するものである。

そのため，債務者が自ら権利を行使した後は，その権利の行使の方法や結果の良否にかかわらず，債権者は重ねてその権利を行使することができない（最判昭28.12.14）。 H29-17

H26-16 ### (3) 被保全債権の弁済期が到来していること（保存行為をする場合を除く）

債権者は，その債権（被保全債権）の弁済期が到来しない間は，債権者代位権を行使することができない（民§423Ⅱ）。

理由　自らの債権の弁済期が到来しない間に，債務者の財産に介入するのは適切といえない。

・　ただし，保存行為については，被保全債権について弁済期が到来していない間でも，債権者が代位して行使することができる。

➡　保存行為とは，債務者の財産の減少を防止し，現状を維持する行為である。このような保存行為は，急を要することが多いし，また，債務者に特段の不利益が及ぶこともない。

【例】　債権者Xは債務者Aに対して貸金債権を有しており，債務者Aは第三債務者Bに対して売買代金債権を有している。

そして，AのBに対する売買代金債権について消滅時効が完成しそうなときは，Xの貸金債権について弁済期が到来していなくても，XはAに代位して，時効の完成を阻止する手続をとることができる。

プラス アルファ

被保全債権は，債権者代位権を行使する時に存在していれば足りる。被代位権利より前に被保全債権が成立している必要はない（最判昭33.7.15）。

➡　後述する「詐害行為取消権」の場合とは異なる。

(4) 被保全債権が，強制執行により実現することができないものでないこと

被保全債権が，強制執行により実現することができないものであるときは，債権者は，被代位権利を行使することができない（民§423Ⅲ）。

理由　債権者代位権は，債務者の責任財産を保全して，強制執行の準備をするために行使するものである。そのため，強制執行をすることができない債権（いわゆる自然債務など）を被保全債権として，債権者代位権の行使を認めることは適切でない(意味がない)。

3　被代位権利（債務者に属する権利）に関する要件

基本的に，債務者に属するあらゆる権利が代位行使の対象となる。

➡　債権に限られるわけではない。

判例で認められたものを掲げる。

- 相殺権（大判昭8.5.30）
- 登記請求権（大判明43.7.6）
- 妨害排除請求権（最判昭39.10.15）
- 錯誤の主張（最判昭45.3.26）
- 消滅時効の援用権（最判昭43.9.26）
- （第三者のためにする契約に関する）受益の意思表示（大判昭16.9.30）
- 契約の取消権，解除権（大判大8.2.8）
- 債権者代位権（大判昭5.7.14）

➡ 債権者代位権を，さらに代位することができる。

【例】 XはAに対して100万円の貸金債権を有している。一方，YもAに対して貸金債権を有している。ちなみに，Aは無資力である。 H17-17

そして，YのAに対する貸金債権は，消滅時効が完成したが，Aは消滅時効を援用しない。

➡ 債権者Xは，債務者Aに代位して，YのAに対する債権について消滅時効を援用することができる。

ただし，以下のような権利については，代位行使をすることができない（民§423Ⅰただし書）。

(1) 債務者の一身に専属する権利
(2) 差押えを禁じられた権利

(1) 債務者の一身に専属する権利

債務者の一身に専属する権利については，債権者は代位して行使することができない。

ここにいう「一身専属権」とは，その権利を行使するかどうかを債務者自身の意思に任せるべき権利（行使上の一身専属権）をいう。

- 身分法上の権利については，他人が代わって行使すべきものではなく，債務者自身の意思が尊重されるべきであるので，基本的に代位行使が否定される。

【例】 離婚請求権（民§770），嫡出否認権（民§774），認知請求権（民§787）などは，代位行使が否定される。

H17-17
H12-7

① 離婚による財産分与の請求権（民§768）は，協議あるいは審判等により，具体的な内容が形成されるまでは，その内容・範囲が不明確であるから，この財産分与請求権を保全するために債権者代位権を行使することはできない（最判昭55.7.11）。

ただし，当事者間において，具体的な額が客観的に確定したときは，債権者代位権を行使することができる（最判昭58.10.6）。

② 慰謝料請求権は，基本的に債権者代位権の目的とならないが，加害者と被害者の間で一定額の慰謝料を支払うことが合意されたような場合は，債権者代位権の目的となる（最判昭58.10.6）。

⑵ 差押えを禁じられた権利

差押えが禁じられた権利について，債権者は代位して行使することができない。

理由 債権者代位権は，債務者の責任財産を保全して，強制執行（差押え）の準備をするために行使するものである。そのため，差押えが禁じられた権利については，債権者代位権を行使する意味がない。

【例】 生活保護法による受給権は差し押さえることができないので（生活保護§58），債権者は，債務者に代位してこれを行使することはできない。

・ 給料債権は，一定の割合以上は差し押さえることができない（民執§152Ⅰ）。

2 債権者代位権の行使

1 行使の方法

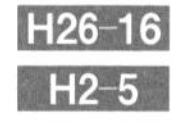

債権者代位権は，裁判によって行使する必要はなく，裁判外でも行使することができる。

訴えによって債権者代位権を行使したときは，債権者は，遅滞なく，債務者に対し，訴訟告知をすることを要する（民§423の６）。

➡ 債権者が，訴えによって債務者の権利を代位行使した場合，その判決の効力は，債務者にも及ぶ（大判昭15.3.15）。そのため，債務者に，その訴訟手続に関与する機会を与える必要がある。

・ 債権者代位権は，債権者が，自己の名で行使するものである。
  ➡ 債務者の代理人という立場ではない。

2　代位行使の範囲

債権者が債務者に代位して権利を行使する場合，その権利の目的が可分であるときは，債権者は，**自己の債権の額の限度においてのみ**，その権利を行使することができる（民§423の２）。 H26-16 H6-8 H2-5

【例】 ＸはＡに対して200万円の貸金債権を有しており，ＡはＢに対して300万円の売買代金債権を有している。そして，Ａが無資力であるため，ＸがＡに代位して，Ｂに対して売買代金の支払いを請求する場合，Ｘの債権の額（200万円）の限度で，Ｂに請求することができる。

➡ 売買代金の全額（300万円）の支払いを請求することはできない。

理由　債権者としては，自分の債権額の分だけ受領して，これを自分の債権の弁済に充てれば十分であるので，それ以上の権利の行使を認める必要はない。

3　直接の引渡しの請求の可否

債務者の有する権利が，金銭の支払いや動産の引渡しを目的とするものであるときは，その権利を代位行使する債権者は，相手方（第三債務者）に対し，**直接自己への支払いまたは引渡しを求めることができる**（民§423の３）。 H29-17 H17-17 H6-8 H2-5

理由　債権者は債務者の権利を行使するのだから，本来的には，債務者が受領して，債務者の責任財産とすべきである。

しかし，そうすると，債務者が任意に受領をしないときに困る。また，債権者が直接受領して，それを自分の債権の弁済に充てることができれば，便利である。

そのようなことから，債権者が直接支払いや引渡しを受けることが認められた。

4　代位権が行使された場合の効果

債権者代位権は，債権者が，債務者の権利を代わって行使するものであるので，その効果は，債務者に帰属する。

そのため，債権者が相手方（第三債務者）から受け取った金銭や物については，債務者に返還する必要があり，債務者の責任財産となる。

その上で，債権者は，債務者の責任財産に対して強制執行をすることになる。

➡　これが本来の姿である。

H27-18
H6-8

ただし，債権者が，第三債務者から金銭の支払いを受けた場合には，これを債務者に返還する債務と，自分が債務者に対して有する債権を相殺（民§505）することにより，事実上独占的に（他の債権者に優先して）その金銭を自己の債権の弁済に充てることができる。

H21-5
H2-5

・　債権者代位権が行使された場合，被代位権利（債務者の第三債務者に対する債権）については消滅時効の完成が猶予されるが（民§147，150，大判昭15.3.15），被保全債権（債権者の債務者に対する債権）については消滅時効の完成は猶予されない。

➡　被保全債権が行使されたわけではないから。

5　相手方（第三債務者）の地位

債権者が被代位権利を行使したときは，相手方は，債務者に対して主張することができる抗弁をもって，債権者に対抗することができる（民§423の４）。

➡　ある意味当たり前である。

【例】　ＸはＡに対して貸金債権を有しており，ＡはＢに対して売買代金債権を有している。なお，ＡはＢに対して売買の目的物を提供していないので，ＢはＡに対して同時履行の抗弁権（民§533）を有している。

そして，ＸがＡに代位して，Ｂに対して売買代金の支払いを請求した場合，Ｂは，「同時履行の抗弁権があるのでまだ支払いません」と主張することができる。

6　債務者の地位

H29-17

債権者が被代位権利を行使した場合であっても，債務者は，被代位権利について，自ら取立てその他の処分をすることができる（民§423の５）。

➡　相手方も，被代位権利について，債務者に対して履行をすることができる。

債権者が債務者の権利を代位行使したからといって，債務者自身が取立てその他の処分をすることができなくなるとすると，債務者の地位は著しく不安定になるといえる。

3　債権者代位権の転用

1　債権者代位権の転用とは

前述のとおり，債権者代位権は，債務者の責任財産を保全し，強制執行の準備とするために行使するものである。すなわち，被保全債権は，金銭債権に限られるはずである。

債権者代位権の転用とは，金銭債権以外の債権を保全するため，債権者が債務者の権利を代わって行使することである。

> （登記又は登録の請求権を保全するための債権者代位権）
> **第423条の7**　登記又は登録をしなければ権利の得喪及び変更を第三者に対抗することができない財産を譲り受けた者は，その譲渡人が第三者に対して有する登記手続又は登録手続をすべきことを請求する権利を行使しないときは，その権利を行使することができる。この場合においては，前三条の規定を準用する。

「登記又は登録をしなければ権利の得喪及び変更を第三者に対抗することができない財産を譲り受けた者」とは，**不動産に関する物権**（所有権等）を取得した者等である。

➡　Aの所有する甲土地をXが買い受けた場合，AからXへの「所有権の移転の登記」をしなければ，Xは，甲土地の所有権を取得したことを第三者に主張することができない（民§177）。

【例】　BはAに対して，甲土地を売り渡した。しかし，まだ，所有権が移転した旨の登記はされていない。その後，Aは，Xに対して甲土地を売り渡した。

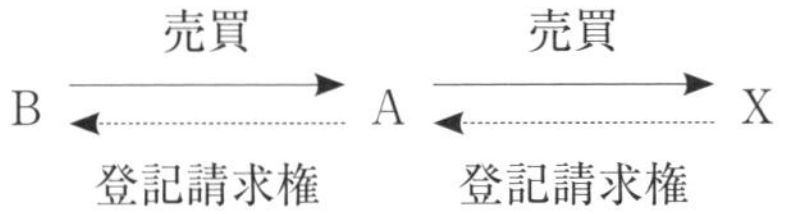

Xとしては，登記をしなければ甲土地を取得したことを第三者に主張できないので，早くBからAへの所有権の移転の登記とAからXへの所有権の移転の登記をしてほしいのだが，Aはその手続に協力しない。

➡　Aとしては，Xに転売したので，もうどうでもいいやという気持ち。

この場合，AはBに対して所有権の移転の登記の請求権という債権（**登記請求権**）を有しており（民§560），XもAに対して同様の登記請求権を有している。

H17-17　そして，Xは，Aに対する所有権の移転の登記の請求権を保全するため，Aに代位して，Bに対して（**BからAへの**）所有権の移転の登記を請求することができる（大判明36.7.6）。

H6-8　・　上記の事例において，XはBに対して，“**BからXへの**”所有権の移転の登記を請求することはできない。

➡　権利変動の流れのとおり，BからA，AからXへの所有権の移転の登記をすべきである。

重要！

債権者代位権の転用は，金銭債権ではない特定の債権を保全するものであるという性質上，債務者が無資力であることは要求されない。

➡　上記の事例では，Xとしては，とにかく甲土地について所有権の移転の登記をしてもらいたい。Aが大金持ちであっても，甲土地について登記をしてくれなければ，Xの権利は実現されない。そのため，Aが無資力でなくても，Xは債権者代位権を行使することができる。

2　債権者代位権の転用の具体例

(1)　土地の賃借人の建物買取請求権について

H29-17
H22-16
Bの所有する甲土地について，建物の所有を目的としてAが賃借した。そして，Aは，甲土地上に乙建物を建築し，Aは乙建物をXに賃貸した。その後，B・A間の甲土地の賃貸借が期間の満了により終了し，更新はされなかった。

この場合，Xは，乙建物の賃借権を保全するため，AのBに対する乙建物の買取請求権（借地借家§13）を代位行使することはできない（最判昭38.4.23，同昭55.10.28）。

(2) 債権譲渡の通知について

債権の譲渡がされたときは，譲渡人から債務者に対して債権譲渡の旨を通知しなければ（または債務者が承諾しなければ），債務者その他の第三者に対抗することができないが（民§467Ⅰ），譲渡人がこの通知をしない場合でも，譲受人は譲渡人に代位して，債務者に対して債権譲渡の通知をすることはできない（大判昭5.10.10）。 H29-17

(3) 金銭債権の保全であるが特殊な場合

Mの所有する甲土地を，Aに売り渡す契約がされた。しかし，所有権の移転の登記や売買代金の支払いがされる前にMが死亡し，XとBがMを相続した。 H22-16 H12-7

Xは，Aに対して所有権の移転の登記をして，Aから売買代金を受け取りたいと思っているが，他の相続人Bは所有権の移転の登記の手続に協力しなかった。そのため，Aは同時履行の抗弁権を主張して（民§533），代金の支払いを拒絶した。

Xとしては，登記の手続に協力してAの同時履行の抗弁権を喪失させて，売買代金の支払いを受けたい。そこで，Xは，売買代金債権を保全するため，債務者である買主Aに代位して，Bに対して所有権の移転の登記の請求権を行使することができる（最判昭50.3.6）。

➡ これは，Xの金銭債権を保全する場合であるが，債務者Aの資力に関係なく（無資力でなくても），登記請求権を代位行使することができる。かなり特殊な事例である。

第3節　詐害行為取消権

Topics
・詐害行為取消権も，ちょこちょこ出題される。不動産登記法での出題もある。
・要件，効果についてたくさんの論点がある。少し面倒だが，条文をしっかりと押さえる必要がある。

1　詐害行為取消権の意義・要件

ケーススタディ

XはAに対し，50万円を貸した。Aは時価100万円相当の高級腕時計を所有しているので，返済がないときは，Xはその腕時計を差し押さえて，競売して50万円を回収できるだろうと考えている。

しかし，後日，Aは，この腕時計をBに贈与してしまった。これによりAはまったく財産がない状態（無資力）となり，Xは途方に暮れた。

Xは，債権の回収を諦めるしかないのだろうか。

1　詐害行為取消請求の意義

(1)　意　義

（詐害行為取消請求）

第424条　債権者は，債務者が債権者を害することを知ってした行為の取消しを裁判所に請求することができる。ただし，その行為によって利益を受けた者（以下この款において「受益者」という。）がその行為の時において債権者を害することを知らなかったときは，この限りでない。

債務者が，債権者を害することを知って（財産権を目的とした）行為をした場合，債権者は，**その取消しを裁判所に請求することができる。**

【例】　ケーススタディの事例では，債務者Aは，Xに債務を負担しているにもかかわらず，唯一の資産である腕時計をBに贈与している。これによりAは無資力となり，Xは貸金の返済を受けることができなくなった。
これはいかにも不当である。

そこで，債務者（A）が，債権者（X）を害することを知ってした行為（借金の返済ができなくなることを知ってした行為）について，一定の要件のもと，債権者は，その取消しを裁判所に請求することができるとされた。

これが**詐害行為取消請求**である。

この取消しにより，いったん債務者の手から離れた財産が，債務者のもとに戻る（責任財産となる）。そして，債権者はこの財産に対して強制執行をして，債権の回収を図ることができる。

➡ 詐害行為取消請求は，**債務者の責任財産を保全するための制度**である。

【例】 ケーススタディの事例では，債権者Xは，A・B間の腕時計の贈与契約を（裁判所に請求して）取り消して，腕時計を取り戻し，この腕時計を競売して50万円の債権を回収することができる。

重要!

詐害行為取消請求は，債務者の責任財産を保全する制度であるという性質上，被保全債権（債権者の有する債権）は，金銭債権に限られる。

理由 金銭債権を有する者は，債務者のあらゆる責任財産について強制執行をして（競売してお金に換えて），債権の回収を図ることができる。他方，金銭債権以外の特定の債権を有する者は，その特定された対象のみが目的であり，他の債務者の財産は関係ないので，債務者の責任財産を保全するという詐害行為取消請求の制度に馴染まない。

・ もともとは非金銭債権であっても，債務不履行によって損害賠償債権（つまり金銭債権）になっていれば，これを保全するために詐害行為取消請求をすることができる。

(2) 受益者と転得者

債務者のした行為（詐害行為）の相手方であり，それによって利益を受けた者を**受益者**という。

【例】 ケーススタディの事例では，債務者（A）のした詐害行為（贈与契約）の相手方であり，これによって利益を受けた（腕時計を取得した）

Bが受益者である。

そして，受益者から詐害行為の目的物を取得した者を**転得者**という。

【例】 ケーススタディの事例において，受益者Bが，Aから贈与を受けた腕時計をCに売り渡した場合，Cが転得者である。

➡ 一定の要件を満たしたときは，債権者Xは，Cに対して詐害行為取消請求をし，Cから腕時計を取り戻すことができる（後述）。

2　詐害行為取消請求の要件（総説）

債権者が詐害行為取消請求をするための要件は，いくつかある。

➡ 詐害行為取消請求は，いったん成立した契約等を取り消すという強い効果があるので，要件がしっかりと定められている。

（詐害行為取消請求）

第424条　債権者は，債務者が債権者を害することを知ってした行為の取消しを裁判所に請求することができる。ただし，その行為によって利益を受けた者（以下この款において「受益者」という。）がその行為の時において債権者を害することを知らなかったときは，この限りでない。

2　前項の規定は，財産権を目的としない行為については，適用しない。

3　債権者は，その債権が第１項に規定する行為の前の原因に基づいて生じたものである場合に限り，同項の規定による請求（以下「詐害行為取消請求」という。）をすることができる。

4　債権者は，その債権が強制執行により実現することのできないものであるときは，詐害行為取消請求をすることができない。

・ 債務者が，債権者を害する行為（詐害行為）をしたこと。
・ 財産権を目的とした行為であること。
・ 債務者が，（その行為が）債権者を害することを知っていたこと。
・ 受益者（転得者）が，その行為の時において債権者を害することを知っていたこと。
・ 債権者の有する債権が，債務者の行為より前の原因に基づいて生じたものであること。
・ 債権者の有する債権が，強制執行により実現することのできないものでないこと。

以下，これらの要件を解説する。

3　債務者が，債権者を害する行為（詐害行為）をしたこと（客観的要件）

(1)　債権者を害する行為（詐害行為）

「債権者を害する」とは，その行為によって，債権者が十分な満足を得られなくなるようなことをいう。

つまり，その行為によって，**債務者が無資力となること**である。

【例】　ケーススタディの事例では，債務者Aは，自分が持っている唯一の資産である腕時計を，Bに贈与している。これによりAは無資力となり，債権者Xに弁済をすることができなくなった。

まさに，この贈与は，債権者を害する行為といえる。

・　債務者が，ある財産を第三者に贈与した場合でも，他に責任財産がある場合には，その贈与は「債権者を害する」行為とはならない。

・　贈与だけでなく，不当に安い価格で財産を売却した場合も，詐害行為となり得る。

・　贈与等の契約だけでなく，債務の免除といった単独行為，また弁済，消滅時効の更新事由としての債務の承認等も，詐害行為となり得る。
➡　つまり，法律行為に限られない。
→　弁済については後述。

(2)　相当の対価を得てした財産の処分

債務者が，**相当の対価を得て**財産を処分した場合は，責任財産の総額に（ほぼ）変動がないので，原則として詐害行為とはならないが，債権者を害するといえる一定の要件を満たした場合には，詐害行為となり得る。

具体的には，以下の①から③までの要件を満たした場合である（民§424の2）。

①　その行為が，不動産の金銭への換価等，債務者において**隠匿等の処分をするおそれ**を現に生じさせるものであること。
➡　債務者が不動産を売却して，金銭に換えるような行為である。

債務者が不動産を所有している場合，それを隠すことは難しい。まさに不動産のものとしてそこに存在している。債権者としても，強制執行をしやすいといえる。

一方，不動産を売却して金銭に換えると，いくらでも隠せる。また，簡単に消費することができる。つまり，債権者にとって，満足な強制執行をすることが難しくなる。

そのため，相当の対価を得ていても，不動産→金銭への換価のような場合には，詐害行為となり得る。

② 債務者が，その行為の当時，対価として取得した金銭等について，隠匿等の処分をする意思を有していたこと。

③ 受益者が，その行為の当時，債務者が隠匿等の処分をする意思を有していたことを知っていたこと。

➡ 不動産等の買主が，売買契約の当時，「売主はこの売買代金を隠して債権者に取られないようにするつもりだ」ということを知っていたこと。

この3つの要件を満たした場合は，債務者が相当の対価を取得していたとしても，債権者は，その行為の取消しを請求することができる。

(3) 特定の債権者に対する弁済や担保の供与

① 総　説

債務者が，弁済期に債務を弁済することは，通常の行為である。

➡ 通常というか，義務的な行為である。

確かに，弁済をすることによって，債務者の手元にある財産は減るかもしれないが，債務も消滅するので，±ゼロである。そのため，弁済期にある債務を弁済することは，原則として詐害行為とはならず，他の債権者はその取消しを請求することはできない。

プラスアルファ

特定の債権者を利する行為のことを「偏頗行為（へんぱこうい）」という。

H30-16　ただし，弁済等の債務の消滅に関する行為であっても，**通常の弁済とはいえないような一定の要件**を満たす場合には，詐害行為となり，他の債権者はその取消しを請求することができる。

具体的には，以下の㋐および㋑の要件を満たした場合である。

㋐　その行為が，**債務者が支払不能の時に**行われたものであること（民§424の３Ⅰ①）。

債務者にほとんどお金がなくてお手上げ状態（すべての債権者に弁済することが無理な状態）の時に，特定の債権者に対してのみ債務の弁済をした，ということ。

㋑　その行為が，債務者と受益者とが**通謀して**他の債権者を害する意図をもって行われたものであること（同Ⅰ②）。

この㋐と㋑の要件を満たしている場合には，他の債権者は，弁済等の債務の消滅に関する行為や担保の供与の取消しを請求することができる。

・　債務の弁済だけでなく，既存の債務を担保するために特定の債権者に担保を供与することも，同様である。 H14-16

②　その弁済等の行為が，債務者の義務に属せず，またはその時期が債務者の義務に属しないものである場合

➡　債務の消滅等に関する行為が，「債務者の義務に属せず」とは，代物弁済をするような場合の話である。

また，「その時期が債務者の義務に属しない」とは，弁済期が到来する前に弁済をする場合の話である。

具体的には，以下の㋐および㋑の要件を満たした場合は，詐害行為取消請求をすることができる。

㋐　その行為が，債務者が支払不能になる前30日以内に行われたものであること（民§424の３Ⅱ①）。

支払不能に陥る直前に，特定の債権者に（弁済期が未到来な債権について）弁済をしたこと，である。

➡　弁済期の前であれば，債務者は，債務の弁済をする必要はない。なのに，「もうすぐ支払不能になりそうだ」ということで，特定の債権者に対して弁済期未到来の債務を弁済することがある。

【例】　Ａは，Ｘなど複数の者からお金を借りている。なお，Ｘの債権については，まだ弁済期は到来していない。

Ａは，何とか踏みとどまってきたが，今月末には支払不能になるこ

とが確実である。そこで，昔から世話になっている（今後も世話になるつもりの）Ｘに損をさせないように，Ｘに対し，弁済期がまだ到来していない債務について弁済をした。

そしてその10日後，Ａは支払不能となった。

㋑　その行為が，債務者と受益者とが通謀して他の債権者を害する意図をもって行われたものであること（同Ⅱ②）。

この㋐と㋑の要件を満たしている場合には，他の債権者は，（債務者の義務に属しない）弁済等の債務の消滅に関する行為や担保の供与の取消しを請求することができる。

(4)　過大な代物弁済等

代物弁済とは，本来の給付に代えて，他の給付をすることによって債務を消滅させることである（民§482）。

【例】　ＡはＸに対して1,000万円の借入金債務を負担している。この債務の弁済期が到来したが，Ａの手元には現金（預貯金）がなく，今すぐ金銭で支払うことができない。ただ，Ａは，市場価格1,000万円程度の土地を所有していたので，この土地をもって代物弁済することとした。

これにより，土地の所有権はＸに移転し，ＡのＸに対する債務は消滅する。

➡　この事例では，ＡのＸに対する債務が1,000万円，代物弁済の目的とされた土地の市場価格もだいたい1,000万円なので，問題ない。

上記のように，代物弁済の目的とされた財産の価額と，消滅する債務の額とが釣り合っていれば，特に問題はないが，消滅する債務の額に比べて代物弁済の目的とされた財産の価額が過大である場合には，債務者の責任財産が不当に減少することになるといえる。

【例】　上記の事例において，代物弁済の目的とされた土地の市場価格が3,000万円であったものとする。

➡　土地の価額は約3,000万円であり，これによって消滅する債務の額は1,000万円である。つまり，差し引きＸは2,000万円の得をする（Ａは2,000万円の損をする）。

➡　Ａの責任財産が約2,000万円減ってしまう。

これは，代物弁済という名を借りた責任財産の減少行為である。

したがって，このような過大な代物弁済等がされた場合には，過大な部分（消滅する債務の額に相当する部分以外の部分）について，他の債権者は取消しを請求することができる（民§424の４）。

（過大な代物弁済等の特則）
第424条の４　債務者がした債務の消滅に関する行為であって，受益者の受けた給付の価額がその行為によって消滅した債務の額より過大であるものについて，第424条に規定する要件に該当するときは，債権者は，前条第１項の規定にかかわらず，その消滅した債務の額に相当する部分以外の部分については，詐害行為取消請求をすることができる。

重要！

この過大な部分の取消しについては，債務者と受益者が通謀して他の債権者を害する意図を持っていることは必要ない。通常の詐害行為取消請求の要件（債権者を害することを知っていること）で足りる。

【例】　上記の事例では，Ａに対する他の債権者であるＹは，2,000万円の部分について，取消しを請求することができる。

プラスアルファ

代物弁済は，「債務の消滅に関する行為」であるから，前記 (3) ②の規定が適用される。

したがって，債務者が支払不能となる直前に，相手方と通謀した上で，他の債権者を害する意図で代物弁済をしたときは，他の債権者は，その代物弁済の全部の取消しを請求することができる。

4　財産権を目的とした行為であること

債務者がした行為であっても，財産権を目的としない行為については，債権者は，詐害行為として取消しを請求することができない。

理由　詐害行為取消請求は，債務者の責任財産を保全し，債権者の債権を保護するための制度であるという性質上，財産権を目的としない行為については取消しを認めるべきではない。

身分法上の行為については，個人の意思を最大限に尊重すべきであるので，基本的に，債権者はその行為を取り消すことができない。

【例】 婚姻，離婚，縁組などの行為は，取消しの対象とならない。

H11-7
・ 離婚に際しての財産分与は，民法768条3項の趣旨に反して不当に過大であり，財産分与の名を借りた財産の処分行為であると認められるような特段の事情のない限り，詐害行為取消請求の対象とはならない（最判昭58.12.19）。

H20-18
・ 遺産分割協議は，相続財産の帰属を決定させる手続であるという性質上，財産権を目的とした行為ということができ，詐害行為取消請求の対象となる（最判平11.6.11）。

・ 相続の放棄は，財産を積極的に減少させる行為というより，消極的にその増加を妨げる行為に過ぎず，また相続の承認や放棄といった身分行為については，他人が強制すべきではないので，詐害行為取消請求の対象とはならない（最判昭49.9.20）。

5 債務者が，（その行為が）債権者を害することを知っていたこと（主観的要件）

債権者が取消しを請求することができるのは，債務者が，債権者を害することを知ってした行為である。

債務者が，自分の財産を減少させる行為をした場合でも，それによって債権者が害される（債権者が弁済を受けられない）ことを知らなかった場合には，債権者は，その取消しを請求することができない。

・ （一般的な詐害行為取消請求の場合）債権者を害してやろうという積極的な害意は不要である。

6 受益者（転得者）が，その行為の時において債権者を害することを知っていたこと

(1) 受益者に対する詐害行為取消請求

H2-10
債務者が，債権者を害することを知って行為をした場合でも，その利益を受けた者（受益者）が，その行為の時において債権者を害することを知らなかったときは，債権者は，その取消しを請求することができない。

【例】　Xに対して債務を負担しているAは，その有する唯一の資産である高級腕時計を，Bに贈与した。債務者Aは，この贈与によって債権者を害する（無資力となって弁済できない）ことを知っていたが，受益者であるBは，そのような事情をまったく知らなかった（善意）。

➡　債権者Xは，A・B間の腕時計の贈与契約の取消しを請求することができない。

理由　債権者を害することを知らなかったのに，後になって契約が取り消されるのは，不当である。

(2)　転得者に対する詐害行為取消請求

受益者から財産を転得した者（転得者）がある場合，債権者は，一定の要件のもと，**転得者（再転得者）に対して**詐害行為取消請求をすることができる。

（転得者に対する詐害行為取消請求）

第424条の5　債権者は，受益者に対して詐害行為取消請求をすることができる場合において，受益者に移転した財産を転得した者があるときは，次の各号に掲げる区分に応じ，それぞれ当該各号に定める場合に限り，その転得者に対しても，詐害行為取消請求をすることができる。

一　その転得者が受益者から転得した者である場合　　その転得者が，転得の当時，債務者がした行為が債権者を害することを知っていたとき。

二　その転得者が他の転得者から転得した者である場合　　その転得者及びその前に転得した全ての転得者が，それぞれの転得の当時，債務者がした行為が債権者を害することを知っていたとき。

「受益者に対して詐害行為取消請求をすることができる場合において」とされているので，債務者と受益者が悪意であること（行為の時に債権者を害することを知っていたこと）が第一の要件である。 **H20-18**

➡　転得者が悪意であっても，受益者が善意であれば，債権者は詐害行為取消請求をすることができない。

①　受益者から転得した者（転得者）に対する場合 **H30-16**

➡　その転得者が，転得の当時，債務者のした行為が債権者を害することを知っていたとき。

H11-7　② 転得者からさらに転得した者（再転得者）に対する場合

➡ その転得者およびその前に転得したすべての転得者が，それぞれの転得の当時，債務者のした行為が債権者を害することを知っていたとき。

すべての転得者が悪意であることを要する。途中に１人でも善意の者がいたら，詐害行為取消請求をすることができない。

7　債権者の有する債権（被保全債権）が，債務者の行為より前の原因に基づいて生じたものであること

(1)　債権の発生の時期

詐害行為取消請求をする場合，被保全債権は，債務者の行為より前の原因に基づいて生じたものであることを要する。

【例】 令和３年10月１日，ＸはＡに対して金1,000万円を貸し付けた。そして，Ａは，令和４年１月10日，その有する唯一の資産である甲土地をＢに贈与した。

➡ Ｘの債権は，債務者の贈与（令和４年１月10日）より前の原因（令和３年10月１日付けの金銭消費貸借契約）に基づいて生じているので，債権者Ｘは，Ａ・Ｂ間の甲土地の贈与契約の取消しを請求することができる。

理由　債権者Ｘは，甲土地を引当てにして，Ａに対してお金を貸している。そして，債務者Ａは，Ｘに対して**債務を負担していることを分かった上で**，自分が無資力となるような行為をしている。これは取り消されても仕方ない。

【例】 令和３年10月１日，Ａは，その有する唯一の資産である甲土地をＢに贈与した。そして，令和４年１月10日，ＸはＡに対して金1,000万円を貸し付けた。その後，Ｘの債権の弁済期が到来したが，Ａは無一文であり，Ｘに返済できなかった。

➡ Ｘの債権は，債務者の行為より後に発生しているので，Ｘは，Ａ・Ｂ間の甲土地の贈与契約を取り消すことができない。

・ 債務者の行為の前に債権の発生原因があれば，債務者の行為の後に現実に債権が発生した場合でも，債権者は，その取消しを請求することができる。

【例】 債務者が行為をする前の保証委託契約に基づいて，債務者が行為をした後に現実に求償債権が発生した場合。

・ 債務者の行為の前に債権が発生し，債務者の行為の後にその債権が第三者に譲渡された場合，債権の譲受人は，債務者の行為について詐害行為取消請求をすることができる（大判大12.7.10）。 H14-16 H2-10

➡ この場合も，債務者が債権者を害する行為をしたことに変わりはない。

・ 債務者の行為の前に元本債権が発生しており，債務者の行為の後にその債権について遅延損害金が発生したような場合，債権者は，その遅延損害金を被保全債権として，詐害行為取消請求をすることができる（最判平8.2.8）。 H14-16

・ 被保全債権は，弁済期が到来していなくてもよい（大判大9.12.27）。 H30-16 H26-16

➡ 弁済期の到来に関係なく，詐害行為によって債権者は不利益を受けるからである。

プラスアルファ

債権者代位権を行使するためには，保存行為を除き，被保全債権の弁済期が到来していることを要する（民§423Ⅱ）。 H26-16

(2) 対抗要件の具備の時期

債務者の行為がされた後に債権が発生し，その後に債務者の行為に関する対抗要件が具備された場合，債権者は，詐害行為取消請求をすることができない（最判昭55.1.24）。 H14-16

【例】 Aは，その有する唯一の資産である甲土地を，Bに贈与した。その後，XはAに対して1,000万円を貸し付けた。そして，Xの債権が発生した後に，甲土地についてAからBへの所有権の移転の登記がされた。

➡ 債権者Xは，A・B間の甲土地の贈与契約の取消しを請求することができない。

理由 Aによる財産減少行為（甲土地の贈与契約）自体は，債権者Xの債権が発生する前にされている。登記は対抗要件に過ぎない（民§177）。

・　債権譲渡についても，考え方は同じである（最判平10.6.12）。

➡　債務者と第三者の間で債権譲渡の契約がされ，その後に被保全債権が発生し，さらにその後に債権譲渡の対抗要件（民§467）が備えられた場合，債権者は，その債権譲渡について取消しを請求することができない。

8　債権者の有する債権（被保全債権）が，強制執行により実現することのできないものでないこと

被保全債権が，強制執行により実現することができないものであるときは，債権者は，詐害行為取消請求をすることができない。

理由　詐害行為取消権請求は，債務者の責任財産を保全して，強制執行の準備をするためのものである。そのため，強制執行をすることができない債権を被保全債権として，詐害行為取消請求を認めることは適切でない（意味がない）。

➡　債権者代位権と同じである（民§423Ⅲ）。

2　詐害行為取消権の行使の方法等

1　詐害行為取消権の行使の方法

H26-16 債権者は，債務者が債権者を害することを知ってした行為の取消しを，**裁判所に請求することができる**（民§424Ⅰ）。

➡　裁判上の行使が要件である。

理由　詐害行為取消権は，有効に成立した契約等を取り消し，財産を取り戻す権利である。かなり強い効力を有し，第三者（受益者等）にも影響が及ぶので，裁判所に請求して，きちんと判断してもらう必要がある。

2　詐害行為取消請求の内容

（財産の返還又は価額の償還の請求）

第424条の6　債権者は，受益者に対する詐害行為取消請求において，債務者がした行為の取消しとともに，その行為によって受益者に移転した財産の返還を請求することができる。受益者がその財産の返還をすることが困難であるときは，債権者は，その価額の償還を請求することができる。

(1) 請求の内容

債権者が詐害行為取消請求をする場合，①債務者がした行為の**取消し**とともに，②当該行為によって受益者に移転した**財産の返還**を請求することができる。

詐害行為取消請求という名前ではあるが，行為の取消しだけでなく，財産の返還も請求することができる。

➡ 債務者の責任財産を保全するという目的を達成するためには，単に行為を取り消すだけでなく，現に財産を取り戻す必要がある。

・ 受益者が，その財産の返還をすることが困難であるときは，債権者は，価額の償還を請求することができる（同Ⅰ後段）。

【例】 ＡからＢへの乙建物の贈与が債権者を害する行為として，その取消しならびに乙建物の返還を請求すべき場合，Ｂが乙建物そのものを返還することが困難であるときは，その価額（たとえば500万円）の償還を請求することができる。

(2) 転得者に対して請求する場合

受益者から転得した者がいるため，転得者に対して詐害行為取消請求をする場合，債権者は，①債務者がした行為の取消しと，②転得者が転得した財産の返還を請求することができる（民§424の６Ⅱ）。

重要❗

転得者に対して詐害行為取消請求をする場合でも，取り消すのは，“債務者がした行為”（債務者と受益者の間の契約）である。

➡ 受益者と転得者の間の契約を取り消すものではない。債権者を害する行為，つまり債務者がした行為の取消しである。

・ 転得者がいる場合でも，債権者は，受益者に対して詐害行為取消請求をすることができる（大判明44.3.24）。

この場合は，現物の返還は無理なので，価額の償還を請求することになる。

3 訴えの被告

詐害行為取消請求は，裁判所に請求する方法（訴え）によってするが，この裁判の被告は，以下のとおりである（民§424の７Ⅰ）。

H26-16　① 受益者に対する詐害行為取消請求に係る訴え
➡ **受益者**

② 転得者に対する詐害行為取消請求に係る訴え
➡ その請求の相手方である**転得者**

重要！

債務者は，被告とはならない。
➡ 実際に財産を返還しなければならないのは，受益者または転得者である。

・ 受益者または転得者に対して詐害行為取消請求の訴えを提起したときは，債権者は，遅滞なく，債務者に対し，訴訟告知をしなければならない（同Ⅱ）。
➡ 詐害行為の取消しの効果は，債務者にも及ぶので（民§425），債務者にその訴訟手続に関与する機会を与える必要がある。

4　詐害行為の取消しの範囲

(1) 目的物が可分である場合

H26-16　債権者は，詐害行為取消請求をする場合，債務者がした行為の目的が可分であるときは，**自己の債権の額の限度においてのみ**，その行為の取消しを請求することができる（民§424の８Ⅰ）。

【例】 Aは，Xに対して200万円の借入金債務を負担している。そして，Aは，自分の全財産である現金400万円をBに贈与した。
➡ Xが，この贈与について詐害行為取消請求をする場合，自己の債権の額（200万円）の限度においてのみ，取消しを請求することができる。

理由　債権者としては，自分の債権額の分だけ受領して，これを自分の債権の弁済に充てれば十分であるので，それ以上の権利の行使を認める必要はない。
➡ 前節の債権者代位権の行使の範囲と同じである。

・ 受益者または転得者が現物を返還することが困難であるため，債権者が，その価額の償還を請求する場合は，債権者は，自己の債権の額の限度においてのみ請求することができる（民§424の８）。

(2) 目的物が不可分である場合

債務者がした行為の目的が不可分であるときは，その物自体（物全体）の返還を請求することになる。

➡ 土地の贈与について詐害行為取消請求をする場合など。

・ 債務者が，抵当権の設定されている不動産を第三者に譲渡し，債権者がその取消しを請求する場合，現物（不動産）の返還を求めるべきか，価額（金銭）の償還を求めるべきかが問題となる。

この場合，抵当権の登記が抹消されていないときは，現物の返還を求めることができ（最判昭54.1.25），受益者のもとで抵当権が消滅しその登記が抹消されているときは，価額の償還を求めるべきとされている（最判昭36.7.19）。 H20-18

➡ 受益者のもとで抵当権が消滅しているときは，現物返還の方法とするためには，抵当権を復活させなければならなくなり，適切な処理が困難といえる。

5　直接の引渡しの請求

(1) 直接の引渡しの請求の可否

債権者が詐害行為取消請求をし，財産の返還を請求する場合において，それが金銭の支払いまたは動産の引渡しを求めるものであるときは，債権者は，受益者または転得者に対し，**直接自己に支払うこと（引き渡すこと）**を請求することができる（民§424の９Ⅰ）。

➡ 前節の債権者代位権の行使の場合と同じである。

・ 受益者または転得者から金銭の支払いや動産の引渡しを受けた債権者は，本来であれば，それを債務者の責任財産に戻し，強制執行の手続によって自己の債権の回収を図るべきである。

しかし，金銭の支払いを受けた債権者は，これを債務者に返還する債務と，自己の債権とを相殺することによって，事実上優先的に債権を回収することができるとされている。

➡ 前節の債権者代位権の場合と同じである。

重要！

返還を求める財産が不動産であるときは，債務者に対して登記の名義を戻せば足りる。

➡ 具体的には，債務者から受益者に対してされた所有権の移転の登記の抹消を請求する。

➡　また，受益者（転得者）から債務者に対して所有権の移転の登記を請求することもできる（最判昭40.9.17）。

【例】　AはXに対して債務を負担しているが，Aは，その有する唯一の資産である甲土地を，Bに贈与した。そして，AからBに対して贈与による所有権の移転の登記がされた。

債権者Xは，この贈与の取消しおよびAからBへの所有権の移転の登記の抹消を請求することができる。

(2)　受益者（転得者）も債権者であった場合

詐害行為における受益者が，もともと債務者に対して債権を有していたということもあり得る。

【例】　XはAに対して300万円の貸金債権を有しており，BもAに対して200万円の貸金債権を有している。そして，Aは，Bに対して200万円の弁済をした（この弁済は，詐害的なものであった）。

➡　Xは，受益者Bに対し，弁済の取消しを請求し，勝訴した。そして，Bに対して200万円の支払いを求めた。

H11-7　この場合，受益者Bが，「自分もAに対して債権を有しているから，XとBの債権額の割合で分割して，120万円をXに支払うが，80万円は自分のものとする」と主張することができるか否かが問題となるが，判例はこれを否定した（最判昭46.11.19）。

3　詐害行為取消権の行使の効果

1　詐害行為取消判決の効力の及ぶ者の範囲

（認容判決の効力が及ぶ者の範囲）
第425条　詐害行為取消請求を認容する確定判決は，債務者及びその全ての債権者に対してもその効力を有する。

H30-16　詐害行為取消請求を認容する確定判決（債権者が勝訴した確定判決）は，**債務者およびそのすべての債権者に対してもその効力を有する**（民§425）。

・　債務者は，詐害行為取消請求訴訟の被告となっていないが，判決の効力が及ぶ。

2　財産の返還等をした受益者の権利

(1)　受益者がした反対給付の返還の請求

詐害行為の取消しがされたときは，受益者は，債務者に対し，その財産を取得するためにした**反対給付の返還**を請求することができる(民§425の２)。

【例】　ＸはＡに対して債権を有しているが，Ａは，その有する唯一の資産である高級腕時計（時価200万円）を，50万円でＢに売り渡した。

その後，Ｘは，Ａ・Ｂ間の腕時計の売買について取消しを請求し，Ｘが勝訴して，Ｂから腕時計の引渡しを受けた。

➡　受益者Ｂは，債務者Ａに対し，腕時計の売買代金として支払った50万円の返還を請求することができる。

(2)　受益者が有していた債権の復活

債務者がした債務の消滅に関する行為（弁済や代物弁済）が詐害行為として取り消された場合において，受益者が債務者から受けた給付を返還等したときは，受益者の債務者に対する債権は，原状に復する（復活する，民§425の３）。

【例】　Ａは，Ｘに対して300万円の借入金債務を負担しており，Ｙに対して200万円の借入金債務を負担している。そして，Ａは，支払不能となった後，Ｙと通謀して，他の債権者を害する意図をもって，Ｙに200万円を弁済した。

その後，Ｘは，この弁済について取消しを請求し，Ｘが勝訴して，Ｙから200万円の支払いを受けた。

➡　ＹのＡに対する債権は，復活する。

3　財産の返還等をした転得者の権利

(1)　一般的な財産の処分行為が詐害行為として取り消された場合

債権者が，転得者を被告として詐害行為の取消しをして，転得者が，受益者（前主）から取得した財産を返還した場合，転得者は，受益者に対してした反対給付の返還を請求したいところである。

しかし，詐害行為の取消しは，債務者と受益者の間の行為（詐害行為）が取り消されるものであって，受益者と転得者の間の行為が取り消されるものではない。そのため，転得者は，受益者に対して何かを請求できるものではない。

この場合は，仮に受益者を被告として詐害行為の取消しがされたとすれば，受益者が債務者に対して取得する反対給付の返還請求権を，転得者が行使することができる，とされた（民§425の4①)。

【例】　XはAに対して債権を有している。Aは，その有する唯一の資産であるダイヤの指輪を200万円でBに売り渡した。そして，Bは，このダイヤの指輪を400万円でCに売った。

その後，Xは，転得者Cを被告として詐害行為取消請求の訴えを提起し，Xが勝訴した。結果，Cは，ダイヤの指輪をXに引き渡した。

➡　転得者Cは，受益者（前主）Bに対して，反対給付（400万円）の償還を請求することはできない。

➡　この場合，Cは，仮に受益者Bを被告として詐害行為の取消しがされたとすれば，受益者Bが債務者Aに対して取得する反対給付の返還請求権（200万円の支払いの請求権）を行使することができる。

(2)　債務の消滅に関する行為が詐害行為として取り消された場合

これも，考え方は上記（1）と同じである（同②)。

(3)　権利行使の限度について

上記のとおり，転得者が，受益者から取得した財産を返還したときは，債務者に対して一定の権利を行使することができるが，これは，転得者が受益者に対してした反対給付の価額等が限度となる（民§425の4ただし書)。

➡　転得者に過剰な利益を与える必要はない。

4　詐害行為取消権の期間の制限

第426条　詐害行為取消請求に係る訴えは，債務者が債権者を害することを知って行為をしたことを債権者が知った時から２年を経過したときは，提起することができない。行為の時から10年を経過したときも，同様とする。

詐害行為取消請求に係る訴えについては，「債務者が債権者を害することを知って行為をしたことを**債権者が知った時から２年**」という短い期間制限が定められている。

詐害行為取消請求は，既に有効に成立した契約等を取り消すという強い効力を有し，第三者（受益者や転得者）に対する影響も大きいので，速やかに法律関係を確定させる必要がある。

・　この期間の起算点は，“債務者が債権者を害することを知って行為をした”ということを債権者が知った時である。単に“債務者が贈与等の契約をした”という事実を知っただけでは足りない。 H11-7

・　**行為の時から10年**を経過したときも，詐害行為取消請求に係る訴えを提起することができない（同後段）。

5　その他の論点

1　特定物債権を被保全債権とすることの可否

ケーススタディ

Aは，その所有する甲土地をXに譲渡した(登記はしていない)。その後，Aは，Xに譲渡したはずの甲土地を，さらにBに譲渡した（二重譲渡）。そして，AからBへの所有権の移転の登記がされた。

➡　この登記がされた時点で，AのXに対する債務は，履行不能となった。

Bへの譲渡によってAが無資力となった場合，Xは，A・B間の甲土地の譲渡について詐害行為として取消しを請求することができるか。

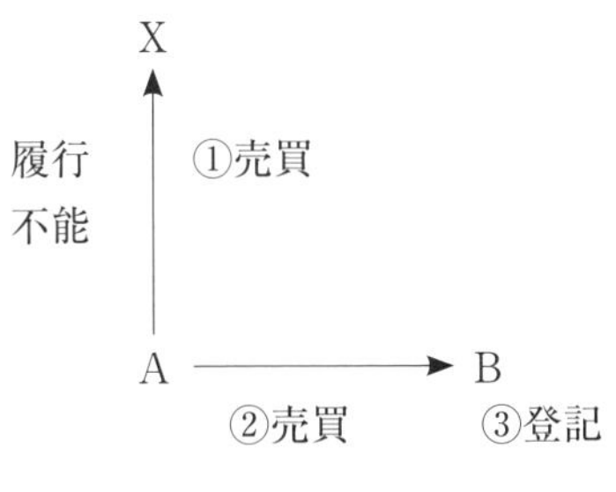

本節の冒頭で解説したとおり，詐害行為取消請求の被保全債権は金銭債権に限られ，特定物債権を被保全債権として詐害行為取消請求をすることはできない。

H7-8　しかし，特定物債権であっても，債務者がその目的物を処分したことによって無資力となった場合には，債権者は，当該処分行為について詐害行為取消請求をすることができるとされている（最判昭36.7.19）。

➡　このような債権も，究極において損害賠償債権に変じ得るから。

【例】　ケーススタディの事例では，Xは，A・B間の甲土地の譲渡について，詐害行為として取消しを請求することができる。

H20-18　・　なお，Xは，甲土地について，自己の名義とする登記を請求することはできない（最判昭53.10.5）。

➡　これを認めると，民法177条が骨抜きになってしまう。

➡　甲土地の登記をAに戻した上で，Xは，甲土地について強制執行をして債権の回収を図ることになる。

2　被保全債権に担保や保証が付いている場合

H2-10　債権者の有する債権（被保全債権）を担保するために，**債務者の所有する不動産**に抵当権が設定されているときは，抵当権によって担保されない部分についてのみ，詐害行為取消請求をすることができる。

➡　抵当権によって担保されている部分については，抵当不動産から優先弁済を受けることができるので，その部分を保全するために詐害行為の取消しを認めることは適切でない。

【例】　XはAに対して1,000万円の貸金債権を有している。そして，この債権を担保するため，Aの所有する甲土地（時価700万円）を目的として抵当権が設定されている。

➡　Xが抵当権を実行し，甲土地を競売したら，Xは700万円くらい優先弁済を受けることができる。

　この場合，Aが詐害行為をしたときは，Xは，抵当権によって担保されていない部分（実際の債権額1,000万円－抵当権によって担保されている部分700万円＝300万円）について，詐害行為取消請求をすることができる（大判昭7.6.3）。

・　債務者以外の第三者の所有する不動産に抵当権が設定されている場合は，債権者は，債権額の全額について詐害行為取消請求をすることができる（大判昭20.8.30）。

➡　抵当権が実行されて債権者が優先弁済を受けた場合，抵当権の設定者（物上保証人）は，債務者に対し，求償権を取得する。結局，債権額の全額分について債務者の責任財産が引当てになるので，債権額の全額について取消しの請求をすることができる。

・　債権者の有する債権について**保証人がいる場合**，債権者は，債権額の全額について詐害行為取消請求をすることができる。 H2-10

➡　この場合も，最終的に，債権額の全額分について債務者の責任財産が引当てとなる。

3　債務者の資力の変動について

詐害行為の取消しが認められるためには，①債務者が行為をした時点と，②取消しを求める裁判の最終の口頭弁論終結の時点で債務者が無資力であることを要する（大判大15.11.13）。

理由　債務者の行為によっていったん無資力となっても，現時点（裁判が終わる時点）で資力を回復していれば，債権者は，現在の債務者の責任財産について強制執行をすればよいので，行為の取消しを認める必要はない。

では，債務者の行為によっていったん無資力となったが，その後に資力を回復し，さらにその後にまた無資力となった場合，債務者の当初の行為について詐害行為取消請求をすることができるか否かが問題となる。

結論　詐害行為取消請求をすることはできない（大判昭12.2.18）。 H14-16 H2-10

➡　途中でいったん資力を回復しているので，当初の債務者の行為について取消しを認めることは適切でない。再度無資力となった際の行為を問題とすべきである。

4　被保全債権の消滅時効について

債権者が，受益者（転得者）に対して詐害行為取消請求の訴えを提起した場合でも，その被保全債権の消滅時効について**完成猶予の効力を有しない**（最判昭37.10.12）。 H20-18

理由　詐害行為取消請求は，債務者に対して履行の請求等をするものではないからである。

第４章
多数当事者の債権関係

第1節　総　説

Topics・１個の給付に関して，債権者や債務者が数人いる場合の話である。
・債権（債務）の性質等に応じて，分割債権（債務），不可分債権（債務），連帯債権（債務），保証債務に分類することができる。

1　多数当事者の債権関係とは

多数当事者の債権関係とは，１個の給付に関して，債権者または債務者が数人いることをいう。

【例】　Ａの所有する自動車を，ＢとＣが共同して買い受ける契約（代金は100万円）をした。

➡　自動車の引渡しの債権に関しては，債権者が２人（ＢとＣ）であり，売買代金の支払いの債務に関しては，債務者が２人（ＢとＣ）である。

このように，債権者や債務者が複数いる場合には，それ特有の問題が生ずる。

上記の自動車の売買の例でみると，ＢまたはＣは，単独でＡに対して自動車の引渡しを請求することができるのか，それともＢとＣが共同して請求する必要があるのか。Ａは，ＢまたはＣのどちらかに自動車を引き渡せば足りるのか，それとも２人が揃ったときに２人に対して引き渡す必要があるのか。さらに，ＢとＣは，それぞれＡに対して50万円を支払えば足りるのか，それともＡが満足を受けるまで各自が100万円全額を支払う義務があるのか，といったことが問題となる。

そこで，民法では，「多数当事者の債権及び債務」という項目を置いた。

なお，この項目の中においては，債権（債務）の性質等に応じて，７つの態様が定められている。

➡　①分割債権，②分割債務，③不可分債権，④不可分債務，⑤連帯債権，⑥連帯債務，⑦保証債務

重要❗

民法では，上記①と②，つまり分割債権・分割債務が原則であるとしている(民§427。後述)。

2　多数当事者の債権関係における論点

多数当事者の債権関係においては，以下のような論点がある。

(1)　対外的効力

相手方との関係の話である。

➡　債権者が複数いる場合，債権者の１人は，相手方（債務者）に対してどのような請求ができるのか？

(2)　影響関係（１人について生じた事由の効力）

複数の債権者（債務者）のうちの１人について生じた事由が，他の債権者（債務者）にも影響を及ぼすのかという話である。

➡　複数の債務者のうちの１人が債務の承認（消滅時効の更新事由）をした場合，他の債務者についても時効が更新されるのか？

(3)　内部関係（求償関係）

複数の債権者（債務者）の内部における割当てに関する話である。

➡　複数の債務者のうちの１人が債務を弁済した場合，他の債務者に対して分担を求める（求償する）ことができるか？

第2節　分割債権・分割債務

Topics
・民法では，分割債権・分割債務を原則形態としている。
・どのような場合に分割債権・分割債務となるのかを押さえておく必要がある。

1 分割債権

1　意　義

ケーススタディ

甲建物は，ＡとＢが共有している。そして，Ａ，ＢとＣは，甲建物を1,000万円でＣに売る契約をした。

Ａは，Ｃに対し，自分に1,000万円を支払えと請求することができるか。

⑴　意　義

（分割債権及び分割債務）
第427条　数人の債権者又は債務者がある場合において，別段の意思表示がないときは，各債権者又は各債務者は，それぞれ等しい割合で権利を有し，又は義務を負う。

１個の**可分給付**について，債権者が数人ある場合，別段の意思表示がないときは，各債権者は，それぞれ等しい割合で権利を有する（**分割債権**）。

【例】　ケーススタディの事例では，Ａ・Ｂが有する売買代金債権は，給付が可分である（分割して実現できる）。そのため，各債権者は，等しい割合で権利を有する。

つまり，ＡとＢは，それぞれＣに対して500万円の債権を有することとなる。

➡　Ａは，Ｃに対して，1,000万円の支払いを請求することはできない。

重要!

分割債権となるのは，給付が可分の場合である。給付が不可分の場合は，後述する「不可分債権」の規定が適用される。

⑵　分割債権の具体例

①　共有者が，共有物を第三者に売却した場合の代金債権（ケーススタディの事例）

②　共有物について第三者が不法行為をした場合の損害賠償債権（最判昭29.4.8） H21-16

③　数人が共同相続した金銭債権（大判大9.12.22，最判平16.4.20）

➡　預貯金の債権については，話が異なる（最決平28.12.19）。

２　分割債権の効力

分割債権は，各債権者が債務者に対してそれぞれ（独立した）債権を有している形であるので，効力について特に問題となる点はない。

・　各債権者は，他の債権者に関係なく，自分の有する債権について請求することができる。

・　債権者の１人に生じた事由について，他の債権者に影響を与えない。

２　分割債務

１　意　義

１個の**可分給付**について，債務者が数人ある場合，別段の意思表示がないときは，各債務者は，それぞれ等しい割合で義務を負う（**分割債務**，民§427）。

２　分割債務の具体例

①　数人が共同で物を買った場合の代金債務（大判大4.9.21，最判昭45.10.13）

【例】　Ａの所有するスポーツカーを，ＢとＣが共同で買う契約をした。売買代金は400万円である。

➡　ＢとＣが負担する売買代金債務は，給付が可分である（分割して実現できる）。そのため，各債務者は，等しい割合で義務を負う。

つまり，ＢとＣは，それぞれＡに対して200万円の債務を負担することとなる。

②　数人が共同相続した金銭債務（大決昭5.12.4） H25-16 H21-16

第3節　不可分債権・不可分債務

Topics・どういう場合に不可分債権（不可分債務）になるのかを押さえること。賃貸借関係は要注意。

1 不可分債権

1　意　義

ケーススタディ

Aの所有する自動車を，BとCが共同で買う契約をした。

Bは，単独で（Cがいないところで），Aに対して「自動車を引き渡してくれ」と請求することができるか。

(1)　意　義

不可分債権とは，債権の目的がその**性質上不可分**であるものをいう。

【例】　ケーススタディの事例では，B・Cが有する債権（自動車の引渡しの債権）は，性質上不可分である。

➡　自動車の全体を引き渡してもらう必要がある。自動車を2つに分割してBとCに半分ずつ引き渡すということはムリである。

➡　つまり，ケーススタディのBとCの債権は，不可分債権である。

(2)　不可分債権の具体例

①　共有者が有する共有物の引渡請求権（大判大10.3.18）

②　貸主が数人いる場合の，借主に対する家屋の明渡請求権（最判昭42.8.25）

2　効　力

(1)　対外的効力，不可分債権者の1人について生じた事由の効力

債権の目的が性質上不可分である場合に，債権者が数人あるときは，連帯債権に関する規定(一部を除く)が準用される(民§428。連帯債権は，後述)。

具体的には，以下のような規定が準用される。

①　各債権者は，すべての債権者のために，**全部または一部の履行を請求す**

ることができる（民§432の準用）。

【例】　ケーススタディの事例では，Bは，Aに対し，「自分に自動車を引き渡してくれ」と請求することができる。

・　BとCが共同で請求する必要はない。
・　Bは，Aに対し，全部の履行を請求することができる。
➡　自動車の引渡しは，性質上不可分なので，全部の履行を請求せざるを得ない。

②　債務者は，すべての債権者のために，各債権者に対して履行をすることができる（民§432の準用）。

【例】　ケーススタディの事例では，債務者Aは，債権者の1人であるBに対し，自動車の引渡しをすることができる。
　これにより，Aが負担していた自動車の引渡しの債務は消滅する。

プラスアルファ

AがBに自動車を引き渡した場合は，Cとしては，“自分が知らないところで債権が消滅した”ということになる。その意味で，他の債権者にとってはリスクがあるが，それはやむを得ない。

③　上記①および②の場合等を除き，不可分債権者の1人がした行為または1人について生じた事由は，他の不可分債権者に対してその効力を生じない（民§435の2の準用）。

上記①「履行の請求」や②「履行」は，不可分債権者の1人について生じたものであっても，すべての債権者に対して効力を生ずる（絶対的効力）。

一方，これ以外の事由については，不可分債権者の1人がした行為または1人について生じた事由は，他の不可分債権者に対してその効力を生じない（**相対的効力**）。

・　不可分債権者の1人と債務者の間で，更改または免除があった場合，他の債権者には影響が及ばないので，他の債権者は，当初の内容のとおりの請求をすることができる（民§429）。

➡　ただし，更改または免除をした債権者がその権利を失わなければ分与されるべき利益については，債務者に償還することを要する（同）。

【例】　Ａの所有する自動車を，ＢとＣが共同で買い受けた。

➡　Ｂ・Ｃは，Ａに対し，自動車の引渡債権を有している（不可分債権）。

その後，ＢはＡに対し，債務の免除をした。

➡　Ｂが債務を免除しても，他の債権者（Ｃ）には影響が及ばないので，ＣはＡに対し，自動車の引渡しを請求することができる。

ただ，Ｂは，Ａの債務を免除しているので，ＡがＣに自動車を引き渡したときは，Ｃは，Ｂに分与されるべき利益（自動車の価額の半額程度）を，Ａに償還することを要する。

⑵　内部関係

債務者が，不可分債権者の１人に対して債務の履行をした場合，その履行を受けた債権者は，他の債権者に対し，一定の割合に従った利益を分与すべきである。

３　可分債権への変更

不可分債権が，何らかの事情によって可分債権となったときは，各債権者は，自己が権利を有する部分についてのみ履行を請求することができる（民§431）。

➡　分割債権へと変わる。

【例】　Ｂ・Ｃは，Ａに対し，自動車の引渡債権（不可分債権）を有しているが，自動車が引き渡される前に，Ａの不注意で自動車がスクラップになった（履行不能）。これにより，Ｂ・Ｃは，Ａに対して100万円の損害賠償債権を取得した。

➡　損害賠償債権（金銭債権）は可分債権であるので，ＢとＣは，自分が権利を有する部分（各50万円）についてのみ履行を請求することができる。

2 不可分債務

1 意　義

ケーススタディ

ＡとＢが共有している自動車を，Ｃが買う契約をした。
Ｃは，Ａのみに対し，「自動車を引き渡してくれ」と請求することができるか。

(1) 意　義

不可分債務とは，債務の目的がその**性質上不可分**であるものをいう。

【例】 ケーススタディの事例では，Ａ・Ｂが負担する債務（自動車の引渡しの債務）は，性質上不可分である（分割して実現することができない）。
➡ つまり，ケーススタディのＡとＢの債務は，不可分債務である。

(2) 不可分債務の具体例

① **共有物の引渡債務**（大判大12.2.23）
② 登記義務者が死亡した場合の，共同相続人の登記義務（最判昭36.12.15）
③ 数人が共同で賃借している場合の，目的物の返還債務（大判大7.3.19）

・ 数人が共同で賃借している場合の賃料の支払債務も，不可分債務とされている（大判大11.11.24）。 H21-16 H18-19

理由 賃料債務は金銭債務なので，分割債務となりそうである。しかし，共同賃借人の賃料支払債務は，不可分な利用（各賃借人は目的物を全面的に利用できる）の対価であり，賃貸人が各債務者に対して分割された額しか請求できないとすることは不当であるといえる。

2 効　力

(1) 対外的効力，不可分債務者の１人について生じた事由の効力

債務の目的が性質上不可分である場合に，債務者が数人あるときは，連帯債務に関する規定(一部を除く)が準用される(民§430。連帯債務は，後述)。

具体的には，以下のような規定が準用される。

H21-16

①　債権者は，不可分債務者の１人に対し，全部または一部の履行を請求することができる。また，同時にもしくは順次にすべての不可分債務者に対し，全部または一部の履行を請求することができる（民§436の準用）。

【例】　ケーススタディの事例では，Ｃは，Ａのみに対し，「自動車を引き渡してくれ」と請求することができる。

➡　Ａに対して請求した後に，Ｂに対し，「自動車を引き渡してくれ」と請求することもできる。

・　民法上は規定がないが，債務者の１人が債務を履行したときは，総債務者の債務が消滅する。

➡　履行（弁済）の絶対的効力。

【例】　ケーススタディの事例で，ＡがＣに対して自動車を引き渡したときは，ＡとＢの自動車引渡債務は消滅する。

②　不可分債務者の１人について法律行為の無効または取消しの原因があっても，他の不可分債務者の債務は，その効力を妨げられない（民§437の準用）。

③　不可分債務者の１人と債権者の間に更改があったときは，債権は，すべての不可分債務者の利益のために消滅する（民§438の準用）。

➡　**更改の絶対的効力。**

【例】　Ａ・Ｂの共有する自動車をＣに引き渡す債務が発生した。その後，ＣとＡは，自動車の引渡しの債務を消滅させ，ＡがＣに80万円を支払う旨の新債務を成立させた（債務の更改。更改については第７章第４節１参照）。

➡　自動車の引渡しの債務は，すべての不可分債務者（Ａ・Ｂ）の利益のために消滅する。つまり，ＢはＣに対して自動車を引き渡すことを要しない。

④　不可分債務者の１人が債権者に対して債権を有する場合において，その不可分債務者が相殺を援用したときは，債権は，すべての不可分債務者のために消滅する（民§439の準用）。

➡　**相殺の絶対的効力。**

⑤　上記①から④までの場合等を除き，不可分債務者の１人について生じた事由は，他の不可分債務者に対してその効力を生じない(民§441の準用)。

➡　**相対的効力の原則。**

・　不可分債務者の１人に対してのみ履行の請求（裁判上の請求）をした場合，その債務者についてのみ，消滅時効の完成が猶予される(相対的効力)。

➡　他の債務者については，消滅時効の完成は猶予されない。

・　不可分債務者の１人と債権者の間に混同があった場合でも，弁済の効力を有しない（民§440の不準用。相対的効力)。

➡　債権者は，他の不可分債務者に対し，履行の請求をすることができる。

⑵　内部関係

不可分債務者の１人が債務を履行した場合，その債務者は，他の債務者に対し，一定の割合に従った求償を請求することができる（民§442の準用)。

３　可分債務への変更

不可分債務が，何らかの事情によって可分債務となったときは，各債務者は，その負担部分についてのみ履行の責任を負う（民§431)。

➡　分割債務へと変わる。

第４節　連帯債権・連帯債務

Topics・連帯債務は試験で頻出である。絶対的効力事由・相対的効力事由を正確に押さえること。

・連帯債権は，平成29年の民法改正ではじめて規定された。実務的にもあまり例を見ない形態である。

1　連帯債務

＊　司法書士の試験においては連帯債務の方が圧倒的に重要なので，まず連帯債務について解説し，その後に連帯債権について解説します。

１　意　義

ケーススタディ

ＡＢＣは，３人で共同して事業をするために，Ｘから900万円を借りた。

この場合，Ｘは，ＡＢＣに対し，それぞれ300万円ずつしか返済を請求することができないのか。

全員に対してそれぞれ900万円の返済を請求することはできないのか。

⑴　**連帯債務とは**

連帯債務とは，債務の目的がその**性質上可分**である場合において，法令の規定または当事者の意思表示によって**数人が連帯して負担する債務**をいう（民§436）。

この場合，**各債務者は，独立して全部の給付をすべき義務を負い**，そのうちの１人が給付をすれば，他の債務者も債務を免れることになる。

ちょっと分かりにくいので，ケーススタディの事例を使って説明する。

ケーススタディの事例では，ＡＢＣは，Ｘに対し，900万円の借入金債務を負担している。

借入金債務（金銭債務）は可分債務であるので，債務者が数人いる場合，別段の意思表示（連帯の特約）がなければ，分割債務となる（分割債務の原則。民§427）。

➡　つまり，各債務者は，自分が負担している部分（300万円）についてのみ履行の義務を負う。

➡　Ｘは，各債務者に対し，300万円ずつしか請求できない。

一方，ＡＢＣがＸからお金を借りる際に，“連帯して負担する”という特約をしていれば，900万円の借入金債務は，連帯債務となる。

この場合，各債務者（ＡＢＣ）は，独立して全部の給付をすべき義務を負う。

➡　ＡＢＣは，それぞれＸに対して900万円の返済の義務を負う（Ｘは，各債務者に対し，それぞれ900万円の返済を請求できる）。

そして，債務者の１人（または数人）がＸに対して900万円を返済したら，全員の債務が消滅する。

➡　ＡがＸに対して900万円の返済をしたら，ＸのＡＢＣに対する債権が消滅する。

プラスアルファ

Ｘは，ＡＢＣに対してそれぞれ900万円の返済を請求することができるが，トータルで2,700万円の受領ができるわけではない（当たり前である）。

➡「それぞれに対して900万円の返済を請求できる」というのは，「ＡＢＣのうち誰でもいいから，トータルで900万円の返済をしてくれ」という意味である。

債務者の１人（または数人）が債務の履行をしたときは，他の債務者に対し，その負担部分に応じて，**求償を請求することができる**。

➡　ＡがＸに対して900万円の返済をしたときは，Ａは，ＢとＣに対し，それぞれの負担部分に応じて求償を請求することができる。仮に負担部分が平等であれば，Ａは，ＢとＣに対し，それぞれ300万円支払ってくれと請求することができる。

➡　結果として，ＡＢＣがそれぞれ300万円の返済をした形になる。

(2)　可分の債務について連帯債務にする意味

金銭債務等の可分の債務を連帯債務にする意味は，一言でいえば債権の強化である。

連帯の特約をしないで分割債務のままにしておくと，債権者は，各債務者に対し，分割された額しか請求することができない。

➡　ケーススタディの事例では，Ｘは，ＡＢＣに対し，それぞれ300万円しか請求できない。

➡　仮に，ＢとＣが無一文であった場合，Ｘは，（現実的に）Ａから300万円の返済しか受けられない。

しかし，金銭債務について連帯の特約をしていれば，各債務者に対し，債務の全額の返済を請求することができる。
➡　連帯債務にしておけば，たとえＢとＣが無一文であったとしても，Ｘは Ａから900万円の返済を受けることができる。

まさに債権の効力が強まることになる。
➡　これを“債権の人的担保機能”と呼んだりもする。

2　連帯債務の性質

(1)　連帯債務の性質

連帯債務は，債務者の数に応じた数個の債務である。
➡　各債務者が，独立した債務を負担している。

すなわち，以下のような性質を持つ。
【基準例】　ＡＢＣは，Ｘに対し，900万円の連帯債務を負担する契約をした。

①　債務者の１人について法律行為が無効等である場合

H10-7　債務者の１人について法律行為の無効または取消しの原因があっても，他の債務者の債務は，その効力を妨げられない（民§437）。

【例】　基準例において，債務者の１人Ａについて契約の取消原因（詐欺や強迫等）があった。
➡　他の債務者ＢＣには影響がなく，900万円の連帯債務を負担することになる。

②　各債務についての条件や期限の差異

各債務について，条件や期限が異なっていてもよい。

【例】　基準例において，債務者の１人Ａの債務についてのみ，利息を定めることができる。

③　債務者の１人についての保証

債務者の１人についてのみ，保証人を立てることができる。

【例】　基準例において，債務者Ａが負担する債務についてのみ，Ｍを保証人とすることができる。

④　債務者の１人に対する債権の譲渡

債権者は，債務者の１人に対する債権のみを，第三者に譲渡することができる（大判昭13.12.22参照）。

⑵　連帯債務の効果

上記のとおり，連帯債務は，債務者の数に応じた数個の債務であるが，各債務は緊密に結びついている関係にある（主観的共同関係）。そこで，以下のような効果が導かれる。

①　債務者の１人について生じた事由が，他の債務者にも影響を及ぼすことがある（絶対的効力。後述）。

②　債務者の１人が弁済をしたときは，他の債務者に対して求償を請求することができる（求償権。後述）。

重要！

連帯債務者の１人に共同相続が開始した場合

連帯債務者の１人が死亡し，数人が相続したときは，各相続人は，被相続人が負担していた債務を相続分に応じて分割承継し，各自はその承継した範囲で，本来の債務者とともに連帯債務者となる（最判昭34.6.19）。

【例】　基準例において，債務者の１人Ａが死亡し，子のＪ・Ｋが相続した。

➡　ＪとＫは，Ａが負担していた900万円の債務について，相続分（各２分の１。民§900④）に応じて分割して承継する。つまり，450万円ずつ承継し，その範囲で他の債務者であるＢ・Ｃと連帯債務者の関係となる。

３　連帯債務の成立

連帯債務は，債務の目的がその性質上可分である場合において，法令の規定または当事者の意思表示によって成立する。

⑴　当事者の意思表示（契約等）による場合

数人の債務者が可分債務を負担する場合に，債権者と債務者の間で，**連帯の特約**をすることによって成立する。

【例】　ＡＢＣの３人がＸからお金を借りる契約をする際に，「連帯して負担する」という特約をすれば，ＡＢＣの債務は連帯債務となる。

・　黙示の意思表示によって連帯債務が成立することもあり得る（最判昭39.9.22）。

⑵　法律の規定による場合

共同不法行為（民§719）や夫婦の日常家事債務（民§761）について，「連帯して」責任を負うと規定されている。

４　連帯債務の効力①～対外的効力について

> **（連帯債務者に対する履行の請求）**
> **第436条**　債務の目的がその性質上可分である場合において，法令の規定又は当事者の意思表示によって数人が連帯して債務を負担するときは，債権者は，その連帯債務者の１人に対し，又は同時に若しくは順次に全ての連帯債務者に対し，全部又は一部の履行を請求することができる。

債権者は，**連帯債務者の１人に対し，全部（または一部）の履行を請求することができる。**

また，連帯債務者の全員に対し，同時にもしくは順次に，全部(または一部)の履行を請求することができる。

５　連帯債務の効力②～債務者の１人について生じた事由の効力について

連帯債務は，債務者の数に応じた別個独立の数個の債務であるので，債務者の１人について生じた事由は，他の債務者に影響を及ぼさないはずである（**相対的効力**)。

しかし，連帯債務は，各債務が緊密に結びついている関係であるため，債務者の１人について生じた事由が，他の債務者にも影響を及ぼすことがある。これを**絶対的効力**という。

⑴　絶対的効力を有するもの

①　弁済（代物弁済，供託）

債務者の１人が債権者に対し，債務の全額を弁済したときは，債務は消滅する。

➡　民法上に規定はないが，当然である。

②　更　改

ケーススタディ

ＡＢＣは，連帯して，Ｘに対し300万円の借入金債務を負担している（負担部分は平等）。

その後，ＸとＡは，300万円の借入金債務を消滅させ，300万円相当のスポーツカーをＸに引き渡す旨の更改契約を締結した。

この場合，ＢとＣの債務はどうなるのか。

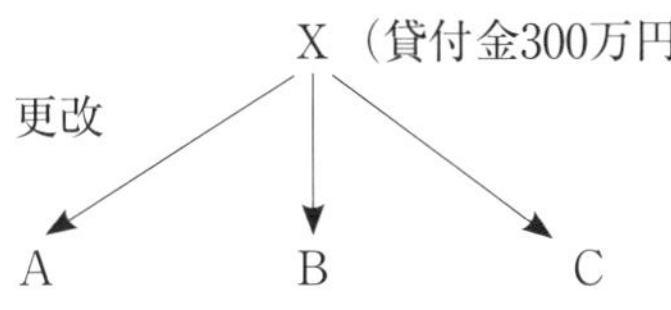

連帯債務者の１人と債権者の間に更改があったときは，債権は，すべての連帯債務者の利益のために消滅する（民§438）。 H25-16

➡　つまり，他の債務者も債務を免れる。

アルファ

更改とは，既存の債務を消滅させて，それと同一性を有しない新たな債務を成立させることである（民§513）。

【例】　ケーススタディの事例では，ＸとＡの間で更改がされたことにより，ＢＣも300万円の支払いの債務を免れる。

➡　ＡだけがＸに対して自動車の引渡しの債務を負担する。

③　相　殺

ケーススタディ

ＡＢＣは，連帯して，Ｘに対し300万円の借入金債務を負担している（負担部分は平等）。

その後，Ａは，Ｘに対し，300万円の売買代金債権（反対債権）を取得した。

㋐　ＡがＸに対し，300万円の売買代金債権と300万円の借入金債務について相殺を援用した場合，ＢとＣの債務はどうなるのか。

㋑　Ａが相殺を援用しない場合，ＢとＣはどのような主張をすることができるのか。

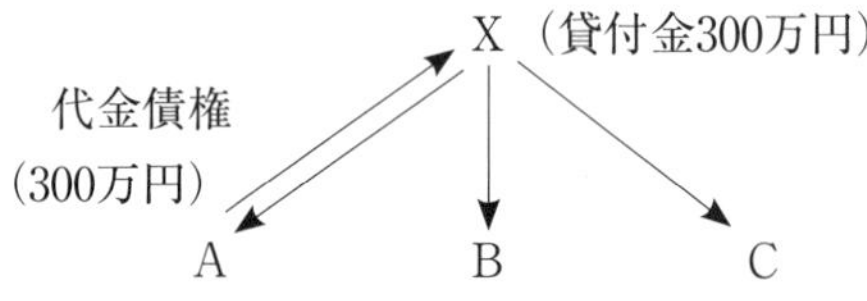

㋐　反対債権を有する者が自ら相殺を援用した場合

（連帯債務者の１人による相殺等）
第439条　連帯債務者の１人が債権者に対して債権を有する場合において，その連帯債務者が相殺を援用したときは，債権は，全ての連帯債務者の利益のために消滅する。

H28-17　債務者の１人が，債権者に対して反対債権を有する場合に，その債務者が相殺を援用したときは，債権は，**すべての連帯債務者の利益のために消滅する**。

＋アルファ

相殺とは，債務者が債権者に対して債権を有している場合に，その対等額についてチャラにすることである（民§505，第７章第３節）。

【例】　ケーススタディ㋐の事例では，債権者Ｘに対して反対債権を有する債務者Ａが相殺を援用しているので，ＢＣも300万円の支払いの債務を免れる。

➡　ＡがＸに対して300万円を弁済したのと同じように考えることができる。

➡　Ａは，ＢとＣに対し，それぞれの負担部分に応じて求償を請求することができる（民§442）。

㋑　反対債権を有する者が自ら相殺を援用しない場合

（連帯債務者の１人による相殺等）
第439条

> 2　前項の債権を有する連帯債務者が相殺を援用しない間は，その連帯債務者の負担部分の限度において，他の連帯債務者は，債権者に対して債務の履行を拒むことができる。

債権者に対して反対債権を有する者が相殺を援用しないときは，その債務者の**負担部分の限度において**，他の債務者は，債権者に対して債務の履行を拒むことができる。 R4-16 H27-18 H25-16 H10-7 H6-1

【例】 ケーススタディ㋑の事例では，債務者Aは債権者Xに対して反対債権を有しているが，AはXに対して相殺を援用していない。

➡　相殺をするかどうかは，本人の自由である。

この場合，他の債務者（BとC）は，債権者から履行の請求を受けたときは，Aの負担部分の限度において，履行を拒むことができる。ABCの負担部分は平等，つまりAの負担部分は100万円であるので，BとCは，100万円の限度において履行を拒むことができる。

➡　B（またはC）は，Xに200万円を支払えばよい。

理由　このような履行の拒絶が認められるのは，法律関係を簡易に決済するためである。

➡　BがXに200万円を弁済し，BはCに対して100万円の求償を請求する。それでおしまいである（A・X間は，相殺したければすればよい）。

仮に，履行の拒絶が認められなければ，BがXに300万円を弁済し，BはAとCに100万円ずつの求償を請求し，AはXに300万円の売買代金を請求するという形になる。

④　混　同

ケーススタディ

ABCは，連帯して，Xに対し300万円の借入金債務を負担している（負担部分は平等）。

その後，Xが死亡し，Aが単独でXを相続した。

➡　ABCが負担している債務はどうなるのか。

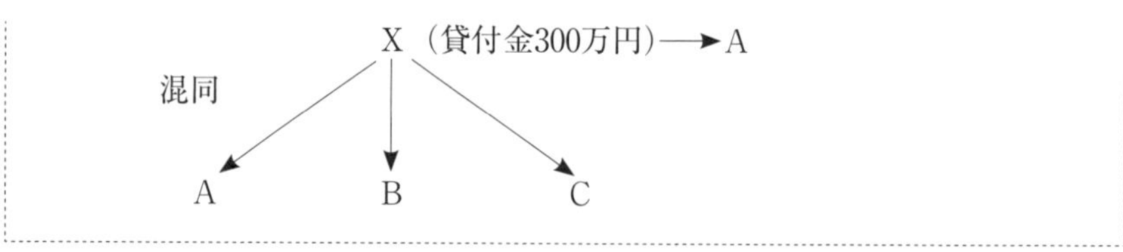

H28-17　債務者の１人と債権者の間に混同があったときは，その債務者は，**弁済をしたものとみなされる**（民§440）。

➡　つまり，連帯債務は消滅する。

プラスアルファ

債権の混同とは，債権と債務が同一人に帰属することである。この場合，一定の例外を除き，その債権は消滅する（民§520）。

【例】　ケーススタディの事例では，債権者Xが死亡し，債務者の１人であるAが単独でXを相続した。つまり，債務者の１人と債権者の間に混同が生じた。

この場合，Aは，弁済をしたものとみなされる。

➡　弁済によって債務は消滅する。つまり，B・Cも債務を免れることになる。

➡　Aは，BとCに対し，それぞれの負担部分に応じて求償を請求することができる（民§442）。

理由　混同によって弁済したものとみなされるのは，求償の循環を避ける趣旨である。

⑵　原則どおり，相対的効力であるもの

（相対的効力の原則）

第441条　第438条，第439条第１項及び前条に規定する場合を除き，連帯債務者の１人について生じた事由は，他の連帯債務者に対してその効力を生じない。（以下，省略）

絶対的効力を有すると特別の定めがある場合を除き，債務者の１人について生じた事由は，他の債務者に対してはその効力を生じない（**相対的効力の原則**）。

いくつかの具体例を掲げる。

①　債務の免除

債権者が，債務者の１人について債務を免除しても，他の債務者には効力を生じない（影響が及ばない）。 H28-17 H25-16 H15-18

【例】　ＡＢＣは，連帯して，Ｘに対し300万円の借入金債務を負担している（負担部分は平等）。

その後，Ｘは，Ａに対し，その債務を免除する意思表示をした。

➡　Ａは，Ｘに対する債務を免れるが，他の債務者ＢＣには影響が及ばない。つまり，ＢとＣは，Ｘに対して**300万円の連帯債務を負ったままである**。

理由　債権者が，債務者の１人に対して債務の免除をする場合，「他の債務者から全額の弁済を受けるので，あなたには請求しません」という意味であるのが通常である（債権額そのものが減ることを容認しているものではない）。

したがって，債務者の１人に対する免除を相対的効力とした。

・　上記の事例において，ＸがＡの債務を免除した後，ＢがＸに対して300万円の弁済をした場合，Ｂは，ＡとＣに対し，それぞれ100万円ずつ求償を請求することができる（民§445）。 R4-16

➡　Ａは，Ｘに対する債務は免れるが，他の債務者からの求償には応じる義務がある。

プラス アルファ

結局のところ，連帯債務者の１人に対する免除は，「債権者はあなたに請求しませんよ」というだけのことである。

②　消滅時効の完成

債務者の１人について消滅時効が完成しても，他の債務者には効力を生じない（影響が及ばない）。 H25-16 H10-7 H6-1 H4-4

【例】　ＡＢＣは，連帯して，Ｘに対し300万円の借入金債務を負担している（負担部分は平等）。

その後，債務者の１人Ａについて，消滅時効が完成した（他の債務者は，承認等をして消滅時効が更新されている)。

➡　AのXに対する債務は時効消滅したが，他の債務者BCには影響が及ばない。つまり，BとCは，Xに対して300万円の連帯債務を負ったままである。

理由　債権者が，「弁済の資力のある債務者から弁済を受ければいいので，資力のない債務者については気にしなくていいや」という趣旨で，消滅時効の進行を放置し，債務者の1人について消滅時効が完成することもあり得る。

この場合，債権者の考えとしては，「他の債務者から債権の全額の弁済を受けるつもり」というのが通常である。したがって，債務者の1人についての時効の完成を相対的効力とした。

・　上記の事例において，Aの債務について消滅時効が完成した後，BがXに対して300万円の弁済をした場合，Bは，AとCに対し，それぞれ100万円ずつ求償を請求することができる(民§445)。

➡　Aは，Xに対する債務は免れるが，他の債務者からの求償には応じる義務がある。

③　履行の請求，承認等による消滅時効の完成猶予(更新)

H28-17　H21-16　H19-19

債権者が，債務者の1人に対して履行の請求(催告)をした場合，その債務者については時効の完成が猶予されるが(民§150)，**他の債務者については時効の完成は猶予されない。**

H19-19　H10-7

また，債務者の1人が債権者に対して，債務の承認をした場合，その債務者については時効が更新されるが(民§152)，他の債務者については時効は更新されない。

【例】　ABCは，連帯して，Xに対し300万円の借入金債務を負担している(負担部分は平等)。

その後，Xは，Aに対して履行の請求をした(BとCに対しては請求していない)。

➡　Aについては，消滅時効の完成が猶予されるが，BとCについては完成猶予の効力は及ばない。

➡　BとCについて先に消滅時効が完成することがあり得る。

④　時効の利益の放棄

連帯債務について消滅時効が完成した後，債務者の１人が時効の利益を放棄した場合，他の債務者には効力を生じない（大判昭6.6.4）。

プラスアルファ

上記のとおり，一定の例外を除き，債務者の１人について生じた事由は，他の債務者に影響を及ぼさないのが原則であるが，債権者および他の連帯債務者の１人が別段の意思表示（特約）をしたときは，その連帯債務者に対する効力は，その意思に従うとされる（民§441ただし書）。

➡　ある連帯債務者に生じた事由について，特約をした連帯債務者に対しても効力を及ぼすことができる。

６　内部関係（求償関係）

ケーススタディ

ＡＢＣは，連帯して，Ｘに対し300万円の借入金債務を負担している。ＡＢＣの負担部分は，平等と定められている。

その後，ＡはＸに対し，300万円の弁済をした。

Ａは，他の債務者であるＢとＣに対し，何らかの支払いを請求することができるか。

(1)　求償権の意義

（連帯債務者間の求償権）

第442条　連帯債務者の１人が弁済をし，その他自己の財産をもって共同の免責を得たときは，その連帯債務者は，その免責を得た額が自己の負担部分を超えるかどうかにかかわらず，他の連帯債務者に対し，その免責を得るために支出した財産の額（その財産の額が共同の免責を得た額を超える場合にあっては，その免責を得た額）のうち各自の負担部分に応じた額の求償権を有する。

連帯債務者の１人が弁済等をしたときは，その連帯債務者は，弁済した額が自己の負担部分を超えているか否かにかかわらず，他の連帯債務者に対し，**各自の負担部分に応じた額の求償権を取得する。** R4-16 H6-1

理由　公平の観点あるいは不当利得の観点から，求償権が認められる。

【例】　ケーススタディの事例では，ＡＢＣは，連帯して，Ｘに対し300万円の借入金債務を負担している。各自の負担部分は平等（各３分の１）であるので，ＡＢＣの負担部分の額は各100万円である。

➡　ＡＢＣは，債権者Ｘとの関係では，各自が300万円を支払う義務があるが，**内部的には，各自が100万円ずつ負担すべき**ということである。

その後，ＡはＸに対し，300万円の弁済をした。

➡　Ａは，他の債務者であるＢとＣに対し，負担部分に応じた額（各100万円）の求償を請求することができる。

➡　ＢとＣがＡに対して100万円を支払えば，各自が100万円を支払ったということになる。

重要！

負担部分は，債務者間の合意（特約）で定めることができるが，特約がない場合には，当該債務を負担することによって受ける利益の割合によって定まる（大判大11.8.7）。そのような事情がなければ，平等となる。

【例】　ＡＢＣが連帯して，Ｘに対して債務を負担する場合，ＡＢＣが，「各自の負担部分は平等とする」あるいは「５：３：２とする」のように定めることができる。

・　ある債務者の負担部分をゼロとしても差し支えない。

➡　債権者に対しては債務を負うが，内部的な負担はゼロ。

➡　実質的には債務の保証をしているようなもの。

⑵　求償権の発生

①　**債務者の１人が弁済をし**，その他自己の財産をもって共同の免責を得たことが要件である。

➡　弁済，代物弁済，供託，更改または相殺をして債務を消滅させた（減少させた），ということである。また，混同も含まれる。

H元-14　②　弁済等した額は，自己の負担部分を超えていることを要しない。

【例】　Ａの負担部分は100万円であるが，ＡはＸに対して90万円を弁済した。
➡　Ａは，ＢとＣに対し，負担部分の割合に応じて，つまり30万円ずつ求償を請求することができる。

③　支出した財産の額が，共同の免責を得た額を超える場合は，その免責を得た額について，求償を請求することができる。

債務者の１人が，実際の債権額より高額の財産をもって代物弁済をしたような場合の話である。この場合は，消滅した債権の額について，求償を請求することができる。

④　求償できる額は，支出した財産の額のほか，弁済その他免責があった日以後の法定利息および避けることができなかった費用その他の損害の賠償を包含する（民§442Ⅱ）。

(3)　求償権の制限①～事前通知について

債務者の１人が弁済をする場合，事前に，弁済をする旨を他の債務者に通知していなければ，弁済をした後の求償において制限を受けることがある。

【例】　ＡＢＣは，連帯して，Ｘに対して300万円の借入金債務を負担している。各自の負担部分は，平等である。

その後，Ｃは，Ｘに対し，400万円の売買代金債権を取得した。
➡　Ｃは，「いずれ，借入金債務と売買代金債権を相殺しよう。それで300万円分はチャラになるから，残りの代金100万円をＸに請求しよう」と考えている。

その後，Ｘに対する借入金債務の弁済期が到来したので，債務者の１人Ａは，他の債務者に通知することなく，Ｘに対して300万円を弁済した。

そして，Ａは，ＢとＣに対し，100万円ずつ求償を請求した。

Ｃはびっくりである。「ちょっと待ってくれ。自分はＸに対して債権を持っていて，相殺するつもりだった。勝手に弁済されて困る。」という心境である。
➡　気持ちは分かる。

なので，このような不都合が生じないように，債務者の１人が弁済をしようとするときは，**事前に，他の債務者に対して通知をする**ことが要求された。

➡　他の債務者が債権者に対抗することができる事由を有している場合に，それを主張する機会を与える趣旨である。

（通知を怠った連帯債務者の求償の制限）
第443条　他の連帯債務者があることを知りながら，連帯債務者の１人が共同の免責を得ることを他の連帯債務者に通知しないで弁済をし，その他自己の財産をもって共同の免責を得た場合において，他の連帯債務者は，債権者に対抗することができる事由を有していたときは，その負担部分について，その事由をもってその免責を得た連帯債務者に対抗することができる。（以下，省略）

他の連帯債務者があることを知りながら，連帯債務者の１人が弁済等をすることを他の連帯債務者に通知しないで弁済等をした場合，他の連帯債務者は，債権者に対抗することができる事由を有していたときは，その負担部分について，**その事由をもって弁済をした連帯債務者に対抗することができる。**

要件は以下の３つである。

①　他の連帯債務者があることを知りながら
➡　Ａは，「ＡＢＣは連帯債務者である」と知っていた。

②　連帯債務者の１人が共同の免責を得ることを他の連帯債務者に通知（事前通知）しないで弁済等をし
➡　Ａが，ＢＣに対して「弁済しますよ」と通知しないで弁済をした。

③　他の連帯債務者が債権者に対抗することができる事由を有していた
➡　Ｃが，Ｘに対して反対債権（売買代金債権）を有していた。

この要件を満たしたときは，他の連帯債務者（Ｃ）は，その負担部分（100万円分）について，その事由（相殺）をもって弁済をした連帯債務者（Ａ）に対抗することができる。

【例】　上記の例において，Ｃは，その負担部分（100万円）について，相殺をもってＡに対抗することができる。つまり，Ａは，Ｃに対して100万円の求償を請求することができない。

➡　Ｂに対しては100万円の求償を請求することができる。

この場合，Ａは，債権者Ｘに対し，相殺によって消滅すべきであった債務の履行を請求することができる（民§443Ⅰ後段）。

(4)　求償権の制限②～事後通知について

債務者の１人が弁済をした場合，弁済したことを他の債務者に通知しなければ，自分の弁済が無意味になってしまうことがある。

【例】　ＡＢＣは，連帯して，Ｘに対して300万円の借入金債務を負担している（負担部分は平等）。

その後，Ａは，他の債務者であるＢＣに対して事前通知をした上で，Ｘに対して300万円を弁済した。

Ａは，弁済したことによって安心し，弁済が完了したことをＢＣに通知しなかった。

一方，Ｃは，Ａが弁済したことを知らず，ＡＢに対して事前通知をした上で，Ｘに対して300万円を弁済した。

➡　二重弁済。

このように，債務者の１人が弁済をした場合，弁済したことを他の債務者に通知しなければ，他の債務者がさらに弁済してしまうという事態が生じ得る。

なので，このような不都合が生じないように，債務者の１人が弁済をしたときは，**その旨を他の債務者に通知する**ことが要求された。

（通知を怠った連帯債務者の求償の制限）

第443条

２　弁済をし，その他自己の財産をもって共同の免責を得た連帯債務者が，他の連帯債務者があることを知りながらその免責を得たことを他の連帯債務者に通知することを怠ったため，他の連帯債務者が善意で弁済その他自己の財産をもって免責を得るための行為をしたときは，当該他の連帯債務者は，その免責を得るための行為を有効であったものとみなすことができる。

H28-17　弁済等をした連帯債務者が，他の連帯債務者があることを知りながら，弁済等をしたことを他の連帯債務者に通知することを怠ったため，他の連帯債務者が善意で弁済等（**二重弁済**）をしたときは，後に弁済等をした連帯債務者は，**その弁済等を有効であったものとみなすことができる。**

【例】　上記の事例では，Aが弁済をしたが，事後通知を怠っていたため，Cが善意で（Aが弁済していたとは知らずに）Xに対して債務を弁済した。

この場合，Cは，自分の弁済を有効であったものとみなすことができる。

➡　AがCに対して100万円の求償をしても，Cは拒むことができる。逆に，Cは，Aに対して100万円の求償を請求することができる。

➡　AがCから回収できなかった部分については，AはXに請求することができる（不当利得返還請求）。

(5)　事後通知を怠り，事前通知を怠って弁済した場合について

H15-18
H元-14
債務者の1人が弁済をしたが，事後通知を怠った。その後，他の債務者が事前通知をしないで弁済した場合，後の弁済者は，自己の弁済を有効であったものとみなすことができない（最判昭57.12.17）。

➡　民法443条2項の適用はなく，原則に戻って第1の弁済が有効となる。

理由　事前通知を怠った過失のある債務者を保護する必要はない。

・　後の弁済をした者は，債権者に「返してくれ」と請求することになる（不当利得返還請求）。

(6)　償還をする資力のない者がいる場合の分担

①　負担部分に応じた分担

ケーススタディ

ABCは，連帯して，Xに対して300万円の借入金債務を負担している。負担部分は平等である。そして，Aが，Xに対して300万円を弁済した。

Aは，BとCに対してそれぞれ100万円の求償を請求したが，Cは無資力であり，一銭も払えない状態である。

Cが支払うべき100万円は，だれが負担することになるのか。

> （償還をする資力のない者の負担部分の分担）
> **第444条**　連帯債務者の中に償還をする資力のない者があるときは，その償還をすることができない部分は，求償者及び他の資力のある者の間で，各自の負担部分に応じて分割して負担する。

Ｃが無資力であるため，その償還をすることができない部分（100万円）については，求償者（Ａ）および他の資力のある者（Ｂ）の間で，**各自の負担部分に応じて分割して分担する**。 H15-18

➡　ＡとＢが50万円ずつ分担する。つまり，ＡはＢに対して150万円の求償を請求することができる。

②　負担部分を有する債務者のすべてが無資力者である場合

> （償還をする資力のない者の負担部分の分担）
> **第444条**
> ２　前項に規定する場合において，求償者及び他の資力のある者がいずれも負担部分を有しない者であるときは，その償還をすることができない部分は，求償者及び他の資力のある者の間で，等しい割合で分割して負担する。

③　求償者に過失がある場合

償還を受けることができないことにつき求償者に過失があるときは，他の連帯債務者に分担を請求することができない（民§444Ⅲ）。

２　連帯債権

１　意　義

ケーススタディ

ＸＹＺは，共同して，Ａに対して300万円を貸し付けた。

この場合，ＸＹＺは，Ａに対し，それぞれ100万円ずつしか請求することができないのか。

全員がそれぞれ300万円の返済を請求することはできないのか。

連帯債権とは，複数の債権者が債務者に対して有する**性質上可分**の債権であって，法令の規定または当事者の意思表示によって連帯債権とされたものである。

R4-16 連帯債権を有するときは，各債権者は，すべての債権者のために全部または一部の履行を請求することができ，債務者は，すべての債権者のために各債権者に対して履行をすることができる（民§432）。

➡ 複数の債務者が債務を負担している場合の「連帯債務」に対応するものである。

【例】 ケーススタディの事例において，ＸＹＺの債権が連帯債権であれば，各債権者は，すべての債権者のために，全部（300万円）または一部（たとえば150万円）の履行を請求することができる。

そして，債務者（Ａ）は，すべての債権者のために，各債権者（たとえばＡ）に対して全部の履行（300万円の弁済）をすることができる。

➡ 債権者の１人に対して全部の履行がされたときは，連帯債権は消滅する。

・ 債権者の１人に対して履行がされたときは，弁済を受けた債権者は，債権者間における利益割合に応じて，**他の債権者に利益を分与する。**

プラス アルファ

債権者間の「利益割合」は，連帯債務における「負担部分」と同じようなものである。

２　連帯債権の成立

① 連帯債権とするためには，債権の目的が，その性質上可分であることを要する。

➡ 金銭債権等。

・ 債権の目的がその性質上不可分であるときは，「不可分債権」の規定が適用される（民§428）。

② 法令の規定または当事者の意思表示がある場合に連帯債権となる。

➡ 数人の債権者が金銭債権を有する場合に，「連帯債権とする」という特約をすることにより，連帯債権となる。

・　このような特約がなければ，性質上可分な債権については，（大原則として）分割債権となる（分割債権の原則。民§427）。

3　債権者の１人について生じた事由の効力について

連帯債権は，連帯債務と同様，債権者の数に応じた数個の独立した債権である。そのため，基本的には，債権者の１人について生じた事由は，他の債権者に影響を及ぼさない（原則としての相対的効力。民§435の２）。

しかし，連帯債権においては，各債権が緊密に結びついている関係であるため，債権者の１人について生じた事由が，他の債権者にも影響を及ぼすことがある（例外としての絶対的効力）。

以下，絶対的効力を有するものを掲げる。

(1)　更改または免除

（連帯債権者の１人との間の更改又は免除）
第433条　連帯債権者の１人と債務者との間に更改又は免除があったときは，その連帯債権者がその権利を失わなければ分与されるべき利益に係る部分については，他の連帯債権者は，履行を請求することができない。

連帯債権者の１人と債務者との間に更改または免除があったときは，その連帯債権者の利益割合の部分について，絶対的効力を有する。

【例】　ＸとＹは，債務者Ａに対し，300万円の連帯債権を有している（ＸとＹの利益割合は，Ｘが３分の１でＹが３分の２）。
その後，ＸはＡに対し，債務を免除した。
➡　Ｙは，（Ｘが債務を免除しなければＸに分与されるべき利益に係る部分である100万円についてはＡに請求できず）Ａに対して200万円の履行を請求することができる。

(2)　相　殺

（連帯債権者の１人との間の相殺）
第434条　債務者が連帯債権者の１人に対して債権を有する場合において，その債務者が相殺を援用したときは，その相殺は，他の連帯債権者に対しても，その効力を生ずる。

相殺は，弁済と同じようなものなので，絶対的効力を有する。

(3) 混　同

（連帯債権者の１人との間の混同）

R4-16 **第435条**　連帯債権者の１人と債務者との間に混同があったときは，債務者は，弁済をしたものとみなす。

【例】　XとYは，債務者Aに対し，300万円の連帯債権を有している（XとYの利益割合は，Xが３分の１でYが３分の２）。

その後，Aが死亡し，Xが単独でAを相続した。これにより，Aが負担していた300万円の債務は，Xが相続した。

➡　連帯債権者の１人と債務者との間に混同が生じたので，債務者は，弁済をしたものとみなされる。

➡　弁済を受けたことになるXは，他の連帯債権者であるYに対し，その利益割合の額である200万円を支払うことを要する。

プラス アルファ

上記の絶対的効力を有する事由を除き，連帯債権者の１人の行為または１人について生じた事由は，他の連帯債権者に対してその効力を生じない。ただし，他の連帯債権者の１人および債務者が別段の意思表示（特約）をしたときは，その連帯債権者に対する効力は，その意思に従うとされる（民§435の２）。

➡　ある連帯債権者に生じた事由について，特約をした（他の）連帯債権者に対しても効力を及ぼすことができる。

第5節　保証債務

Topics
・本試験で頻出の論点である。保証債務の性質，求償の要件，連帯保証など，いろいろ出題される。
・連帯保証は，連帯債務と比較して押さえておくこと。

1 総　説

1　保証債務とは

ケーススタディ

Aは，諸事情により500万円ほどお金を借りたいと思っているが，不動産を持っていないので，不動産を担保として（不動産に抵当権を設定して）お金を借りることができない（金融機関も相手にしてくれない）。

Aがお金を借りるために，何か方法はないだろうか。

この場合，いくつかの方法が考えられるが，1つの有力な方法は，誰かに保証人になってもらうことである。

➡　たとえば親のFに保証人になってもらう。

（保証人の責任等）
第446条　保証人は，主たる債務者がその債務を履行しないときに，その履行をする責任を負う。

Aの債務についてFが保証人となった場合，Aが債務を履行しないときは，Fがその履行をする責任を負う。

プラス アルファ

保証は，他人（保証人）の財産から弁済を受けるものであるので，「**人的担保**」と呼ばれる。

一方，不動産や動産などの特定の“物”を目的とした担保を，「**物的担保**」と呼ぶ。

具体的な流れ。

①　XとAは金銭消費貸借契約を締結し，XはAに500万円を貸した。

↓

② ＸとＦは，Ａが負担する500万円の借入金債務について，Ｆが保証人となる契約をした。

➡ 後述するが，保証契約は，**債権者（Ｘ）と保証人（Ｆ）の契約**でされる。

☆ ここからが運命の分かれ道である。

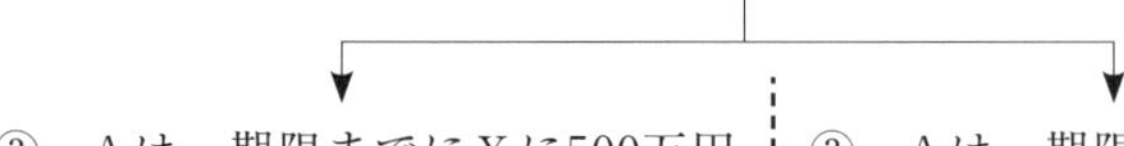

③ Ａは，期限までにＸに500万円を返済した。

↓

④ Ａの借入金債務は消滅し，Ｆの保証債務も消滅する。

➡ Ｘは満足できたので，Ｆの保証債務も当然に消滅する。

③ Ａは，期限までにＸに500万円を返済できなかった。

↓

④ Ｘは，保証人Ｆに対し，500万円の返済を請求することができる。

↓

⑤ Ｆは，（ものすごく嫌だが）Ｘに500万円を支払った。

↓

⑥ Ｆは，Ａに対し，500万円の求償を請求することができる。

➡ Ｆは，Ａから500万円の回収ができれば良いが，できなかったらかなり辛い。

2　保証債務の性質

⑴　保証債務の別個独立性

保証債務は，主たる債務とは別個独立の債務である。

⑵　主たる債務との内容の同一性

保証債務は，主たる債務を保証するものであるから，その内容は，主たる債務と同じものとなる。

プラスアルファ

主たる債務が特定物の給付のような場合（他の物をもって代えることができないような場合）は，保証債務は，主たる債務の不履行による損害賠償債務を保証するものとなる（大決大13.1.30）。

(3) 付従性

保証債務は，主たる債務の履行を担保するものである。つまり，主たる債務があっての保証債務である。

そのため，保証債務は，主たる債務に付き従うという性質を有する（付従性）。

① 成立における付従性

主たる債務が不成立であるときは，保証債務も成立しない。 H10-7

➡ 主たる債務が無効である，あるいは取り消された場合は，保証債務も効力を生じない。

・ ただし，行為能力の制限によって取り消すことができる債務を保証した者は，保証契約の時において**その取消しの原因を知っていたときは**，主たる債務の不履行の場合またはその債務の取消しの場合においてこれと同一の目的を有する独立の債務を負担したものと推定される（民§449）。

➡ 取消しの原因を知った上で保証をしたということは，主たる債務が取り消されてもそれと同一内容の債務を負担する意思があったと推測できるからである。

② 消滅における付従性

主たる債務が消滅したときは，保証債務も消滅する。

【例】 ＡがＸに対して負担する100万円の借入金債務について，Ｂが保証人となった。その後，ＡはＸに対し，100万円の弁済をした。

➡ ＡのＸに対する借入金債務（主たる債務）は消滅し，ＢのＸに対する保証債務も当然に消滅する。

③ 内容における付従性

保証債務は，主たる債務の履行を担保するものであるから，保証債務が主たる債務より重たいことは許されない。

➡ 保証人の負担が債務の目的または態様において主たる債務より重いときは，保証債務は主たる債務の限度に縮減される（民§448Ⅰ）。

・ 保証契約が締結された後に，主たる債務の内容に変更が生じた場合，基本的には，保証債務についても変更の効力が及ぶ。

ただし，保証契約が締結された後に主たる債務の目的または態様が加重されたときは，保証人の負担は加重されない（民§448Ⅱ）。

理由　保証人の関与なく，勝手に負担を増やすことは許されない。

(4) 随伴性

債権者が，主たる債務である債権を第三者に譲渡したときは，保証債務もそれに随伴する。

➡ 保証債務についても，譲受人が債権者となる。

H8-7　・ 譲渡人が，主たる債務者に対して債権譲渡の通知をしたときは，主たる債務者に対してだけでなく，保証人に対しても，債権譲渡を対抗することができる（民§467，大判明39.3.3）。

H16-17　➡ 一方，譲渡人が，保証人に対してのみ債権譲渡の通知をした場合は，
H5-5　債権譲渡を主たる債務者や保証人に対抗することができない。

(5) 補充性

保証人は，主たる債務者が債務を履行しないときに，補充的に，債務を履行する責任を負う。

➡ 大原則として，主たる債務者が自らの債務を履行すべきである。

保証債務にはこのような補充性があるので，保証人には，催告の抗弁権（民§452）と検索の抗弁権（民§453）が認められている（後述）。

➡ なお，連帯保証においては，補充性に基づく抗弁権は認められない（民§454）。

2 保証債務の成立

1 保証契約

(1) 当事者

保証契約は，債権者と保証人となる者の契約によってされる。

重要！

主たる債務者は，保証契約の当事者ではない。

【例】 AのXに対する借入金債務について，Bが保証人となるときは，XとBが保証契約を締結する。

(2) 保証契約の要式性

保証契約は，書面（または電磁的記録）でしなければ，その効力を生じない（民§446ⅡⅢ）。 H27-17

➡ 口頭で保証契約を締結しても，効力を生じない。

理由 保証人となる者に，慎重な判断を促すためである。安易に口頭で保証の約束をして，後で酷い目にあうことを防止する趣旨である。

(3) 保証人の資格

保証人の資格については，特に制限はない。ただし，"債務者が保証人を立てる義務を負う場合"には，保証人は以下の要件を満たしている必要がある（民§450）。

① 行為能力者であること。
② 弁済をする資力を有すること。

(4) 保証債務についての違約金等

保証債務についてのみ，違約金または損害賠償の額を約定することができる（民§447Ⅱ）。 H5-5

理由 保証債務と主たる債務は別個の債務であるので，保証債務についてのみ違約金（損害賠償の額）を約定することは特に問題ない。

➡ 違約金や損害賠償の額を定めるだけなので，主たる債務より目的や態様が重くなるわけではない（民§448Ⅰ参照）。

2 保証債務の範囲

(1) 原　則

保証債務の内容は，当事者の合意によって定まるが，特段の合意がない場合には，主たる債務に関する利息，違約金，損害賠償その他その債務に従たるすべてのものを包含する（民§447Ⅰ）。

【例】 借入金債務を保証した者は，その元本のほか，利息や遅延損害金（損害賠償）についても履行をする責任を負う。

・ 主たる債務の元本の全部ではなく，その一部についてのみ保証をすることも可能である。

(2) 契約の解除による原状回復の義務について

H31-16 特定物の売買契約における売主の債務について保証がされた場合，保証債務の範囲には，その契約の（売主の債務不履行による）解除に基づく原状回復の債務（民§515Ⅰ）も含まれる（最判昭40.6.30）。

【例】 ＡとＸは，Ａの所有する甲土地をＸに売り渡す契約をした。そして，売主Ａの債務（甲土地の引渡しの債務）について，Ｂが保証人となった。

その後，ＸはＡに代金を支払ったが，ＡはＸに甲土地を引き渡さなかった。そのため，Ｘは，売買契約を解除した。

➡ 売買契約の解除により，Ａは，原状回復の義務（受け取った売買代金＋利息をＸに返還する義務）を負う。

➡ 売主Ａの保証人Ｂは，この原状回復の義務についても，履行の責任を負う。

3 保証債務の効力

1 対外的効力（保証人の抗弁権）

保証人は，主たる債務者が債務の履行をしないときに，履行の責任を負う（保証債務の補充性）。

この性質から，保証人には，「催告の抗弁権」と「検索の抗弁権」という２つの抗弁権が認められている。

また，保証債務は主たる債務に付従するので，保証人は，主たる債務者が有する抗弁権を行使することもできる。

(1) 催告の抗弁

（催告の抗弁）
第452条 債権者が保証人に債務の履行を請求したときは，保証人は，まず主たる債務者に催告をすべき旨を請求することができる。ただし，主たる債務者が破産手続開始の決定を受けたとき，又はその行方が知れないときは，この限りでない。

【例】　AがXに対して負担する100万円の借入金債務について，Bが保証人となった。
その後，Xは，保証人Bに対し，100万円を支払ってくれと請求してきた。
この場合，Bは，「**まずは主たる債務者Aに催告してくれ**」と請求することができる。

重要❗

通常の保証ではなく，連帯保証をした者は，催告の抗弁権を有しない（民§454）。

⑵　検索の抗弁

（検索の抗弁）
第453条　債権者が前条の規定に従い主たる債務者に催告をした後であっても，保証人が主たる債務者に弁済をする資力があり，かつ，執行が容易であることを証明したときは，債権者は，まず主たる債務者の財産について執行をしなければならない。

【例】　AがXに対して負担する100万円の借入金債務について，Bが保証人となった。
その後，Xは，主たる債務者Aに履行の請求をしたが，Aは履行をしなかった。そこで，Xは，保証人Bに対し，履行の請求をした。
この場合，Bが，「Aはお金を持ってるよ。銀行預金があるから，執行しやすいですよ」と証明したときは，Xは，まずAの財産について執行（差押え）をすることを要する。

・　保証人は，「**債務者に弁済をする資力があること**」と「**執行が容易であること**」の両方を証明する必要がある。

・　「弁済をする資力」については，債務の全部を弁済するだけの資力があることは要しない。 H13-15
➡　債務の一部を弁済する資力でもよい（大判昭8.6.13）。

・　主たる債務者が不動産を所有している場合，「執行が容易」とはいえない。

➡　不動産の執行（差し押さえて競売する）はけっこう面倒くさいし時間がかかる。

重要❗

通常の保証ではなく，連帯保証をした者は，検索の抗弁権を有しない（民§454）。

・　保証人が催告の抗弁や検索の抗弁をしたにもかかわらず，債権者が手続を怠ったために弁済を受けられなかったときは，保証人は，一定の限度において義務を免れる（民§455）。

(3)　主たる債務者が主張することができる抗弁

H10-7
H6-1
H5-5

保証人は，主たる債務を保証するものであるから，主たる債務者が主張することのできる抗弁は，**保証人も主張することができる**（民§457Ⅱ）。

【例】　主たる債務者が債権者に対して同時履行の抗弁（民§533）を主張することができる場合は，保証人もその抗弁を主張して，履行を拒むことができる。

(4)　主たる債務者が相殺権，取消権または解除権を有する場合

主たる債務者が債権者に対して相殺権，取消権または解除権を有する場合，実際にその権利を行使することができるのは，主たる債務者のみである。

➡　保証人が，主たる債務に関する契約を取り消すことはできない。

かといって，このような場合に，保証人に何の権利も認めないのは，保証人にとって酷である。

そこで，主たる債務者が**相殺権，取消権**または**解除権**を有するときは，これらの権利の行使によって主たる債務者がその債務を免れるべき限度において，保証人は，**債務の履行を拒むことができる**とされた（民§457Ⅲ）。

【例】　ＡのＸに対する100万円の借入金債務について，Ｂが保証人となった。その後，Ａは，Ｘに対し，30万円の売買代金債権を取得した。

➡　主たる債務者Ａは，債権者Ｘに対し，相殺権を有している（借入金債務と売買代金債権について，30万円を限度にチャラにできる）。

この後にＸがＢに対して保証債務の履行を請求してきたときは，Ｂは，

30万円の限度で，保証債務の履行を拒むことができる。

(5)　主たる債務の消滅時効の援用

主たる債務について消滅時効が完成したときは，保証人は，その消滅時効を援用することができる（民§145）。

2　主たる債務者が期限の利益を喪失した場合等の債権者による情報の提供義務

主たる債務者が期限の利益を有する場合において，主たる債務者がその期限の利益を喪失したときは，債権者は，保証人（法人を除く）に対して，期限の利益を喪失したことを**知った時から２か月以内に**，その旨を通知しなければならない（民§458の３Ⅰ）。 R2-16

理由　主たる債務者が期限の利益を喪失すると，保証人も，期限の利益を主張することができなくなる。また，期限の利益を喪失すると，その時から高額の遅延損害金が発生することがある。そういったことから，主たる債務者が期限の利益を喪失したときは，速やかに，その事実を保証人に知らせる必要がある。

重要！

この通知の義務は，保証人が法人である場合には適用されない（民§458の３Ⅲ）。
➡　個人である保証人を保護する趣旨である。

・　債権者が，２か月以内に上記の通知をしなかったときは，その通知をした時までに発生した遅延損害金（期限の利益を喪失しなかったとしても生じていたものを除く）について，保証債務の履行を請求することができない（同Ⅱ）。 R2-16

・　保証人が，主たる債務者から委託を受けて保証をした場合において，保証人の請求があったときは，債権者は，保証人に対し，主たる債務の履行状況について情報を提供することを要する（民§458の２）。 R2-16

3　主たる債務者または保証人について生じた事由の効力

(1)　主たる債務者について生じた事由の効力

保証債務は，主たる債務に付従するので，主たる債務者について生じた事由は，原則として，**保証人にも効力が及ぶ**。

① 消滅時効の完成猶予または更新について

> **（主たる債務者について生じた事由の効力）**
> **第457条**　主たる債務者に対する履行の請求その他の事由による時効の完成猶予及び更新は，保証人に対しても，その効力を生ずる。

H29-6 H28-17 H24-6 H19-19 H13-15

債権者が主たる債務者に対して履行の請求等をしたため，消滅時効の完成が猶予された場合（民§147），保証人の債務についても，消滅時効の完成が猶予される。

また，主たる債務者が債務の承認等をしたため，消滅時効が更新された場合（民§152），保証人の債務についても，消滅時効が更新される。

② 時効利益の放棄について

H29-6 H19-19 H5-3

主たる債務について消滅時効が完成した後，主たる債務者が時効の利益を放棄した場合，その効果は保証人には及ばない（大判昭6.6.4）。

➡ 保証人は，主たる債務の消滅時効を援用して，保証債務の消滅を主張することができる（大判昭8.10.13）。

理由　時効利益の放棄（いったん取得した権利の放棄）は，相対的なものである。また，保証人が関与しないところで，保証人を不利な地位に置くべきではない。

重要！

時効完成前の承認と時効利益の放棄をしっかり区別すること。

(2) 保証人について生じた事由の効力

保証人について生じた事由に関しては，弁済等の債務を消滅させる行為を除いて，**主たる債務者に影響を及ぼさない。**

・ 保証人が保証債務の承認をした場合，保証債務の消滅時効は更新されるが（民§152），主たる債務の消滅時効は更新されない。

プラスアルファ

上記の場合，主たる債務の消滅時効は更新されないので，保証債務より先に主たる債務の消滅時効が完成することがあり得る。

H16-17

この場合，保証人も，主たる債務の消滅時効を援用することができ，付従性により保証債務も消滅する。

➡　保証債務が時効消滅するわけではないが，主たる債務の時効消滅に基づく付従性により，保証債務も消滅する。

重要！

消滅時効に関しては，完成前の完成猶予（更新）か完成後の時効利益の放棄か，また主たる債務者について生じたのか保証人について生じたのかによって結論が変わってくる。かなり紛らわしいが，それ故に試験ではよく出題される。しっかり整理して押さえていただきたい。

４　主たる債務者と保証人の内部関係

⑴　保証人の求償権（総説）

保証人が債務を弁済した場合，それは“保証債務”という自己の債務の弁済であるが，実際のところは，主たる債務者が負担している債務の弁済（他人の債務の弁済）ということができる。

したがって，保証人が債務を弁済したときは，保証人は，主たる債務者に対し，一定の額の求償を請求することができる。

・　保証人が求償を請求することができる額については，その保証の性質（主たる債務者から委託を受けて保証人となったのか否か等）に応じて，大きく以下の３つに分けることができる。

①　主たる債務者から委託を受けて保証人となった者が弁済をした。

➡　弁済をした金額＋利息等について求償を請求できる（民§459，442Ⅱ）。

➡　受任者の費用償還請求権（民§650Ⅰ）と同様の性格といえる。

②　主たる債務者から委託を受けていないが，保証をすることが主たる債務者の意思に反していない場合に，その保証人が弁済をした。

➡　弁済をした当時に主たる債務者が利益を受けた限度において求償を請求できる（利息等は請求できない，民§462Ⅰ，459の２Ⅰ）。

➡　本人の意思に反しない事務管理の費用償還請求権（民§702Ⅰ）と同様の性格といえる。

③　主たる債務者から委託を受けておらず，また保証をすることが主たる債務者の意思に反する場合に，その保証人が弁済をした。

➡　（保証人が求償を請求する時に）主たる債務者が現に利益を受けてい

る限度において求償を請求できる（保証人が弁済をした後に主たる債務者が取得した反対債権をもって保証人に対抗できる，民§462Ⅱ）。

➡　本人の意思に反する事務管理の費用償還請求権（民§702Ⅲ）と同様の性格といえる。

以下，詳しく解説する。

⑵　委託を受けた保証人の求償権①～事後求償権

①　弁済期後に保証人が弁済をした場合

（委託を受けた保証人の求償権）
第459条　保証人が主たる債務者の委託を受けて保証をした場合において，主たる債務者に代わって弁済その他自己の財産をもって債務を消滅させる行為（以下「債務の消滅行為」という。）をしたときは，その保証人は，主たる債務者に対し，そのために支出した財産の額（その財産の額がその債務の消滅行為によって消滅した主たる債務の額を超える場合にあっては，その消滅した額）の求償権を有する。
２　第442条第２項の規定は，前項の場合について準用する。

H7-6　主たる債務者から委託を受けて保証人となった者が弁済をした場合，その保証人は，主たる債務者に対し，**支出した金額**＋弁済した日以後の法定利息（年３％）＋避けることができなかった費用について求償を請求することができる。

【例】　ＡはＸに対して100万円の借入金債務を負担しているが，ＡはＢに対し，「この債務の保証人になってくれないか」と委託した。Ｂはこれに応じ，Ａの債務の保証人となった。
　その後，Ａの債務の弁済期が到来したが，Ａが支払えなかったので，ＢはＸに対し100万円を弁済した。
➡　Ｂは，Ａに対し，100万円＋弁済した日以後の法定利息について求償を請求することができる。

・　保証人が支出した財産の額が，その弁済によって消滅した主たる債務の額を超える場合には，その消滅した額が限度となる。

【例】　主たる債務の額より高額な財産をもって代物弁済をした。
➡　主たる債務の額を限度として求償を請求することができる。

②　主たる債務の弁済期前に保証人が弁済した場合

主たる債務者から委託を受けて保証人となった者が，主たる債務の弁済期前に弁済をした場合，その保証人は，主たる債務者に対し，主たる債務者がその当時利益を受けた限度において求償を請求することができる（民§459の2Ⅰ前段）。

“その当時利益を受けた限度”とは，基本的には，保証人が支出した財産の額であるが，保証人が弁済をする前に主たる債務者が債権者に対して反対債権を取得していたような場合には，相殺によって消滅すべき額については，求償を請求することができないということである。

➡　求償を請求できない部分については，債権者に請求することができる（同Ⅰ後段）。

理由　主たる債務者は，（自分が負担する債務と自分が有する債権に関して）対当額については相殺によって消滅させることができるという期待を有していたはずなので，それを保護する趣旨である。

・　主たる債務の弁済期前に保証人が弁済をした場合，保証人は，主たる債務の**弁済期以後の法定利息**および避けることができなかった費用についても，請求することができる（同Ⅱ）。 H7-6

・　保証人は，主たる債務の弁済期後でなければ，求償を請求することができない（同Ⅲ）。

➡　主たる債務者は，弁済期までは，期限の利益を有しているからである。

(3)　委託を受けた保証人の求償権②～事前求償権

①　意義，要件

主たる債務者の委託を受けて保証人となった者は，一定の事由が生じたときは，主たる債務者に対し，**あらかじめ求償権を行使することができる**（事前求償権）。

➡　保証債務を履行する前に，主たる債務者に前払いを請求することができる。

理由　委任契約がされた場合，受任者は委任者に対し，費用の前払いを請求することができるが（民§649），これと同様の趣旨である。

ただし，保証人が常に主たる債務者に対して前払いを請求できるとなると，“保証”の意味がなくなるので，一定の場合に限って事前求償をすることができるとされた。

事前求償をすることができるのは，以下の場合である（民§460）。

㋐　主たる債務者が破産手続開始の決定を受け，かつ，債権者がその破産財団の配当に加入しないとき（同①）。 ㋑　債務が弁済期にあるとき。ただし，保証契約の後に債権者が主たる債務者に許与した期限については，保証人に対抗することができない（同②）。 ㋒　保証人が過失なく債権者に弁済をすべき旨の裁判の言渡しを受けたとき（同③）。

H7-6

②　主たる債務者の保護

保証人が主たる債務者に対して事前求償権を行使し，主たる債務者が保証人に対して前払いをした場合，保証人がきちんと債権者に弁済してくれれば問題ないが，債権者に弁済をしないで逃亡するおそれもなくはない。

そこで，主たる債務者を保護する規定が置かれている（民§461）。

➡　保証人に担保を供させるなど。

③　物上保証人が事前求償をすることの可否

他人（主たる債務者）の債務を担保するために，自己の所有する不動産に抵当権等を設定した者を「物上保証人」という。

【例】　AはXに対して500万円の借入金債務を負担している。そして，Bは，このAの債務を担保するため，自分の所有する甲土地に抵当権を設定した。

➡　Bは「物上保証人」という立場である。

➡　Aが債務を弁済しない場合は，抵当権者であるXは甲土地を差し押さえ，競売し，その売却の代金から優先して弁済を受けることができる。

プラスアルファ

Bは，普通の「保証人」ではない。Xに対して債務（保証債務）を負担しているわけではない。

➡　Aが債務を弁済しなければ，抵当権が実行され，自分の所有している甲土地が取り上げられるという立場である（債務はないが，責任はある）。

・　主たる債務者から委託を受けて物上保証人となった者は，被担保債権の弁済期が到来したとしても，債務者に対し，**事前求償権を行使することはできない**（最判平2.12.18）。

理由　①　物上保証の委託は，担保物権の設定の委任であり，債務を負担することについての委任ではない。

②　物上保証人は，債務を負担するものではなく，抵当不動産の価額の限度で責任を負担するに過ぎない。

③　求償権の範囲は，抵当不動産が売却されて配当がされるまで確定しない。

(4)　委託を受けない保証人の求償権

主たる債務者から委託を受けていない保証人については，事後求償権は認められるが，事前求償権は認められない。

理由　保証人になってほしいという委託がないのだから，費用の前払いの請求は認めるべきではない。

委託を受けない保証人の事後求償権の範囲（限度）については，①保証をしたことが主たる債務者の意思に反していない場合と，②保証をしたことが主たる債務者の意思に反している場合で異なる。

①　保証をしたことが**主たる債務者の意思に反していない**場合

その保証人が弁済をしたときは，保証人は，主たる債務者に対し，主たる債務者が**その当時利益を受けた限度において**求償を請求することができる（民§462Ⅰ，459の２Ⅰ）。

H7-6
・「その（弁済の）当時利益を受けた限度」において求償を請求することができるので，保証人が弁済した日以後の法定利息等は請求することができない。

理由　主たる債務者から委託を受けていないので，主たる債務者と保証人の間で委任のような関係は存在せず，法定利息等の求償を認めるべきではない。

➡　考え方としては，事務管理（民§702）に近い。

・「その（弁済の）当時利益を受けた限度」とは，基本的には，保証人が支出した財産の額であるが，保証人が弁済をする前に主たる債務者が債権者に対して反対債権を取得していたような場合には，相殺によって消滅すべき額については，求償を請求することができないということである。

②　保証をしたことが**主たる債務者の意思に反する**場合

H27-17
その保証人が弁済をしたときは，主たる債務者が**現に利益を受けている限度においてのみ**，求償を請求することができる（民§462Ⅱ）。

・「現に」とは，**“保証人が求償を請求した時”**の意味である。弁済の時ではない。

・「求償時に現に利益を受けている限度」ということは，たとえば，保証人が弁済をした後，求償を請求するまでの間に，主たる債務者が債権者に対して債権（反対債権）を取得した場合は，主たる債務者は，相殺をもって保証人に対抗することができる。

➡　保証人からの求償の請求に応じる必要がない。

➡　主たる債務者から償還を受けられなかった保証人は，債権者に対して請求することになる（民§462Ⅱ後段）。

【例】　ＡはＸに対して100万円の借入金債務を負担している。そして，このＡの債務について，Ｂが保証人となった（ＡはＢに対して保証人になることを委託していないし，かつ，Ｂが保証人となることはＡの意思に反している）。

↓

保証人Ｂは，Ｘに対して100万円を弁済した。

↓

主たる債務者Aは，Xに対し，80万円の売買代金債権を取得した。

↓

Bは，Aに対し，100万円の求償を請求した。

↓

Aは，80万円分については相殺による消滅を主張することができる。つまり，Bに対して20万円を支払えば足りる。

↓

Bは，相殺の主張をされてしまった80万円については，Xに請求することができる。

(5)　求償権の制限（通知義務）

保証債務においても，連帯債務と同様，事前通知や事後通知の義務が規定されている。

確認

事前通知：弁済をする前に，「これから弁済をしますよ」ということを通知する。
➡「債権者に主張することができる事由があるなら，知らせてください。」という意味。

事後通知：弁済をした後に，「弁済しましたよ」ということを通知する。
➡「もう債権者に弁済しなくていいですよ」ということを知らせる意味。

結論から述べると，保証人が弁済をする場合は，**事前通知と事後通知の双方**が必要であり，主たる債務者が弁済をする場合は，**事後通知のみが必要**である。

➡　主たる債務者が弁済をする場合，保証人に対する事前通知は不要である。

理由　事前通知は，求償権の制限に関する規定である。
主たる債務者が弁済をした場合，保証人に求償することはないので（自分の債務を弁済しただけであり，保証人に求償することはあり得ない），事前通知を求める意味がない。

①　保証人が事前通知を怠った場合

主たる債務者から委託を受けて保証人となった者が，主たる債務者に対 H8-7

して事前通知をしないで弁済をした場合，主たる債務者は，債権者に対抗することができた事由をもって保証人に対抗することができる（民§463Ⅰ）。

➡　**保証人の求償権が制限される。**

・　主たる債務者が債権者に対して反対債権を有していたときは，相殺をもって保証人に対抗することができる。

・　主たる債務者が債権者に対して同時履行の抗弁権（民§533）を有していたときは，債権者が反対給付を履行するまで，求償に応じる必要がない。

・　主たる債務が時効消滅していた場合，債務が消滅していることをもって保証人に対抗することができる。

プラスアルファ

主たる債務者から委託を受けていない保証人については，事前通知の規定は適用されない。委託を受けていない保証人については，そもそも求償権が制限されている（弁済の当時または求償の当時に利益を受けた限度においてのみ求償権を有する）。

②　保証人が事後通知を怠った場合

H7-6

保証人が弁済をしたが，主たる債務者に対して事後通知をしなかった場合，その後に主たる債務者が善意で弁済（二重弁済）をしたときは，主たる債務者は，**自分の弁済を有効であったものとみなすことができる**（民§463Ⅲ）。

つまり，主たる債務者は，先に弁済をした保証人からの求償に応じる必要がない。

➡　先に弁済をした保証人は，債権者に償還を請求することができる。

・　事後通知の規定は，その保証人が主たる債務者から委託を受けているか否かにかかわらず，適用される。

➡　“二重弁済を避ける”という意味では，委託の有無は関係ない。

③　主たる債務者が事後通知を怠った場合

主たる債務者が弁済をしたが，保証人（主たる債務者から委託を受けた者に限る）に対して事後通知をしなかった場合，その後に保証人が善意で弁済（二重弁済）をしたときは，その保証人は，自分の弁済を有効であったものとみなすことができる（民§463Ⅱ）。 H28-17 H7-6

つまり，後に弁済をした保証人は，主たる債務者に対し，求償を請求することができる。

➡　先に弁済をした主たる債務者は，債権者に償還を請求することができる。

アルファ

主たる債務者が事後通知をする必要があるのは，“主たる債務者から委託を受けた”保証人に対してのみである。 H7-6

➡　主たる債務者が委託をしていない保証人がいる場合，その者に対しては事後通知をする必要はない。

➡　自分が頼んだわけではなく，勝手に保証人になったのだから，事後通知の義務を課すのは不当である。

4　共同保証

ケーススタディ

ＡはＸに対して100万円の借入金債務を負担している。そして，この債務について，ＢとＣが保証人となった。

ＢとＣは，それぞれ100万円全額の弁済の義務を負うのか。それとも，分割された額についてのみ弁済の義務を負うのか。

1　意　義

共同保証とは，同一の債務について，保証人が数人いることをいう。

2　共同保証人の負担

保証人が数人いる場合，各保証人は，原則として，保証人の数に応じて分割された額についてのみ，債務を負担する（民§456，427，**分別の利益**）。 H8-7

【例】　ケーススタディの事例では，ＢとＣは，特別の定めがなければ，50万円ずつ履行する義務を負う。

・　数人の保証人が，各別の行為によって保証人となった場合でも，分別の利益を有する（民§456）。

ただし，以下に掲げる場合には，各保証人は分別の利益を有せず，各保証人が債務の全額について履行の責任を負う。

①　主たる債務が不可分である場合。
➡　債務が分割できないので，全部の履行をするしかない。

②　各保証人が全額の弁済をする旨の特約がある場合（保証連帯）。

③　その保証が**連帯保証**である場合。

プラスアルファ

保証連帯と連帯保証はまったく違うので，注意。連帯保証は後述。

H31-16　➡　保証連帯の場合は，保証の性質としては通常の保証と変わらないので，補充性に基づく抗弁権（催告・検索の抗弁権）が認められるが，連帯保証においては補充性に基づく抗弁権が認められない。

3　共同保証人間の求償関係

共同保証人の１人が弁済をした場合の求償については，①主たる債務者に対する求償と，②他の共同保証人に対する求償の２つの論点がある。

主たる債務者に対する求償については，既述のとおりなので，ここでは他の共同保証人に対する求償について解説する。

(1)　分別の利益がない場合

H6-1　各保証人について分別の利益がない場合，保証人の１人が自己の負担部分を超える額を弁済したときは，その保証人は，他の保証人に対して，各自の負担部分について求償を請求することができる（民§465 I，442）。

重要！

H16-17　**他の保証人に求償を請求することができるのは，保証人の１人が，自己の負担部分を超える額を弁済した場合に限られる。**

➡　自己の負担部分を超えない額の一部弁済をしたに過ぎないときは，他の保証人に対して求償を請求することができない。

➡　自己の負担部分内の弁済については，主たる債務者に対する求償で満足すべきである。

連帯債務者の１人が弁済をした場合（民§442Ⅰ）とは異なるので，要注意。

⑵　分別の利益がある場合

主たる債務者から委託を受けていない保証人が弁済をした場合の求償に関する規定が準用される（民§465Ⅱ，462）。

5　連帯保証

1　意義，成立

⑴　意　義

連帯保証とは，**主たる債務者と連帯して債務を負担する形**の保証である。

保証であることに変わりはないが，主たる債務者と連帯して債務を負担するので，通常の保証人に比べて，連帯保証人の負担は重い。

➡　裏を返すと，債権者にとってはありがたい（債権の効力が強化される）。

プラスアルファ

実際の取引においては，一般的な保証は少なく，ほとんどが連帯保証である。

⑵　成　立

保証契約において，連帯して保証する旨の特約をすることによって成立する。

2　性　質

⑴　連帯保証の特徴

連帯保証は，主たる債務者と連帯して債務を負担する形の保証であるので，主たる債務との主従の関係は，通常の保証と比べて薄くなっている。

➡　連帯“保証人”であるが，その地位は，**主たる債務者と同じようなもの**である。

H5-5　具体的には，連帯保証人には，**補充性に基づく抗弁権（催告の抗弁権や検索の抗弁権）がない**（民§454）。

➡　債権者が，（主たる債務者に請求することなく）いきなり連帯保証人に履行を請求してきた場合，連帯保証人は，「まずは主たる債務者に請求してくださいよ」と言えない。けっこう辛い。

H27-17
H16-17
・　共同保証の形である場合，連帯保証人には分別の利益がない。

➡　全額の履行をする責任を負う。

(2)　付従性について

連帯保証も保証であることに変わりはないので，主たる債務に対する付従性がある。

➡　主たる債務が成立しなければ連帯保証も成立しないし，主たる債務が消滅すれば当然に連帯保証人の債務も消滅する。

・　主たる債務者について生じた事由は，当然に連帯保証人にも効力が及ぶ。

3　連帯保証人について生じた事由の効力

連帯保証は，主たる債務者と連帯して債務を負担する形の保証であるので，連帯債務に関する規定の一部が準用されている（民§458）。

➡　連帯保証人について生じた事由が，主たる債務者にも影響を及ぼすことがある。

・　債権者と連帯保証人の間で，「更改」，「（連帯保証人が債権者に対して有する債権との）相殺」，「混同」があったときは，主たる債務者にも効力を生ずる。

6　個人根保証契約

1　根保証契約の意義

通常の保証は，主たる債務者が負担している１個または数個の特定の債務を保証するものである。

【例】　主たる債務者であるＡは，Ｘに対して，令和４年５月10日付け金銭消費貸借契約に基づく100万円の借入金債務を負担している。そして，Ｂは，Ａが負担する当該借入金債務を保証する契約を，Ｘとの間で締結をした。

➡　保証人は，既に存在している特定の債務を保証している。

一方，現実の取引社会においては，債権者と主たる債務者の間で，**継続的に取引**がされることが多い。

【例】　家電の小売店であるＡは，家電メーカーであるＸから継続的にテレビの供給を受けている（Ａのお店でテレビが売れると，Ｘからテレビを供給してもらっている）。

このような場合，ＡがＸからテレビを購入するたびに，その代金債務について保証人を立てるのは面倒くさい。

➡　月に何回も保証契約をしなければならない。

そこで，債権者と主たる債務者の間で継続的に取引がされているような場合は，主たる債務者が負担する債務をまとめて（これから負担する債務も含めて）保証することができるものとされた。

このような保証を，**根保証**（ねほしょう）という。

重要！

ポイントは，主たる債務者が今現在負担している債務だけでなく，これから負担する（将来発生する）債務もまとめて保証できるということ。

２　根保証をする個人の保護

⑴　意　義

根保証は確かに便利だが，**保証人にとってはリスクが大きい。**

これから発生する債務も保証することになるから，最終的に債務の額がいくらになるのかが分からない。

➡　今後，ＡがＸからたくさんのテレビを購入したら，それだけ代金債務の総額（＝保証人が負担する額）も増える。

そのため，根保証をする場合は，保証人の保護をしっかりと考える必要がある。

プラスアルファ

法人（会社）が保証人となる場合は，事業者として，リスクとリターンを計算して保証人となるはずなので，特段の保護を考える必要はない。

一方，個人が保証人となる場合は，あまりリスクも考えず，“頼まれて断れないから”，“絶対に迷惑をかけないと言われたから”といった理由で保証人となり，後で莫大な額の保証債務の履行を請求され，生活が破綻してしまうということが起こり得る。

そこで，民法は，**個人が保証人となる根保証契約**について，保証人の保護を図る規定を設けた。

(2)　極度額の定め

（個人根保証契約の保証人の責任等）
第465条の２　一定の範囲に属する不特定の債務を主たる債務とする保証契約（以下「根保証契約」という。）であって保証人が法人でないもの（以下「個人根保証契約」という。）の保証人は，主たる債務の元本，主たる債務に関する利息，違約金，損害賠償その他その債務に従たる全てのもの及びその保証債務について約定された違約金又は損害賠償の額について，その全部に係る極度額を限度として，その履行をする責任を負う。

極度額とは，**保証の限度額**である。

➡　主たる債務者が，最終的にどれだけの債務を負担するかは分からないが，保証人は極度額を限度として債務を履行する責任を負う。

極度額という保証人の負担の限度額を定めておけば，“債務がいくらになるか分からない”という不安定な状況に置かれなくて済む。

【例】　ＡはＸから継続的にテレビの供給を受けているが，Ｂは，ＡがＸに対して負担するテレビの代金債務をまとめて（これから発生する分も含めて）保証することとした（根保証）。

この根保証契約において，極度額は100万円と定められた。

その後，ＡとＸは頻繁にテレビの売買をして，最終的な代金債務の額は186万円となった。

➡　保証人Ｂは，100万円を限度として，Ｘに債務を履行すれば足りる。100万円を超える86万円分については，Ｂは責任を負わない。

H27-17　・　個人が保証人となる根保証契約（個人根保証契約）は，**極度額を定めな**

ければ，その効力を生じない（民§465の２Ⅱ）。

・　この極度額の定めは，書面（または電磁的記録）ですることを要する（民§465の２Ⅲ，446ⅡⅢ）。

(3)　個人貸金等根保証契約における元本の確定期日

①　主たる債務の元本の確定期日とは

主たる債務の元本の確定期日とは，主たる債務の元本が確定する日である。そして，主たる債務の**元本の確定**とは，保証されるべき主たる債務が具体的に確定することである。

根保証契約がされた場合は，既に発生している債務だけでなく，保証契約以後に発生する債務も保証することになる。

そして，保証契約がされた後，元本の確定期日の到来等，元本の確定事由が生じたときは，その時点で主たる債務者が負担している債務のみが保証されるということが確定する。

➡　その後に主たる債務者が新たに債務を負担しても，その債務は保証されない。

重要！

根保証契約をした保証人は，極度額の限度において，確定した元本とその利息等について弁済の責任を負う。

②　個人貸金等根保証契約の元本の確定期日

個人根保証契約のうち，その主たる債務の範囲に金銭の貸渡し等によって負担する債務が含まれているもの（**個人貸金等根保証契約**）については，保証人の保護に関して特則が定められている。

➡　継続的に発生する借入金債務をまとめて個人が保証するような場合の話である。

・　個人貸金等根保証契約において，主たる債務の元本の確定期日が定められている場合には，その期日は，個人貸金等根保証契約の締結の日から**５年以内の日**であることを要する（民§465の３Ⅰ）。

➡　５年を超える日が定められている場合，その定めは無効である。

・　個人貸金等根保証契約において元本の確定期日の定めがない場合は，

その元本の確定期日は，その個人貸金等根保証契約の締結の日から**3年を経過する日**となる（同Ⅱ）。

③　個人根保証契約の元本の確定事由

根保証契約がされた場合，元本の確定期日の到来等，一定の事由が生じたときは，主たる債務の元本は確定する。

➡　保証人が弁済の責任を負う主たる債務が具体的に確定する。

個人根保証契約における主たる債務の元本の確定事由は，以下のとおりである。

（個人根保証契約の元本の確定事由）

第465条の4　次に掲げる場合には，個人根保証契約における主たる債務の元本は，確定する。ただし，第1号に掲げる場合にあっては，強制執行又は担保権の実行の手続の開始があったときに限る。

一　債権者が，保証人の財産について，金銭の支払を目的とする債権についての強制執行又は担保権の実行を申し立てたとき。

二　保証人が破産手続開始の決定を受けたとき。

三　主たる債務者又は保証人が死亡したとき。

2　前項に規定する場合のほか，個人貸金等根保証契約における主たる債務の元本は，次に掲げる場合にも確定する。ただし，第1号に掲げる場合にあっては，強制執行又は担保権の実行の手続の開始があったときに限る。

一　債権者が，主たる債務者の財産について，金銭の支払を目的とする債権についての強制執行又は担保権の実行を申し立てたとき。

二　主たる債務者が破産手続開始の決定を受けたとき。

⑷　保証人が法人である根保証契約の求償権を主たる債務とする保証契約

保証人が法人である根保証契約がされている場合において，その保証人の主たる債務者に対する求償債権を主たる債務とする保証契約をする場合（個人が保証人となる場合に限る）についても，保証人を保護する規定が設けられている（民§465の5）。

7 事業に係る債務についての保証契約の特則

1　事業のために負担した貸金等債務について保証人となる個人の保護

中小企業あるいは個人事業主が事業のために金融機関からお金を借り，個人がその保証人となることはよくある。

民法では，“**事業のために負担した**”**貸金等債務**を主たる債務とする保証契約または根保証契約に関して，**個人が**保証人となる場合について，保証人を保護する規定を置いた。

具体的には，事業のために負担した貸金等債務を主たる債務とする（根）保証契約（個人が保証人となる場合に限る）をするためには，その前提として，保証人となる者が保証債務を履行する意思を表示した**公正証書を作成する**ことを要する（民§465の６）。

公正証書を作成しないで，いきなり事業のために負担した貸金等債務を保証する契約をしても，その効力を生じない。

➡　安易，軽率に個人が保証人となることを防ぐためである。

＋アルファ

公正証書とは，公証人という人が作成した書面である。公証人は，公証人法に基づいて，法務大臣が任命する（公証§11)。（地方）法務局に所属する人である（同10)。

➡　法曹を長年経験した人が任命される。

・　この公正証書は，保証契約の締結の日前１か月以内に作成されたものであることを要する（民§465の６Ⅰ)。

・　主たる債務者は，事業のために負担する債務を主たる債務とする保証等の委託をするときは，委託を受ける者に対し，一定の事項に関する情報を提供することを要する（民§465の10Ⅰ)。 R2-16

➡　主債務者の財産や収支の状況，既に負担している債務等である。

2　公正証書の作成を要しない場合

事業のために負担した貸金等債務を主たる債務として個人が保証人となる（根）保証契約をする場合でも，その保証人となる者が一定の地位にある者であるときは，前提として公正証書を作成することを要しない。

具体的には，以下の者が保証人となる場合である。

（公正証書の作成と保証の効力に関する規定の適用除外）
第465条の９　前三条の規定は，保証人になろうとする者が次に掲げる者である保証契約については，適用しない。
一　主たる債務者が法人である場合のその理事，取締役，執行役又はこれらに準ずる者
二　主たる債務者が法人である場合の次に掲げる者
イ　主たる債務者の総株主の議決権（株主総会において決議をすることができる事項の全部につき議決権を行使することができない株式についての議決権を除く。以下この号において同じ。）の過半数を有する者
（ロ，ハ，ニは省略）
三　主たる債務者（法人であるものを除く。以下この号において同じ。）と共同して事業を行う者又は主たる債務者が行う事業に現に従事している主たる債務者の配偶者

簡単にいうと，主たる債務者と一心同体といえる者が保証人となるときは，前提として公正証書を作成することを要しない。

理由　このような者は，他人の債務を仕方なく保証するという感じではなく，事実上自分が債務者のようなものである。このような場合にまで公正証書の作成を要求したら，面倒すぎて企業活動の妨げとなる。

【例】　株式会社Ａ商店は，取締役がＡ・Ｂの２人である。そして，株式会社Ａ商店が事業のために負担した借入金債務について，取締役であるＡが保証人となる場合は，前提として公正証書を作成することを要しない。

【例】　零細企業である株式会社Ａ商店は，Ａがすべての株式を保有している（100％株主）。そして，株式会社Ａ商店が事業のために負担した借入金債務について，Ａが保証人となる場合は，前提として公正証書を作成することを要しない。

第５章
債権譲渡

第1節　総　説

Topics ・債権譲渡は，司法書士の試験において頻出である。毎年のように出題されている。
・譲渡制限の意思表示の効果，債権譲渡の対抗要件についてしっかり押さえておくこと。

1　債権譲渡の意義

ケーススタディ

Ｘは A に対して200万円の貸金債権を有している。

Ｘは，急にお金が必要になったが，Ａに対する貸金債権については弁済期が５年後なので，今すぐにＡに返済を請求することはできない。

Ｘが現金を調達する方法は何かないだろうか。

(1)　債権譲渡の意義

債権譲渡とは，債権の同一性を変えずに，**その債権を第三者に移転させること**を目的とする契約である。

ＸがＡに対して有している債権を，Ｙに譲渡したときは，その債権がＹに移転する。

➡　Ｙが債権者，Ａが債務者となる。Ｘはこの債権関係から離脱する。

債権譲渡をする目的はいくつかあるが，１つは，**投下資本の回収**である。

【例】　ケーススタディの事例の場合，ＸはＡに対して200万円の貸金債権を有しているが，弁済期がまだなので，直ちにＡに対して200万円の返済を請求することができない。

この場合，Ｘがこの債権をＹに150万円程度で売れば，Ｘは，弁済期の前に，（満額ではないが）貸金を回収することができる。

➡　債権譲渡によってＹが債権者となったので，この債権の弁済期が到来したときは，ＹがＡに対して200万円の返済を請求することができる。

(2)　債権譲渡の効果

債権譲渡がされると，債権は，その同一性を失わずに譲受人に移転する。

・　その債権に付随している利息債権，保証債権，担保権も譲受人に移転する。

・　債務者は，対抗要件具備時までに譲渡人に対して生じた事由をもって，譲受人に対抗することができる（民§468Ⅰ）。

【例】　債務者は，譲渡人（元の債権者）に対して主張することができた債権の無効の抗弁や，同時履行の抗弁（民§533）を，譲受人に対しても主張することができる。

プラスアルファ

債権譲渡と似たものとして，「債権者の交替による更改」がある（民§513③）。

➡　この更改がされると，債権者が第三者に変わる。

ただし，債権者の交替による更改がされた場合は，債権の同一性が失われるので，旧債権に付随していた担保権や抗弁権等は，原則として消滅する。

２　債権譲渡の契約

H26-17　債権譲渡は，譲渡人（当初の債権者）と譲受人の間の契約によってされる。

【例】　ＸがＡに対して有している債権をＹに譲渡する場合は，ＸとＹが債権譲渡の契約をする。

・　債務者は，債権譲渡の契約には**関与しない**。

➡　ただし，債務者に債権譲渡を主張するためには，債務者への通知等が必要となる（民§467。後述）。

・　債権の譲渡は，無償（贈与）でも有償（売買）でもどちらでも差し支えない。

3　債権の譲渡性とその制限

（債権の譲渡性）
第466条　債権は，譲り渡すことができる。ただし，その性質がこれを許さないときは，この限りでない。

(1)　譲渡自由の原則

債権は，原則として，**譲渡することができる。**

➡　債権も財産権の1つとして，自由な処分が認められている。取引上も，資金調達の場面において重要な意義を有している。

・　**将来発生する債権**についても，譲渡することができる(民§466の6Ⅰ)。 H31-17 H11-5

➡　将来発生する債権の譲渡が可能であれば，将来発生する債権（たとえば医師の診療報酬）をまとめて担保化することができ，金融取引において便利である。

将来債権が譲渡され，その後に現に債権が発生したときは，譲受人は当然にその債権を取得する（同Ⅲ)。

(2)　債権の譲渡が制限される場合

例外的に，債権の譲渡が制限（禁止）される場合がある。

①　債権の性質が，譲渡を許さない場合

債権者が変わることによって給付の内容が変わってしまうような場合は，債権の譲渡をすることができない。

【例】　自分の肖像画を描かせる債権，家庭教師をしてもらう債権などは，性質上，譲渡することができない。 H11-5

②　法律上，譲渡が禁止された場合

政策的に，あるいは性質的に，法律によって債権の譲渡が禁止されている場合がある。

【例】　扶養を受ける権利（扶養請求権）や，年金の受給権は，譲渡することができない（民§881，国年§24等)。 H11-5

➡　生活保障の観点から，当該個人に給付がされるべき債権である。

その他，当事者間の意思表示（特約）によって，債権の譲渡を制限（禁止）することもできるが，これについては数多くの論点があるので，以下の4で解説する。

4　譲渡制限の意思表示

ケーススタディ

XとAは金銭消費貸借契約を締結し，XはAに対して200万円を貸し付けた。なお，この契約においては，「Xは当該債権を譲渡することができない」という特約がされた。

しかし，Xは急に現金が必要となり，Aとの特約を無視して，Yに対して当該貸金債権を150万円で譲渡した。

その後，Aの債務の弁済期が到来し，YはAに対し200万円の返済を請求した。

Aは，Yからの請求を拒むことができるか。

(1)　譲渡制限の意思表示の意義

当事者（債権者と債務者）は，意思表示により，**債権の譲渡を禁止し，または制限することができる**（民§466Ⅱ参照）。

理由　怖い人に債権が譲渡されると，困る。また，いろいろな事情によって，内々の関係に留めておきたいこともある。

【例】　ケーススタディの事例のように，普通の貸金債権についても，当事者の意思表示（特約）によって，譲渡を制限（禁止）することができる。

(2)　譲渡制限の意思表示がされた債権が譲渡された場合の効果

（債権の譲渡性）
第466条
2　当事者が債権の譲渡を禁止し，又は制限する旨の意思表示（以下「譲渡制限の意思表示」という。）をしたときであっても，債権の譲渡は，その効力を妨げられない。

譲渡制限の意思表示がされた債権の譲渡がされた場合，**その効力は妨げら**

れない（民§466Ⅱ）。

➡　つまり，債権は譲受人に移転する。

理由　債権の取引の安全を保護するためである。

【例】　ケーススタディの事例においては，Xが有する債権について譲渡制限の意思表示がされているが，譲受人Yは，この債権を取得する。

ただし，譲受人が，その債権について譲渡制限の意思表示がされていることを知っていた場合（**悪意**），または**重大な過失**によってこれを知らなかった場合には，債務者は，譲受人に対し，その債務の**履行を拒むことができる**（民§466Ⅲ）。 H19-18

理由　譲受人が，譲渡制限の意思表示があることを知っていた場合には，取引の安全が害される（譲受人が不当な不利益を受ける）ことはないといえる。

➡　重過失がある譲受人は，悪意と同視できるので，譲受人が不当な不利益を受けるとはいえない。

【例】　ケーススタディの事例において，譲受人Yが，“この債権について譲渡制限の意思表示がされていたことを知っていた”場合には，債務者Aは，譲受人Yに対する債務の履行を拒むことができる。

重要！

悪意の譲受人Yは，“債権は取得するが履行してもらえない”という状態になる。

・　譲受人が悪意（または善意・重過失）であるときは，債務者は，**譲渡人に対する弁済**をもって譲受人に対抗することができる（民§466Ⅲ）。

【例】　ケーススタディの事例において，譲受人Yが，譲渡制限の意思表示があることを知っていたものとする（悪意）。この場合，債務者Aは，譲渡人Xに対して200万円の弁済をすることができる。

➡　Xに対する弁済をもって，Yに対抗することができる。

・　譲受人が悪意（または善意・重過失）であるため，債務者が譲受人に対して債務を履行しない場合において，譲受人が，債務者に対し，「では譲渡人に債務を履行してください」と催告し，一定の期間内にその履行がされないときは，債務者は，譲受人に対する履行を拒むことができない（民§466Ⅳ）。

補足　これは，少々ややっこしい規定である。

譲渡制限の意思表示がある債権について譲渡がされた場合，譲受人は，たとえ悪意であっても，債権を取得する（譲渡人は債権者でなくなる）。

ただ，悪意（善意・重過失）の譲受人に対しては，債務者は，履行を拒むことができるとされている。

ということは，譲受人が債務者に対して履行を請求してもこれを拒絶され，他方，譲渡人は債権者でなくなっているので，譲渡人が履行を請求することもできないという八方塞がりの状態となる。

そこで，悪意（善意・重過失）の譲受人は，債務者に対し，相当の期間を定めて「譲渡人に履行をせよ」と催告し，その期間内に履行がなかった場合には，債務者は譲受人に対する履行を拒むことができなくなるとされた。

➡　譲受人は，債権者として堂々と履行を請求することができるようになる。

重要！

譲渡制限の意思表示がある債権について譲渡がされた場合のまとめ

①　譲受人は，債権を取得する。

➡　善意の場合はもちろん，悪意であっても，譲受人は債権を取得する。

②　譲受人が善意・無過失，あるいは善意・軽過失であるときは，譲受人は債務者に対して履行を請求することができ，債務者は履行を拒むことができない。

③　譲受人が悪意（善意・重過失）であるときは，債務者は，譲受人への履行を拒むことができる。

➡　かつ，譲渡人に対する弁済をもって，譲受人に対抗することができる。

④　譲受人が悪意（善意・重過失）であっても，債務者に対して「譲渡人へ履行せよ」と催告し，一定の期間内にその履行がないときは，債務者は，譲受人に対する履行を拒むことができない。

(3)　譲渡制限の意思表示がされた債権が譲渡され，債務者が承諾した場合

譲渡制限の意思表示は，債務者の利益を考慮したものであるから，債務者がその譲渡を承諾すれば，問題なく譲受人が債権を取得し，譲受人が債務者に履行を請求することができる。 H22-17 H19-18 H11-5

(4)　譲渡制限の意思表示がされた債権についての供託

①　債務者が主体的にする供託

譲渡制限の意思表示のある金銭債権が譲渡されたときは，債務者は，その全額に相当する金銭について供託することができる（民§466の２Ⅰ）。

譲渡制限の意思表示のある債権が譲渡された場合，債務者としては，だれに弁済をすればいいのか判断が難しい（譲受人は善意なのか悪意なのか）。なので，債務者に無用な負担をかけないように，供託を認めることとした。

・　債務者が供託できるのは，譲渡制限の意思表示がされた“金銭の給付を目的とする”債権が譲渡された場合である。

・　供託をした債務者は，遅滞なく，譲渡人および譲受人に供託の通知をすることを要する（同Ⅱ）。

・　供託がされた金銭は，譲受人に限り，還付を請求することができる（同Ⅲ）。

②　譲受人がさせる供託

譲渡制限の意思表示のある金銭債権が譲渡された場合において，譲渡人について破産手続開始の決定がされたときは，一定の要件を満たした譲受人は，債務者に，その債権全額に相当する金銭の供託をさせることができる（民§466の３）。

➡　譲受人の善意・悪意を問わない。

(5)　譲渡制限の意思表示がされた債権の差押え

①　差押えの効力

譲渡制限の意思表示がされた債権についても，差押えをすることができる。 H31-17 H19-18 H4-5

・　差押債権者が譲渡制限の意思表示について悪意であっても，同様である。

理由　債権譲渡と差押え（強制執行）は違う。私人間の意思表示によって，差押禁止財産を作れるとするのは適切でない。

・　譲渡制限の意思表示のある債権について差押えがされ，転付命令がされたときは，その債権は差押債権者に移転する。

➡　転付命令とは，裁判所の命令によって，差し押さえられた金銭債権が差押債権者に移転すること（民執§159）。

②　悪意（善意・重過失）の譲受人の債権者が差押えをした場合の効力

譲渡制限の意思表示があることについて悪意（善意・重過失）の者が債権を譲り受けた後，その譲受人の債権者が当該債権を差し押さえたときは，債務者は，その履行を拒むことができる（民§466の4 Ⅱ）。

理由　悪意（善意・重過失）の譲受人に対しては，債務者は履行を拒むことができるので，その譲受人の差押債権者に対しても同様に履行を拒めるものとするべきである。

(6)　預貯金債権について譲渡制限の意思表示がされている場合の効力

預金口座または貯金口座に係る債権，つまり**預貯金債権**について譲渡制限の意思表示がある場合において，そのことを知り，または重大な過失によって知らなかった第三者がその債権を譲り受けたときは，債務者は，譲渡制限の意思表示をもって当該第三者（譲受人）に対抗することができる（民§466の5 Ⅰ）。

➡　「対抗することができる」というのは，つまり**譲渡は無効**ということである。

プラスアルファ

一般的な債権について譲渡制限の意思表示がある場合，その債権の譲受人が悪意（善意・重過失）であっても，譲受人は債権を取得する（ただ，債務者は，譲受人に対する履行を拒むことができる）。

一方，預貯金債権について譲渡制限の意思表示がある場合は，その債権の譲受人が悪意（善意・重過失）であるときは，譲受人は債権を取得することができない。

 預貯金債権については，一般的に譲渡制限の意思表示がされており，これは世間一般にも周知されているものである。譲渡を禁止する（債権者を固定する）ことによって，銀行の払戻業務も円滑に行うことができる。そこで，預貯金債権については，譲渡制限の意思表示に物権的効力を認めた。

・　譲渡制限の意思表示がされた預貯金債権であっても，第三者が差押えをすることは可能であり，債務者（銀行）は，譲渡制限の意思表示をもって差押債権者に対抗することができない（同Ⅱ）。

(7)　将来債権の譲渡と譲渡制限の意思表示

将来債権の譲渡がされた場合において，民法467条に規定する債権譲渡の対抗要件が具備される前に，譲渡制限の意思表示がされたときは，譲受人はその譲渡制限の意思表示を知っていたもの（悪意）とみなされる（民§466の6Ⅲ）。

➡　債務者は，譲受人に対する履行を拒むことができる。

プラスアルファ

将来債権の譲渡を受ける者は，対抗要件を具備するまでは，譲渡制限の意思表示が付される（履行してもらえない）リスクがあることを考慮して，将来債権の譲渡を受ける必要がある。

第2節　債権譲渡の対抗要件

Topics
・対抗要件の意義，要件，効果のどれもが重要である。
・第三者に対する対抗要件については，競合した場合（二重譲渡がされた場合）をしっかり押さえておく必要がある。

1　債務者に対する対抗要件

1　債務者に対する対抗要件の意義

ケーススタディ

XはAに対して100万円の貸金債権を有しているが，Xは，この債権をYに譲渡した（Aには特に知らせていない）。その後，この債権の弁済期が到来したので，Yは，Aに対し，「100万円を払ってください」と請求した。

Aは，当然に，Yに対して100万円を支払わなければならないのか。

Yは，Xから債権の譲渡を受けているので，当然にAに対して100万円の支払いを請求することができそうである。しかし，Aの立場からすると，「どちら様ですか？」という感じである。

➡ いきなりYから「債権の譲渡を受けたので私が債権者です」と言われても，簡単に信じられる話ではない。

そこで，**債権の譲渡を債務者に主張するための要件**（債務者に対する対抗要件）が定められた。

（債権の譲渡の対抗要件）
第467条　債権の譲渡（現に発生していない債権の譲渡を含む。）は，譲渡人が債務者に通知をし，又は債務者が承諾をしなければ，債務者その他の第三者に対抗することができない。

債権の譲渡を債務者に対抗（主張）するためには，①譲渡人が債務者に**通知**をするか，または②債務者が**承諾**しなければならない。

➡ ①か②のどちらかの要件を満たせば足りる。

【例】 ケーススタディの事例では，債権の譲渡人であるＸが債務者Ａに対して，「あなたに対する債権をＹに譲渡しました」と通知をすれば，債権の譲渡を債務者Ａに対抗することができる。

➡ 譲受人Ｙは，Ａに対して，100万円を請求することができる（Ａは，Ｙに100万円を支払うことを要する）。

また，債務者Ａが，ＸからＹへの債権の譲渡を承諾すれば，債権の譲渡を債務者Ａに対抗することができる。

プラス アルファ

ＸからＹに対して債権の譲渡がされても，債務者に対する対抗要件が備えられていない場合は，債務者Ａは，債権譲渡がないものとして行動すればよい。つまり，Ａは，Ｘに対して債務の弁済をすればよい。 H3-18

➡ 債権はＹに譲渡されているが，債権譲渡の対抗要件を備えていないので，Ｙは「自分が債権者だ」と主張することができない。

このように，対抗要件の制度を設けることで，債務者の**二重弁済のリスクを避ける**ことができる。

2　債権譲渡の通知について

(1)　通知の方式

通知の方式は特に定められていない。書面でなくても差し支えないし，確定日付も要求されていない。

➡ この通知の法的な性質は，「観念の通知」と解されている（いわゆる“意思表示”ではない）。

(2)　通知をする者

債務者に対する通知は，**譲渡人が**することを要する。

➡ 債権の譲受人が，債務者に対して債権譲渡の通知をすることはできない。

理由　譲受人からの通知を認めると，ウソの通知がされるおそれがあるからである。

➡ 本当は債権の譲渡を受けていないのに，「私はＸから債権の譲渡を受けました。ですので，私に支払ってください。」というウソの通知がされるおそれがある。

一方，譲渡人は，債権の譲渡によって債権を失う立場（不利益を受ける立場）なので，譲渡人からの通知は信ぴょう性が高いといえる。

H29-17
H8-6
・　債権の譲受人は，譲渡人に代位（民§423）して債権譲渡の通知をすることはできない（大判昭5.10.10）。

H31-17
・　一方，債権の譲受人が譲渡人から委託を受けた場合は，譲受人が譲渡人を代理して債権譲渡の通知をすることはできる（大判昭4.2.23参照）。

(3)　通知の相手方

通知の相手方は，債務者である。

H14-17
・　連帯債務者の1人に対して債権譲渡の通知をした場合，他の連帯債務者に対して通知をしたことにはならない（相対効，大判大8.12.15）。

H8-7
・　主たる債務者に対して債権譲渡の通知をすれば，保証人に対してもその効力を生ずる（大判大6.7.2）。

H16-17
H5-5
一方，保証人に対してのみ債権譲渡の通知をした場合は，主たる債務者に対してその効力を生じない。

(4)　通知の時期

債権譲渡と同時にもしくは債権譲渡の後にすることを要する。

➡　債権譲渡がされる前に通知をしても，その効力を生じない（本当に譲渡されるのか，またいつ譲渡されるのかが不明だから）。

3　債務者の承諾について

(1)　承諾の相手方

H4-5
債務者の承諾の相手方は，譲渡人でも譲受人でもどちらでもよい（大判大6.10.2）。

(2)　承諾の時期

債権譲渡と同時にもしくは債権譲渡の後にすることは問題ない。

H8-6
また，債権譲渡がされる前の承諾（予めの承諾）も，譲渡される債権と譲受人が特定されている場合は，有効である（最判昭28.5.29）。

2　第三者に対する対抗要件

1　第三者に対する対抗要件の意義

ケーススタディ

Ｘは，Ａに対して100万円の貸金債権を有しているが，Ｘはこの債権を80万円でＹに譲渡した。その後，Ｘは，同じ債権を（Ｙに譲渡したことを隠して）70万円でＺに譲渡した（債権の二重譲渡）。

債務者Ａは，ＹとＺのどちらに100万円の返済をすべきなのか。

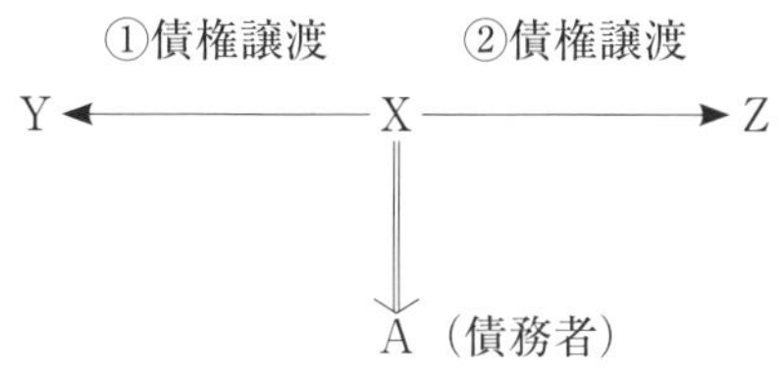

(1)　第三者に対する対抗要件

Ｘは，Ａに対する債権をＹに譲渡しているので，その後に同じ債権をＺに譲渡することはできないのでは？　と思うところであるが，このような二重の譲渡の契約も，直ちに無効となるものではない。

では，債権の二重譲渡がされた場合，ＹとＺのどちらが債権を取得することになるのか。これが，「**第三者に対する対抗**」の問題である。

（債権の譲渡の対抗要件）
第467条
2　前項の通知又は承諾は，確定日付のある証書によってしなければ，債務者以外の第三者に対抗することができない。

債権の譲渡は，譲渡人が債務者に対して通知をするか，または債務者が承諾をしなければ，**債務者**に対抗することができないが（第１項），この通知または承諾は，確定日付のある証書によってしなければ，**債務者以外の第三者**に対抗することができない（第２項）。 H26-17 H3-18

つまり，債権の譲渡を債務者以外の第三者（債権の二重の譲受人）に対抗するためには，譲渡人が**確定日付のある証書**によって債務者に通知をするか，または債務者が確定日付のある証書によって承諾をしなければならない。

理由　確定日付を要求する趣旨は，本当は令和４年４月１日に通知をしたのに「令和４年３月１日に通知をしました」というウソを防ぐため。

用語説明

確定日付→　文字どおり，確定した日付のこと。

確定日付のある証書→　後になって，作成の日付を変更することができないような確実な証書。**内容証明郵便**が一般的。また，公証人役場で，証書に確定日付印を押してもらうという方法もある（民法施行§５）。

【例】　ケーススタディの事例で，譲渡人Ｘは，５月10日に債務者Ａに対し，一般的なハガキ（確定日付はない）で「Ｙに債権を譲渡しました」という通知をした。また，Ｘは，５月15日に債務者Ａに対し，内容証明郵便（確定日付がある）で「Ｚに債権を譲渡しました」という通知をした。

➡　Ｚは，確定日付のある証書による債権譲渡の通知を備えているので，債権の取得をＹに対抗することができる。つまり，Ｚが債権を取得する（Ｙは債権を取得できない）。

プラスアルファ

債務者に対する対抗要件に関しては，債務者が債権譲渡の事実を知ればいいので，確定日付まで要求する必要はないといえる。

一方，第三者に対する対抗要件（二重譲渡がされた場合の優劣）に関しては，どちらが債権を取得するのかを決定するものであるので，確定日付を要求して，日付をごまかせないようにする必要がある。

・　債務者は，確定日付のある証書による対抗要件を備えた者のみを債権者として扱うべきであり，その者に対して弁済をすることになる（大判大8.3.28）。

H3-18　➡　上記の事例では，先にＹが債務者に対する対抗要件を備えているが，その後にＺが確定日付のある証書による対抗要件を備えたので，Ｚのみが債権者ということになり，ＡはＺに対して100万円を支払う必要がある。

・　債権譲渡について確定日付のある証書による対抗要件を備えた者は，その債権を担保する抵当権の取得についても，二重譲受人に対抗することができる。 H7-7

⑵　第三者の範囲

民法467条2項にいう「債務者以外の第三者」とは，その債権に関して譲受人と両立し得ない法律的地位を取得した者のことをいう。

具体的には，**債権の二重譲受人**や，**債権の差押債権者**（大判大8.11.6）等である。

【例】　XのAに対する債権がYに譲渡され，一方，Xに対して債権を有しているZが当該債権を差し押さえた。 H22-17

➡　YとZの優劣は，確定日付のある証書による通知（承諾）と，債権差押命令のAへの送達（民執§145Ⅳ）の先後によって決せられる。

⑶　第一譲受人に対して弁済をした後に確定日付のある通知がされた場合

Xは，Aに対する貸金債権をYに譲渡し，確定日付のない通知をした。そして，AはYに対して債務を弁済した。その後，Xは，Aに対する当該債権をZに（二重に）譲渡し，確定日付のある通知をした。 H14-17 H9-5

➡　この債権は既に弁済により消滅しているので，Zは債権を取得しない(大判昭7.12.6)。

2　通知または承諾の先後の問題

ケーススタディ

Xは，Aに対する貸金債権（a債権）をYに譲渡し，内容証明郵便（確定日付がある）でAに対して通知をした。その後，Xは，a債権をさらにZにも譲渡し，内容証明郵便でAに対して通知をした。

この場合，YとZのどちらがa債権を取得することになるのか。

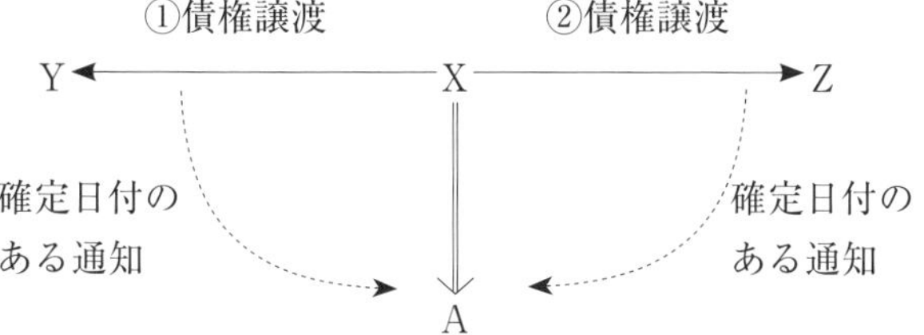

H4-5　債権が二重に譲渡され，どちらについても確定日付のある通知がされた場合，譲受人相互間の優劣は，確定日付のある通知が**債務者に到達した日時の先後**によって決せられる（到達時説，最判昭49.3.7）。

重要！

確定日付の先後ではない。債務者に到達した先後によって決せられる。
➡ **仮に確定日付が早くても，到達したのが遅ければ，負ける。**

【例】 ケーススタディの事例では，先にＡに対して内容証明郵便が到達した方が債権を取得する。

理由 債権譲渡の第三者対抗要件として，債務者に対する確定日付のある証書による通知（または承諾）を要求した趣旨は，債務者が債権譲渡の事実を認識し，これを第三者に知らせることができるという点にある。
➡ **債務者が，債権譲渡に関するインフォメーションセンター**となる。

その意味で，債務者が債権譲渡の事実を“認識する”ことが重要なので，確定日付の先後ではなく，債務者への到達の先後によって優劣が決せられるべきである。

【例】 ＸがＡに対して有するａ債権を，Ｚが譲り受けようと考えている。この場合，Ｚは，事前に，債務者Ａに対し，ａ債権の存否などを確かめるのが通常である。そして，ａ債権が，既にＸからＹに譲渡され，Ａに対して債権譲渡の通知がされている場合は，Ａは「この債権はＹに譲渡されているので，Ｘは現在の債権者じゃないはずですよ。」と答えることができるので，Ｚは既に債権の譲渡がされていることを知ることができる。

・ 債務者が，それぞれの譲受人に対して，確定日付のある証書によって承諾をした場合は，債務者の**承諾の日時の先後**によって優劣が決せられる（最判昭49.3.7）。

・ **通知が同時に到達した場合**
債権が二重に譲渡され，それぞれの債権譲渡についての（確定日付のある）

通知が同時に債務者に到達した場合，各譲受人間の優劣，債務者との関係が問題となる。

① 譲受人相互間の関係

各譲受人は，互いに自己のみが唯一の優先的譲受債権者であると主張することはできない（最判昭53.7.18）。

➡ 同時に到達しているので，優劣はない。

② 各譲受人と債務者の関係

各譲受人とも，債務者に対する対抗要件は備えられている。そのため，各譲受人は，債務者に対して，その全額の弁済を請求することができる。 H14-17 H9-5

そして，債務者は，他の同順位の譲受人が存在することを理由として弁済を拒絶することはできない（最判昭55.1.11）。

3 対抗要件の特則～債権譲渡登記

(1) 意　義

上記のとおり，債権譲渡の第三者対抗要件は，確定日付のある証書による債務者に対する通知か，債務者の承諾であるが（民§467Ⅱ），一定の場合には，債権譲渡登記ファイルに登記をすることによって，債権譲渡を第三者に対抗することができる（動産・債権譲渡§4Ⅰ）。 H22-17

動産及び債権の譲渡の対抗要件に関する民法の特例等に関する法律
（債権の譲渡の対抗要件の特例等）
第4条　法人が債権（中略。金銭の支払を目的とするものに限る。以下同じ。）を譲渡した場合において，当該債権の譲渡につき債権譲渡登記ファイルに譲渡の登記がされたときは，当該債権の債務者以外の第三者については，民法第467条の規定による確定日付のある証書による通知があったものとみなす。この場合においては，当該登記の日付をもって確定日付とする。

債権譲渡の登記というのは，国が管理するコンピュータに債権譲渡を記録することである。

(2) 要　件

① 法人が債権を譲渡した場合であること。

➡ 自然人が債権を譲渡した場合は，この制度を使えない。

② 金銭の支払いを目的とする債権の譲渡であること。
③ 債権譲渡登記ファイルに譲渡の登記がされたこと。

(3) 効　果

債権譲渡登記ファイルに譲渡の登記がされたときは，債務者以外の第三者については，民法467条の規定による確定日付のある証書による通知があったものとみなされる。

理由　法人が多数の債権を譲渡する場合，いちいち通知をするのは大変なので，一括して登記をするという方法が認められた。

プラスアルファ

法人が金銭債権を譲渡した場合は，民法467条の規定に従って，確定日付のある証書によって債務者に債権譲渡の通知をしてもいいし，特例法の規定に従って債権譲渡の登記をしてもよい。

(4) 債務者に対する対抗

債権譲渡登記ファイルに対する登記は，債務者以外の第三者に対する対抗要件である。

債務者に対して債権譲渡を対抗するためには，民法467条１項の規定に従った通知または承諾が必要である。

➡ 債権譲渡の登記がされたからといって債務者が当然にその事実を知ることができるわけではない。

第６章
債務引受

Topics ・債務引受は，民法の択一というより，不動産登記法において重要である。
・要件と効果を押さえておくこと。

1　債務引受とは

債務引受とは，読んで字のごとく，第三者が債務を引き受けることである。
債務引受には，２つの種類がある。

①　併存的債務引受

第三者が債務を引き受けて，元の債務者とともに債務を負担する形態である。

②　免責的債務引受

第三者が債務を引き受けて，元の債務者は債務者でなくなる(免責される)形態である。

2　併存的債務引受

(1)　意　義

（併存的債務引受の要件及び効果）
第470条　併存的債務引受の引受人は，債務者と連帯して，債務者が債権者に対して負担する債務と同一の内容の債務を負担する。

【例】　Aは，Xに対して，100万円の借入金債務を負担している。そして，Aの友人のBが，Aの債務について併存的に引き受けてくれた。
➡　Bは，Aと連帯して，Xに対して100万円の債務を負担する。

(2) 併存的債務引受の契約

> **（併存的債務引受の要件及び効果）**
> **第470条**
> **2**　併存的債務引受は，債権者と引受人となる者との契約によってすることができる。
> **3**　併存的債務引受は，債務者と引受人となる者との契約によってもすることができる。この場合において，併存的債務引受は，債権者が引受人となる者に対して承諾をした時に，その効力を生ずる。

併存的債務引受の契約は，以下の３つの態様がある。

① 債権者，債務者，引受人による契約

➡ 上記の事例でいうと，債権者Ｘ，債務者Ａ，引受人Ｂが，併存的債務引受の契約をする。

② **債権者と引受人による契約**

➡ 上記の事例でいうと，債権者Ｘと引受人Ｂの間で，併存的債務引受の契約をすることができる。

➡ 債務者Ａが関与しなくても差し支えない。

③ 債務者と引受人による契約

➡ 上記の事例でいうと，債務者Ａと引受人Ｂの間で，併存的債務引受の契約をすることができる。

➡ ただし，この場合は，債権者Ｘが引受人Ｂに対して承諾をした時に，併存的債務引受の効力を生ずる。

(3) 引受人の抗弁等

引受人は，併存的債務引受の効力が生じた時に債務者が主張することができた抗弁をもって，**債権者に対抗することができる**（民§471Ⅰ）。

【例】 債務者が，債権者に対して同時履行の抗弁権（民§533）を有していたときは，引受人もこれを援用して，履行を拒むことができる。

・ 債務者が債権者に対して取消権または解除権を有するときは，引受人は，一定の限度で，債権者に対して債務の履行を拒むことができる（同Ⅱ）。

3　免責的債務引受

⑴　意　義

（免責的債務引受の要件及び効果）
第472条　免責的債務引受の引受人は債務者が債権者に対して負担する債務と同一の内容の債務を負担し，債務者は自己の債務を免れる。

【例】　Aは，Xに対して，100万円の借入金債務を負担している。そして，Aの友人のBが，Aの債務について免責的に引き受けてくれた。
➡　Bは，Xに対して100万円の債務を負担する。
➡　**Aは，債務を免れる**（債務者ではなくなる）。

⑵　免責的債務引受の契約

（免責的債務引受の要件及び効果）
第472条
2　免責的債務引受は，債権者と引受人となる者との契約によってすることができる。この場合において，免責的債務引受は，債権者が債務者に対してその契約をした旨を通知した時に，その効力を生ずる。
3　免責的債務引受は，債務者と引受人となる者が契約をし，債権者が引受人となる者に対して承諾をすることによってもすることができる。

免責的債務引受の契約は，以下の３つの態様がある。

①　債権者，債務者，引受人による契約
➡　上記の事例でいうと，債権者X，債務者A，引受人Bが，免責的債務引受の契約をする。

②　**債権者と引受人による契約**
➡　上記の事例でいうと，債権者Xと引受人Bの間で，免責的債務引受の契約をすることができる。
➡　債務者Aが関与しなくても差し支えない。

ただし，この場合は，債権者Xが債務者Aに対して免責的債務引受の契約をした旨を**通知した時に**，その効力を生ずる。

③　債務者と引受人が契約をし，債権者が引受人に対して承諾をする
➡　上記の事例でいうと，債務者Aと引受人Bの間で免責的債務引受の契約をし，債権者XがBに対して承諾することによって効力を生ずる。

重要❗

③の場合は，債権者の承諾が要件となる。

理由　債権者にとって，“債務者が誰か”というのは極めて重要である。
➡　誠実な債務者ならばきちんとお金を返してくれるだろうが，不誠実な債務者だとお金を返さないで逃げてしまうかもしれない。

そのため，債権者が知らないところで（債務者と引受人の間で），勝手に免責的債務引受がされるのは，困る。

⑶　引受人の抗弁等

引受人は，免責的債務引受の効力が生じた時に債務者が主張することができた抗弁をもって，**債権者に対抗することができる**（民§472の２Ⅰ）。

債務者が債権者に対して取消権または解除権を有するときは，引受人は，一定の限度で，債権者に対して債務の履行を拒むことができる（同Ⅱ）。

⑷　求償権

免責的債務引受の引受人は，債務者に対して求償権を取得しない（民§472の３）。

免責的債務引受がされた場合，債務者は，その債務から完全に免れることを期待しているはずである。また，引受人は，自分の債務として弁済をするので，求償を認めるのは適当でない。

⑸　免責的債務引受による担保の移転

免責的債務引受がされた場合，その債務を担保するために担保権（抵当権等）が設定されていたときは，債権者は，**その担保権を引受人が負担する債務に移すことができる**（民§472の４Ⅰ本文）。

理由 抵当権を引受債務に移すことができれば，抵当権者は，当初の抵当権の順位をもって，引受債務について優先弁済を受けることができる。

【例】 XはAに対して1,000万円の貸金債権を有しており，この債権を担保するため，甲土地に抵当権が設定されていた。その後，Aの債務につき，Bが免責的に引き受けた（Bが債務者となった）。

この場合，債権者Xは，甲土地に設定された抵当権について，引受債務を担保するものとすることができる。

➡ Bが債務の履行を怠ったら，Xは甲土地の抵当権を実行し，その売却（競売）の代金から1,000万円を回収することができる。

・ 引受人以外の者が担保を設定した場合には，抵当権を引受債務に移すに当たって，**その者の承諾**を得ることを要する（同Ⅰただし書）。

【例】 XのAに対する1,000万円の貸金債権を担保するため，Mの所有する甲土地に抵当権が設定されていた（物上保証）。その後，Aの債務がBに免責的に引き受けられ，債権者Xは，甲土地の抵当権によってBが引き受けた債務を担保させることとした。

この場合，抵当権を設定したMの承諾を得ることを要する。

理由 物上保証人Mは，Aを信頼して，自分の所有する甲土地に抵当権を設定した。

➡ Aならきちんと債務を返済してくれるだろう。つまり，自分が甲土地を失うこともないだろう。

だから，Mとしては，自分が知らないところで債務者がAからBに変わってしまうのは，非常に困る。

そのため，引受人以外の者が担保を設定した場合には，設定者の承諾が要求された。

・ 免責的債務引受に伴う担保の移転は，あらかじめまたは同時に**引受人に対する意思表示**によってすることを要する（民§472の4Ⅱ）。

(6) 免責的債務引受による保証の移転

免責的債務引受がされた場合，その債務について保証人がいたときは，債権者は，その保証を引受人が負担する債務に移すことができる（民§472の4Ⅲ）。

ただし，保証人の承諾を得ることを要する。

【例】　AはXに対して100万円の借入金債務を負担しているが，この債務についてMが保証人となっている。

その後，Aが負担している債務について，Bが免責的に引き受けた。この場合，債権者Xは，Aの債務についての保証を，引受債務に移す（引受債務を保証するものとする）ことができる。

➡　この場合，保証人Mの承諾を得ることを要する。

・　免責的債務引受に伴う保証の移転は，あらかじめまたは同時に引受人に対する意思表示によってすることを要する（民§472の4ⅢⅡ）。

・　保証人の承諾は，書面（または電磁的記録）ですることを要する（同Ⅳ）。

➡　保証契約は，書面ですることが要求されているから（民§466Ⅱ）。

4　履行の引受

履行の引受とは，引受人が，債務者に代わって債務を履行するという内容の契約である。

履行を引き受けるだけであって，債務そのものを引き受けるわけではない。つまり，**債務者に変更はない。**

➡　債務引受ではないが，便宜上，この章において解説する。

【例】　Aは，Xに対して100万円の借入金債務を負担している。そして，AとBは，Aの債務について，Bが履行を引き受ける契約を締結した。

➡　Bが，Aに代わって，Xに100万円の弁済をすることになる。

重要！

履行の引受は，債務者と引受人の間で効力を生ずるものである。債権者に対して効力を生ずるものではない。

つまり，

・　債務者Aは，債務を免れるわけではない。

H3-14　・　債権者Xは，債務者Aに対してのみ，履行の請求をすることができる。

➡ Ｂに対して請求することはできない。

・　Ｂは，債権者Ｘに対しては何の義務も負担しないが，債務者Ａとの関係においては，Ｘに対して債務の履行をする義務を負う。

・　Ｂは，Ａの債務を，Ａに代わって弁済する形である（民§474）。つまり，Ｂが弁済をしたときは，Ａに対して求償権を取得する。 H3-14

第７章
債権の消滅

第１節　総　説

Topics　・債権の消滅原因はいくつもあるので，まずはその全体像を把握する。

債権は，いろいろな原因によって消滅する。

民法の債権総論において規定される債権の消滅原因は，以下のとおりである。

①　弁済（民§473）
②　代物弁済（民§482）
③　供託（民§494）
④　相殺（民§505）
⑤　更改（民§513）
⑥　免除（民§519）
⑦　混同（民§520）

その他，消滅時効の完成（民§166），法律行為の取消し（民§121），契約の解除（民§545），解除条件の成就（民§127Ⅱ）によっても債権が消滅する。

第2節　弁　済

Topics ・債権の消滅原因のうち，１番重要である。
・第三者による弁済，弁済の受領権者，弁済による代位といった論点がよく出題される。

1　弁済の意義

1　弁済の意義

（弁済）
第473条　債務者が債権者に対して債務の弁済をしたときは，その債権は，消滅する。

弁済とは，債務者または第三者が，**債権の内容である給付をすること**である。これにより，債権の目的が達成されるので，その債権は消滅する。

【例】　借りていたお金を返した。売買代金を支払った。

プラス アルファ

「弁済」と同じような意味を持つ用語として，「履行」がある。
弁済は，債権が消滅するという客観的な側面から見たものであり，履行は，債務の内容を実現するという行為の面から見たものである。

・　弁済をするためには，債務者の行為だけでなく，債権者の協力も必要となることが多い。

【例】　物の引渡しの債務の場合は，債務者がその物を提供し，債権者が受領することによって完了する。
➡　金銭の支払いの債務も同様である。

一方，「騒音を出さない」といった不作為の債務については，債務者の行為（音を出さない）のみで完了する。

・　預貯金口座に払い込む形で弁済をする場合は，債権者がその預貯金口座の債務者（銀行等）に対してその払込みに係る金額の払戻しを請求する権利を R3-16

取得した時に，弁済の効力を生ずる（民§477）。

2　弁済の法的性質

弁済は，債権の消滅をもたらす債務者（または第三者）の行為であるが，いわゆる“法律行為”ではないとされている。

➡　債務を消滅させるという意思（弁済の意思）は不要である。

弁済の法的性質については，「準法律行為説」や「事実行為説」といった説が主張されている。

2　第三者の弁済

1　第三者の弁済の可否

債務の弁済は，**第三者もすることができる**（民§474Ⅰ）。

【例】　Aは，Xに対して100万円の借入金債務を負担している。この場合，Aの友人であるBは，Aに代わって，Xに100万円の弁済をすることができる。

2　第三者の弁済が許されない場合

(1)　弁済をするについて正当な利益を有しない者であり，弁済をすることが債務者の意思に反するとき

H25-17
H17-18
弁済をするについて正当な利益を有する者でない第三者は，債務者の意思に反して弁済をすることができない（民§474Ⅱ）。

理由　他人からの恩を受けたくないという感情の尊重，また，弁済をした人が怖い人だと困る（過酷な求償をされるおそれがある），といったことを考慮したものである。

H17-18
H10-5
・　裏を返すと，弁済をするについて正当な利益を有する第三者は，債務者の意思に反しても弁済をすることができる。

・　弁済をするについて“正当な利益”とは，法律上の利益のことである。
　弁済をするについて正当な利益を有する第三者は，以下のような者である。

① 物上保証人

Xは A に対して100万円の貸金債権を有しており，この債権を担保するため，Bの所有する甲土地に抵当権が設定されている（Bは物上保証人）。

➡ Bは，Aの債務を弁済するについて正当な利益を有する第三者であるので，債務者Aの意思に反していても，Xに100万円の弁済をすることができる。

理由　仮に，100万円の弁済がされないと，Xは抵当権を実行することができ，甲土地が競売されてしまう（Bは甲土地の所有権を失う）。

まさに，Bは，Aの債務を弁済するについて正当な利益を有する者である。

② 担保不動産の第三取得者

➡ 抵当権等の担保権が設定されている不動産の所有権を取得した者。上記①と同じような理由で，正当な利益があるといえる。

③ 後順位の抵当権者

④ 借地上の建物の賃借人

Aの所有する甲土地について，Bが賃借している。Bは，甲土地上に乙建物を建築し，乙建物をCに賃貸した。 H25-17

➡ BのAに対する甲土地の賃料債務について，Cが弁済することができる（最判昭63.7.1）。

・ 債務者の友人や，債務者の親族は，弁済をするについて正当な利益を有する者ではない（大判昭14.10.13）。

➡ 弁済をするについて法律的な利益があるわけではない。

・ 弁済をするについて正当な利益を有しない第三者が，債務者の意思に反して弁済をした場合，その弁済は無効であるが，債務者の意思に反することを債権者が知らなかったときは，弁済は無効とはならない（民§474Ⅱただし書）。

⑵　弁済をするについて正当な利益を有しない者であり，弁済をすることが債権者の意思に反するとき

R3-16

弁済をするについて正当な利益を有する者でない第三者は，債権者の意思に反して弁済をすることができない（民§474Ⅲ）。

つまり，債権者はその受領を拒むことができる。

➡　受領遅滞とはならない。

・　ただし，その第三者が債務者の委託を受けて弁済をする場合において，そのことを債権者が知っていたときは，受領を拒むことができない（同Ⅲただし書）。

⑶　債務の性質が，第三者の弁済を許さないとき

このような場合は，第三者による弁済は許されない（民§474Ⅳ）。

【例】　肖像画を描く債務など。

⑷　当事者が，第三者の弁済を禁止したとき

H30-17
H25-17
H10-5

当事者が，第三者の弁済を禁止し，もしくは制限する旨の意思表示をしたときは，第三者が弁済をすることはできない（民§474Ⅳ）。

・　このような特約があることを第三者が知らなかった場合でも，第三者は弁済をすることができない（弁済をしても無効）。

3　第三者の弁済がされた場合の効果

第三者が弁済をした場合，その第三者は，（一部の例外を除き）**債務者に対して求償権を取得する**（民§650，702）。

➡　「とりあえず肩代わりしたから，俺に払ってね」ということ。

【例】　ＡはＸに対して100万円の借入金債務を負担していたが，物上保証人であるＢがＸに100万円の弁済をした。

➡　ＢはＡに対して100万円の支払いを請求することができる（求償権）。

・　この求償権を確保するため，弁済者には一定の権利が認められている（弁済による代位，民§499～，後記**6**参照）。

3　弁済の受領権者

1　弁済の受領権者

(1)　債権者

債権者は，弁済の受領権限を有する。

➡　当たり前である。

ただ，一定の場合には，債権者であっても，弁済を受領することができない。

①　債権が差し押さえられた場合

（差押えを受けた債権の第三債務者の弁済）
第481条　差押えを受けた債権の第三債務者が自己の債権者に弁済をしたときは，差押債権者は，その受けた損害の限度において更に弁済をすべき旨を第三債務者に請求することができる。

ＸはＡに対して100万円の売買代金債権を有している。一方で，Ｘは，Ｙに200万円の借入金債務を負担している。

➡　Ｙが債権者，Ｘが債務者，Ａが第三債務者。

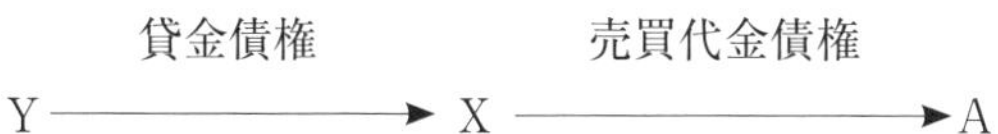

そして，Ｙは，ＸのＡに対する売買代金債権を差し押さえた。

➡　Ｘは，Ａに対して売買代金の取立てをすることができず，また，ＡはＸに対して売買代金債務の弁済をすることができない（民執§145）。

・　第三債務者（Ａ）が，自己の債権者（Ｘ）に対して弁済をしたときは，差押債権者（Ｙ）は，その受けた損害の限度において，さらに弁済をすることを第三債務者（Ａ）に請求することができる。

②　債権が質入れされた場合

(2)　債権者以外の者

債権者から弁済の受領権限を与えられた者（代理人，受任者等）も，弁済を受領することができる。その他，法の規定によって受領権限を有する者（未成年者の法定代理人，代位債権者等）もいる。

➡　債権質権者や，債権の差押債権者も受領権限を有する。

2　弁済の受領権限を有しない者に対して弁済をした場合

弁済の受領権限を有しない者に対して弁済をした場合，大原則として，弁済としての効力を有しない。

➡　債権は消滅しない。

間違った人に対して弁済をした場合は，その人から取り戻して，本物の債権者に弁済をすべきである。

しかし，弁済は，日常的に頻繁に行われるものである。相手方の受領権限の有無をいちいち調査させるのは現実的でない。

そこで，受領権限を有しない者に対する弁済であっても，一定の事情がある場合には，その弁済を有効なものとした。

➡　債務者は，真の債権者に対する弁済の義務を免れる。

3　受領権者としての外観を有する者に対する弁済

ケーススタディ

ＸはＡに対して100万円の貸金債権を有している。Ｘは，このＡに対する貸金債権をＹに譲渡したが，この債権譲渡の契約は無効であった。

その後，Ａは，Ｙが真の債権者であると信じてＹに対して100万円を支払った。

Ｘは，自分が真の債権者（債権譲渡が無効であった）として，Ａに対して100万円の支払いを請求することができるか。

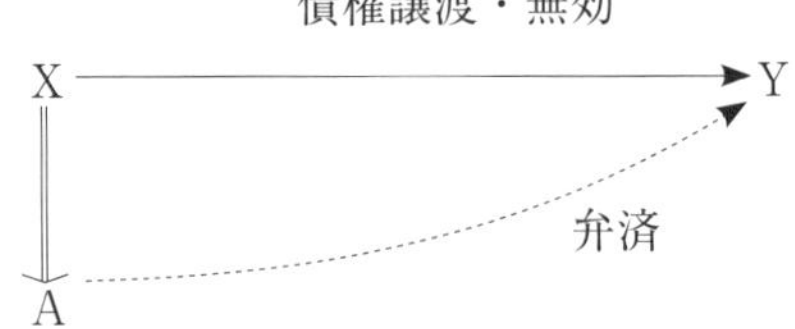

（受領権者としての外観を有する者に対する弁済）

第478条　受領権者（債権者及び法令の規定又は当事者の意思表示によって弁済を受領する権限を付与された第三者をいう。以下同じ。）以外の者であって取引上の社会通念に照らして受領権者としての外観を有するものに対してした弁済は，その弁済をした者が善意であり，かつ，過失がなかったときに限り，その効力を有する。

受領権限を有しない者に対する弁済であっても，その者が取引上の社会通念に照らして**受領権者としての外観を有する者**（債権の準占有者）である場合は，その弁済をした者が**善意であり，かつ過失がなかった**ときに限り，有効な弁済となる。 H15-19

理由　受領権者らしい外観を信頼して弁済をした者を保護する趣旨である。

上記の要件を満たして弁済が有効となった場合は，**債権が消滅する**。つまり，債務者は，真の債権者に対して改めて弁済をすることを要しない。

・　真の債権者は，弁済を受領した者に対して，不当利得の返還請求（民§703，704）をすることができる（大判大7.12.7）。
➡　不法行為による損害賠償の請求（民§709）も可能である。

(1)　受領権者としての外観を有する者 H15-19

①　表見相続人（大判昭15.5.29）
➡　本当は（債権者の）相続人ではないが，相続人らしい外観を有する者。
②　預金証書やその払戻しに必要な印鑑を所持している者
③　債権譲渡が無効であった場合の（事実上の）譲受人（大判大7.12.7）
④　債権の二重譲渡がされ，対抗要件が劣後する者（最判昭61.4.11）
⑤　受取証書（領収証）の持参人
⑥　債権者の代理人と称する者（最判昭37.8.21）

【例】　泥棒Xは，A宅から預金通帳と印鑑を盗んだ。そして，銀行の窓口で通帳と印鑑を提示し，「私はAの代理人です」とウソをついて，Aの預金を引き出した。
➡　この場合も民法478条の規定が適用される。

(2)　弁済者の善意・無過失

受領権者としての外観を有する者に対する弁済が有効となるためには，弁済をした者が**善意・無過失**であることが必要である。

善　意➝　弁済をした相手方が真の債権者であると信じている（真の債権者ではないと知らなかった）。
無過失➝　このように信じるについて過失がなかった。

４　（上記３以外の）受領権者以外の者に対する弁済

（受領権者以外の者に対する弁済）
第479条　前条の場合を除き，受領権者以外の者に対してした弁済は，債権者がこれによって利益を受けた限度においてのみ，その効力を有する。

上記３（受領権者としての外観を有する者に対する弁済）の場合を除き，受領権者以外の者に対して弁済をした場合，その弁済は無効である。
➡　真の債権者に対して改めて弁済をする必要がある。

ただし，受領権者以外の者に対して弁済をした場合でも，結果として債権者が利益を受けたときは，その限度で弁済は有効となる。

【例】　債務者Ａは，Ｘに対して100万円を弁済すべきであったが，間違ってＸのお隣さんのＹに対して100万円を弁済してしまった。
➡　民法478条が適用される場面ではないので，この弁済は無効である。

ただ，Ａの間違いに気づいたＹが，Ｘに対し，「Ａが間違ってうちに持ってきたので，あなたに渡すね」ということで，ＹがＸに対して100万円を渡したときは，“債権者が100万円の利益を受けた”ということができるので，Ａの弁済は有効となる。

４　弁済の仕方，場所，時期

１　特定物の引渡し

（特定物の現状による引渡し）
第483条　債権の目的が特定物の引渡しである場合において，契約その他の債権の発生原因及び取引上の社会通念に照らしてその引渡しをすべき時の品質を定めることができないときは，弁済をする者は，その引渡しをすべき時の現状でその物を引き渡さなければならない。

債権の目的が**特定物の引渡し**である場合，弁済をする者は，原則として，その**引渡しをすべき時の現状で**その物を引き渡すことを要する。 H30-17

別の見方をすると，その引渡しをすべき時の現状で引き渡せば足りる。
➡　債権の目的である特定物が，引渡しの時までに損傷した場合でも，その現状（壊れたままの状態）で引き渡せば足りる。 H2-3

理由　特定物は，この世に１個しかない物であるので，壊れていない別の物を引き渡すということは無理である。

・　目的物である特定物が壊れた場合は，民法415条の要件のもと，債権者は損害の賠償を請求することができる。

重要！

契約その他の債権の発生原因及び取引上の社会通念に照らしてその引渡しをすべき時の品質が定められているような場合は，その契約の内容に適合した物を引き渡すことを要する。
➡　特定物は，この世に１個しかない物であるが，当事者が特にその品質にこだわるということもあり得る。

プラスアルファ

売買契約に基づく物の引渡しに関しては，特定物，不特定物の区別なく，契約の内容に適合したものであることを要するという趣旨の規定が設けられているので（民§562参照），本条は適用されない。

2　他人の物を引き渡した場合

（弁済として引き渡した物の取戻し）
第475条　弁済をした者が弁済として他人の物を引き渡したときは，その弁済をした者は，更に有効な弁済をしなければ，その物を取り戻すことができない。

３　弁済の場所および時間

（弁済の場所及び時間）
第484条　弁済をすべき場所について別段の意思表示がないときは，特定物の引渡しは債権発生の時にその物が存在した場所において，その他の弁済は債権者の現在の住所において，それぞれしなければならない。
R3-16　２　法令又は慣習により取引時間の定めがあるときは，その取引時間内に限り，弁済をし，又は弁済の請求をすることができる。

弁済をすべき場所について，当事者間で合意がある場合，あるいは慣習（取引慣行）がある場合は，そこで弁済をすべきである。

当事者間で合意等がない場合は，①特定物の引渡し，②その他の弁済，という２つの規定が設けられている。

(1)　特定物の引渡しの場合

H30-17　債権発生の時にその物が存在した場所において弁済する。

【例】　中古車の売買の場合は，（当事者間で合意がなければ）売買契約の時にその中古車が存在した場所で中古車を引き渡すことになる。

(2)　その他の弁済の場合

債権者の現在の住所において弁済する。

【例】　ＸからA金を借りていたＡがＸに返済をする場合は，（当事者間で合意がなければ）Ｘの現在の住所において返済することになる。

・　特定物の引渡しの債務の場合も，履行不能によって損害賠償債権に変わったときは，債権者の現在の住所で弁済をすることになる。

プラスアルファ

売買代金の支払いについては，別に規定が設けられている。

➡　売買の目的物の引渡しと同時に代金を支払うべきときは，その引渡しの場所において支払わなければならない（民§574）。

４　弁済の費用

H30-17　弁済の費用は，（別段の意思表示がない限り）債務者の負担となる（民§485

本文)。

【例】　弁済のための荷造費，運送料等は，債務者が負担する。

・　ただし，債権者が住所を移転したなど，その行為によって弁済の費用を増加させたときは，その増加額は，債権者の負担となる（同ただし書）。 H30-17

プラス アルファ

“契約の”費用は，当事者が平等に負担する。
➡　書面の作成の費用や鑑定の費用等。

5　受取証書の交付，債権証書の返還

(1)　受取証書の交付

（受取証書の交付請求）
第486条　弁済をする者は，弁済と引換えに，弁済を受領する者に対して受取証書の交付を請求することができる。

受取証書とは，**領収証**やレシートのことである。
➡　弁済の証拠となる。

・　弁済と受取証書の交付は**同時履行の関係**（民§533）である。
➡　受取証書を交付するまでは，弁済を拒絶することができる（債務不履行にならない）。

・　弁済をする者は，受取証書に代えて，（一定の場合を除き）その内容を記録した電磁的記録の提供を請求することができる（民§486Ⅱ）。

(2)　債権証書の返還

（債権証書の返還請求）
第487条　債権に関する証書がある場合において，弁済をした者が全部の弁済をしたときは，その証書の返還を請求することができる。

【例】　ＸはＡに対して100万円を貸したが，その際にＡは借用証（Ｘから100万円借りました）を作成し，Ｘに交付した。
　その後，ＡがＸに100万円の返済をしたときは，Ａは，「借用証を返してください」と請求することができる。

・　“弁済をしたとき”に，証書の返還を請求することができる。つまり，先に弁済をすべきであり，同時履行の関係とはならない。

６　弁済の充当

(1)　弁済の充当とは

ケーススタディ

Ａは，４月１日にＸから100万円を借り入れ，また６月１日にＸから80万円を借り入れた。
その後，Ａは，Ｘに対して80万円の弁済をした。
この80万円の弁済は，どの債務に充てられることになるのか。

債務者が，同一の債権者に対して数個の債務を負担しているような場合，弁済した額が債務の全部を消滅させるのに足りないときは，その弁済はどの債務に充てられるのか。これが**弁済の充当**の問題である。

まず大前提として，当事者間で合意があれば，その合意に従うことになる(民§490)。

【例】　ケーススタディの事例で，ＡとＸが，「この弁済は，６月１日付けの借入金の返済ということにしましょう」と合意すれば，６月１日付けの債務が全額弁済されたことになる。

このような合意がない場合について，民法で規定が設けられている。

なお，弁済の充当に関しては，大きく２つの場面に分けることができる。
①　債務者が，同一の債権者に対して**数個の債務を負担している場合**
➡　１個の債務の弁済として数個の給付をすべき場合を含む。

②　債務者が，１個（または数個）の債務について，**元本のほか利息および費用を支払うべき場合**

⑵　債務者が，同一の債権者に対して数個の債務を負担している場合の弁済の充当

① 弁済者による指定

弁済をする者は，給付の時に，その弁済を充当すべき債務を指定することができる（民§488Ⅰ）。 R3-16

【例】 ケーススタディの事例において，Aが80万円の弁済をする時に,「4月1日付けの債務に充当してください」と指定することができる。

➡ 4月1日付けの債務は残りが20万円となり，6月1日付けの債務は80万円全額が残っている。

② 弁済を受領する者による指定

弁済者が上記①の指定をしないときは，弁済を受領する者は，その受領の時に，その弁済を充当すべき債務を指定することができる。ただし，弁済をする者がその充当に対して直ちに異議を述べたときは，この限りでない（民§488Ⅱ）。

【例】 ケーススタディの事例において，Aが80万円の弁済をする時に，特に弁済の充当について指定しなかった。この場合，Xは,「4月1日付けの債務に充当しますね」と指定することができる。

ただし，この充当の指定について，債務者Aが直ちに異議を述べたときは，充当の指定は効力を生じない。

➡ 以下の③の法定充当となる。

③ 法定充当

上記①と②の充当の指定がないときは,以下の規定に従うことになる(民§488Ⅳ)。

㋐ 債務の中に弁済期にあるものと弁済期にないものとがあるときは，弁済期にあるものを先に充当する。

㋑ 全ての債務が弁済期にあるとき，または弁済期にないときは，債務者のために弁済の利益が多いものに先に充当する。

➡ 無利息の債務より利息付きの債務に先に充当する(大判大7.10.19)。

➡ 利息が低い債務よりも利息が高い債務に先に充当する（大判大7.12.11)。

㋒　債務者のために弁済の利益が相等しいときは，弁済期が先に到来したものまたは先に到来すべきものに先に充当する。

㋓　㋐から㋒に掲げる事項が相等しい債務の弁済は，各債務の額に応じて充当する。

⑶　債務者が，１個（または数個）の債務について，元本のほか利息および費用を支払うべき場合の弁済の充当

費用→利息→元本の順に充当することを要する（民§489Ⅰ）。

【例】　AはXから100万円を借り入れたが，弁済期において，元本100万円のほか，利息20万円，費用10万円の支払いの債務が存在している。

そして，Aは，Xに対して80万円の弁済をした。

➡　まず費用の10万円が弁済されたことになり，次に利息の20万円が弁済されたことになり，最後に元本の一部50万円が弁済されたことになる。

重要❗

元本のほか利息と費用がある場合の弁済の充当については，当事者の合意による充当は認められるが（民§490），債務者や債権者の一方的な意思表示による充当の指定は認められない。

5　弁済の提供

1　弁済の提供の意義

弁済の提供とは，債務者が，債務の履行のために必要な準備をして，債権者の受領等の協力を求めることをいう。

2　弁済の提供という制度の趣旨

前述のとおり，弁済をするためには，債務者の行為だけでなく，債権者の協力（受領）も必要となることが多い。

➡　債務者が必要な行為をした場合でも，債権者が受領をしなければ，弁済は完了しない（債権は消滅しない）。

そこで，債務者が，弁済のために必要な行為をした場合には，（債権者が受領しなくても）ある程度は債務者の責任を軽減させるものとした。これが弁済の提供の制度である。

3　弁済の提供の効果

（弁済の提供の効果）
第492条　債務者は，弁済の提供の時から，債務を履行しないことによって生ずべき責任を免れる。

債務者が弁済の提供をしたときは，その時から，債務を履行しないことによって生ずべき責任（**債務不履行責任**）を免れる。

具体的には，以下のような効果が生ずる。

① 債務不履行を理由として契約の解除をされたり，損害賠償の請求をされることがなくなる。また，違約金を支払う必要もない。

【例】 債務者Aは，債権者X宅に行って債務を弁済しようとしたが，債権者Xはこれを受領しなかった。

➡ まだ弁済が完了していないので，Aの債務は消滅しないが，XはAの債務不履行責任（契約の解除，損害賠償請求等）を追及することはできない。

➡ ある意味当たり前である。

② 弁済の提供をした時以降の利息が発生しない。
③ 債権者の同時履行の抗弁権（民§533）が制限される。
④ 増加費用は債権者の負担となる。
⑤ 債務者の注意義務が軽減される。
⑥ 債権者に危険が移転する。

4　弁済の提供の方法

（弁済の提供の方法）
第493条　弁済の提供は，債務の本旨に従って現実にしなければならない。ただし，債権者があらかじめその受領を拒み，又は債務の履行について債権者の行為を要するときは，弁済の準備をしたことを通知してその受領の催告をすれば足りる。

弁済の提供の方法は，「現実の提供」が原則であるが，例外的に「口頭の提供」で足りる場合もある。

(1)　現実の提供

弁済の提供は，債務の本旨に従って，現実にしなければならない（**現実の提供**）。

現実の提供→　債務者としてなすべきことを全てした状態（あとは債権者の受領を待つだけ）。

①　金銭債務の場合

債務の全額を提供することを要する。

➡　元本だけでなく，利息，費用，損害金も含む。

・　債務の全額に満たなくても，不足額が僅少な場合は，有効な提供となることもある（最判昭35.12.15）。

・　金銭を持参して債権者の住所に行ったが，債権者が受領を拒んだため，債権者の面前に金銭を提示しなかった場合も，現実の提供が認められる（最判昭23.12.14）。

・　約束の日時に，約束の場所に金銭を持参して行けば，債権者が来なくても，現実の提供が認められる（大判大7.6.8）。

②　金銭債務以外の場合

・　不動産の売買の売主は，所有権移転登記の準備をして期日に登記所に出頭すれば，現実の提供が認められる（大判大7.8.14）。

・　債権者の住所地で物を引き渡すものとされている場合に，物を持参して債権者の住所地に行ったが，債権者が不在だったため物を持ち帰った場合も，現実の提供が認められる。

(2)　口頭の提供

債権者があらかじめ受領を拒み，または債務の履行について債権者の行為を要するときは，弁済の**準備をしたことを通知して**その受領の催告をすれば足りる（**口頭の提供**）。

理由　債権者があらかじめ受領を拒否しているときは，現実の提供を要求しても意味がない（無駄足になる）。

【例】 アパートの大家さんが勝手に賃料を値上げし，「値上げ後の賃料じゃなければ受け取らない！」と宣言しているような場合。

・「債務の履行について債権者の行為を要するとき」とは，いわゆる**取立債務**の場合である。

【例】 AはXに対して100万円の売買代金債務を負担している。この売買契約においては，債務者Aの住所で代金を支払う旨の約定がある（XがA宅に行かなければ，債務の履行ができない）。
➡ Aは，100万円の準備をして，「お金を用意したからいつでも払えますよ」とXに催告をすれば，口頭の提供をしたことになる。

・ 口頭の提供は，“弁済の準備をしたこと”を通知して，受領を催告するものである。つまり，口頭の提供の前提として，弁済の準備がされていることを要する。
➡ 準備（お金の用意）をしないで，「いつでも弁済できますよ」と通知しても，口頭の提供とは認められない。

(3) 口頭の提供も不要な場合

債権者が契約そのものの存在を否定するなど，弁済を受領しない意思が明確と認められる場合は，債務者は口頭の提供をしなくても，債務不履行の責任を負わない（最判昭32.6.5）。
➡ 受領しないことが確実な場合は，口頭の提供を要求しても無意味。

・ 債権者がいったん弁済の受領を拒否したときは，特段の事情のない限り，その後に提供されるべき弁済についても，受領拒絶の意思を明確にしたものと解すべきである。

6　弁済による代位

1　弁済による代位とは

ケーススタディ

　XはAに対して500万円を貸し渡した。そして，この債権を担保するため，Aの所有する甲土地を目的として抵当権が設定された。
　その後，Aの債務の保証人であるBが，Aに代わって，Xに対して500万円を弁済した。
　Bは，Aに対してどのような権利を行使することができるか。

　2で解説したように，債務は，債務者以外の第三者が弁済をすることもできる（民§474）。そして，第三者が債務を弁済した場合は，弁済者は債務者に対して求償権を取得する。

H25-17 H17-18 H10-7 H7-6

　この弁済者の求償権を確保するため，民法は，弁済者が債権者に代位することを認めた。これを**弁済による代位**という。
➡　代位が生ずる弁済を，「代位弁済」という。

代位→　その地位に代わって入ること。つまり，弁済者が債権者の地位に代わって入ること。

　弁済による代位が認められると，弁済者は，**債権者が有していた権利（担保権等）を行使することができる**ので，自分の求償権について満足を得やすくなる。
➡　弁済者にとってありがたい。

【例】　ケーススタディの事例では，BがAに代わって債務を弁済したので，BはAに対して500万円の求償権を取得する。そして，弁済者Bは，債権者Xが有していた権利（甲土地の抵当権）を取得する。
　➡　これが弁済による代位。

　AがBに対して500万円を支払わないときは，Bは甲土地の抵当権を実行し，その競売の代金から優先的に500万円を回収することができる（抵当権を持っている者は強い）。

➡　Bは，Xが有していた権利を行使することができるので，ありがたい。

2　代位の要件

（弁済による代位の要件）
第499条　債務者のために弁済をした者は，債権者に代位する。
第500条　第467条の規定は，前条の場合（弁済をするについて正当な利益を有する者が債権者に代位する場合を除く。）について準用する。

⑴　第三者が債務者のために弁済をしたこと

一般的な「弁済」だけでなく，代物弁済，供託，相殺，混同等も含まれる。
➡　要は，債権者が満足を得たことである。

・　任意の弁済に限られず，物上保証人の所有する不動産の担保権が実行され，債権者が配当を受けたような場合も含まれる。

⑵　弁済者が，債務者に対して求償権を取得すること

弁済による代位は，弁済者の求償権を確保するための制度であるので，弁済者が債務者に対して**求償権を有する**ことが要件となる。
➡　一般的に，第三者が債務者に代わって弁済をした場合は，弁済者は債務者に対して求償権を取得する（民§650，民§702）。

・　弁済をした第三者が債務者に対して求償権を取得しないときは，弁済による代位は生じない。
➡　弁済者が債務者に対して求償権を取得しない場合とは，債務者に対する贈与の意思で弁済をしたような場合である。

⑶　弁済をするについて正当な利益を有する者ではない者が弁済をした場合に，債務者その他の第三者に代位を対抗するためには，民法467条の対抗要件を備えること

弁済による代位の対抗要件については，①弁済をするについて正当な利益を有する第三者が弁済をした場合と，②弁済をするについて正当な利益を有する者ではない第三者が弁済をした場合とを区別する必要がある。

H22-17
H4-5

① 弁済をするについて正当な利益を有する者が弁済をした場合
特段の対抗要件は不要である。
「弁済をするについて正当な利益を有する者」とは，弁済をしなければ債権者から執行を受けてしまうような者や，自分の権利について価値を失うような立場にある者が該当する。

・ **保証人，物上保証人**
➡ 物上保証人は，弁済をしないで放置していると，担保権を実行されて不動産を失うおそれがある。
・ 連帯債務者
・ 抵当不動産の第三取得者
・ 後順位の担保権者

【例】 ＸのＡに対する貸金債権を担保するため，Ａの所有する甲土地を目的として抵当権が設定された。その後，Ａの債務の保証人であるＢが，Ｘに対して債務を弁済した。
➡ 保証人Ｂは，Ａに対して求償権を取得し，債権者Ｘに代位する（Ｘが有していた抵当権等を取得する）。
➡ Ｂは，特段の対抗要件を備えなくても，債務者Ａその他の第三者に代位を対抗することができる。

② 弁済をするについて正当な利益を有する者ではない第三者が弁済をした場合
弁済による代位を債務者その他の第三者に対抗するためには，民法467条の対抗要件（債権譲渡の対抗要件）を備えることを要する（民§500）。
➡ 債務者に対する通知または債務者の承諾である。

理由 弁済をするについて正当な利益を有しない者が債権者に代位する場合は，債務者の知らない人が債務者に対して権利を行使するということが生じ得るので（債権譲渡がされたのと同様の状態となるので），そのことを知らせておくべきである。

・ 債権者の承諾等は不要である。

3　弁済による代位の効果～債務者との関係

（弁済による代位の効果）

第501条　前二条の規定により債権者に代位した者は，債権の効力及び担保としてその債権者が有していた一切の権利を行使することができる。

2　前項の規定による権利の行使は，債権者に代位した者が自己の権利に基づいて債務者に対して求償をすることができる範囲内（保証人の１人が他の保証人に対して債権者に代位する場合には，自己の権利に基づいて当該他の保証人に対して求償をすることができる範囲内）に限り，することができる。

弁済により債権者に代位した者は，債権の効力および担保としてその**債権者が有していた一切の権利を行使することができる**。

つまり，弁済によって消滅するはずであった債権者の債務者に対する債権（原債権）や，その債権を担保していた担保権（抵当権等）が，**弁済者に移転する**。

・　原債権に保証人がいる場合には，その保証人に対する権利も移転する。
・　保証人の１人が他の保証人に対して債権者に代位する場合には，当該他の保証人に対して求償することができる範囲内に限り，権利を行使することができる。

プラスアルファ

弁済による代位は，契約上の地位が移転するものではないので，弁済者は契約の取消権や解除権は取得しない。

4　弁済による代位の効果～代位者相互の関係

１個の債権について，保証人，物上保証人，担保物件の第三取得者といった者が併存している場合がある。

➡　つまり，弁済によって債権者に代位する可能性のある者が複数いる場合の話である。

この場合，関係者相互間の優劣や割合などを定めておかないと，不当な結果（単なる早い者勝ちになってしまう）を招くおそれがある。

そこで，**代位者相互間の関係**が規定された（民§501Ⅲ）。

①　第三取得者（債務者から担保の目的となっている財産を譲り受けた者をいう。）は，保証人及び物上保証人に対して債権者に代位しない。

> ②　第三取得者の１人は，各財産の価格に応じて，他の第三取得者に対して債権者に代位する。
> ③　前号の規定は，物上保証人の１人が他の物上保証人に対して債権者に代位する場合について準用する。
> ④　保証人と物上保証人との間においては，その数に応じて，債権者に代位する。ただし，物上保証人が数人あるときは，保証人の負担部分を除いた残額について，各財産の価格に応じて，債権者に代位する。
> ⑤　第三取得者から担保の目的となっている財産を譲り受けた者は，第三取得者とみなして①及び②の規定を適用し，物上保証人から担保の目的となっている財産を譲り受けた者は，物上保証人とみなして①，③及び④の規定を適用する。

⑴　第三取得者と保証人（物上保証人）の関係

第三取得者（債務者から担保の目的となっている財産を譲り受けた者）は，保証人および物上保証人に対して債権者に**代位しない**。

【例】　XはAに対して500万円を貸し渡し，Aの所有する甲土地に抵当権が設定された。そして，このAの債務について，Bが保証人となった。
　その後，Aは，甲土地をCに売った（Cは担保目的物の第三取得者）。
➡　この後に，CがAに代わってXに債務を弁済した場合，Cは，保証人Bに対して債権者Xに代位しない（Cは，Bに対して保証債務の履行を請求することができない）。

理由　第三取得者（C）は，抵当権が付いていることを知った上で，その負担を覚悟して甲土地を取得したはずである。保証人に対する代位を認めなくても，不公平ではない。

・　保証人が弁済をした場合は，**保証人は，第三取得者に対し，債権者に代位する**。

【例】　上記の事例において，保証人BがXに対して500万円を弁済したときは，BはXに代位し，甲土地の抵当権を行使することができる。

⑵　複数の第三取得者の間の関係

第三取得者の１人は，**各財産の価格に応じて**，他の第三取得者に対して債権者に代位する。

➡　このように扱うのが公平である。

【例】　ＸのＡに対する400万円の債権を担保するため，Ａの所有する甲土地（価格は500万円）と乙土地（価格は300万円）に抵当権が設定された（共同抵当）。

その後，Ａは甲土地をＢに売り渡し，また乙土地をＣに売り渡した。

➡　この後に，第三取得者の１人であるＢが，Ａに代わって，Ｘに対して400万円を弁済した。

➡　ＢはＡに対して400万円の求償権を取得し，債権者Ｘに代位することができる。つまり，乙土地の抵当権を行使することができる。

➡　Ｂは，他の第三取得者であるＣに対し，各財産の価格（甲土地と乙土地の価格）に応じて，権利を行使することができる。

➡　甲土地の価格は500万円，乙土地の価格は300万円なので，５：３の割合である。つまり，Ｂは，150万円（400万円の８分の３）の限度で，乙土地の抵当権を行使することができる。

⑶　複数の物上保証人の間の関係

物上保証人の１人は，**各財産の価格に応じて**，他の物上保証人に対して債権者に代位する。

➡　上記⑵と考え方は同じ。

【例】　ＸのＡに対する400万円の債権を担保するため，Ｂの所有する甲土地（価格は500万円）とＣの所有する乙土地（価格は300万円）に抵当権が設定された（共同抵当。ＢとＣはともに物上保証人である）。

➡　その後，物上保証人の１人であるＣが，Ａに代わって，Ｘに対して400万円を弁済した。

➡　ＣはＡに対して400万円の求償権を取得し，債権者Ｘに代位することができる。つまり，甲土地の抵当権を行使することができる。

➡　Ｃは，他の物上保証人であるＢに対し，各財産の価格（甲土地と乙土地の価格）に応じて，権利を行使することができる。

➡　甲土地の価格は500万円，乙土地の価格は300万円なので，５：３の割合である。つまり，Ｃは，250万円（400万円×５/８）の限度で，甲土地の抵当権を行使することができる。

⑷　保証人と物上保証人の間の関係

保証人と物上保証人との間においては，**その数に応じて**，債権者に代位する。ただし，物上保証人が数人あるときは，保証人の負担部分を除いた残額について，各財産の価格に応じて，債権者に代位する。

【例】　ＸのＡに対する600万円の債権を担保するため，Ｂの所有する甲土地（価格は300万円）とＣの所有する乙土地（価格は200万円）に抵当権が設定された（共同抵当。ＢとＣはともに物上保証人である）。また，このＡの債務について，Ｄが保証人となった。

➡　その後，保証人Ｄは，Ｘに対して600万円を弁済した。

この事例では，保証人（Ｄ）と物上保証人（ＢＣ）がいる。この場合は，まず頭割りで計算する。

➡　600万円を３で割ると，各200万円である。

そして，（保証人のほかに）物上保証人が数人ある場合であるので，保証人の負担部分を除いた残額（600万円からＤの負担部分200万円を除いた400万円）について，各財産の価格に応じて割り付ける。

➡　甲土地と乙土地の価格の割合は３：２であるので，甲土地が負担する額は240万円（400万円×３/５），乙土地が負担する額は160万円（400万円×２/５）となる。

つまり，弁済をしたＤは，甲土地の抵当権から240万円を回収することができ，乙土地の抵当権から160万円を回収することができる。

・　保証人が，同時に物上保証人にもなっている場合（二重資格）は，１人として扱われる（最判昭61.11.27）。

【例】　銀行が会社に対してお金を貸すに当たり，社長個人が保証人となり，また，社長個人が所有する不動産に抵当権を設定するということがよくある。

➡　社長は，保証人兼物上保証人であるが，１人としてカウントされる。

５　弁済による代位の効果～債権の一部について代位弁済がされた場合

債権の一部について代位弁済があったときは，代位者は，**債権者の同意を得て**，その弁済をした価額に応じて，**債権者とともに**その権利を行使することができる（民§502Ⅰ）。

重要!

一部の代位弁済がされた場合，代位者は，単独で権利を行使することができない。
➡ 債権者の同意を得て，債権者とともに権利を行使する必要がある。

理由　代位者が単独で権利を行使することができるとすると，債権者としては，自分が望まない時期に担保が実行されたりすることになるので，不当であるといえる。

【例】　ＸのＡに対する500万円の貸金債権を担保するため，Ａの所有する甲土地に抵当権が設定された。その後，Ａの債務の保証人であるＢは，Ａに代わり，Ｘに対して債務の一部200万円を弁済した。

➡ 一部の代位弁済である。この弁済により，Ｂは，甲土地のＸの抵当権の一部を取得する（甲土地の抵当権は，ＸとＢの共有となる）。

この後に，Ｂが権利を行使する（抵当権を実行する）場合は，債権者Ｘの同意を得て，Ｘとともに抵当権を実行することを要する。

・ 債権の一部について代位弁済があった場合，**債権者は，単独で**，その権利を行使することができる（民§502Ⅱ）。

➡ 代位者の同意は不要である。

理由　一部の代位弁済があったからといって，債権者の権利の行使が妨げられる（制限される）べきではない。

・ 債権の一部について代位弁済がされた後，その債権を担保していた担保権（抵当権等）が実行された場合，その金銭の配当においては，債権者が代位者に優先する（民§502Ⅲ）。

理由　弁済による代位は，弁済者の求償権を確保するための制度である。これにより，債権者に不利益を及ぼすことまでは予定されていない。

6　弁済による代位の効果～代位者に対する債権者の義務

(1)　債権証書の交付等の義務

代位弁済によって全部の弁済を受けた債権者は，債権に関する証書および自己の占有する担保物を代位者に交付しなければならない（民§503）。

⑵　担保の保存義務

> **（債権者による担保の喪失等）**
> **第504条**　弁済をするについて正当な利益を有する者（以下この項において「代位権者」という。）がある場合において，債権者が故意又は過失によってその担保を喪失し，又は減少させたときは，その代位権者は，代位をするに当たって担保の喪失又は減少によって償還を受けることができなくなる限度において，その責任を免れる。その代位権者が物上保証人である場合において，その代位権者から担保の目的となっている財産を譲り受けた第三者及びその特定承継人についても，同様とする。
> **2**　前項の規定は，債権者が担保を喪失し，又は減少させたことについて取引上の社会通念に照らして合理的な理由があると認められるときは，適用しない。

債権者は，弁済をするについて正当な利益を有する者（代位権者）のために，その担保を喪失し，または減少させない義務を負う。

債権者が，故意または過失によってこの義務に違反したときは，代位権者は，代位をするに当たってその喪失または減少によって償還を受けることができなくなる限度において，その責任を免れる。

理由　弁済をするについて正当な利益を有する者（保証人，物上保証人，第三取得者等）は，“仮に自分が弁済することになっても，債権者に代位できるから，求償権についてきちんと回収することができるだろう”という期待を有しているはずである。

債権者がこの期待を裏切ったときは，その分について，保証人等に免責を与えるべきである。

【例】　ＸのＡに対する500万円の債権を担保するため，Ａの所有する甲土地およびＢの所有する乙土地を目的として，抵当権（共同抵当）が設定された。

➡　物上保証人Ｂは，Ａに代わって弁済をしたら，甲土地のＸの抵当権を取得できる立場にある。

その後，Ｘは，甲土地の抵当権を放棄し，その登記が抹消された（担保保存義務違反）。

➡　物上保証人Ｂは，一定の額を限度として，責任を免れる。

7　代物弁済

ケーススタディ

　AはXから100万円を借りている。もうすぐ弁済期が到来するが，Aは手持ちの現金がなく，返済できそうにない。ただ，Aは，時価100万円相当の高級腕時計を所有している。
　この腕時計をもって弁済とすることはできないだろうか。

1　代物弁済の意義

（代物弁済）
第482条　弁済をすることができる者（以下「弁済者」という。）が，債権者との間で，債務者の負担した給付に代えて他の給付をすることにより債務を消滅させる旨の契約をした場合において，その弁済者が当該他の給付をしたときは，その給付は，弁済と同一の効力を有する。

　代物弁済とは，**代（わりの）物をもって弁済とすること**である。
　ケーススタディの事例では，XとAが，100万円の支払いに代えてAの所有する高級腕時計をもって弁済とする旨の契約をし，AがXに対して高級腕時計を引き渡したときは，弁済と同一の効力を有する。
➡　AのXに対する100万円の返還債務は消滅する。

重要！
　代物弁済の契約をしただけでは弁済の効力は生じない。弁済者が他の給付をしたことによって弁済と同一の効力を生ずる。 R3-16

・　代物弁済の目的物が不動産の所有権であるときは，登記その他の引渡し行為が完了した時に，弁済と同一の効力を生ずる（最判昭39.11.26）。 H18-17
　➡　不動産の所有権の移転については，登記をしないと第三者に対抗することができない（民§177）。

・　代物弁済の契約そのものは諾成契約であるので，代物弁済の目的とされた財産は，代物弁済の契約の時に債権者に移転する（最判昭40.3.11）。 H18-17
　➡　代物弁済の契約と同時に目的物の所有権は債権者に移転し，その後に債権者に給付がされた時に債務が消滅する。

8 供　託

ケーススタディ

AはXから100万円を借りている。Aは，約束の期日にX宅に行って，100万円を返そうとしたが，Xは，「いや，オレは200万円貸したから，200万円じゃないと受け取らない」と言い出した。

Aは途方に暮れ，立ちすくんだが，何かいい方法はないだろうか。

1　供託の意義

債権者が受領を拒否したり，受領することができないような場合は，債務者は，弁済の目的物を供託し，債務を消滅させることができる。

理由　債務者が弁済の提供をしたが，債権者がその受領を拒否した場合，債務者の責任は軽減されるが（民§492），債務が消滅するわけではない（一定の注意義務も存続する）。そこで，一定の要件のもと，供託（債務者の一方的な行為）によって債務を消滅させることが認められた。

供託とは，供託所（国の機関である法務局）に，目的物を寄託することである。

➡　弁済者が，債権者のために目的物を供託所に寄託し，債権者が供託所から目的物を受け取ることになる。

・　供託の法的性質は，第三者（債権者）のためにする寄託である（最判昭45.7.15）。

2　供託の要件

(1)　供託の原因があること

（供託）

第494条　弁済者は，次に掲げる場合には，債権者のために弁済の目的物を供託することができる。この場合においては，弁済者が供託をした時に，その債権は，消滅する。

一　弁済の提供をした場合において，債権者がその受領を拒んだとき。

二　債権者が弁済を受領することができないとき。

2　弁済者が債権者を確知することができないときも，前項と同様とする。ただし，弁済者に過失があるときは，この限りでない。

H23-16

①　債権者の受領拒絶

弁済の提供をしたが，**債権者がその受領を拒んだときは**，供託をすることができる。

【例】　ケーススタディの事例では，債務者Aが弁済の提供をしたが，債権者Xはその受領を拒んだので，Aは100万円を供託することができる。

➡　供託をすることによって，**債務は消滅する**。

・　供託をする前提として，まずは弁済の提供をすることが必要である。

②　債権者の受領不能

債権者が弁済を受領することができないときは，供託をすることができる。

③　弁済者が（過失なく）債権者を確知することができないときは，供託をすることができる。

【例】　債権者が死亡し，その相続人が不明である場合。

(2)　供託をすることができる者

債務者に限らず，債務の弁済をすることができる者は，供託をすることができる。

・　供託をした者は，遅滞なく，債権者に供託の通知をすることを要する（民§495Ⅲ）。

・　弁済の目的物が供託に適しないような場合には，弁済者は，裁判所の許可を得て，弁済の目的物を競売に付し，その代金を供託することができる（民§497）。

【例】　弁済の目的物が生鮮食品であるような場合。

⑶　供託所

債務の履行地の供託所に供託をすることを要する（民§495Ⅰ）。

3　供託物の取戻し

債権者が供託を受諾せず，または供託を有効と宣言した判決が確定しない間は，弁済者は，（一定の場合を除き）供託物を取り戻すことができる（民§496Ⅰ）。

この場合においては，供託をしなかったものとみなされる。

➡　債務は消滅しなかったこととなる。

4　供託物の還付請求

弁済の目的物が供託された場合には，債権者は，供託物の還付を請求することができる（民§498Ⅰ）。

第3節　相　殺

Topics
・まずは相殺の要件を押さえること。
・不法行為債務，差押えがされた債務，第三者の債務についての相殺の可否が重要。

ケーススタディ

AはBに対して100万円の貸金債権を有している。一方，BはAに対して60万円の売買代金債権を有している。

この場合，AとBは，自分が負担する債務の全額を相手方に（現実に）弁済する必要があるのか。重なっている部分（60万円）についてチャラにするようなことはできないのだろうか。

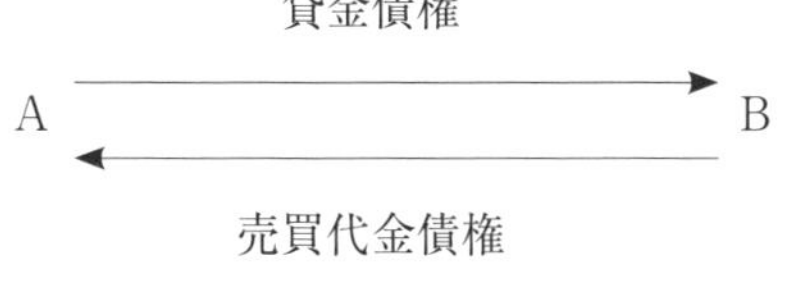

1　相殺の意義

（相殺の要件等）

第505条　２人が互いに同種の目的を有する債務を負担する場合において，双方の債務が弁済期にあるときは，各債務者は，その対当額について相殺によってその債務を免れることができる。ただし，債務の性質がこれを許さないときは，この限りでない。

⑴　相殺の意義

相殺とは，２人が互いに同種の債務を負担している場合に，**対当額についてそれらの債務を消滅させる**ことである。

【例】　ケーススタディの事例では，AとBが，互いに同種の債務(金銭債務)を負担している。この場合，AまたはBの相殺の意思表示により，対当額（60万円分）について債務を消滅させることができる。

➡　相殺がされた後は，AがBに対して40万円の貸金債権を有していることになる。

・　相殺は，**当事者の一方から**相手方に対する意思表示によってするものである（民§506Ⅰ。単独行為）。

➡　当事者間で相殺の合意をすることも可能である。

用語説明

自働債権→　相殺の意思表示をする者が有している債権。

受働債権→　相殺の相手方が有している債権。

【例】　ケーススタディの事例で，AがBに対して相殺の意思表示をしたものとする。

➡　Aの有する100万円の貸金債権が「自働債権」。Bの有する60万円の売買代金債権が「受働債権」

仮に，BがAに対して相殺の意思表示をした場合は，Bの有する債権が「自働債権」，Aの有する債権が「受働債権」となる。

(2)　相殺の機能

①　決済の簡便化

一言でいえば，便利である。時間や手間が省ける。

②　当事者間の公平

相殺は，当事者間の公平にも資する。

ケーススタディの事例で，Aが無資力であり，手元にまったく財産がない場合には，BはAに対して100万円を支払わなければならないのに，AはBに対してお金を払えない，ということもあり得る。

この場合，相殺という方法を使えば，Bの債務も消滅するので，不公平は生じない。

③　担保としての機能

ケーススタディの事例で，Aに対して債権を有する者が何人かいるが，Aは事実上無資力であるものとする。この場合，Aに対する債権者は，ほぼ債権を回収できないが，Bは，相殺という方法を使えば，自分の債務が消滅するので，事実上他の債権者に優先して債権の回収を図ることができる。

2　相殺の要件～相殺適状

相殺をするためには，互いの債務について相殺に適した状態（**相殺適状**）になっていることを要する。

具体的には，以下のとおりである。

(1)　２人が互いに同種の目的を有する債務を負担していること。
(2)　双方の債務が弁済期にあること。
(3)　債務の性質が，相殺を許さないものでないこと。
(4)　２つの債権が有効に存在していること。

(1)　２人が互いに同種の目的を有する債務を負担していること

２人の間で対立する債権が存在することである。

➡　ＡがＢに対して債権を有しており，ＢもＡに対して債権を有しているという状態。

重要！

２人の間で対立する債権が存在することが要件である。第三者が負担する債務について相殺をすることは（原則として）できない。 H27-18 H24-16

【例】　ＡはＢに対して金銭債権（甲債権）を有している。そして，ＢはＣに対して金銭債権（乙債権）を有している。

Ａは，Ｂに対する甲債権を自働債権，ＢのＣに対する乙債権を受働債権として，相殺をすることはできない。

➡　Ａが，乙債権について第三者による弁済（民§474）をすることができる場合でも，甲債権と相殺をすることはできない。

・　一方の債権について債権譲渡がされている場合は，一定の要件のもと，相殺をすることができる。 H27-18

（債権の譲渡における相殺権）

第469条　債務者は，対抗要件具備時より前に取得した譲渡人に対する債権による相殺をもって譲受人に対抗することができる。

【例】　ＸはＡに対して100万円の貸金債権（甲債権）を有している。一方，ＡはＸに対して50万円の売買代金債権（乙債権）を有している。その後，ＸのＡに対する甲債権がＹに譲渡され，ＸからＡに債権譲渡の通知がされた。

➡　現時点では，ＹがＡに対して甲債権を有しており，ＡがＸに対して乙債権を有している。

➡　乙債権は，債権譲渡の通知がされるより前に取得したものであるから，Ａは，乙債権を自働債権，甲債権を受働債権とする相殺をもってＹに対抗することができる。

仮に，債権譲渡の通知がＡに到達した後に，ＡがＸに対して乙債権を取得した場合は，Ａは，これらの債権の相殺をもってＹに対抗することができない。

・「同種の目的を有する債務」とは，互いに金銭債務であるような場合である。

(2)　双方の債務が弁済期にあること

相殺をするためには，双方の債務について**弁済期にあること**が要件とされている。

理由　自働債権について弁済期が到来していない場合は，相手方は期限の利益を有しているので（まだ弁済しなくてもいいので），決済を強制することはできない。

H24-16　ただし，受働債権（相殺したい者が負担する債務）については，自分が期限の利益を放棄すればよいので，弁済期が到来する前でも，相殺をすることができる（大判昭8.5.30）。

【例】　ＡはＢに対して金銭債権（甲債権）を有しており，ＢもＡに対して金銭債権（乙債権）を有している。

➡　Ａは，甲債権の弁済期が到来する前に，相殺をすることはできない。

➡　Ａは，甲債権の弁済期が到来していれば，乙債権について弁済期が到来していなくても，（期限の利益を放棄して）相殺をすることができる。

・　自働債権について弁済期が到来していても，相手方が同時履行の抗弁権（民§533）を有しているような場合は，相殺をすることができない。 R3-17 H24-16 H4-6

➡　一方的に相手方の抗弁権を奪うことはできない。

・　期限の定めのない債権については，いつでも相殺をすることができる。 H5-6

(3)　債務の性質が，相殺を許さないものでないこと

いわゆる「なす債務」などは，性質上，相殺をすることができない。

(4)　2つの債権が有効に存在していること

相殺の意思表示をする時点で，互いの債権が存在していることが必要である。

➡　過去に互いの債権について相殺適状が生じたとしても，相殺の意思表示がされる前に，一方の債権が弁済や契約の解除等により消滅したときは，もはや相殺をすることはできない。

ただし，例外もある。

・　債権が時効によって消滅した場合でも，時効消滅する前に相殺適状となっていたときは，その（かつて存在した）債権を自働債権として相殺をすることができる（民§508）。 R3-17 H5-6

理由　当事者は，相殺適状が生じたときは，当然に（敢えて相殺の意思表示をしなくても）その債権債務は清算されたものと考えるのが自然である（当然に互いの債権債務が消滅したと考えているから，消滅時効の更新の手続をとっていない）。

このような当事者の信頼は，保護すべきといえる。

なお，消滅時効にかかった債権を“譲り受けた者”は，これを自働債権とする相殺をすることができない（大判昭15.9.28）。 H24-16

3　相殺の禁止（制限）

互いの債務について相殺適状にある場合でも，一定の事由に該当するときは，相殺をすることができない（相殺が制限される）。

(1)　相殺を禁止（制限）する特約がある場合

当事者は，相殺を禁止（制限）することができる。この場合は，その当事者間では相殺が禁止（制限）される。

H27-18 ただし，この特約は，第三者がこれを知り（悪意），または重大な過失によって知らなかったときに限り，その第三者に対抗することができる（民§505Ⅱ）。

➡ 債権を取得した第三者が，当事者間の相殺禁止の特約を知らなかったときは，相殺をもって相手方に対抗することができる。

(2)　受働債権が不法行為債権等である場合

（不法行為等により生じた債権を受働債権とする相殺の禁止）
第509条　次に掲げる債務の債務者は，相殺をもって債権者に対抗することができない。ただし，その債権者がその債務に係る債権を他人から譲り受けたときは，この限りでない。
一　悪意による不法行為に基づく損害賠償の債務
二　人の生命又は身体の侵害による損害賠償の債務（前号に掲げるものを除く。）

R3-17 H22-19 H5-6 H4-1 悪意による不法行為に基づく損害賠償の債務者や，人の生命または身体の侵害による損害賠償の債務者は，これを受働債権として，**相殺をすることができない。**

理由　上記のような債務は，被害者（債権者）が現実に損害を賠償してもらう必要性が高いので，相殺によって互いの債務をチャラにするということは適切でない。

H28-19 H24-16
・　当事者が，互いに不法行為債権を有している場合，相殺をすることはできない（最判昭49.6.28）。

・　悪意による不法行為に基づく損害賠償等の債権者（被害者）は，これを自働債権として相殺することができる（最判昭42.11.30）。

➡ 被害者が“現実に金銭を支払ってもらわなくてもいい（相殺でいい）”と言っているのだから，これを否定する理由はない。

(3)　受働債権が差押禁止債権である場合

債権が，差押えを禁じたものであるときは，その債務者は，相殺をもって債権者に対抗することができない（民§510）。

➡　差押禁止債権を受働債権として，相殺をすることができない。

【例】　賃金，労災の受給権，生活保護法に基づく金品の受給権。

理由　これらの債権は生活の上で必要なものであり，債権者に現実の給付がされることが大事である。

(4)　受働債権が差し押さえられた場合

ケーススタディ

Aは Bに対して金銭債権（甲債権）を有している。また，BもAに対して金銭債権（乙債権）を有している。

その後，Aに対して債権を有するXが，甲債権を差し押さえた。

Bは，乙債権を自働債権，甲債権を受働債権として，相殺をすることができるか。

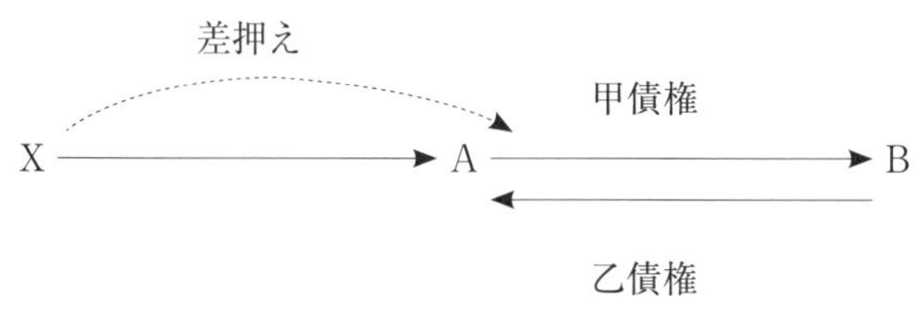

確認　甲債権が差し押さえられると，AはBに対して甲債権の取立てをすることができない（民執§145 I）。そして，第三債務者Bは，自己の債権者（A）に弁済をすることができない。

➡　弁済をしてもいいが，差押債権者Xに対抗できない（民§481）。

（差押えを受けた債権を受働債権とする相殺の禁止）

第511条　差押えを受けた債権の第三債務者は，差押え後に取得した債権による相殺をもって差押債権者に対抗することはできないが，差押え前に取得した債権による相殺をもって対抗することができる。

> ２　前項の規定にかかわらず，差押え後に取得した債権が差押え前の原因に基づいて生じたものであるときは，その第三債務者は，その債権による相殺をもって差押債権者に対抗することができる。ただし，第三債務者が差押え後に他人の債権を取得したときは，この限りでない。

R3-17 H20-19 H16-18 H12-5 H5-6

受働債権が差し押さえられた場合，相殺ができるか否かは，**自働債権の取得の時期と差押えの時期の先後**によって異なる。

① 受働債権の**差押えの前に**自働債権を取得していた場合
➡ 相殺をすることができる（相殺をもって差押債権者に対抗することができる）。

理由 自働債権を取得した時点では，差押えがされていない（弁済が禁止されていない）のだから，相殺の期待を保護すべきである。

② 受働債権が**差し押さえられた後に**自働債権を取得した場合
➡ 相殺をすることができない（相殺をもって差押債権者に対抗することができない）。

理由 差押えによって弁済が禁止されたことを知っているのだから，その後に取得した債権との相殺を認めなくても，第三債務者にとって不当とはいえない。

【例】 ケーススタディの事例では，ＢがＡに対して乙債権（自働債権）を取得した後に，甲債権（受働債権）が差し押さえられている。
➡ Ｂは，相殺をもってＸに対抗することができる。

仮に，Ｘが甲債権を差し押さえた後に，ＢがＡに対して乙債権を取得した場合は，Ｂは，甲債権と乙債権との相殺をもって，Ｘに対抗することができない。

・ 受働債権の差押えより前に自働債権を取得している場合には，自働債権の弁済期と受働債権の弁済期の先後を問わず，相殺をすることができる。
➡ 受働債権が差し押さえられた時点で，自働債権の弁済期が到来していない場合でも，後に相殺適状となれば，相殺をすることができる。

4　相殺の方法

（相殺の方法及び効力）
第506条　相殺は，当事者の一方から相手方に対する意思表示によってする。この場合において，その意思表示には，条件又は期限を付することができない。

相殺は，当事者の一方から**相手方に対する意思表示**によってする（単独行為）。
➡　意思表示が必要である。相殺適状になったからといって，当然に債務が消滅するわけではない。

・　相手方は，自働債権の債務者である。
ただし，受働債権が第三者に譲渡されている場合には，その譲受人に対して意思表示をすることになる（最判昭32.7.19）。

・　相殺の意思表示には，条件または期限を付することができない。 R2-6
➡　相手方を不安定な状態にしないようにするためである。また，後述するように，相殺適状の時に遡って効力を生ずるので，期限をつけても意味がない。

5　相殺の効力

(1)　債務の消滅

相殺がされると，双方の債務は，その**対当額について消滅する**（民§505Ⅰ）。

(2)　相殺の遡及効

相殺の意思表示は，双方の債務が互いに相殺に適するようになった時（相殺適状）にさかのぼってその効力を生ずる（民§506Ⅱ）。

・　相殺適状になった時に債務が消滅するので，その時以後は利息が発生しなかったことになる。

第４節　その他の債権の消滅事由

Topics
・　弁済，供託，相殺以外の債権の消滅事由である。
・　民法択一よりも，不動産登記法択一，記述式で出題される。

1　更　改

1　更改の意義と種類

（更改）
第513条　当事者が従前の債務に代えて，新たな債務であって次に掲げるものを発生させる契約をしたときは，従前の債務は，更改によって消滅する。
一　従前の給付の内容について重要な変更をするもの
二　従前の債務者が第三者と交替するもの
三　従前の債権者が第三者と交替するもの

当事者が，従前の債務（旧債務）とは同一性を有しない一定の新たな債務を発生させる契約をしたときは，**その旧債務は消滅する**。これが更改である。

民法は，更改の種類として，３つの形を規定している。

(1)　従前の給付の内容について重要な変更をするもの

【例】　ＡはＸに対して100万円の借入金債務を負担している。そして，ＸとＡは，この債務に代えて，ＡがＸに中古自動車１台を給付する債務を負担するという契約をした（更改契約）。
　これにより，ＡのＸに対する100万円の借入金債務は消滅する。

・　代物弁済契約と似ているが，同じではない。
　代物弁済は，“本来の給付に代えて○○を給付する”という感じで，あくまで弁済であるが，更改は，“旧債務を消滅させて，それと同一性を有しない新たな債務を負担する”という内容である。

(2)　従前の債務者が第三者と交替するもの

【例】　ＡはＸに対して100万円の借入金債務を負担している。そして，Ｘ，Ａ，

Ｂは，この債務に代えて，ＢがＸに100万円の債務を負担するという契約をした。

これにより，ＡのＸに対する100万円の借入金債務は消滅する。

・　免責的債務引受契約と似ているが，同じではない。

免責的債務引受がされた場合，債務の同一性を保ったまま，引受人が債務者となる。

➡　引受人は，旧債務者が有していた抗弁権を主張することができる。

一方，更改がされた場合は，旧債務が消滅して新債務が発生する形であるので，旧債務に存在していた**抗弁権も消滅する**。

⑶　従前の債権者が第三者と交替するもの

➡　これも，債権譲渡と似ているが，同じではない。考え方は上記⑵と同じである。

２　債務者の交替による更改

⑴　意　義

債務者の交替による更改とは，ＡがＸに対して負担していた債務を消滅させ，新たにＢのＸに対する債務を発生させる契約である。

⑵　当事者

債務者の交替による更改は，債権者，更改前の債務者（旧債務者），更改後に債務者となる者（新債務者）による契約（三面契約）ですることができる。

➡　これが基本である。

・　債務者の交替による更改は，債権者と新債務者との契約によってすることもできる（民§514Ⅰ）。

【例】　上記⑴の事例では，ＸとＢの２人で更改契約をすることもできる。

ただし，この場合には，債権者が旧債務者に対してその契約をした旨を**通知した時に**，その効力を生ずる（民§514Ⅰただし書）。

【例】　上記⑴の事例で，ＸとＢが更改契約をした場合は，ＸがＡに対して更改契約をした旨を通知した時に，その効力を生ずる。

3　債権者の交替による更改

(1)　意　義

債権者の交替による更改とは，XがAに対して有していた債権を消滅させ，新たにYのAに対する債権を発生させる契約である。

(2)　当事者

H26-17 債権者の交替による更改は，更改前の債権者，更改後に債権者となる者および債務者の契約によってすることができる（民§515Ⅰ）。

【例】　上記(1)の事例では，X，YおよびAが更改契約を締結する。

H26-17
・　債権者の交替による更改は，確定日付のある証書によってしなければ，第三者に対抗することができない（民§515Ⅱ）。

➡　債権者の交替による更改は，債権譲渡と同様の機能を持つものだからである。

➡　債権者の交替による更改は，債務者も契約の当事者となっているので，“債務者に対する通知”ではなくて，契約そのものについて確定日付のある証書が必要とされている。

4　更改の効果

(1)　効　果

更改がされると，**従前の債務（旧債務）は消滅する**（民§513）。

旧債務は消滅し，新債務との間に同一性はないので，旧債務に付随した担保権，抗弁権や保証は，消滅する。

➡　新債務に引き継がれない。

(2)　更改後の債務への担保の移転

上記のとおり，更改がされると，旧債務のために存在した担保権も消滅するのが原則である。

しかし，民法は，**担保権（抵当権や質権）については，特別に，新債務に移すことを認めた。**

➡　担保を有する債権者の利益を考慮したものである。

この場合は，旧債務を担保していた抵当権（質権）は，新債務を担保するものとして存続する。

（更改後の債務への担保の移転）
第518条　債権者（債権者の交替による更改にあっては，更改前の債権者）は，更改前の債務の目的の限度において，その債務の担保として設定された質権又は抵当権を更改後の債務に移すことができる。ただし，第三者がこれを設定した場合には，その承諾を得なければならない。

【例】　ＸはＡに対して1,000万円の貸金債権（甲債権）を有しており，この債権を担保するため，Ｂの所有する土地に抵当権が設定されていた。
　その後，Ｘ，ＡおよびＣは，ＸのＡに対する甲債権を消滅させ，新たにＸのＣに対する1,000万円の債権（乙債権）を発生させる旨の更改契約を締結した。
➡　債権者Ｘは，甲債権を担保するために土地に設定されていた抵当権について，乙債権を担保させるために移すことができる。
➡　抵当権は，乙債権を担保するものとして存続する。

・　第三者が抵当権（質権）を設定したものである場合は，抵当権（質権）を新債務に移すに当たっては，その**第三者の承諾**を得ることを要する。 H26-17

【例】　上記の事例で，抵当権を乙債権に移すに当たっては，設定者であるＢの承諾を得ることを要する。

理由　Ｂは，Ａの債務を担保するために，自分の所有する土地に抵当権を設定したものである。
➡　Ｂとしては，「Ａは信頼できるから，自分で債務を返済してくれるだろう。」と信頼して，自分の所有する土地に抵当権を設定したものである。

なのに，自分が知らないところで抵当権の債務者がＣに変わってしまったら，「Ｃって誰だよ？。本当に債務を返済してくれるのか。」と不安になる（当然である）。
そこで，抵当権を新債務に移すに当たり，その承諾を得ることを要するとされた。

・　債権者が，抵当権（質権）を新債務に移すためには，あらかじめまたは同時に，更改の相手方（債権者の交替による更改にあっては，債務者）に対してその旨の意思表示をすることを要する（民§518Ⅱ）。

2 免　除

1　免除の意義

第519条　債権者が債務者に対して債務を免除する意思を表示したときは，その債権は，消滅する。

免除とは，無償で債権を消滅させるものとする，債権者の債務者に対する意思表示である。

・　免除は，債権者の債務者に対する**一方的な意思表示**である（単独行為）。
➡　ただし，債権者と債務者の間で免除の合意（契約）をすることも可能である。

・　免除をするには，意思表示が必要であるが，明示だけでなく，黙示でも差し支えない。

2　免除の効果

債務の免除がされたときは，**債権は消滅する**。

・　債務の一部の免除も有効であり，その範囲において債務が消滅する。

3 混　同

1　混同の意義，効果

第520条　債権及び債務が同一人に帰属したときは，その債権は，消滅する。ただし，その債権が第三者の権利の目的であるときは，この限りでない。

債権と債務が**同一人に帰属したとき**は，その債権は消滅する。

理由　自分が自分に請求しても無意味だからである。

【例】　父Ａは，子Ｂに対して100万円の貸金債権を有している。その後，Ａが死亡し，Ｂが単独でＡを相続した。
➡　Ａが有していた100万円の貸金債権は，Ｂが承継した。
➡　つまり，この債権については，債権と債務が同一人（Ｂ）に帰属した。

したがって，この100万円の貸金債権は，混同により消滅する。

2　混同によって債権が消滅しない場合（混同の例外）

債権と債務が同一人に帰属した場合でも，その債権が第三者の権利の目的であるときは，その債権は消滅しない（民§520ただし書）。

理由　その債権が第三者の権利の目的であるときは，その債権を（混同により）消滅させてしまうと，第三者は権利を失うことになる。これは不当であるので，この場合には債権を消滅させないものとした。

【例】　その債権に債権質が設定されているような場合。

【例】　Ａの所有する甲建物を，Ｂが賃借していた。そして，Ｂは，甲建物をＣに転貸した（Ｃが現に甲建物を使用している）。 H17-20 H元-17
その後，Ａが死亡し，Ｃが単独でＡを相続した。
➡　甲建物については，賃貸人と転借人が同一人になった。

この場合，ＢＣ間の転貸借関係は消滅しない（最判昭35.6.23）。
➡　Ｃの転借権が消滅し，Ｂの賃借権だけが残る形になると，Ｃは甲建物を使用することができなくなる。これは不都合である。

第８章
有価証券

Topics ・司法書士の試験における重要性は，あまり高くない。

1　有価証券の意義

有価証券とは，財産権を表章する証券であり，その権利の移転や行使をするに当たって証券そのものが必要となるものをいう。

➡　**証券そのものに価値がある**（価値の有る証券）。

【例】　手形，小切手，株券，債券，貨物引換券，商品券，プリペイドカード等々。

プラス アルファ

一般的に，債権は，証券（書面）の形をとる必要はない。

【例】　ＡとＢの間で建物の売買契約がされた場合は，その契約の意思表示によって，建物の引渡しの債権と，売買代金の支払いの債権が発生する。

➡　「売買契約書」という書面を作成するのが通常であるが，これは契約の成立要件ではないし，権利の行使に当たって書面が必要というわけではない。

➡　契約書は，債権の成立に関する証拠の１つに過ぎない。

2　有価証券の種類

民法では，有価証券として，以下の４つを規定している。

①　指図証券（民§520の２～520の12）

②　記名式所持人払証券（民§520の13～520の18）

③　その他の記名証券（民§520の19）

④　無記名証券（民§520の20）

3　指図証券

> **（指図証券の譲渡）**
> **第520条の２**　指図証券の譲渡は，その証券に譲渡の裏書をして譲受人に交付しなければ，その効力を生じない。

指図証券の譲渡は，その証券に譲渡の裏書をして**譲受人に交付しなければ**，その効力を生じない（民§520の２）。

➡　裏書と交付が効力要件である。

プラス アルファ

「裏書」とは，読んで字の如く，証券の裏に書くというイメージで差し支えない。

・　指図証券に関する規定（民§520の２～520の６）は，指図証券を目的とする質権の設定に準用されている（民§520の７）。

４　無記名証券

無記名証券とは，証券に特定の権利者の名前が書かれておらず，債務者はその証券の所持人に対して履行をしなければならないというものである。

【例】　商品券，乗車券，コンサートチケット等々。

無記名証券については，記名式所持人払証券の規定が準用される（民§520の20）。

つまり，無記名証券の譲渡については，**証券を交付しなければ**譲渡の効力を生じない（民§520の20，520の13）。

・　無権利者から無記名証券を取得した者は，悪意または重過失がない限り，その証券を取得する（民§520の15）。

第９章
契約総論

第1節　総　論

Topics
・債権各論では，債権の発生原因を扱う。その中で，最も重要なのが，契約である。われわれの社会でも，日々，至る所で契約が締結され，債権（債務）が発生している。
・契約総論とは，各種契約に共通する原則の話である。契約の成立，同時履行の抗弁権，契約の解除が重要である。

1　債権各論について

ここから，いわゆる「債権各論」に入る。債権各論は，債権の発生原因が規定されている。

債権各論に規定される債権の発生原因は，大きく分けて，以下の４つである。

① 契約（民§521～）
② 事務管理（民§697～）
③ 不当利得（民§703～）
④ 不法行為（民§709～）

中でも，重要なのが，**契約**である。売買契約，贈与契約，賃貸借契約・・・。われわれの日常生活でも，日々，至る所で（特に意識することはなくても），各種の契約が締結され，債権債務が発生している。

➡ 売買契約が締結されれば，代金の支払いの債権や物の引渡しの債権が発生する。

一方，事務管理や不当利得は，日常ではあまり馴染みがない（試験でもあまり出題されない）。

不法行為は，日常でもたまに発生する。

➡ 人にケガをさせたり，物を壊したりしたら，損害賠償の債権が発生する。

以下，これらの債権の発生原因を学習していく。

2　契約総論について

民法では，契約について，まず「総則」を置き，その後に各種の具体的な契約（贈与，売買，賃貸借等）について規定している。

契約の総則では，契約の成立，契約の一般的な効力，契約の解除等が規定されている。

3　契約の意義

契約とは，**相対立する２つ以上の意思表示の合致**によって成立する法律行為である。

「対立する」と表現されるが，大げさに考える必要はない。たとえば売買契約の場合，「売ります」と「買います」という意思表示の合致によって，売買契約が成立する。

➡　売主にとっては“物の所有権を失う”ことになり，買主にとっては“物の所有権を取得する”という関係になるので，「対立する」という表現になる。

プラス アルファ

意思表示を要素とする法律行為には，契約のほか，遺言等の「**単独行為**」や，法人の設立行為等の「**合同行為**」がある。

4　契約自由の原則

（契約の締結及び内容の自由）

第521条　何人も，法令に特別の定めがある場合を除き，契約をするかどうかを自由に決定することができる。

2　契約の当事者は，法令の制限内において，契約の内容を自由に決定することができる。

（契約の成立と方式）

第522条

2　契約の成立には，法令に特別の定めがある場合を除き，書面の作成その他の方式を具備することを要しない。

契約自由の原則は，民法の大きな原則の１つといえる。

契約自由の原則の具体的な内容は，①契約締結の自由，②内容決定の自由，

③方式の自由が挙げられる。

➡　相手方選択の自由も含まれる。

⑴　契約締結の自由

何人も，法令に特別の定めがある場合を除き，契約をするかどうかを自由に決定することができる。

➡　当たり前のように思えるが，かつてはこれが当たり前でない時代もあった。

⑵　内容決定の自由

契約の当事者は，法令の制限内において，契約の内容を自由に決定することができる。

⑶　方式の自由

契約の成立には，法令に特別の定めがある場合を除き，**書面の作成その他の方式を具備することを要しない。**

重要！

契約は，口頭での合意（口約束）だけで成立する。

一般的に，高価な物の売買をする場合は「売買契約書」という書面を作成し，またアパートを借りるような場合は「賃貸借契約書」という書面を作成する。

これは，契約の内容を明確にして，証拠とするために作成するものであり，契約成立の要件ではない。

・　ただし，特に必要がある一定の契約については，書面の作成等が要件とされている。

【例】　保証契約は，書面でしなければ効力を生じない（民§446Ⅱ）。

➡　軽率な保証を防ぐ必要があるからである。

5　契約の分類

契約は，いろいろな観点から分類することができる。

⑴　典型契約，非典型契約

民法の契約の章（民法第３編第２章）では，具体的な契約として，13種類の契約が規定されている。

➡　世の中で典型的に行われている契約。

①贈与，②売買，③交換，④消費貸借，⑤使用貸借，⑥賃貸借，⑦雇用，⑧請負，⑨委任，⑩寄託，⑪組合，⑫終身定期金，⑬和解

このように，民法に規定された13の契約は，「典型契約」と呼ばれる。

一方で，契約自由の原則から，当事者は，民法に規定されていないような契約を締結することもできる。

➡　そのような契約は，「非典型契約（無名契約）」と呼ばれる。

【例】　本を出版する契約，旅行契約，フランチャイズ契約などは，民法に規定される13の契約（典型契約）には当てはまらない。

(2)　双務契約，片務契約

双務契約とは，当事者双方が**対価的意義を有する債務**を負担する契約をいう。

売買，賃貸借，請負などの契約である。

【例】　自動車の売買契約がされた場合は，売主は自動車を買主に引き渡す義務を負い，買主は売主に代金を支払う義務を負う。

➡　契約の両当事者が債務を負担する。

片務契約とは，当事者の一方のみが債務を負担する契約をいう。

贈与や使用貸借などの契約である。

・　双務契約においては，同時履行の抗弁権（民§533），危険負担（民§536）の規定が適用されることになる。

(3)　有償契約，無償契約

有償契約とは，当事者双方が**対価的意義を有する出捐（経済的損失）**をする契約をいう。

売買，賃貸借，請負などの契約である。

【例】 自動車の売買契約がされた場合は，売主は自動車を買主に引き渡す義務を負い，買主は売主に代金を支払う義務を負う。
➡ 契約の両当事者が経済的対価を負担している。

プラスアルファ

双務契約と有償契約はほぼ一致するが，着眼点が異なるので，区別する必要がある。

➡ 双務契約は，当事者双方が“(対価的な）債務を負担する”契約，有償契約は，当事者双方が“(対価的な）経済的出捐をする”契約である。

双務契約は常に有償契約となるが，有償契約が常に双務契約というわけではない（利息付き消費貸借契約)。

・ 有償契約については，(原則として）売買に関する規定が準用される（民§559)。

(4) 諾成契約，要物契約

諾成契約とは，当事者の意思表示の合致のみで成立する契約をいう。

➡ ほとんどの契約は，諾成契約である。

【例】 売買契約は，売主の「売ります」という意思表示と，買主の「買います」という意思表示の合致によって成立する。
➡ 代金の支払いや物の引渡しが効力要件ではない。

要物契約とは，当事者の合意のほか，物の交付によって成立する契約である。

➡ 要物契約はかなり限定されている。

【例】 一般的な消費貸借は，「○日後に返します」と約束して物を受け取ることによって成立する。
➡ 物を受け取ることが効力要件である。

第2節　契約の成立

Topics
- 契約成立の要件，そして成立時期について押さえておく必要がある。
- 申込みの意思表示をした後に死亡した場合の効果についても出題されている。

1　契約の成立

（契約の成立と方式）
第522条　契約は，契約の内容を示してその締結を申し入れる意思表示（以下「申込み」という。）に対して相手方が承諾をしたときに成立する。

契約は，「申込み」と「承諾」の意思表示（の合致）によって成立する。

【例】　Aが，「私の所有する自動車を100万円であなた（Bさん）に売ります。」という申込みの意思表示をし，Bが，「分かりました。買います。」という承諾の意思表示をすることによって，自動車の売買契約が成立する。

・　契約は，意思表示の合致によって成立する。法令に特別の定めがある場合を除き，書面の作成その他の方式を具備することを要しない（民§522Ⅱ）。

2　申込み

(1)　申込みとは

「申込み」とは，契約の内容を示してその締結を申し入れる意思表示である。

プラスアルファ

申込みの誘引

新聞の折込チラシに商品の広告（玉ねぎ特価１個50円！）を出した場合，これは契約の申込みではなく，「申込みの誘引」（お客さんに申込みをさせようとする意思の通知）と解されている。

➡　このチラシを見たお客さんが，スーパーマーケットに出向いて，「玉ねぎください」と申込みをし，お店が「分かりました。ありがとうございます」と承諾することによって，売買契約が成立する。

(2)　承諾の期間の定めのある申込み

> （承諾の期間の定めのある申込み）
> **第523条**　承諾の期間を定めてした申込みは，撤回することができない。ただし，申込者が撤回をする権利を留保したときは，この限りでない。
> 2　申込者が前項の申込みに対して同項の期間内に承諾の通知を受けなかったときは，その申込みは，その効力を失う。

H15-20　H8-5

承諾の期間を定めて申込みをした場合には，その撤回をすることができない（申込みの拘束力）。

➡　こちらから期間を定めて申し込んでいるのだから，その期間内は申込みの撤回ができないのは当然である。

ただし，申込者が撤回をする権利を留保しているときは，相手方に不当な不利益が及ぶこともないので，撤回が認められる。

H15-20

・　期間内に承諾の通知を受けなかったときは，申込みは効力を失う。
　➡　撤回をしなくても，当然に申込みとしての効力が消滅する。

H31-18　H8-5

・　承諾が遅延した場合は，これを**新たな申込み**とみなすことができる（民§524）。

(3)　承諾の期間の定めのない申込み

①　撤回の可否

> （承諾の期間の定めのない申込み）
> **第525条**　承諾の期間を定めないでした申込みは，申込者が承諾の通知を受けるのに相当な期間を経過するまでは，撤回することができない。ただし，申込者が撤回をする権利を留保したときは，この限りでない。

H31-18　H15-20

承諾の期間を定めないで申込みをした場合には，相当な期間を経過するまでは，その撤回をすることができない（申込みの拘束力）。

➡　相手方は，ある程度の時間をかけて承諾するか否かを考えたり，事前準備（調査）をしたりするはずなので，相当な期間は撤回ができないものとされた。

ただし，申込者が撤回をする権利を留保しているときは，相手方に不当な不利益が及ぶこともないので，撤回が認められる。 H31-18

②　対話者に対してした申込み

（承諾の期間の定めのない申込み）
第525条
2　対話者に対してした前項の申込みは，同項の規定にかかわらず，その対話が継続している間は，いつでも撤回することができる。
3　対話者に対してした第１項の申込みに対して対話が継続している間に申込者が承諾の通知を受けなかったときは，その申込みは，その効力を失う。ただし，申込者が対話の終了後もその申込みが効力を失わない旨を表示したときは，この限りでない。

「対話者」とは，面と向かって話している相手方や，電話で話している相手方などである。
➡　距離の近い・遠いは関係ない。

対話者に対してした承諾の期間の定めのない申込みは，その対話が継続している間は，**いつでも**撤回することができる。

理由　現に対話をしているということは，相手方は契約の準備にとりかかっていないということである。だから，申込みの撤回を認めても，相手方に不測の損害が及ぶ（準備が無駄になる）ようなことはない。

⑷　申込者の死亡等

（申込者の死亡等）
第526条　申込者が申込みの通知を発した後に死亡し，意思能力を有しない常況にある者となり，又は行為能力の制限を受けた場合において，申込者がその事実が生じたとすればその申込みは効力を有しない旨の意思を表示していたとき，又はその相手方が承諾の通知を発するまでにその事実が生じたことを知ったときは，その申込みは，その効力を有しない。

一般的に，意思表示をした後に表意者が死亡した場合，その意思表示の効力に影響はない（民§97Ⅲ）。

➡　意思表示をした後に意思能力を喪失したり，行為能力の制限を受けた場合も同様である。

H8-5　しかし，契約の申込みの意思表示に関しては，例外の規定が設けられている。

➡　以下の要件を満たした場合には，**申込みの効力が失われる。**

要件1　申込者が申込みの通知を発した後に

①　死亡した場合 ②　意思能力を有しない常況にある者となった場合 ③　行為能力の制限を受けた場合

要件2

①　申込者が，上記要件1の事実が生じたとすればその申込みは効力を有しない旨の意思を表示していたとき ②　その相手方が**承諾の通知を発するまでに**上記要件1の事実が生じたことを知ったとき

H31-18　は，その申込みは，その効力を有しない。

3　承諾（申込みに変更を加えた承諾）

（申込みに変更を加えた承諾） **第528条**　承諾者が，申込みに条件を付し，その他変更を加えてこれを承諾したときは，その申込みの拒絶とともに新たな申込みをしたものとみなす。

H8-5　契約の申込みに対し，相手方が，ちょっと内容を変えて承諾するということもあり得る。

【例】　Aは，Bに対し，「私の所有する自動車を100万円で売ります。」という意思表示（申込み）をした。これに対し，Bは，「90万円なら買います。」という意思表示（承諾）をした（自動車や不動産の売買などでよくある話である）。

➡　Bの意思表示は，Aの申込みの拒絶とともに，新たな申込みとみなされる。

このBの意思表示に対し，Aが「90万円で売ります」と承諾したときは，この時に売買契約が成立する。

4　契約の成立時期

対話者間で，申込みと承諾の意思表示がされた場合は，その承諾の時に契約が成立する。

➡　まったく問題ない。

一方，隔地者間で，手紙等のやりとりで契約をする場合は，承諾の通知（意思表示）が申込者に**到達した時に**，契約が成立する（民§97Ⅰ，到達主義）。 H15-20

【例】　Aは，4月1日に，Bに対する申込みの通知（手紙）を投函し，4月2日にBに到達した。Bは，しばらく考えて承諾をすることとし，4月5日に承諾の通知（手紙）を投函した。この通知は，4月6日にAに到達した。

➡　A・B間の契約は，4月6日に成立した。

プラス アルファ

交叉申込み

交叉申込みとは，契約の当事者が互いに申込みをし，双方の申込みの内容が合致することをいう。

民法では，交叉申込みに関する規定はないが，交叉申込みによっても契約は成立するとされている。

第3節　契約の効力

Topics
・(双務) 契約の効力に関しては，同時履行の抗弁権と危険負担が重要。適用される場面（要件）と効果についてはしっかりと学習しておく必要がある。

1　契約の効力について

1　契約の代表的な効力

契約が有効に成立すると，その契約の内容に応じた法律効果が発生する。その代表的な効力は，**債権の発生**である。

【例】 物の売買契約がされたら，買主は売主に対して「物を引き渡してくれ」という債権を取得し，売主は買主に対して「代金を支払ってくれ」という債権を取得する。

ちなみに，物の売買契約がされたら，**物権の移転**という効果も発生する。

➡ 物の所有権は，売主から買主に移転する。

2　民法が「契約の効力」として直接規定する効力

民法では，契約の効力として，同時履行の抗弁（民§533），債務者の危険負担等（民§536），第三者のためにする契約（民§537～）を規定している。

プラス アルファ

契約の効力は他にもあるが，他の原因により発生した債権（契約以外の原因により発生した債権）と共通する効力については，「債権の効力」（民§412～）として規定されている。

また，個々の契約ごとに異なる効力については，契約各論（民§549～）で個別に規定されている。

3　双務契約の効力

双務契約とは，契約の両当事者が，互いに対価的な意義を有する債務を負担する契約である。

➡ 物の売買契約であれば，売主は物を引き渡す債務を負担し，買主は代金を支払う債務を負担する。

このように，双務契約において両当事者が負担する債務には，密接な関係性がある。このような密接な関係を，**牽連（けんれん）関係**と呼ぶ。

双務契約における牽連関係が問題となるのは，以下のような場面である。

① 一方の債務が発生しないとき（不能であるとき），他方の債務はどうなるのか？
　➡ 成立上の牽連関係

② 一方の債務が履行されないとき，他方の債務はどうなるのか？
　➡ 履行上の牽連関係

③ 一方の債務が消滅した場合，他方の債務はどうなるのか？
　➡ 存続上の牽連関係

民法533条に規定する「同時履行の抗弁」は，上記②の履行上の牽連関係に関する規定である。

民法536条に規定する「債務者の危険負担等」は，上記③の存続上の牽連関係に関する規定である。

・ ①の成立上の牽連関係については，特に問題とならないと解されている。
　➡ 債務の一方が原始的に不能であっても，契約は当然には無効とならない（民§412の2Ⅱ参照）。

2　同時履行の抗弁

ケーススタディ

ＡとＢは，Ａの所有する自転車を５万円でＢに売り渡す契約（売買契約）を締結した。

そして，Ｂは，代金を提供せずに，Ａに自転車の引渡しを請求した。

Ａは，直ちに自転車をＢに引き渡さなければならないのだろうか。

1　同時履行の抗弁の意義

（同時履行の抗弁）

第533条　双務契約の当事者の一方は，相手方がその債務の履行（債務の履行に代わる損害賠償の債務の履行を含む。）を提供するまでは，自己の債務の履行を拒むことができる。ただし，相手方の債務が弁済期にないときは，この限りでない。

同時履行の抗弁とは，双務契約における相手方がその債務の履行を提供するまでは，自分の債務の**履行を拒むことができる**ことである。

【例】 ケーススタディの事例では，双務契約（売買契約）における相手方（買主B）が代金の支払いの提供（5万円どうぞ）をするまでは，売主Aは，自分の債務の履行（自転車の引渡し）を拒むことができる。

理由　このような抗弁（履行の拒絶）を認めることが，**公平**といえる。また，互いに履行が促されるともいえる（履行をしてもらいたければまず自分が履行しないといけない）。

2　同時履行の抗弁が認められるための要件

> (1)　同一の双務契約により発生した債務であること
> (2)　相手方の債務が弁済期にあること
> (3)　相手方が，その債務の履行を提供しないで請求してきたこと

(1)　同一の双務契約により発生した債務であること

契約の両当事者が，同一の双務契約により発生した対価的意義を有する債務を負担していることが要件である。

➡　双方の債務に牽連性がなければ，同時履行の抗弁は認められない。

・　同一の双務契約により発生した債務でなくても，互いの債務について同時履行の関係性を認めた方が公平に適う（制度趣旨に合致する）と考えられるものについては，同時履行の抗弁が認められる。

→　後記4参照。

プラスアルファ

当事者の交替

H21-18
H4-6
同時履行の関係に立つ債権債務が発生した後，当事者の一方がその債権を第三者に譲渡した場合でも，同時履行の関係（同時履行の抗弁）は存続する（大判大6.11.10）。

➡　当事者の一方の債務について，第三者が免責的債務引受をした場合も，

同時履行の関係は存続する。

(2)　相手方の債務が弁済期にあること

相手方の債務が弁済期にないときは，履行を拒むことができない。

【例】　自分の債務を先に履行する旨の特約（先履行の特約）がある契約において，自分の債務（たとえば代金の支払い）については弁済期が到来し，相手方の債務（たとえば物の引渡し）についてはまだ弁済期が到来していない場合に，相手方が「代金を支払ってください」と請求してきたときは，自分は，物の引渡しの提供がないことを理由として，代金の支払いを拒むことはできない。

➡　相手方は，まだ引き渡す必要がないのだから，引渡しがないことを理由とした抗弁は認められない。

(3)　相手方が，その債務の履行を提供しないで請求してきたこと

ケーススタディの事例において，Bが，代金を提供することなく，Aに対して自転車の引渡しを請求したときは，Aは，その履行を拒むことができる。同様に，Aが，自転車の引渡しの提供をすることなく，Bに対して代金の支払いを請求したときは，Bは，その履行を拒むことができる。

・　履行の提供の継続の要否

ケーススタディ

AとBは，Aの所有する自転車を５万円でBに売り渡す契約をし，約束の期日にAは自転車をBに提供したが，Bはこれを受領しなかった。

①　その後，AがBに対して代金の支払いを請求するためには，再度，自転車の提供をしなければならないのか。

➡　AがBに対して代金の支払いを請求した場合，Bは，「同時履行の抗弁を主張します。(改めて)自転車の提供がなければ代金を支払いません。」と言えるのか。

②　その後，AがBの債務不履行（履行遅滞）を理由として契約の解除をするためには，再度，自転車の提供をしなければならないのか。

これは，相手方（B）の同時履行の抗弁権を喪失させるために，Aは一度履行の提供をすれば足りるのか，それとも継続的に履行の提供をする必要があるのか，という話である。

① **履行の請求をする場合**

H21-18 履行の請求をする場合は，再度の履行の提供（履行の提供の継続）が必要とされている（大判明44.12.11）。

【例】 ケーススタディ①の事例で，AがBに対して代金の支払いを請求するためには，再度，自転車の提供をしなければならない。

➡ Aが（改めて）自転車の提供をしないで，Bに対して代金の支払いを請求したときは，Bは同時履行の抗弁を主張することができる。

理由　Aは，確かに一度は履行の提供をしたが，まだ（対価的意義を有する）双方の債務が存続しているので，このような場合にも同時履行の関係を認める方が公平といえる（Aはちょっと納得いかないかもしれないが）。

② **契約の解除をする場合**

契約の解除をする場合は，一度の履行の提供で足り，改めて履行の提供をすることを要しない（大判昭3.5.31）。

【例】 ケーススタディ②の事例では，Aは，改めて自転車の提供をしなくても，Bの債務不履行を理由として売買契約の解除（民§541）をすることができる。

理由　解除によって契約関係が解消されるのだから，履行上の牽連関係を考慮する必要はないといえる。

3　同時履行の抗弁の効果

(1)　履行の拒絶

相手方が債務の履行（または履行の提供）をするまでは，自らの債務の履行を拒絶することができる。

・　相手方が裁判で履行の請求をしてきた場合に，同時履行の抗弁を主張したときは，**引換給付判決**がされる（大判明44.12.11）。

➡　原告の敗訴となるわけではない。

【例】 自転車の買主Bが，売主Aを被告として，自転車の引渡しを求める訴えを提起した。この訴訟において，Aが同時履行の抗弁（Bから代金の提供があるまで引渡しを拒絶する）を主張したときは，裁判所は，「被告Aは，原告Bから代金の支払いを受けるのと引換えに，自転車をBに引き渡せ」という判決をする。

(2)　債務不履行責任の不発生

同時履行の抗弁を主張することができる当事者は，相手方が債務の履行の提供をしない限り，自らの債務を履行しなくても，**履行遅滞とはならない**(最判昭29.7.27)。 H4-6

➡　債務不履行の責任を負わない。

つまり，履行遅滞による損害賠償の責任（民§415）を負うこともないし，契約の解除（民§541）をされることもない。

(3)　相殺の禁止

同時履行の抗弁権の付着した債権を自働債権として，相殺をすることはできない（大判昭13.3.1）。

理由　これを認めると，同時履行の抗弁権の付いた債権が強制的に弁済されたことになり，相手方の利益を一方的に奪うことになるから。

プラス アルファ

同時履行の抗弁を主張することができる場合でも，債権の弁済期が到来したときは，消滅時効が進行する。 H30-6 H4-6

➡　同時履行の抗弁に基づいて債務の履行を拒絶することができるということと，債権の消滅時効が進行するか否かというのは，別の話である。

4　双務契約以外において同時履行の抗弁が認められる場合

同一の双務契約により発生した債務でなくても，互いの債務について同時履行の関係性を認めた方が公平に適う（制度趣旨に合致する）と考えられるものについては，同時履行の抗弁が認められる。

①　契約が解除されたときは，各当事者は，原状回復の義務を負うが（民§ H4-6

545Ⅰ），この義務の履行に当たって同時履行の抗弁が認められる（民§546）。

② 契約が無効であった場合の双方の返還義務は，同時履行の関係に立つ。

③ 双務契約の当事者の一方の債務と，相手方の債務の履行に代わる損害賠償の債務は，同時履行の関係に立つ（民§533かっこ書）。

【例】 AとBは，Aの所有する自転車をBに売り渡す契約を締結したが，自転車をBに引き渡す前に，Aの過失により自転車が破壊されてしまった（鉄くずとなった）。この場合，Aの債務は履行不能となり，AはBに対して"履行に代わる損害賠償の債務"を負担する（填補賠償）。

この場合のAの損害賠償の債務とBの代金支払いの債務は，同時履行の関係に立つ。

④ 弁済と受取証書の交付（民§486）。

⑤ 建物買取請求権（借地借家§13）が行使された場合の建物の引渡しと代金の支払い。

⑥ 賃貸借契約がされた場合の賃貸人の修繕義務（民§606）と賃借人の賃料支払義務（大判昭10.9.26）

プラスアルファ

H21-18 賃貸借契約が終了した場合の賃借人の目的物返還債務（民§601）と，賃貸人の敷金返還債務（民§622の2Ⅰ）は，同時履行の関係には立たない。

➡ 賃借人の目的物返還債務が先履行の関係となる。

3 危険負担

1 危険負担

ケーススタディ

AとBは，Aの所有する甲建物をBに1,000万円で売り渡す契約を締結した。しかし，甲建物がBに引き渡される前に，隣家から火の手が上がり，延焼により甲建物も全焼してしまった。
　この場合，Bは，甲建物の売買代金を支払わなければならないのだろうか。

　危険負担とは，当事者の責めに帰することができない事由により，双務契約の一方の債務の履行が不能となった場合，相手方の債務はどうなるのか，という話である。

➡　相手方は，自分の債務を履行しなければならないのか，それとも履行を拒絶することができるのか？

プラスアルファ

危険負担という用語

　この場合の「危険」とは，一般的に使われる“危ない”という意味ではない。双務契約における一方の債務が当事者の責めに帰することができない事由により履行不能となった場合の“リスク”といったニュアンスである。

➡　当事者の責任ではない履行不能による不利益を，どちらの当事者が負担するのか？

重要❗

　危険負担のポイントは，当事者（債務者）の責めに帰することができない事由により一方の債務の履行が不能となったということである。

➡　ケーススタディの事例では，延焼によって甲建物が燃えてしまい，甲建物の引渡しの債務が履行不能となった。債務者（売主）Aの責任ではない。

➡　仮に，債務者の責任（Aの寝タバコによって甲建物が燃えてしまった）でその履行が不能となった場合は，相手方は債務者に対して損害賠償の請求（民§415）をすることができ，また解除（民§542）によって自らの債務を消滅させることもできる。

（債務者の危険負担等）

第536条　当事者双方の責めに帰することができない事由によって債務を履行することができなくなったときは，債権者は，反対給付の履行を拒むことができる。

H8-8
H元-15

当事者双方の責めに帰することができない事由によって（双務契約の）一方の債務の履行が不能となったときは，債権者は，**反対給付の履行を拒むことができる。**

【例】 ケーススタディの事例では，債権者（買主であるB）は，反対給付（売買代金の支払い）の履行を拒むことができる。

理由　双務契約（互いに対価的な意義を有する債務を負担する契約）において，一方の債務の履行が不能となったのだから，他方の債務についても履行の拒絶を認めることが妥当（均衡がとれる）といえる。

プラス アルファ

危険負担における債権者と債務者

債権者→　履行が不能となった債務についての債権者。
　ケーススタディの事例では，甲建物の引渡しの債務についての債権者，すなわち買主であるB。

債務者→　履行が不能となった債務についての債務者。
　ケーススタディの事例では，甲建物の引渡しの債務についての債務者，すなわち売主であるA。

・　当事者双方の責めに帰することができない事由により（双務契約における）一方の債務が履行不能となった場合でも，他方の債務が当然に消滅するわけではない。

➡　他方の債務（代金支払いの債務）は存続しているが，債権者（買主）はその履行を拒むことができる。

➡　他方の債務も消滅させたければ，契約の解除（民§542）をする必要がある。

2　債権者に帰責事由がある場合

（債務者の危険負担等）
第536条
2　債権者の責めに帰すべき事由によって債務を履行することができなくなったときは，債権者は，反対給付の履行を拒むことができない。この場合において，債務者は，自己の債務を免れたことによって利益を得たときは，これを債権者に償還しなければならない。

履行が不能となったことについて**債権者に責任**がある場合には，債権者は，**反対給付の履行を拒むことができない**。

➡　当たり前といえる。

【例】　ケーススタディの事例で，甲建物が買主Bに引き渡される前に，Bがうっかり甲建物を全壊させてしまったときは，Bは甲建物の売買代金の支払いを拒むことができない。

4　第三者のためにする契約

1　第三者のためにする契約

ケーススタディ

AとBは，Aの所有する自動車をBに50万円で売り渡す契約を締結した。この契約においては，買主Bは第三者Cに売買代金を支払うという合意がされている。

この場合，Cは，Bに対して，代金50万円の支払いを請求することができるのだろうか。

第三者のためにする契約とは，契約によって発生する権利を第三者に直接に帰属させることを内容とする契約である。

（第三者のためにする契約）

第537条　契約により当事者の一方が第三者に対してある給付をすることを約したときは，その第三者は，債務者に対して直接にその給付を請求する権利を有する。

2　（省略）

3　第1項の場合において，第三者の権利は，その第三者が債務者に対して同項の契約の利益を享受する意思を表示した時に発生する。

ケーススタディの事例では，A・B間の自動車の売買契約において，代金を第三者Cに支払う旨が合意されている。この場合，第三者Cが“**受益の意思表示**”（後述）をすることにより，CはBに対して直接に代金50万円の支払いを請求することができる。

理由　本来的には，契約の効力は当事者間（A・B間）においてのみ生じ，第三者にその効力を（勝手に）及ぼすことはできない（相対効）。しかし，第三者に直接の権利の取得を認めることが便利だったりもするので，このような契約が認められた。

・　第三者のためにする契約において，直接に権利を取得する第三者（ケーススタディのC）を「受益者」，その受益者に対して給付をする者（B）を「諾約者」，諾約者の契約の相手方（A）を「要約者」という。

➡　よく意味が分からないが，このように呼ばれている。

・　第三者が取得する権利は債権であるのが一般的であるが，これに限られない。

➡　物権（所有権等）を直接に取得させることもできる。

2　第三者が直接に権利を取得するための要件

①　要約者と諾約者の間で，契約が有効に成立していること。
②　第三者（受益者）に直接権利を取得させる内容の契約であること。
③　第三者が受益の意思表示をすること。

(1)　第三者について

R4-17
H18-18
第三者のためにする契約が成立した時点において，第三者が現に存しない場合，または第三者が特定されていない場合であっても，その契約は無効とはならない（民§537Ⅱ）。

➡　胎児や，設立前の法人を受益者としてもよい。

(2)　受益の意思表示について

第三者が直接に権利を取得するためには，その第三者が受益の意思表示をすることを要する。

➡　契約の利益を享受する旨の意思表示。

理由　利益といえども第三者に強制することはできないので，その第三者の受益の意思表示が要件とされた。

H18-18　①　受益の意思表示は，債務者（諾約者）に対してする。

➡ ケーススタディの事例では，第三者Cは，諾約者Bに対して受益の意思表示をする。

② 受益の意思表示は，黙示の意思表示でもよい（大判昭18.4.16）。

3 効 果

第三者のためにする契約がされ，その第三者（受益者）が受益の意思表示をしたときは，第三者は契約の内容に従って直接にその権利を取得する。 R4-17

・ 受益者は，諾約者に対して，直接に給付を請求することができる。 H18-18
　また，要約者も，諾約者に対して，「受益者に給付をせよ」と請求することができる。

・ 諾約者は，要約者に対して主張することができる抗弁をもって，受益者に対抗することができる（民§539）。 R4-17
➡ 同時履行の抗弁（民§533）。契約の無効や取消しの抗弁。

・ 諾約者が，要約者の詐欺を理由に契約を取り消した場合，受益者は，たとえ善意・無過失であっても，民法96条３項による保護を受けない。 H18-18
➡ 諾約者は，受益者に対して，契約の取消し（売買代金50万円を支払いません）を主張することができる。

・ 受益の意思表示により第三者の権利が発生した後は，当事者（要約者と諾約者）は，これを変更し，または消滅させることができない（民§538Ⅰ）。

4 諾約者が債務の履行をしない場合（契約の解除）

① 諾約者が債務の履行をしない場合でも，第三者（受益者）は，契約の解除をすることはできない。
➡ 受益者は，契約の当事者ではないから。

② 第三者による受益の意思表示がされた後，諾約者が債務を履行しない場合，要約者は，受益者の承諾を得なければ，契約を解除することができない（民§538Ⅱ）。 R4-17
➡ 受益の意思表示により，第三者（受益者）の権利が確定しているので，要約者が勝手に解除して受益者の権利を消滅させることはできない。

5 契約上の地位の移転

1 意　義

> **第539条の2**　契約の当事者の一方が第三者との間で契約上の地位を譲渡する旨の合意をした場合において，その契約の相手方がその譲渡を承諾したときは，契約上の地位は，その第三者に移転する。

契約上の地位の移転とは，文字どおり，**契約上の地位が移転すること**である。これにより，譲渡人は契約上の地位から離脱する。

プラスアルファ

契約上の地位の移転は，債権譲渡や債務引受に類似するが，同じではない。

➡ 後述するとおり，契約上の地位が移転した場合は，解除権や取消権も移転する。一方，債権譲渡や債務引受がされた場合，契約の解除権や取消権は移転しない。

2 要　件

契約上の地位を移転させるためには，相手方の承諾が必要である。

理由　契約上の地位の譲渡は，債務引受の要素もあるからである。

【例】　ＡとＢは，Ａの所有する自動車を100万円でＢに売る契約を締結した。

その後，ＢとＣは，Ｂが有する当該売買契約の契約上の地位をＣに譲渡する合意をし，Ａはこれを承諾した。

➡ Ｂの契約上の地位がＣに移転し，つまりＣが買主となる。

3 効　果

R3-5　契約上の地位の譲渡がされたときは，譲渡人の有していた契約の**解除権や取消権は，譲受人に移転する**。

➡ 譲受人が契約の取消しや解除をすることができる。

第4節　契約の解除

Topics ・まず，どのような場合に契約の解除をすることができるのかを押さえる。
・解除の手続（催告の要否）や解除の効果（第三者の保護等）が出題される。

1 総　説

1 総　説

📖ケーススタディ

ＡとＢは，Ａの所有する自動車をＢに50万円で売り渡す契約を締結した。そして，Ａは，約束の期日にＢに対して自動車の提供をしたが，ＢはＡに対して売買代金を支払ってくれない。

この場合，Ａはどのような手段をとることができるか。

上記の場合，Ａは，裁判所に履行の強制を求めることができる（民§414）。

➡　Ｂを被告として，「ＢはＡに対して50万円を支払え」という判決をもらう。そして，この判決に基づいて，（一定の手続を経た上で）Ｂから50万円の回収をすることができる。

ただ，裁判をするには，時間と手間がかかる。けっこう大変である。

そこで，契約の相手方に債務不履行があるような場合は，他方の当事者（Ａ）はその契約を解除して，**契約をなかったものとする**ことができる。

➡　契約はなかったことになるので，Ａは，別の者に対して自動車を売却することができる。

重要！

このように，契約の解除は，当事者を**契約の拘束力から解放する**という意義を有する。

2 解除の種類

契約の解除は，契約または法律の規定により解除権を有する者が，**相手方に**

対する意思表示によってするものである（民§540Ⅰ）。

このうち，法律の規定により発生する解除権を「法定解除権」といい，契約の規定によって発生する解除権を「約定解除権」という。

(1)　法定解除権

法定解除権もいくつかに分類することができるが，１番重要なのが，（これから解説する）**債務不履行による解除**である。

【例】　ケーススタディの事例が典型である。買主Ｂに債務不履行（履行の遅滞など）があるときは，売主Ａは，民法541条の規定に基づいて，契約の解除をすることができる。

また，個々の典型契約の規定おいて，解除権が定められている場合もある。

➡　請負における民法641条，委任における651条１項。

(2)　約定解除権

約定解除権は，大きく分けて２つある。

１つは，契約において，解除権を留保する特約がされた場合である。

【例】　売買契約において，「売主は履行期までの間は解除することができる」といった合意がされている場合は，売主の一方的な意思表示によって契約を解除することができる。

もう１つは，解除権の留保が法によって定められている場合である。

➡　**手付契約**（民§557），不動産の売買における買戻しの特約（民§579）

プラスアルファ

合意解除

いったん契約が成立した後，両当事者の間で，契約を解除する合意をすることができる（**合意解除**）。

➡　契約を解除するという契約である。

➡　一方的な意思表示による解除ではないので，民法に規定する解除とは性質が異なる。

➡　民法に「合意解除」の規定はないが，契約自由の原則から，このような解除の契約も認められている。

2　債務不履行による解除

当事者の一方に債務不履行がある場合，他方の当事者は，一定の要件のもと，一方的な意思表示によって契約の解除をすることができる。

“一定の要件”は，債務不履行の態様によって異なる。

大雑把にいうと，債務者が履行を遅滞しているような場合（まだ履行が可能である場合）は，相手方は，催告を経た上で，契約の解除をすることができる（民§541）。

一方，債務の履行が不能になったような場合（あるいは履行が期待できない場合や無意味になったような場合）は，相手方は，催告をすることなく契約の解除をすることができる（民§542）。

以下，催告による解除と催告によらない解除を分けて解説する。

1　催告による解除

（催告による解除）

第541条　当事者の一方がその債務を履行しない場合において，相手方が相当の期間を定めてその履行の催告をし，その期間内に履行がないときは，相手方は，契約の解除をすることができる。ただし，その期間を経過した時における債務の不履行がその契約及び取引上の社会通念に照らして軽微であるときは，この限りでない。

履行が可能であるにもかかわらず，当事者の一方が履行をしない場合には，相手方は，相当の期間を定めて履行の**催告をし**，その期間内に履行がないときは，契約の解除をすることができる。

【例】　ケーススタディの事例では，買主Bは，代金の支払いを遅滞している。金銭債務については，履行不能がないので，「履行が可能である」という要件を満たす。この場合，売主Aは，相当の期間を定めて履行の催告をし（1週間以内に代金を支払ってください），その期間内にBが代金の支払いをしないときは，Aは，売買契約の解除をすることができる。

催告による解除の要件は，以下のとおりである。

> (1)　履行が可能であること
> (2)　履行期が到来したこと
> (3)　(履行を拒む正当な事由がないのに) 履行をしないこと
> (4)　相当の期間を定めて履行の催告をしたがその期間内に履行がないこと
> (5)　解除の意思表示をしたこと
> ＊　催告に基づく相当の期間を経過した時における債務の不履行が，その契約および取引上の社会通念に照らして軽微な場合ではないこと。

(1)　履行が可能であること

履行が不能である場合には，履行の催告をする意味がないので，後に説明する「催告によらない解除」によることになる。

(2)　履行期が到来したこと

・　確定期限がある場合は，その期限が到来した時である（民§412Ⅰ）。

・　不確定期限がある場合は，期限が到来した後に債務者が債権者から履行の請求を受けた時またはその期限が到来したことを債務者が知った時のいずれか早い時である（同Ⅱ）。

・　期限の定めがない場合は，債務者が債権者から履行の請求を受けた時である（同Ⅲ）。

(3)　(履行を拒む正当な事由がないのに) 履行をしないこと

債務者が，同時履行の抗弁権（民§533）を有する場合には，履行をしない正当な事由があるので，履行遅滞とはならない。つまり，債権者は，自ら履行の提供をして，債務者の同時履行の抗弁権を封じなければ，契約の解除をすることができない。

(4)　相当の期間を定めて履行の催告をしたがその期間内に履行がないこと

H2-7　債務者の履行遅滞によって契約の解除をするためには，前提として，相当の期間を定めて，履行の**催告をする必要がある**。

H14-14　➡　債務者に，解除を阻止する最後の機会を与える趣旨である。その催告の期間内に債務者が履行をすれば，債権者は解除できない。

【例】 売主が買主に対して「1週間以内に代金を支払え（履行をせよ）」という通知をし，その期間内に買主が代金債務の履行をしなかったときは，売主は契約の解除をすることができる。

① 期間を定めなかった場合，あるいは不相当に短い期間を定めて催告をした場合でも，その催告が無効となるわけではなく，催告の時から相当の期間を経過した時に解除権が発生する（大判昭2.2.2）。 H22-18 H14-14

② 期限の定めのない債務については，債権者は，まず履行の請求をして債務者を履行遅滞の状態とし（民§412Ⅲ），その後に相当の期間を定めて履行の催告（民§541）をする必要があるはずであるが，判例は，このような2回の催告は必要なく，民法412条3項の請求と民法541条の催告を兼ねた通知を1回すれば足りるとしている（大判大6.6.27）。

(5) 解除の意思表示をしたこと

契約の解除は，相手方に対する意思表示による。

・ 本来的には，催告の期間が経過した後に解除の意思表示をする必要があるが（催告＋解除の意思表示），催告期間内に履行がないことを停止条件とする解除の意思表示も有効とされている。 H30-18

【例】「1週間以内に履行をせよ。その期間内に履行がなければ解除する。」という通知も有効である。

重要!

債務者の債務不履行による解除については，いわゆる債務者の帰責事由（債務者の責めに帰すべき事由）は要件とされていない。

➡ 契約の解除は，債権者を，契約の拘束力から解放するための制度である。債務者の責任を追求する制度ではない。

➡ 後述する「催告によらない解除」についても，債務者の帰責事由は要件とされていない。

＊ **催告に基づく相当の期間を経過した時における債務の不履行が，その契約および取引上の社会通念に照らして軽微な場合ではないこと**

H30-18
H22-18
　債務者に債務不履行（履行遅滞）があった場合でも，その不履行が“その契約および取引上の社会通念に照らして軽微である”といえる場合には，債権者は契約の解除をすることができない（民§541ただし書）。

理由　不履行が軽微といえる場合は，解除（契約関係の解消）という強い効果を生じさせるのは適当でない。

・　不履行が軽微か否かは，“その契約および取引上の社会通念に照らして”判断される。

➡　契約のほんの一部についてのみ履行がされていない場合や，契約中の付随義務だけが履行されていない場合，といったことが考えられる。

2　催告によらない解除

(1)　催告によらない解除

（催告によらない解除）
第542条　次に掲げる場合には，債権者は，前条の催告をすることなく，直ちに契約の解除をすることができる。
一　債務の全部の履行が不能であるとき。
二　債務者がその債務の全部の履行を拒絶する意思を明確に表示したとき。
三　債務の一部の履行が不能である場合又は債務者がその債務の一部の履行を拒絶する意思を明確に表示した場合において，残存する部分のみでは契約をした目的を達することができないとき。
四　契約の性質又は当事者の意思表示により，特定の日時又は一定の期間内に履行をしなければ契約をした目的を達することができない場合において，債務者が履行をしないでその時期を経過したとき。
五　前各号に掲げる場合のほか，債務者がその債務の履行をせず，債権者が前条の催告をしても契約をした目的を達するのに足りる履行がされる見込みがないことが明らかであるとき。

H元-15
　債務の履行が不能となったような場合は，履行の催告をしても意味がないので，相手方は，**催告をしないで**解除をすることができる。

　催告をすることなく直ちに契約の解除をすることができるのは，以下のような場合である。

① **債務の全部の履行が不能であるとき。**

債務の全部の履行が不能であるときは，まさに履行の催告をしても意味がないので，催告をすることなく直ちに契約の解除をすることができる。

【例】　AとBは，Aの所有する腕時計をBに10万円で売り渡す契約をしたが，腕時計がBに引き渡される前に，車に踏まれて完全に壊れてしまった。

この場合，買主Bは，履行の催告をすることなく，契約の解除をすることができる。

・　履行の不能は，物理的に不能となった場合（物の滅失等）だけでなく，法律的に不能となった場合も含む。 H29-16

➡　不動産の二重譲渡がされ，第二の買主に対して所有権の移転の登記がされた場合（民§177）。

・　契約をした後に履行不能となった場合だけでなく，契約を締結する前から履行不能（売買契約をする数日前に建物が焼失していた）であった場合も含む（民§412の２参照）。

② 債務者がその債務の全部の履行を拒絶する意思を明確に表示したとき。

履行を拒絶する意思が明確に表示されているので（絶対に引き渡さない！！），履行の催告をすることは無意味であり，催告をしないで解除をすることができる。

③ 債務の一部の履行が不能である場合または債務者がその債務の一部の履行を拒絶する意思を明確に表示した場合において，残存する部分のみでは契約をした目的を達することができないとき。

債務の一部の履行が不能である場合は，後述するように，契約の一部の解除をすることができる（民§542Ⅱ）。

しかし，債務の一部の履行が不能である場合で，残存する部分のみでは契約をした目的を達することができないような場合には，（催告をすることなく）契約の全部の解除をすることができる。

④ 契約の性質または当事者の意思表示により，特定の日時または一定の期間内に履行をしなければ契約をした目的を達することができない場合において，債務者が履行をしないでその時期を経過したとき。

いわゆる**“定期行為の履行遅滞”**である。これも，その日時までに履行がされなければ意味がないので（契約の目的を達成できないので），催告をすることなく契約の解除をすることができる。

【例】　Ａさんは，５月１日に結婚披露宴をあげることになった。そのため，洋菓子専門店パティスリーＢに対し，５月１日の結婚披露宴用のウェディングケーキを注文した。

しかし，パティスリーＢは，うっかりして，５月１日にウェディングケーキを届けなかった。

➡　Ａは，催告することなく，パティスリーＢとの契約を解除することができる（履行の催告をして５月４日にケーキを届けてもらってもまったく意味がない）。

⑤　上記のほか，債務者がその債務の履行をせず，債権者が履行の催告をしても契約をした目的を達するのに足りる履行がされる見込みがないことが明らかであるとき。

このような場合も，催告をしても意味がないので，催告によらない解除が認められる。

⑵　契約の一部の解除

（催告によらない解除）
第542条
２　次に掲げる場合には，債権者は，前条の催告をすることなく，直ちに契約の一部の解除をすることができる。
一　債務の一部の履行が不能であるとき。
二　債務者がその債務の一部の履行を拒絶する意思を明確に表示したとき。

債務の一部の履行が不能であるような場合は，催告をすることなく，契約の一部の解除をすることができる。

【例】　ＡとＢは，Ａの所有する鉛筆３ダースの売買契約をした。しかし，鉛筆が引き渡される前に，鉛筆１ダースが滅失してしまった。

➡　Ｂは，催告をすることなく，契約の一部（鉛筆１ダース分）の解除をすることができる。

3　債権者に帰責事由がある場合

ケーススタディ

ＡとＢは，Ａの所有する腕時計をＢに５万円で売り渡す契約をしたが，腕時計がＢに引き渡される前に，買主Ｂの不注意で，腕時計が壊れてしまった。

Ｂは，履行不能を理由として，この売買契約を解除することができるか？

常識的に考えて，ダメである。

（債権者の責めに帰すべき事由による場合）
第543条　債務の不履行が債権者の責めに帰すべき事由によるものであるときは，債権者は，前二条の規定による契約の解除をすることができない。

債務の不履行が債権者の責めに帰すべき事由によるものであるときは，債権者は，催告による解除も，催告によらない解除もすることができない。

3　解除権の行使

1　解除の方式

（解除権の行使）
第540条　契約又は法律の規定により当事者の一方が解除権を有するときは，その解除は，相手方に対する意思表示によってする。
２　前項の意思表示は，撤回することができない。

解除は，**相手方に対する意思表示**によってする。

①　一方的な意思表示である（形成権）。
➡　相手方（債務者）の同意等は必要でない。

②　口頭でもよい。
➡　実際には，証拠を残すため，書面で解除の通知をするのが一般的である。

③　解除の意思表示は，撤回することができない（民§540Ⅱ）。
➡　相手方の地位を不安定なものとしてしまうから。

H14-14　ただし，相手方の同意があれば，撤回することができる（最判昭51.6.15）。

２　解除権の不可分性

⑴　解除権の不可分性

（解除権の不可分性）
第544条　当事者の一方が数人ある場合には，契約の解除は，その全員から又はその全員に対してのみ，することができる。
２　前項の場合において，解除権が当事者のうちの１人について消滅したときは，他の者についても消滅する。

契約当事者の一方が数人ある場合は，契約の解除は，**その全員から，またはその全員に対して**することを要する（解除権の不可分性）。

理由　一部の当事者のみによる解除を認めると，法律関係が複雑になってしまうから。

【例】　Ａの所有する自動車をＢＣＤが共同で買い受ける契約がされた場合に，買主が契約を解除するためには，ＢＣＤ全員がＡに対して解除の意思表示をすることを要する。
➡　反対に，売主が契約を解除するためには，ＢＣＤの全員に対して解除の意思表示をすることを要する。

⑵　賃貸契約の解除（共有物の管理）の場合

H22-18　数人が共有している物を賃貸している場合に，賃貸人（共有者）がその解除をするときは，民法544条１項の適用は排除され，民法252条１項が適用される。
➡「共有物の管理に関する事項」として，各共有者の持分価格の過半数で決せられる。

⑶　当事者の１人について解除権が消滅した場合

H30-18 H2-7　当事者の一方が数人ある場合に，解除権がそのうちの１人について消滅したときは，他の者についても消滅する。

【例】　当事者の１人が解除権を放棄した場合や，解除権が時効消滅した場合などである。

4 解除の効果

1　概　説

契約の解除がされると，契約は**遡及的に消滅する**と解されている（**直接効果説**）。

➡ 契約ははじめからなかった。

つまり，①未履行の債務は，当然に消滅する。②既に履行されたもの（引き渡された物など）は，不当利得として返還することを要する。③売買等の契約によって所有権が移転した場合，解除によってはじめから所有権は移転していなかったことになる。

➡ ただし，契約の消滅の遡及効については，一部制限されている（後述）。

プラス アルファ

解除の効果は遡及しない（契約が遡及的に消滅するのではない）とする見解もある（間接効果説）。

➡ 未履行の債務も消滅するのではなく，履行の拒絶権が発生する。既に履行されたものについては，解除によって新たな返還請求権が発生する，と考える。

以下，具体的な解除の効果を見ていく。

2　原状回復の義務

(1)　原状回復の義務

> **（解除の効果）**
> **第545条**　当事者の一方がその解除権を行使したときは，各当事者は，その相手方を原状に復させる義務を負う。ただし，第三者の権利を害することはできない。

契約の解除がされたら，各当事者は，その相手方を**原状に復させる義務**を負う（原状回復義務）。

➡ 元の状態（契約締結前の状態）に戻す義務である。

プラス アルファ

直接効果説によると，解除によって契約ははじめからなかったことになるので，既に履行されたものについては，「法律上の原因のない給付」ということになり，不当利得として返還することを要する。

つまり，民法545条１項本文の原状回復義務は，民法703条以下の不当利得返還義務の特則であると考えることができる。

⑵　原状回復の内容

債務の履行として受け取った物がある場合は，それを返還する。

➡　原物を返還する。

①　原物の返還をすることができない場合は，その物の客観的な価額（お金）を返還する。

②　契約の両当事者が，互いに原状回復の義務を負うときは，**同時履行の関係**（民§533）となる（民§546）。

③　解除によって，受け取った金銭を返還するときは，その受領の時からの利息を付けて返還することを要する（民§545Ⅱ）。

➡　この利息は，法定利率（民§404）による。

H30-18
H22-18

④　解除によって，金銭以外の物を返還するときは，その受領の時以後に生じた果実も返還することを要する（民§545Ⅲ）。

3　解除と第三者（第三者の保護）

ケーススタディ

Ａの所有する甲土地をＢに売り渡す契約がされ，その後にＢは甲土地をＣに転売した（Ｃの名義とする登記がされた）。

しかし，ＢがＡに対して売買代金を支払わないので，催告を経た上で，Ａは甲土地の売買契約を解除した。

Ａは，甲土地が自分に復帰したことを，Ｃに主張することができるか。

契約の解除により，売買契約は遡及的に消滅し，つまり甲土地の所有権はＡに復帰する（はずである）。

しかし，ケーススタディの事例では，売買契約が解除される前に，Ｂは甲土地をＣに転売している。

この場合，後にA・B間の売買契約が解除されたからといって，当然に甲土地の所有権がAに復帰するということになると，Cは不測の損害を被ることになる。

➡ きちんと売買契約をして代金も支払ったのに，所有者になれなかったというのは困る。

そこで，民法は，契約の解除に関し，第三者を保護する規定を置いた（以下の「ただし書」に注目）。

> **（解除の効果）**
> **第545条**　当事者の一方がその解除権を行使したときは，各当事者は，その相手方を原状に復させる義務を負う。ただし，第三者の権利を害することはできない。

ケーススタディの事例では，契約の解除をしたAは，第三者Cの権利を害することができない。つまり，Aは，解除によって甲土地の所有権が自分に復帰したということをCに主張することができない。 H2-7

➡ 結果として，Cが甲土地の所有権を取得する。

もちろんAも困る。しかし，代金も払わないで転売をするような人物（B）と契約をしたAが悪いといえる。

➡ Aとしては，Bに価額の支払いを求めたり損害賠償の請求をするなどして，原状に近い状態に戻すことになる。

重要！

民法545条１項ただし書の規定により保護される第三者は，契約の解除前に登場した第三者である。

もう少し詳しくいうと，契約から生じた法律関係を前提として，新たな権利を取得した者である。

➡ （ＡＢ間の売買契約により）甲土地の所有権がＢにあることを前提として，Ｂから甲土地を買い受けたＣ。

➡ Ｃとしては，甲土地の現在の所有者であるＢから甲土地を買ったわけだから，保護に値する。

➡ 契約の解除後に登場した第三者との関係は，後述。

・　不動産に関する権利を取得した第三者が保護されるためには，登記を備えて

いることが必要である（大判大10.5.17，最判昭33.6.14）。

これは，対抗要件としての登記（民§177）ではなく，権利保護要件としての登記と解されている。

➡　解除によって（ＡＢ間の）契約が遡及的に消滅し，甲土地ははじめからＢに移転していなかったと考えると，ＡとＣは，互いに権利を取得したことを争う関係ではない。つまり，対抗要件としての登記（民§177）の問題ではない。

一方で，第三者Ｃが保護されるということは，すなわち解除をしたＡが保護されない（甲土地の所有権を失う）ことになるので，第三者が保護されるためには，第三者としてやるべきことはやっておく必要があるという考え方である。

➡　対抗要件としての登記については，「物権」編で詳しく解説する。

プラスアルファ

解除後の第三者との関係

解除後に登場した第三者は，民法545条１項ただし書の第三者として保護されない。

➡　解除後に不動産に関する権利を取得した者と，解除をした者との関係は，**民法177条の対抗の関係**となる（先に登記を備えたほうが勝ち。大判昭14.7.7）。

【例】　ＡとＢは，Ａの所有する甲土地をＢに売り渡す契約をし，Ｂへの所有権の移転の登記がされた。その後，Ｂの債務不履行により，Ａは当該売買契約を解除した。しかし，甲土地の登記の名義をＡに戻す前に，Ｂは甲土地をＣに売り渡す契約をした。

➡　ＡとＣの関係は，先に登記を備えた方の勝ちである。

➡　ＡがＣより先に，「解除によって所有権が復帰した」旨の登記を備えれば，Ａが甲土地の所有者となる。一方，ＣがＡより先に，「売買によって所有権を取得した」旨の登記を備えれば，Ｃが甲土地の所有者となる。

理由　Ａの目線で見ると「解除によって甲土地の所有権がＢからＡに復帰した」，Ｃの目線で見ると「売買によって甲土地の所有権がＢからＣに移転した」といえる。つまり，**Ｂを起点とした二重譲渡**のような関係といえるので，先に対抗要件である登記（民§177）を備えた方が勝つことになる。

4　損害賠償の請求

契約の解除をした場合でも，**損害賠償の請求は妨げられない**（民§545Ⅳ）。

解除によって契約が遡及的に消滅すると考えると（直接効果説），最初から契約がなかったことになるので，債務不履行による責任も発生し得ないのではないか，という疑問が生ずる。

しかし，債権者を保護するため，解除の遡及効に制限を加え，債務不履行の責任が残っているものと捉えて，損害賠償の請求をすることを認めたものである。

・　債権者が損害賠償の請求をするためには，民法415条に規定する損害賠償請求の一般的要件を満たしていることを要する。

5　解除権の消滅

債務不履行等により解除権が発生した場合でも，一定の事由が生じたときには，解除権が消滅する。

➡　解除することができなくなる。

⑴　債務不履行状態の解消

債務不履行により解除権が発生した場合でも，実際に解除の意思表示がされる前に債務者が債務の履行をしたときは，解除権は消滅する。

⑵　催告による解除権の消滅

解除権の行使について期間の定めがないときは，相手方は，解除権を有する者に対し，相当の期間を定めて，その期間内に解除をするかどうかを確答すべき旨の催告をすることができる。この場合において，その期間内に解除の通知を受けないときは，解除権は消滅する（民§547）。

解除権が発生した場合でも，実際に解除の意思表示がされるまでは，契約が解除されるのか否かが分からない状態（不安定な状態）といえる。

そこで，相手方（債務者）を保護するため，解除するのか否かの催告権を認めた。

⑶　解除権者の故意による目的物の損壊等による解除権の消滅

（解除権者の故意による目的物の損壊等による解除権の消滅）
第548条　解除権を有する者が故意若しくは過失によって契約の目的物を著しく損傷し，若しくは返還することができなくなったとき，又は加工若しくは改造によってこれを他の種類の物に変えたときは，解除権は，消滅する。ただし，解除権を有する者がその解除権を有することを知らなかったときは，この限りでない。

解除権者が，解除によって返還しなければならない物について，故意または過失によって著しく損傷等をさせておきながら，なお解除権を認めることは，信義則上許されない。

⑷　解除権の放棄

解除権者は，解除権を放棄することができる。

⑸　解除権の消滅時効

解除権は形成権であるが，消滅時効に関しては，債権に準じて扱われる。

その起算点および時効期間については，解除権が発生した時から10年，または債権者が解除権の発生の事実を知った時から５年である。

重要！

解除の結果生じた原状回復の請求権については，解除によって新たに発生した債権と考えることができるので，解除をした時から起算される（大判大7.4.13）。

➡　解除権が発生した時ではない。

第５節　定型約款

Topics・平成29年の改正で，民法に約款（定型約款）に関する規定が設けられた。どのような場合に定型約款に拘束力が発生するのかを押さえておく必要がある。

1　定型約款とは

「約款」は，日常生活においても様々な契約の場面で目にする。

電気やガスの供給契約，保険契約，携帯電話の契約，パソコンのソフトウェアのダウンロード，ネット通販等々。

➡　異様に小さい文字で数ページにわたって書かれたものであり，「誰がこんなもの読むんだ」というアレである。

約款は，**多数の相手方と，大量の定型的取引を行う場合**に用いられる。

このような取引においては，事業者とお客が，いちいち個別の条項について交渉して合意をするということは現実的でない。

「何をいくらで買う」といった重要な部分は，もちろん当事者（事業者とお客）が交渉して合意をする必要があるが，その他の“どのお客さんも画一的に扱うのが合理的であるような部分”については，事業者があらかじめその内容を定めた「約款」を用意して，それに従うものとした方が，取引が円滑かつ迅速に進む。

そこで，民法では，一定の要件を満たした約款を「定型約款」として，その拘束力を認めた。

2　定型約款の定義と拘束力

⑴　定型約款の定義

（定型約款の合意）

第548条の２　定型取引（ある特定の者が不特定多数の者を相手方として行う取引であって，その内容の全部又は一部が画一的であることがその双方にとって合理的なものをいう。以下同じ。）を行うことの合意（次条において「定型取引合意」という。）をした者は，次に掲げる場合には，定型約款（定型取引において，契約の内容とすることを目的としてその特定の者により準備された条項の総体をいう。以下同じ。）の個別の条項についても合意をしたものとみなす。
一　定型約款を契約の内容とする旨の合意をしたとき。
二　定型約款を準備した者（以下「定型約款準備者」という。）があらかじめその定型約款を契約の内容とする旨を相手方に表示していたとき。

定型約款とは，
① 相手方が不特定多数であって，
② 取引の内容の全部または一部が画一的であることが当事者双方にとって合理的な取引（定型取引）において，
③ 契約の内容とすることを目的として，特定の者により準備された条項の総体

をいう（民§548の２Ⅰ）。

電気やガスの供給の契約を例にとる。
① 電気やガスの供給は，相手方が不特定多数である。
➡ もの凄い数の世帯に対して供給する。

R2-17
② 取引の内容の全部または一部が画一的であることが当事者双方にとって合理的な取引（定型取引）である。
➡ 電気やガスの供給は，取引の内容が画一的であることが当事者双方にとって合理的である。各世帯について個別に細かな内容を定めるのはあまりに現実的でない（お客さんにとっても面倒である）。
➡ 電気の供給の契約については，「○アンペアにする」といった重要なことはきちんと話をして合意して，その他の細かな内容については約款に従う，とすることが合理的である。

そのため，電気やガスの供給契約においては，“契約の内容とすることを目的として，特定の者（電力会社やガス会社）により準備された条項”である定型約款を用いることに意味がある。

(2) 定型約款の個別の条項について合意したものとみなされる場合

定型約款を用いた契約をする場合，相手方（お客さん）が，その定型約款の各条項をしっかり吟味して，各条項について合意する形で契約をするのが理想である。

しかし，実際には，定型約款の各条項について合意をするというのは現実

的でない。
➡　そもそも約款なんか読もうとすら思わないという人も多い。

そこで，以下の場合には，**定型約款の個別の条項についても合意をしたものとみなす**とされた（民§548の２Ⅰ）。 R2-17

①　定型取引の当事者が，定型約款を契約の内容とする旨の合意をしたとき。
②　定型約款を準備した者（定型約款準備者）が，あらかじめその定型約款を契約の内容とする旨を相手方に表示していたとき。

(3)　上記(2)の合意に含まれないもの

定型約款の中に，相手方の権利を制限し，または相手方の義務を加重するものであって，その定型取引の態様およびその実情ならびに取引上の社会通念に照らして民法第１条第２項に規定する基本原則に反して相手方の利益を一方的に害すると認められる条項（**不意打ち条項**）がある場合には，その条項については，上記（2）の規定により**合意をしたものとはみなされない**（民§548の２Ⅱ）。
➡　契約の内容（を補充するもの）とはならない。

理由　その定型約款に含まれているとは合理的に予測できないような条項については，拘束力を認めるべきではない。

3　定型約款の内容の開示義務

(1)　定型約款の開示義務

定型約款準備者は，定型取引の合意の前または定型取引の合意の後の相当の期間内に，相手方から請求があった場合には，遅滞なく，相当な方法で当該定型約款の内容を示すことを要する（民§548の３Ⅰ本文）。

・　相手方から請求があった場合に，定型約款の内容を開示する必要がある。
➡　請求がなければ，開示義務は発生しない。

・　定型約款準備者が，既に相手方に対して定型約款を記載した書面（定型約款を記録した電磁的記録）を提供していた場合は，相手方から請求があっても，改めて定型約款を示す必要はない（同Ⅰただし書）。 R2-17

(2) 開示義務に応じなかった場合の効果

R2-17

定型約款準備者が，相手方からの上記（1）の開示の請求を拒んだときは，民法第548条の2の規定は適用されない（民§548の3 Ⅱ）。つまり，その定型約款の個別の条項について合意をしたものとはみなされない。

➡ その定型約款は，契約の内容（契約の内容を補充するもの）とはならない。

4 定型約款の変更

(1) 定型約款準備者による定型約款の変更の可否

定型約款の変更をする場合，定型約款準備者が，すべての相手方（お客さん）と変更の合意をするというのは，現実的でない。

➡ 相手方はあまりに多数である。また，契約の主要な部分に変更が生ずるわけではない。

そこで，定型約款準備者は，次に掲げる場合には，定型約款の変更をすることにより，**変更後の定型約款の条項について合意があったものとみなし，**個別に相手方と合意をすることなく，契約の内容を変更することができるとされた（民§548の4 Ⅰ）。

① 定型約款の変更が，相手方の一般の利益に適合するとき。

② 定型約款の変更が，契約をした目的に反せず，かつ，変更の必要性，変更後の内容の相当性，本条の規定により定型約款の変更をすることがある旨の定めの有無およびその内容その他の変更に係る事情に照らして合理的なものであるとき。

理由　このような場合には，定型約款を（一方的に）変更しても，相手方に特段の不利益が及ぶことはない。

(2) 必要な手続

定型約款準備者は，上記（1）の規定による定型約款の変更をするときは，その効力の発生時期を定め，かつ，定型約款を変更する旨および変更後の定型約款の内容ならびに効力発生時期を，**インターネットの利用その他の適切な方法により周知**しなければならない（民§548の4 Ⅱ）。

・ インターネットの利用その他の方法で周知すれば足り，相手方に対する個別の通知は要求されていない。

第10章
契約各論

第1節　典型契約の種類

Topics　・まずは，どのような典型契約があるのかを概観してみる。

契約自由の原則から，何人（なんぴと）も，いろいろな内容の契約をすることができるが（民§521Ⅱ），民法では，特に典型的な契約として，13種類の契約を規定している。

➡　これを典型契約という。

この13種類の典型契約は，その大まかな内容に応じて，4つに分類することができる。

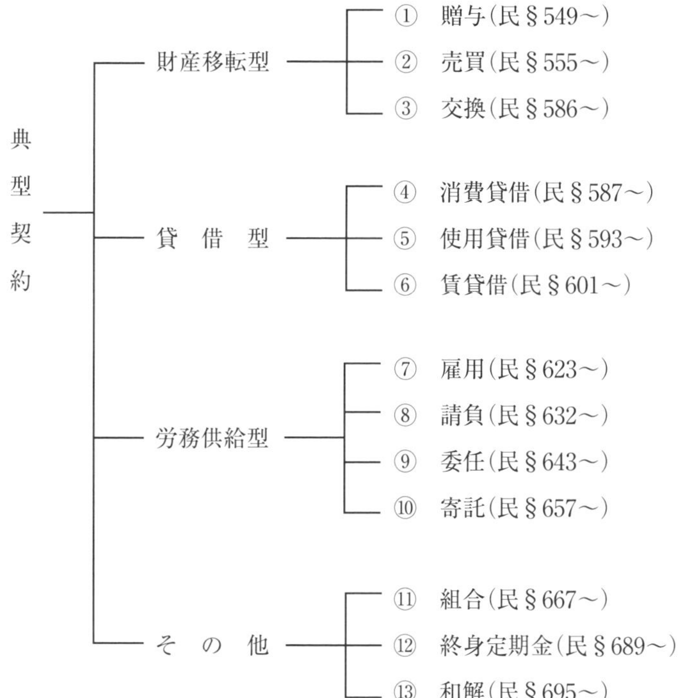

第2節　贈　与

Topics ・**贈与は，あまり出題される論点ではないが，遺贈と死因贈与との比較あたりが出題される。**

> （贈与）
> **第549条**　贈与は，当事者の一方がある財産を無償で相手方に与える意思を表示し，相手方が受諾をすることによって，その効力を生ずる。

1　意　義

贈与とは，当事者の一方（贈与者）が，ある財産を無償で相手方に与える意思を表示し，相手方（受贈者）が受諾をすることによってその効力を生ずる契約である。

“無償で”財産を与える契約である。

➡　贈与者のみが債務を負担し（ある財産を無償で与える），受贈者は（それと対価的意義を有する）債務を負担しない。

つまり，**無償契約**であり，**片務契約**である。

・　受贈者に一定の負担を負わせる贈与も可能である（負担付贈与，民§553）。

2　贈与の成立

贈与は，当事者間の合意のみで成立する。つまり，**諾成契約**である。

・　贈与は，“ある財産”を相手方に与える契約である。“自己の財産”とは規定されていないので，他人の所有する物の贈与も，契約としては有効である（直ちに無効となるものではない）。

➡　契約が直ちに無効ではないといっても，他人の物がそのまま（所有者の知らない間に）受贈者に移転するわけではない。

➡　この場合，贈与者がどのような義務を負うのかについては，議論がある。

・　贈与の対象である財産は，特に制限はない。

➡　動産，不動産，債権など。

3　贈与の効力

⑴　一般的な効力

贈与者は，贈与の対象とされた財産を相手方に与える義務を負う（民§549）。

物の贈与がされた場合は，①その所有権を受贈者に移転させ，②その物を受贈者に引き渡し，また③受贈者のために対抗要件を備えさせるといった義務である。

➡　対抗要件の取得とは，動産の贈与であれば引渡し（民§178），不動産の贈与であれば登記（民§177）である。

⑵　目的物（または権利）の状態に関する推定

（贈与者の引渡義務等）
第551条　贈与者は，贈与の目的である物又は権利を，贈与の目的として特定した時の状態で引き渡し，又は移転することを約したものと推定する。

「贈与の目的として特定した時」とは，特定物の贈与であれば贈与契約の時であり，不特定物の贈与であれば目的物が特定(民§401Ⅱ)した時である。

その特定した時の状態で引き渡し，または移転することを約したものと推定される。

➡　その特定した時から引渡しまでの間，贈与者は**善管注意義務**を負う（民§400）。

➡　贈与者がこの義務に違反したときは，債務不履行の責任を負う。

4　書面によらない贈与

（書面によらない贈与の解除）
第550条　書面によらない贈与は，各当事者が解除をすることができる。ただし，履行の終わった部分については，この限りでない。

(1) 意　義

贈与契約も，契約である以上，拘束力を有する。贈与者が履行をしなければ，受贈者は，裁判を通じて履行を強制することができる。

とはいえ，贈与は，無償の契約であり，軽はずみに贈与契約をしてしまうことも多々あることから，**書面によらない贈与**については，各当事者が解除をすることができるとされた。

① 裏を返すと，書面による贈与については，各当事者が一方的に解除することはできない。

② 書面によらない贈与であっても，「履行の終わった部分」については，解除することができない。

理由 履行をした部分については，もはや軽率な贈与とはいえないし，（履行を受けた）受贈者を保護する必要があるからである。

(2) 「書面」について

かなり緩やかに解されている。

「贈与契約書」というきちんとした契約書を作成していなくても，ある書面に贈与の事実が確実に分かるような記載がある場合には，書面による贈与として扱われる。

➡ 一方的な契約の解除ができない。

・ 贈与者の贈与の意思が書いてあるが，受贈者の受諾の意思表示が書かれていない場合でも，「書面による贈与」といえる（大判明40.5.6）。

・ 第三者に宛てた書面でも，「書面による贈与」といえる場合がある。

(3) 「履行の終わった」について

履行が完了していなくても，贈与者の贈与の意思が明確に分かる程度に履行がされた場合には，もはや贈与を（書面によらない贈与として）解除することはできない。

H5-11 ・ 不動産の贈与がされた場合，受贈者に対する所有権の移転の登記がされれば，不動産の引渡しが完了していなくても，履行が終わったといえる（最判昭40.3.26）。

➡ 反対に，不動産の引渡しがされれば，所有権移転登記が完了していなくても，履行が終わったといえる（最判昭31.1.27）。

(4) 解除権者

各当事者である。

➡ 贈与者だけでなく，受贈者も解除をすることができる。

5 特殊な贈与

(1) 定期贈与

定期の給付を目的とする贈与を，定期贈与という（民§552）。

【例】 毎月末日に，ＡはＢに対して30万円を贈与する。

このような定期贈与は，贈与者または受贈者が死亡したときは，その効力を失う（民§552）。 H5-11

➡ 定期贈与は，贈与者と受贈者との間の特別な人間関係（親子，親戚，恋人，内縁等）による場合が多く，当事者の一方が死亡した場合に，その相続人にまで契約の効力を及ぼすのは適当とはいえない。

(2) 負担付贈与

負担付贈与とは，**受贈者にも一定の負担（債務）を課す贈与**である。

受贈者にも負担を課すということは，「完全な無償じゃないから売買または交換と同じではないか」と思うところであるが，そうではない。

➡ 贈与者の義務と受贈者の義務が対価的な関係ではない場合は，負担付贈与といえる。

➡ つまり，双務契約ではない。

【例】 孫がおばあちゃんの面倒を見ることとして，おばあちゃんの財産を孫に贈与するような契約。

① 負担付贈与については，その性質に反しない限り，双務契約に関する規定が準用される（民§553）。

➡ 負担付贈与は，双務契約ではないが，両当事者が負担を負っているので，双務契約の規定を準用することが適当であるといえる。

➡ 同時履行の抗弁や危険負担など。

② 負担付贈与については，贈与者は，その負担の限度において，売主と同じく担保の責任を負う（民§551Ⅱ）。

➡ 「担保の責任（契約不適合の責任）」は，「売買」において解説する。

(3) 死因贈与

死因贈与とは，**贈与者の死亡によって効力を生ずる贈与**である。

【例】 AとBは，Aが死亡した時に効力を生ずるものとして，Aの所有する甲土地をBに贈与する契約を締結した。

その後にAが死亡したときは，贈与の効力が生じ，甲土地はBに移転する。

死因贈与については，贈与者の"死亡によって効力を生ずる"（死亡によって財産が移転する）という点において，「遺贈」と類似している。

したがって，死因贈与については，その性質に反しない限り，遺贈に関する規定が準用される（民§554）。

→ 遺贈については，「相続」編で解説する。

死因贈与と遺贈の異同

	死因贈与	遺　贈
法的性質	契約 ➡ 贈与者と受贈者との間の契約。	単独行為 ➡ 遺言者が単独でする。
要式性	特になし ➡ 諾成契約。口頭でも可。	あり ➡ 法に定める方式に従わないと無効。
H5-11 要求される能力	（贈与者は）行為能力が必要 ➡ 未成年者がする場合は，法定代理人の同意等が必要	一般的な行為能力は不要 ➡ 15歳以上の者は，単独ですることができる。
承認・放棄	問題とならない	可

第3節　売　買

Topics
・売買は，最も一般的な契約であり，有償契約の代表である。
・債務者による履行が契約の内容に適合しない場合の効果（責任）は，司法書士の試験で頻出である。
・手付解除の要件もよく出題される。

1　総　説

（売買）
第555条　売買は，当事者の一方がある財産権を相手方に移転することを約し，相手方がこれに対してその代金を支払うことを約することによって，その効力を生ずる。

1　意義，法的性質

売買とは，当事者の一方（売主）がある財産権を相手方（買主）に移転することを約し，相手方（買主）がこれに対してその代金を支払うことを約することによって効力を生ずる契約である。

売主は，ある財産権を買主に移転する義務を負い，買主はその代金を支払う義務を負うので，**有償契約**であり，**双務契約**である。

また，当事者間の合意のみによって成立するので，**諾成契約**である。

プラス アルファ

売買契約は，有償契約の代表である。したがって，売買に関する規定は，**他の有償契約に準用される**（民§559）。

プラス アルファ

われわれ一般人が日々の生活においてする売買は，“契約即履行”の形が多い（現実売買）。

➡　コンビニやスーパーでの買い物。

➡　お客「このパンください」。お店「かしこまりました。108円です。」（売買契約の成立）。そして，お客はその場でお金を払い（売買代金債務の履行），お店はその場でパンを袋に詰めてお客に手渡す（引渡しの債務の履行）。

つまり，その場で契約と履行が完了するので，問題が生ずることが少ない。

一方，民法が規定する売買は，契約の成立から債務の履行までに時間的間隔がある場合を主に想定している。

➡　高額な物を売買する場合は，まず契約をして，その契約において定めた履行期日に代金の支払いと物の引渡しをする，というのが一般的である。

2　売買の成立

売買契約は，当事者間の合意のみによって成立する（諾成契約）。

①　売買の対象は，「ある財産権」である。動産や不動産の所有権，地上権等の物権，債権，著作権等，いろいろある。

H23-17　➡　他人の権利でもよい（もちろん，契約によって勝手に他人の権利が移転することはない）。

②　売買契約においては，「代金」の支払いを約することが要件である。つまり，**金銭の支払い**である。

➡　金銭以外の物を対価とする場合は，売買契約ではなく交換契約（民§586）となる。

3　売買の一方の予約

売買の予約とは，将来において売買契約を締結するという合意である。

➡　お金がないからすぐには売買契約をできないけど，近い将来必ず買う。

民法は，このような一般的な売買の予約ではなく，「**売買の一方の予約**」を規定している。

売買の一方の予約とは，当事者の一方（売主または買主のどちらか）だけが，予約完結権を有する形の売買の予約である。

売買の一方の予約がされた後，予約完結権を有する者が「予約完結の意思表示」をしたときは，相手方の承諾を待たずに，売買の本契約の効力を生ずる（民§556Ⅰ）。

【例】　ＡとＢは，Ａの所有する腕時計を将来Ｂに５万円で売り渡す売買の予約をした。この契約においては，Ｂのみが予約完結権を有することが定められている。

そして，Ｂが，Ａに対して予約完結の意思表示をしたときは，売買の効力が生ずる。

➡　AはBに腕時計を引き渡す義務を負い，BはAに５万円を支払う義務を負う。

4　手　付

ケーススタディ

AとBは，Aの所有する甲土地をBに2,000万円で売り渡す契約を締結した（互いの履行期は１か月後）。そして，この契約の席上，BはAに対し，手付として200万円を支払った。

①　その後，Bは，いろいろと考えて，Cの所有する乙土地が欲しくなった（甲土地はいらない）。Bは，甲土地の売買契約を解消することができるだろうか。

②　その後，AのもとにDがやってきて，「甲土地を3,000万円で買います」と提案された。Aは「BじゃなくてDに売りたい」と思った。Aは，甲土地の売買契約を解消することができるだろうか。

⑴　手付（てつけ）とは

手付とは，売買契約締結の際に，当事者の一方（買主）から相手方（売主）に対して交付される金銭その他の有価物である。

➡　特に不動産の売買契約においては，手付金が交付されるのが一般的である。

プラスアルファ

手付は，「内金」とは異なる。内金は，売買代金の一部を支払うことである。

➡　もっとも，手付が交付された場合も，最終的には売買代金の一部に充てられることが一般的である。

・　手付は，売買契約に付随して締結される「手付契約」に基づいて交付されるものである。

そもそも，何で手付が交付されるのか？

これは，（基本的に）**解除権を留保**するためである。

後で解説するように，買主が売主に対して手付を交付した場合には，（一定の時期までに）買主はその手付を放棄して，売買契約を解除することができる（民§557）。

【例】 ケーススタディの①の事例では，買主Bは，手付の200万円を放棄して，甲土地の売買契約を解除することができる。

➡ 200万円を捨ててでも乙土地が欲しい場合には，Bは手付解除をすればよい。

➡ 200万円を捨てるのが惜しいと思うならば，このまま甲土地の売買契約を存続させればよい。

・ また，手付の交付を受けた売主は，手付の倍額を買主に現実に提供（償還）して，売買契約を解除することができる（手付の倍返し。民§557）。

【例】 ケーススタディの②の事例では，売主Aは，Bから受け取った手付の倍額（400万円）をBに提供して，Bとの間の甲土地の売買契約を解除することができる。

➡ 手付の倍返しをしたとしても，Dに売った方が儲かる。

(2) 手付の種類

手付は，上記（1）のように，解除権の留保として交付されるのが一般的であるが（解約手付），必ずしもそれに限られない。いくつかの種類に分けられる。

① 証約手付

契約が成立したことの証拠としての手付である。

➡ 後述する違約手付や解約手付として手付が交付された場合も，この証約手付としての効力を有する。

② 違約手付

債務不履行があった場合に没収される手付である。

➡ 売主に債務不履行があった場合は，倍返しをすべき手付。

違約手付も２種類ある。１つは，「損害賠償の予定（民§420）としての手付」である。

➡ 買主に債務不履行があった場合，その損害賠償として手付は没収されるが，それ以上損害の賠償をする必要はない（手付として交付された額が損害賠償の予定額）。

もう１つが，「違約罰としての手付」である。

➡　買主に債務不履行があった場合，違約罰としてその手付が没収され，他に損害がある場合には，その賠償もしなければならない（民§415）。

③　解約手付

上記（1）のとおり，解除権の留保としての意味を持つ手付である。

➡　相手方に債務不履行がなくても，買主は手付を放棄して（売主は手付の倍額を現実に提供して），売買契約を解除することができる。

プラスアルファ

手付が交付された場合，特約がない限り，解約手付と推定される（最判昭29.1.21）。

⑶　解約手付による解除の要件

（手付）

第557条　買主が売主に手付を交付したときは，買主はその手付を放棄し，売主はその倍額を現実に提供して，契約の解除をすることができる。ただし，その相手方が契約の履行に着手した後は，この限りでない。

買主が売主に対して解約手付を交付したときは，**買主はその手付を放棄し，売主はその倍額を現実に提供して，契約の解除をすることができる。**

・　売主が解除をする場合は，買主から交付を受けた手付の倍額を現実に提供することを要する。 R2-18 H13-17

➡　「倍額を返します」という意思表示だけでは解除できない。

手付の倍額を現実に提供すれば，買主がその受領を拒絶した場合でも，手付解除ができる。 H24-17

➡　その倍額を供託する必要はない。

(4) 解約手付による解除ができない場合

H元-16　買主から売主に対して解約手付が交付されている場合でも，**相手方が契約の履行に着手した後は**，手付解除をすることができない（民§557Ⅰただし書）。

理由　相手方が履行に着手したのだから，それ以降の解除を認めると相手方に不測の損害を与えることになるから。

【例】　Aの所有する甲土地をBに1,000万円で売り渡す契約がされ，BはAに対して解約手付として100万円を交付した。

その後，履行期が到来したので，Bは代金を用意して，Aに履行の催告をした。

➡　（Bが履行に着手したので）Aは，手付の倍額（200万円）を現実に提供しても，手付による解除をすることができない。

R2-18　・「履行の着手」とは，客観的に外部から認識し得るような形で履行行為の一部をなし，または履行の提供のために欠くことのできない前提行為をした，という状態をいう（最判昭40.11.24）。

➡　具体的には，その行為の態様や債務の内容に照らして個々に判断される。

R2-18　H13-17　①　履行期以前の行為であっても，「履行の着手」が認められる場合がある。

H元-16　②　反対に，履行期が到来した後であっても，相手方が履行に着手していなければ，手付による解除をすることができる。

R2-18　H13-17　H元-16　③　相手方が履行に着手していなければ，自分が履行に着手した場合でも，手付による解除が認められる。

➡　相手方は履行に着手していないのだから，相手方が不測の損害を被ることはない。

履行に着手したといえる場合

・　履行期が到来した後に，買主が代金の準備をして，売主に履行の催告をした場合（最判昭33.6.5）。

H元-16　・　土地の売買契約がされ，まだ所有権移転登記はされていないが，土地の引渡しがされた場合。

(5) 手付による解除の効果

手付による解除がされると，売買契約の効力が消滅する。

・　手付による解除は，債務不履行による解除ではないので，損害賠償責任の問題は生じない（民§557Ⅱ）。

・　解約手付が交付されている場合でも，当事者の一方に債務不履行があったときは，一般原則どおり，債務不履行を理由とする解除（民§541）をすることができる。

➡　一般原則に従って損害賠償の請求（民§415）をすることもできる。

➡　この場合，手付は，不当利得として返還することを要する（最判昭29.1.21）。 H元-16

・（手付解除ではなく）売買契約が合意解除された場合は，交付を受けた手付は，不当利得として返還することを要する（大判昭11.8.10）。 H13-17

5　売買契約に関する費用

売買契約に関する費用は，当事者双方が等しい割合で負担する（民§558）。

➡　当事者間で別段の合意をすることは可能である。

売買契約に関する費用とは，契約書作成の費用，目的物の測量や鑑定に関する費用が該当する。 H24-17

＋(プラス)アルファ

売買契約に関する費用は当事者双方が負担するが，“弁済に関する費用”は債務者が負担する（民§485）。

2　売買の効力

1　売主の義務

売主は，売買の目的である財産権を買主に移転する義務を負う（民§555）。そして，売主は，買主に対し，登記，登録その他の売買の目的である権利の移転について**対抗要件を備えさせる義務**を負う（民§560）。

「財産権を買主に移転する義務」は，少し細かく分けると，①権利そのものを移転させる義務，②権利の移転のために必要な行為をする義務，③引渡しをする義務がある。

① 権利そのものを移転させる義務

特定物の売買をした場合は，（特段の行為をしなくても）**契約と同時に所有権は買主に移転する**（民§176）。

・ 他人の権利を売買の目的としたときは，売主は，その権利を取得して買主に移転する義務を負う（民§561）。

【例】 Aは，Xが所有している甲土地を，Bに1,000万円で売り渡す契約を締結した。

➡ 普通では考えられないが，このような契約も無効ではない。

➡ この契約がされても，甲土地の所有権が当然にBに移転することはない（当たり前である）。

➡ この場合，売主Aは，Xから甲土地を取得して，甲土地をBに移転させる義務を負う。

➡ 甲土地をBに移転させることができなければ，Aは債務不履行の責任を負うことになる。

② 権利の移転のために必要な行為をする義務

たとえば農地（田や畑）の売買においては，農地法に基づく許可が必要となるので，売主は，その許可申請手続に協力する義務を負う。

③ 引渡しをする義務

売買の目的が物である場合には，売主はその物を買主に引き渡す義務を負う。

重要!

対抗要件を備えさせる義務（民§560）は，売買の目的が動産であるときは引渡し（民§178），不動産であるときは登記である（民§177）。

重要!

民法では，売主は，種類，品質または数量に関して契約の内容に適合したものを引き渡すべきことを当然の前提としている（民§562参照）。

アルファ

果実について

R3-18

まだ引き渡されていない売買の目的物が果実を生じたときは，その果実は，売主に帰属する（民§575Ⅰ）。

➡　鶏の売買契約をした場合において，引渡しの前に鶏が卵を産んだ場合は，その卵は売主に帰属する。

2　買主の義務

買主は，売主に対して**代金を支払う義務**を負う（民§555）。

(1)　代金の支払時期

代金の支払時期は，（基本的に）当事者間の合意による。

➡　日常生活においては，契約即履行のパターンが多い（コンビニでの買い物）。

➡　後払いにする場合は，「○日までに支払う」のように期限の合意をすることが多い。

・　支払時期について当事者間で定めがない場合において，目的物の引渡しについての期限があるときは，代金の支払いについても同一の期限を付したものと推定される（民§573）。 R3-18

➡　このように解釈するのが合理的である。

(2)　代金の支払場所

代金の支払場所も，（基本的に）当事者間の合意による。

・　代金の支払場所について当事者間で定めがない場合において，売買の目的物の引渡しと同時に代金を支払うべきときは，その引渡しの場所において代金も支払うことを要する（民§574）。

➡　このように解釈するのが合理的である（当事者の意思にも合致するであろう）。

・　目的物の引渡しがされた後に代金を支払うときは，債務の弁済に関する一般原則どおり，債権者の現在の住所において支払うことになる（民§484）。 H24-17

(3) 代金の利息について

買主は，**目的物の引渡しの日から**，代金の利息を支払う義務を負う（民§575Ⅱ本文）。

➡ 裏を返すと，目的物の引渡しを受けるまでは，代金の利息を支払うことを要しない。

・ ただし，代金の支払いについて期限があるときは，その期限が到来するまでは，利息を支払うことを要しない（民§575Ⅱただし書）。

プラスアルファ

目的物から生じた果実の帰属と利息の支払いは，セットで考えることができる。

➡ 目的物の引渡しまでは，果実は売主に帰属する。他方，目的物の引渡しまでは，買主は利息を支払うことを要しない。

➡ 引渡しまでに発生した果実と，引渡しまでの代金の利息は，おおよそ等価と考えられる。

(4) 代金の支払いを拒絶することができる場合

① 権利を取得することができない等のおそれがある場合

売買の目的物（目的である権利）について，権利を主張する第三者があるため，買主がその権利を取得できない（あるいは権利を失う）おそれがあるときは，買主は，その危険の程度に応じて，代金の支払いを拒むことができる（民§576本文）。

➡ 売主が相当の担保を供したときは，この限りではない（同ただし書）。

➡ 売主は，買主に対し，代金の供託を請求することができる（民§578）。

② 抵当権等の登記がある場合

H24-17 買い受けた不動産について，契約の内容に適合しない抵当権の登記があるときは，買主は，抵当権消滅請求の手続（民§379）が終わるまで，その代金の支払いを拒むことができる（民§577本文）。

➡ 売主は，買主に対し，代金の供託を請求することができる（民§578）。

理由 抵当権がそのまま存続すると，抵当権の実行（競売）によって，買主は不動産の所有権を失うおそれがある。そのため，抵当権を消滅させる手続が済むまでは，代金の支払いを拒むことができる。

3　売主の債務不履行（契約不適合）

ケーススタディ

Ｂは，中古車販売店のＡから中古自動車を購入したが，その中古車にはブレーキに不具合があった。比較的新しい年式の車なので，こんな不具合があるとは思っていなかったが，Ｂとしては，Ａに対して何らかの請求をすることができるのだろうか。

売買契約がされ，買主に対して目的物が引き渡されたが，その物について不具合があるような場合，買主は，売主に対してどういった請求をすることができるのか。

民法では，「債務者がその債務の本旨に従った履行をしないとき」に関する損害賠償責任（一般的な債務不履行責任）について規定しているが（民§415Ⅰ），売買契約において，**引き渡された物（移転した権利）が契約の内容に適合しない場合の売主の責任**について，特別の規定が置かれている。

プラスアルファ

平成29年の民法改正前においては，売買契約における売主の責任を「**担保責任**」と呼んでいた。改正前の担保責任は，特定物と不特定物を分けて考えたり，売主や買主の主観的要件（善意・悪意，無過失・有過失）を重視したりと，現在の民法の規定とはだいぶ異なるものであった（債務不履行責任とは違う法定の責任）。

一方，現在の民法では，売買契約における売主の責任を基本的に債務不履行責任と捉えているので，「担保責任」という特別の用語を用いる必要がなくなったともいえる。しかし，現在の民法でも，いくつかの条文で「担保責任」という言葉が出てくる。

1　買主の追完請求権

(1)　買主の追完請求権

（買主の追完請求権）

第562条　引き渡された目的物が種類，品質又は数量に関して契約の内容に適合しないものであるときは，買主は，売主に対し，目的物の修補，代替物の引渡し又は不足分の引渡しによる履行の追完を請求することができる。ただし，売主は，買主に不相当な負担を課するものでないときは，買主が請求した方法と異なる方法による履行の追完をすることができる。

売買契約に基づいて売主から買主に引き渡された目的物が，

① 種　類
② 品　質
③ 数　量

に関して**契約の内容に適合しないもの**であるときは，買主は，売主に対し，

① 目的物の修補
② 代替物の引渡し
③ 不足分の引渡し

による**履行の追完**を請求することができる。

【例】 ケーススタディの事例では，引き渡された中古車のブレーキに不具合があるので，「品質」に関して契約の内容に適合しない場合といえる。

➡ ビンテージカーではなく，年式の新しい中古車の売買であるので，契約の内容としては，“普通に安全に走れる自動車”の売買のはずである。

この場合，買主Bは，売主に対し，目的物の修補（ブレーキをきちんと直してね）または代替物の引渡し（ブレーキが壊れていない自動車を引き渡してくれ）を請求することができる。

プラス アルファ

この履行の追完請求権は，不特定物の売買（たとえば新車の売買）だけでなく，特定物の売買（たとえば中古車の売買）の場合にも適用される。

特定物（たとえば中古車）は，世の中にこの1個しかないものであるから，品質などは問題となり得ないようにも思える（品質的に劣っていたとしても，その物を引き渡せば履行として完璧だ）。

しかし，現代社会では，特定物の売買といっても，そこまで物の個性に着目することは多くない。

➡ 中古車を買うお客さんは，「絶対にこの一台！」とこだわって買うのではなく，「このくらいの年式でこのくらいの値段ならちょうどいいな」と思って買うことが多い。

なので，特定物の売買であっても，品質などについて**契約の内容に適合したもの**（通常このくらいの性能は備えているでしょ）を引き渡すことを要するものとし，その内容に適合しない場合には，買主に履行の追完請求権を認めるのが適切といえる。

➡　もちろん，絶対的な特定物（たとえばプロ野球の王選手の第756号のホームランボール）も存在するが，世の中の売買としてはそんなに多くない。

・　引き渡された物の数量が，契約の内容より少ないとき（契約の内容に適合しないとき）は，買主は，売主に対し，不足分の引渡しを請求することができる。

プラスアルファ

土地の売買においては，実際の面積が契約書上の面積（≒登記簿上の面積）より小さい場合でも，直ちに「数量が契約の内容に適合しない」と評価されるものではない。

➡　土地の実際の面積と登記簿上の面積が異なることはけっこうある（大昔の測量はいい加減だった）。不動産取引のプロはそういった事情をよく知っているので，多少の面積の相違が直ちに「契約不適合」となるわけではない。

(2)　異なる方法による履行の追完

売主は，買主に不相当な負担を課するものでないときは，**買主が請求した方法と異なる方法**による履行の追完をすることができる（民§562Ⅰただし書）。

【例】　ケーススタディの事例において，買主Bは，売主A（中古車販売店）に対し，目的物の修補（ブレーキの不具合を直してくれ）を請求した。

　これに対し，Aは，「うちは販売だけなので，修理はできないです。修理に代えて，同じ年式の同じ車種の不具合のない中古車（代替物）を引き渡します。」ということができる。

(3)　契約不適合につき買主に帰責事由がある場合

引き渡された目的物について，種類，品質または数量に関する契約不適合がある場合でも，その不適合が買主の責めに帰すべき事由によるものであるときは，買主は，履行の追完（目的物の修補，代替物の引渡しまたは不足分の引渡し）を請求することができない（民§562Ⅱ）。

➡　当たり前である。

アルファ

R3-18　履行の追完の請求をするに当たり，売主の帰責事由は問題とならない。

➡　売主に特段の責任（過失等）がない場合でも，買主は，履行の追完の請求をすることができる。

2　買主の代金減額請求権

（買主の代金減額請求権）
第563条　前条第１項本文に規定する場合において，買主が相当の期間を定めて履行の追完の催告をし，その期間内に履行の追完がないときは，買主は，その不適合の程度に応じて代金の減額を請求することができる。

H20-20　引き渡された目的物が種類，品質または数量に関して契約の内容に適合しない場合において，買主が，相当の期間を定めて履行の追完（目的物の修補，代替物の引渡しまたは不足分の引渡し）の**催告をし**，その期間内に追完がないときは，買主は，その不適合の程度に応じて，**代金の減額**を請求することができる（代金減額請求権）。

理由　引き渡された物につき契約不適合があり，それについての履行の追完もされないのだから，代金の減額を認めることが公平といえる（等価的関係の維持）。

R3-18　・　以下の場合には，買主は，履行の追完の**催告をすることなく**，直ちに代金の減額を請求することができる（民§563Ⅱ）。

①　履行の追完が不能であるとき

②　売主が履行の追完を拒絶する意思を明確に表示したとき

③　契約の性質または当事者の意思表示により，特定の日時または一定の期間内に履行をしなければ契約をした目的を達することができない場合において，売主が履行の追完をしないでその時期を経過したとき

④　上に掲げる場合のほか，買主が追完の催告をしても履行の追完を受ける見込みがないことが明らかであるとき

➡　これらの場合は，履行の追完の催告をしても意味がない。

プラス アルファ

代金の減額の請求は，契約の一部の解除の性質を有する。そのため，代金減額請求の要件は，契約の解除の要件と揃えられている。

➡　解除においても，“催告による解除”（民§541）と“催告によらない解除”（民§542）があった。

・　売主から買主に引き渡された物の数量が（契約の内容より）多かった場合，売主は，特段の合意のない限り，買主に対して代金の増額を請求することができない（最判平13.11.27）。

・　引き渡された物についての契約不適合が，買主の責めに帰すべき事由によるものであるときは，買主は，代金減額の請求をすることができない（民§563Ⅲ）。

3　買主による損害賠償請求または解除権の行使

引き渡された目的物が種類，品質または数量に関して契約の内容に適合しないものであったため，買主が履行の追完を請求した（民§562），あるいは代金の減額を請求した（民§563）場合であっても，買主は，売主に対して，**損害賠償の請求**（民§415）や**契約の解除**（民§541，542）をすることは妨げられない（民§564）。 H20-20 H19-20

【例】　ケーススタディの事例において，引き渡された中古車のブレーキに不具合があったため，Bはその車に乗ることができず，Aに対して履行の追完を請求した。そして，1週間後，Aは履行の追完（別の中古車の引渡し）をした。

それはそれでいいのだが，Bは，履行の追完がされるまでの間，レンタカーを借りて用事を済ませていた。

➡　Bは，Aに対し，レンタカーの代金に相当する損害の賠償を請求することができる。

4　移転した権利が契約の内容に適合しない場合

（移転した権利が契約の内容に適合しない場合における売主の担保責任）
第565条　前三条の規定は，売主が買主に移転した権利が契約の内容に適合しないものである場合（権利の一部が他人に属する場合においてその権利の一部を移転しないときを含む。）について準用する。

売主が買主に移転した権利が契約の内容に適合しないものである場合は，買主は，売主に対し，①履行の追完の請求（民§562），②代金の減額の請求（民§563），③損害賠償の請求や契約の解除（民§564）をすることができる。

(1)　移転した権利が契約の内容に適合しないものである場合

売買の目的物に，第三者の利用権が設定されているような場合である。

【例】　AとBは，Aの所有する甲建物をBに売り渡す契約をした。Bは，自分が甲建物に住もうと思っていたが，甲建物の引渡しを受けてみたら，何と賃借人Cが住んでいた（Aも，賃借人Cがいることを Bに伝えていなかった）。

➡　BはAに対し，履行の追完（賃借権を消滅させてくれ）を請求することができ，催告をしても追完をしない場合には代金の減額を請求することができる。また，（要件を満たした場合は）損害賠償の請求や契約の解除をすることもできる。

・　土地の売買で，当該土地のために存在するとされていた地役権が存在しない場合も同様である。

プラスアルファ

買い受けた不動産について契約の内容に適合しない先取特権，質権または抵当権が存していた場合において，買主が費用を支出してその不動産の所有権を保存したときは，買主は，売主に対し，その費用の償還を請求することができる（民§570）。

➡　買主が，被担保債権について第三者弁済をした場合（民§474），代価弁済をした場合（民§378），抵当権消滅請求をした場合（民§379）である。

(2)　権利の一部が他人に属する場合においてその権利の一部を移転しない場合

H13-16　土地の売買において，その土地の一部分が実は他人の所有であった，という場合である。

➡　この場合も，買主は，履行の追完の請求等をすることができる。

H23-17
H4-3
・　権利の全部が他人に帰属する場合（他人物売買）において，売主がその権利を買主に移転することができない場合は，（民法565条ではなく）一般の債務不履行の責任を負う。

5　履行の追完請求等の期間の制限

（目的物の種類又は品質に関する担保責任の期間の制限）
第566条　売主が種類又は品質に関して契約の内容に適合しない目的物を買主に引き渡した場合において，買主がその不適合を知った時から１年以内にその旨を売主に通知しないときは，買主は，その不適合を理由として，履行の追完の請求，代金の減額の請求，損害賠償の請求及び契約の解除をすることができない。ただし，売主が引渡しの時にその不適合を知り，又は重大な過失によって知らなかったときは，この限りでない。

売主が，種類または品質に関して契約の内容に適合しない目的物を買主に引き渡した場合において，買主がその不適合を**知った時から１年以内にその旨を売主に通知しないときは**，買主は，その不適合を理由として，履行の追完の請求（民§562），代金の減額の請求（民§563），損害賠償の請求および契約の解除（民§564）をすることができない。 R3-18 H19-20

【例】　Ａの所有する中古車をＢに売り渡す契約がされ，実際に中古車がＢに引き渡された。しかし，この中古車にはブレーキに不具合があった。

Ｂは，この不具合を知った時から１年以内に，Ａに対して「ブレーキに不具合があります」と通知しておかなければ，履行の追完等の請求をすることができなくなる。

➡　あくまで１年以内に“その旨”，つまり不適合がある旨を通知すれば足りる。１年以内に履行の追完等の請求をしなければならないわけではない。

理由　売主が買主に目的物を引き渡した場合，売主は，履行が終了したとホッとするものである。それがだいぶ後になって「不具合があるので追完を請求します」と請求されるのは辛い。また，長い時間がたつと，引渡しの時点から不具合があったのか，それとも買主が使用している間に不具合が生じたのかが分からなくなる。そういった意味で，１年以内の通知が要求された。

・　売主が引渡しの時にその不適合を知り，または重大な過失によって知らなかったときは，買主が１年以内に不適合の旨の通知をしなかった場合でも，買主は履行の追完等の請求をすることができる（民§566ただし書）。

➡　このような売主は保護する必要がない。

重要！

1年以内の通知が要求されるのは，売主が種類または品質に関して契約の内容に適合しない目的物を買主に引き渡した場合である。

数量に不適合がある場合や移転した権利に不適合がある場合は，この規定は適用されない。

➡　1年以内に通知をしなくても，履行の追完等の請求をすることができる。

理由　数量（あるいは移転した権利）に不適合がある場合は，売主としても，「きちんと履行した」という安心感はないはずである。また，数量（移転した権利）については，買主のもとで劣化するような性質ではないので，1年以内の通知を要求する必要がないといえる。

6　目的物の滅失等についての危険の移転

既述のとおり，引き渡された目的物について種類，品質または数量に関する契約不適合があるときは，買主は，売主に対し，履行の追完の請求，代金の減額の請求，損害賠償の請求ならびに契約の解除をすることができる（民§562，563，564）。

では，**買主に目的物が引き渡された後に**，（売主の責めに帰することができない事由によって）その目的物が滅失し，または損傷したときは，買主は，売主に対し，履行の追完等の請求をすることができるのか？

➡　常識的に考えて，できなそうである。そして，民法においても，できないとされている。

（目的物の滅失等についての危険の移転）

第567条　売主が買主に目的物（売買の目的として特定したものに限る。以下この条において同じ。）を引き渡した場合において，その引渡しがあった時以後にその目的物が当事者双方の責めに帰することができない事由によって滅失し，又は損傷したときは，買主は，その滅失又は損傷を理由として，履行の追完の請求，代金の減額の請求，損害賠償の請求及び契約の解除をすることができない。この場合において，買主は，代金の支払を拒むことができない。

2　売主が契約の内容に適合する目的物をもって，その引渡しの債務の履行を提供したにもかかわらず，買主がその履行を受けることを拒み，又は受けることができない場合において，その履行の提供があった時以後に当事者双方の責めに帰することができない事由によってその目的物が滅失し，又は損傷したときも，前項と同様とする。

売主から買主への目的物の引渡しによって，目的物の滅失，損傷のリスク（危険）が売主から買主に移転する。

・　引渡し後の滅失または損傷が，売主の責めに帰すべき事由によるものであるときは，買主は，売主に対し，履行の追完等の請求をすることができる。

7　担保責任を負わない旨の特約

引き渡された目的物または移転した権利の契約不適合を理由とする売主の責任（**担保責任）を負わない旨の特約**も有効である。

➡　民法562条１項本文や565条の規定は，任意規定である。

このような特約がある場合は，引き渡された目的物について品質等に関する契約不適合があるときでも，買主は，売主に対し，履行の追完の請求をすることができない。

しかし，以下の２つの場合には，売主は，担保責任を免れることができない。

①　売主が，契約不適合を知りながら告げなかった場合　H19-20

（中古車の）売主が，ブレーキに不具合があることを知りながら，それを隠して売買契約をした場合。

②　売主が自ら第三者のために権利を設定した場合，あるいは売主が自ら第三者に権利を譲り渡した場合

（土地の）売主が，自分で第三者のために土地に地上権を設定し，その後に当該土地の売買契約をした場合。

理由　このような売主については，担保の責任を免れさせるべきではない。

8　競売における担保責任

(1)　総　説

競売によって物（または権利）を取得した者の権利については，特別の規定が置かれている。

理由　競売とは，国家が関与する形で，債務者の財産を強制的に換価することである。

➡　物の所有者が自らの意思で売却するのではなく，強制的に取り上げられて売却されてしまう。

したがって，買受人の権利についても，一般的な売買とは異なる。

(2)　買受人の権利

競売によって物（または権利）が売却された場合は，**数量に関する不適合**がある場合，または**権利に関する不適合**がある場合に限り，買主は，代金の減額の請求（民§563）または契約の解除（民§541，542）をすることができる（民§568Ⅰ）。

【例】　AはXに対して100万円の債務を負担しているが，結局返せなかった。そこで，Xは，Aが所有している高級万年筆（20本）を競売することとした。そして，競売手続が進み，Bが買受人となった。

Bは代金を支払い，万年筆の引渡しを受けたが，実際には17本しかなかった。

➡　Bは，Aに対し，代金の減額（つまり代金の一部の返還）を請求することができる。

プラス　アルファ

H13-16　仮に，物の所有者であった者（債務者A）が無資力で，代金の返還ができないときは，買受人は，代金の配当を受けた債権者（X）にその代金の返還を請求することができる（民§568Ⅱ）。

・　買受人は，物の所有者であった者（債務者）に対して，原則として損害賠償の請求をすることができない。しかし，債務者が物もしくは権利の不存在を知りながら申し出なかったとき，または債権者がこれを知りながら競売を請求したときは，買受人は，これらの者に対し，損害賠償の請求をすることができる（民§568Ⅲ）。

・　競売による買受人は，債務者に対し，不適合の**追完を請求することはできない。**

➡　債務者は売却に関与していないので，その者に追完を求めるのは理屈に合わない。

重要!

競売によって売却がされた場合は，目的物の種類または品質に関して不適合があっても，買受人は，代金の減額の請求や契約の解除をすることができない（民§568Ⅳ）。

理由　競売される物には，ある程度は損傷等があっても仕方がない。買受人も，そのようなリスクを考慮して買い受けるべきである（実際，競売による売却価格は，その物の市場価格より低い）。

9　債権の売主の担保責任

債権の売買がされた場合，売主は，原則として債務者の資力を担保しない。

➡　後に債務者が弁済できなかった場合でも，売主（債権の譲渡人）は特段の責任を負わない。

【例】　AはXに対して100万円の貸金債権を有している。そして，AとBは，この債権をBに売り渡す契約をした。

➡　Bが債権者となるので，BはXに対して100万円を請求することができる。

そして，債権の弁済期が到来したので，BはXに対して100万円の支払いを請求したが，Xは無資力であったため，Bに対して返済ができなかった。

➡　この場合でも，Bは，債権の売主であるAに対し，責任を追及することができない。

しかし，売主が債務者の資力を担保する旨の合意をすることは可能である。この場合は，契約の時における資力を担保したものと推定される（民§569Ⅰ）。

・　弁済期が到来していない債権の売主が債務者の資力を担保したときは，弁済期における資力を担保したものと推定される（民§569Ⅱ）。

4　買戻し

1　買戻しの意義

買戻しとは，読んで字のごとく，いったん売ったものを買い戻すことである。民法では，不動産について，買戻しの規定を置いている。

> （買戻しの特約）
> **第579条**　不動産の売主は，売買契約と同時にした買戻しの特約により，買主が支払った代金（別段の合意をした場合にあっては，その合意により定めた金額。第583条第１項において同じ。）及び契約の費用を返還して，売買の解除をすることができる。この場合において，当事者が別段の意思を表示しなかったときは，不動産の果実と代金の利息とは相殺したものとみなす。

不動産の売主は，売買契約と**同時にした**買戻しの特約により，買主が支払った代金（または当事者間で合意した額）および契約の費用を返還して，**売買の解除**をすることができる。

重要！

買戻しとは，不動産の売買契約の解除である（新たな売買ではない）。
➡　解除権の留保の特約といえる。

【例】　ＡとＢは，Ａの所有する甲土地を1,000万円でＢに売り渡す契約をした。そして，この契約と同時に「Ａは，５年以内に売買代金と契約費用をＢに返還して，甲土地を買い戻すことができる」という特約をした。
➡　Ａは，この期間内に，売買代金1,000万円および契約費用をＢに返還して，甲土地の買戻し（売買契約の解除）をすることができる。
➡　買戻しがされたら，甲土地の所有権はＡに復帰する。

2　買戻特約

(1)　特約の時期

売主が買戻しをするためには，まず売買契約と同時に，買戻しの特約をしておく必要がある。
➡　売買契約がされた後に，買戻しの特約をすることはできない。

プラスアルファ

不動産の売買契約がされた後に，売主が「将来不動産を買い戻したいな」と思った場合は，買主との間で，「(再) 売買の予約」をすればよい。

(2)　買戻しの期間

H6-2　①　買戻しの期間は，**10年を超えることができない**。特約でこれより長い期間を定めたときは，その期間は10年となる（民§580Ⅰ）。

理由　10年を超える長い期間を認めると，買主の地位が必要以上に不安定になってしまう（不動産の管理もおろそかになる）。

② 買戻しについて期間を定めたときは，その後にこれを伸長することができない（民§580Ⅱ）。

③ 買戻しについて期間を定めなかったときは，５年以内に買戻しをしなければならない（民§580Ⅲ）。 H6-2

(3) 買戻しの特約の対抗力

売買契約と同時に買戻しの特約を登記したときは，買戻しは，第三者に対抗することができる（民§581Ⅰ）。 H6-2

➡ 実際には，売買による所有権の移転の登記と同時に買戻特約の登記を申請する。

3 買戻権の行使

売主は，民法580条に規定する期間内に**代金および契約の費用**を提供しなければ，買戻しをすることができない（民§583）。 H6-2

・ 買主に返還する額については，別段の合意をすることができる（民§579かっこ書）。

・ 当事者間の別段の合意がなければ，不動産の果実と代金の利息とは相殺したものとみなされる（民§579後段）。

・ 不動産の共有者の１人が買戻しの特約を付してその持分を売却した後に，その不動産の分割または競売があったときは，売主は，買主が受け，もしくは受けるべき部分または代金について，買戻しをすることができる（民§584）。 H6-2

第4節　交　換

Topics・交換は，ほぼ試験で出題されることはない。一応，その意義を理解しておくこと。

1　交換とは

第586条　交換は，当事者が互いに金銭の所有権以外の財産権を移転することを約することによって，その効力を生ずる。

交換とは，当事者が互いに**金銭の所有権以外の財産権**を移転することを約することによって効力を生ずる契約である。

【例】　ＡとＢは，Ａの所有するノートパソコンをＢに移転し，Ｂの所有するデジタルカメラをＡに移転する契約をした。
➡　ノートパソコンとデジタルカメラの交換。

・　交換は，双務契約であり，有償契約であり，諾成契約である。

・　有償契約なので，売買に関する規定が準用される（民§559）。
➡　当事者の一方に契約不適合がある場合の責任（担保責任）など。

プラス アルファ

売買は，物（権利）の対価としてお金を支払う契約。交換は，物（権利）の対価として物（権利）を移転させる契約。

・　交換契約において，一方の物の方が価値が高い場合，相手方が，物＋金銭（差額）を支払うことがある。この場合の金銭については，売買の代金に関する規定が準用される（民§586Ⅱ）。

第5節　消費貸借

Topics
・消費貸借は，試験でそんなに出題されない。
・他の貸借型の契約（使用貸借・賃貸借）との比較で出題されるので，比較しながら学習することが重要である。
・（試験に合格した後）司法書士としての仕事をするに当たっては，消費貸借に関する知識は重要である。

1　総説（貸借型の契約）

民法では，貸借型の契約として3つの契約を規定している。

① 消費貸借
② 使用貸借
③ 賃貸借

このうち，消費貸借は，借主が借りた物を**消費し**，それと種類・品質・数量が同じ物を貸主に返還する契約である。

【例】 Aは，お隣さんから味噌50グラムを借りて（味噌の消費貸借），味噌汁を作った。そして，翌日，Aは，スーパーから同じ味噌を買ってきて，50グラムをお隣さんに返還した。

重要❗

消費貸借の場合は，借りた物と返す物は別ものである（種類・品質・数量は同じ）。
➡ 借りた物は借主が消費するから。

一方，使用貸借と賃貸借は，借主が借りた物を**使用し**，その使用が終わった後に，その物を貸主に返還する契約である。

【例】 Aは，Bから建物を賃借した（賃料は1か月5万円で，2年契約）。そして，Aは2年間その建物に住んで，契約期間の満了に伴ってその建物をBに返還した。

重要❗

使用貸借と賃貸借の場合は，借りた物と同一の物を返還する。

・　使用貸借と賃貸借の違いは，使用貸借は**無償で**物を使用できる（好意で貸してもらっている）のに対し，賃貸借は対価**（賃料）を支払う**必要がある点である。

2　消費貸借の意義

(1)　要物型の消費貸借

（消費貸借）
第587条　消費貸借は，当事者の一方が種類，品質及び数量の同じ物をもって返還をすることを約して相手方から金銭その他の物を受け取ることによって，その効力を生ずる。

H20-17　消費貸借とは，当事者の一方（借主）が，種類，品質および数量の同じ物をもって返還することを約して相手方（貸主）から金銭その他の物を**受け取ることによって効力を生ずる**契約である。

➡　物を借りて，それを消費して，それと種類・品質・数量の同じ物を返還する。

【例】　AとBは，AがBに対して100万円を貸す旨の金銭消費貸借契約を締結し，AはBに対して100万円を貸し渡した。なお，この契約においては，同じ年の12月1日に返還をする旨が約された。

➡　Bは，借りた100万円を使うことができる。そして，弁済期である12月1日に，BはAに対して100万円を返還する義務を負う。

・「受け取ることによって，その効力を生ずる」とされているので，**要物契約**である。

➡　合意（意思表示）だけでは効力を生じない。

➡　ただし，諾成的な消費貸借もある（後述）。

・　要物型の消費貸借は，受け取る（実際に貸し渡す）ことによって成立するので，貸主の“貸す義務”は存在しない。

借主の“返す義務”だけが存在する。つまり，**片務契約**である。

・　無利息の消費貸借は**無償契約**であり，利息付きの消費貸借は**有償契約**である。

⑵　諾成型の消費貸借

> （書面でする消費貸借等）
> **第587条の２**　前条の規定にかかわらず，書面でする消費貸借は，当事者の一方が金銭その他の物を引き渡すことを約し，相手方がその受け取った物と種類，品質及び数量の同じ物をもって返還をすることを約することによって，その効力を生ずる。

書面でする消費貸借は，当事者の一方（貸主）が金銭その他の物を**引き渡すことを約し**，相手方（借主）がその受け取った物と種類，品質および数量の同じ物をもって返還することを約することによって，その効力を生ずる。

重要！

書面ですることを要件として，実際に目的物を引き渡していなくても，「引き渡すことを約」することによって，消費貸借としての効力を生ずるとされた。

➡　軽率な消費貸借の契約を防ぐために，書面によることが要件とされた（要式契約）。

・　書面ではなくて，電磁的記録（コンピュータの記録）でも可（民§587の２Ⅳ）。

・　諾成的な消費貸借の契約がされた場合は，**貸主の「貸す義務」**が発生する。そして，借主は，返還の義務が発生する。

①　書面でする消費貸借の借主は，貸主から金銭その他の物を受け取るまで，契約の解除をすることができる（民§587の２Ⅱ前段）。

【例】　お金が必要となったので，金融機関との間で諾成的な消費貸借契約をしたが，実際に借りるまでにお金が必要なくなったときは，借主は契約の解除をすることができる。

➡　無理やりお金を借りさせるのは，適切とはいえない。

・　ただし，その解除によって貸主に損害が生じた場合には，その賠償が必要である（同Ⅱ後段）。

②　書面でする消費貸借は，借主が貸主から金銭その他の物を受け取る前に　H27-19

H7-1　当事者の一方が破産手続開始の決定を受けたときは，**その効力を失う**（民§587の２Ⅲ）。

理由　破産した者にお金を貸すのは嫌である（まず返ってこない）。また，貸主が破産した場合も，手続が煩雑になるので，契約自体が効力を失うものとされた。

3　準消費貸借

消費貸借については，物を借りて消費して返還するタイプだけでなく，もう１種類ある。

> （準消費貸借）
> **第588条**　金銭その他の物を給付する義務を負う者がある場合において，当事者がその物を消費貸借の目的とすることを約したときは，消費貸借は，これによって成立したものとみなす。

当事者の一方が既に債務を負担している場合において，当事者が，その物（債務）を**消費貸借の目的とする**ことを約したときは，これによって消費貸借が成立する。これを準消費貸借という。

【例】　Ａは，Ｂに対して，車の売買代金100万円の債務を負担している。本来であればすぐに代金を支払う必要があるが，Ａはお金がなくて，すぐには払えない。仕方がないので，ＡとＢは，この100万円を消費貸借の目的とすることとした（弁済期は１年後，利息は年１％）。

➡　準消費貸借が成立する。

➡　弁済期を１年後として100万円を借りているのと同じ状態となる。

・　金銭消費貸借としてお金を借りていたものを，さらに消費貸借の目的とすることもできる。

➡　数個の金銭消費貸借上の債務を負担している者が，まとめて準消費貸借をして，１個の債務にする。

・　元の債務が無効であったり，そもそも元の債務が存在しなかった場合には，準消費貸借も無効となる。

4 利 息

（利息）
第589条　貸主は，特約がなければ，借主に対して利息を請求することができない。

消費貸借は，原則としては無利息である。ただし，当事者間で利息を支払う旨の特約をすれば，利息が発生する。 R2-19

【例】 AとBは，AがBに対して1,000万円を貸し付ける旨の金銭消費貸借契約を締結した。利息は年２％と定められた。
➡ 借主Bは，年20万円の利息を支払うことを要する。

プラス アルファ

利息とは，元本の使用の対価である（元本の使用料）。
これと似ているが異なるものとして，「遅延損害金」がある。遅延損害金は，債務者が弁済期までに弁済ができなかった場合に，（債務不履行による）損害賠償として支払うものである。

【例】 AとBは，AがBに対して1,000万円を貸し付ける旨の金銭消費貸借契約を締結した。弁済期は３年後，利息は年２％，遅延損害金は年10%と定められた。
➡ Bは，弁済期（３年後）までは，利息（元本の使用料）として年20万円を支払うことを要する。
➡ Bが，弁済期に1,000万円を返せなかったときは，これ以降，遅延損害金（損害賠償）として，年100万円を支払うことを要する。

・ 利率は，当事者間の合意によって定める。ただし，「利息を付する」という合意はしたが，利率について定めなかったときは，法定利率による。 H元-13
➡ 年３%である（民§404）。ただし，この利率は変動する。

・ 利息の定めがある場合，貸主は，借主が金銭その他の物を受け取った日以後の利息を請求することができる（民§589Ⅱ）。 H27-19 H19-4 H元-13
➡ 諾成的な消費貸借契約がされた場合でも，借主が実際に目的物を受け取った時から利息が発生する。

利息は元本の使用の対価であるので，借主が元本を受け取った時から発生する。

5　契約不適合等に関する責任

消費貸借契約に基づいて借主に引き渡された物が，契約の内容に適合しないような場合の貸主の責任については，その消費貸借が利息付きか否かで分けて考える必要がある。

⑴　利息付きの消費貸借の場合

H11-6　利息付きの消費貸借は，有償契約であるので，売買に関する規定が準用される（民§559）。

➡　借主は，**履行の追完**（代替物の引渡し等）を請求することができ，損害賠償の請求や契約の解除をすることができる。

⑵　無利息の消費貸借の場合

無利息の消費貸借の場合は，贈与者の引渡し義務に関する規定が準用される（民§590）。

➡　貸主は，消費貸借の目的である物を，消費貸借の目的として特定した時の状態で引き渡すことを約したものと推定される（民§551参照）。

⑶　返還の義務についての特則

第590条

2　前条第１項の特約（利息に関する特約）の有無にかかわらず，貸主から引き渡された物が種類又は品質に関して契約の内容に適合しないものであるときは，借主は，その物の価額を返還することができる。

R2-19
H27-19
消費貸借に基づいて貸主から引き渡された物が，種類または品質に関して契約の内容に適合しないものであるときは，借主は，**その物の価額を返還することができる**。

➡　利息付きの消費貸借であるか，無利息の消費貸借であるかを問わない。

【例】　Ａは，Ｂからお米１kgを借りた。しかし，そのお米の中には虫が湧いていて，200ｇ分は食べられない状態であった。

➡　Ａは，原則どおり，借りたのと種類，品質および数量の同じ物（虫が湧いていてだいたい200ｇ分は食べられない状態）のお米をＢに返還してもいいし，その価額（正常なお米の800ｇ分の値段）をＢに返還してもいい。

理由　借りたものと同じ加減の虫が湧いたお米を探すのは難しいので，価額（お金）による返還が認められた。

6　借主の返還義務

(1)　返還すべき物

借主は，受け取った物と種類，品質および数量の同じ物を返還することを要する（民§587）。

・　借主が，貸主から受け取った物と同じ種類，品質および数量の物を返還することができなくなったときは，その時における物の価額を償還することを要する（民§592）。

(2)　返還の時期

①　返還の時期を定めなかった場合　H20-17

当事者が**返還の時期を定めなかった**ときは，貸主は，**相当の期間を定め**て返還の催告をすることができる（民§591Ⅰ）。　H11-6　H9-8

重要！

「相当の期間」を定めて催告をすることを要する。

➡　借主は，借りた物と同じ種類，品質，数量の物を調達して返還する必要があるので，その調達の時間を与えるためである。

・　借主は，**いつでも**返還をすることができる（民§591Ⅱ）。　H20-17

②　返還の時期を定めた場合

その時期に返還をする。

・　返還の時期を定めた場合でも，借主は，いつでも（返還の時期の前でも）返還をすることができる（民§591Ⅱ）。　R2-19　H27-19

➡　ただし，返還の時期の前に返還をしたことによって貸主が損害を受けたときは，貸主は，借主に対し，損害賠償の請求をすることができる（同Ⅲ）。

第6節　使用貸借

Topics・使用貸借も，その他の貸借型の契約との比較が重要である。
・使用貸借の終了の原因（特に借主の死亡）が重要。

1　使用貸借の意義

（使用貸借）
第593条　使用貸借は，当事者の一方がある物を引き渡すことを約し，相手方がその受け取った物について無償で使用及び収益をして契約が終了したときに返還をすることを約することによって，その効力を生ずる。

使用貸借は，借りた物を**無償で**（タダで）使って，契約が終了したらそれを返還する契約である。

親族間や友達の間などで，けっこう使用貸借は利用されている。

【例】 来週子供の運動会だから，ビデオカメラ貸して。
➡ こういう場合，たいていは無償である。つまり，賃貸借（賃料を支払う）ではなく，使用貸借である。
➡ 当人は，使用貸借という契約をしているという意識はないであろうが。

・ 無償で使用および収益をすることができるので，**無償契約**である。また，貸主の引渡しの債務と借主の返還の債務は対価的な意義を有するものではないから，片務契約と解されている。
そして，当事者の合意によって効力を生ずるので，**諾成契約**である。

・「使用」とは，文字どおり使うこと。「収益」とは，使用して果実を収取することである。

2　貸主の地位，義務

(1)　借用物の受取り前の解除権

（借用物受取り前の貸主による使用貸借の解除）
第593条の2　貸主は，借主が借用物を受け取るまで，契約の解除をすることができる。ただし，書面による使用貸借については，この限りでない。

使用貸借契約がされた後でも，借主が借用物を受け取るまでは，**貸主は，契約の解除をすることができる。**

理由 使用貸借は無償の契約なので，契約の拘束力が緩和されている。

・　ただし，**書面による**使用貸借については，（借主が借用物を受け取る前であっても）貸主は一方的に解除することはできない。

➡　書面にしているので，軽率な契約とはいえない。

➡　同じ無償契約である「贈与」とあわせた規定である。

(2)　貸主の引渡しの義務

貸主は，借主に借用物を引き渡す義務を負うが，贈与者の引渡し義務に関する規定が準用される（民§596）。

つまり，貸主は，使用貸借の目的である物を，使用貸借の目的として特定した時の状態で引き渡すことを約したものと推定される（民§551参照）。 H24-18

3　借主の地位，義務

(1)　使用・収益権

借主は，借用物について，無償で使用および収益をすることができる（民§593）。

(2)　用法順守義務等

①　借主は，契約またはその目的物の性質によって定まった用法に従い，その物の使用および収益をしなければならない（民§594Ⅰ）。

②　借主は，貸主の承諾を得なければ，第三者に借用物の使用または収益をさせることができない（民§594Ⅱ）。 H11-6

・　借主が，上記①または②の義務に違反したときは，貸主は，契約の解除をすることができる（民§594Ⅲ）。 H24-18

➡　催告は不要である（既に義務違反の事実があるのだから，催告の意味がない）。

・　契約の本旨に反する使用または収益によって損害が発生したときは，貸主は，借主に対し，その賠償を請求することができる（民§415）。

この損害賠償の請求は，貸主が借用物の**返還を受けた時から１年以内に**

することを要する（民§600Ⅰ）。

理由　法律関係の早期の安定を図るためである。

R4-18

・　上記の損害賠償請求権については，貸主が借用物の返還を受けた時から1年を経過するまでの間は，**消滅時効が完成しない**（民§600Ⅱ）。

理由　契約期間が長い使用貸借だと，契約期間中に損害賠償請求権の消滅時効が完成してしまう場合もある。これはまずい。

➡　契約期間中は，借用物は借主が占有して使用しているので，貸主としては，義務違反があったこと（損害賠償請求権が発生したこと）を知り得ない場合が多い。このまま10年を経過してしまうと，貸主が知らない間に損害賠償請求権が時効消滅してしまう。

そのため，返還を受けた時から1年という猶予が与えられた。

(3)　通常の必要費の負担

R4-18

借主は，借用物の**通常の必要費**を負担する（民§595Ⅰ）。

➡　通常の必要費とは，借用物の現状を維持するために必要な補修等の費用（切れた電球を交換する）。

理由　借主は，タダで使わせてもらっているのだから，このくらいは負担すべき。

R4-18

一方，その他の必要費や有益費を借主が支出した場合は，民法196条の規定に従い，貸主にその償還を請求することができる（民§595Ⅱ）。

➡　その他の必要費とは，台風や水害などで予想外の修繕が必要となった場合の費用など。

・　借主が支出したその他の必要費や有益費の償還の請求は，貸主が借用物の返還を受けた時から1年以内にすることを要する（民§600Ⅰ）。

4　使用貸借の終了

使用貸借の終了については，一定の事由の発生による「**当然の終了**」と，一定の要件のもとの「**解除による終了**」がある。

当然に終了する場合

① 契約で定めた期間の満了
② 契約で定めた目的の達成
③ 借主の死亡

① 契約で定めた期間の満了

使用貸借の契約において，期間を定めるか否かは，当事者の自由である。期間を定めた場合には，その期間の満了によって終了する(民§597Ⅰ)。

② 契約で定めた目的の達成

当事者が使用貸借の期間を定めなかった場合において，使用および収益の**目的を定めたとき**は，使用貸借は，借主がその目的に従い使用および収益を終えることによって終了する（民§597Ⅱ)。

ポイントは，「当事者が使用貸借の期間を定めなかった」場合であり，かつ，「使用および収益の目的を定めた」場合である。

➡ この場合は，目的の達成で当然に終了する。

【例】 自宅建物を改築する工事が終わるまで部屋を借りるという使用貸借契約がされた場合。

➡ 改築工事が完了したら，当然に使用貸借も終了する。

③ 借主の死亡

使用貸借は，**借主の死亡によって終了する**（民§597Ⅲ)。 R4-18 H24-18 H11-6

理由 使用貸借は，貸主と借主の特別な関係（友情，愛情，同情など）から，借主を援助(扶助)する目的でされることが多い。そのため，借主が死亡した場合には，その権利を相続人に承継させるのではなく，契約を終了させることが当事者の意思に合致すると考えられる。

重要❗

“借主の”死亡である。貸主が死亡しても，使用貸借は終了しない。 H24-18

解除によって終了する場合

①　契約で期間を定めず，目的のみを定めた場合に，一定の期間の経過による貸主からの解除 ②　期間および目的を定めなかった場合の貸主からの解除 ③　借主からの解除

H9-8

①　契約で期間を定めず，目的のみを定めた場合に，一定の期間の経過による貸主からの解除

当事者が使用貸借の期間を定めず，使用および収益の目的を定めた場合において，その目的に従い**借主が使用および収益をするのに足りる期間を経過したときは**，貸主は，契約の解除をすることができる（民§598Ⅰ）。

➡　実際にはまだ目的を達成していないけど，普通だったら目的を達成できるであろう期間を経過したときは，貸主は，契約を解除することができる。

R4-18
H25-19
H11-6

②　期間および目的を定めなかった場合の貸主からの解除

当事者が使用貸借の期間ならびに使用および収益の目的を定めなかったときは，貸主は，**いつでも**契約の解除をすることができる。

③　借主からの解除

借主は，**いつでも**契約の解除をすることができる（民§598Ⅲ）。

理由　使用貸借は，基本的に借主のための契約ということができる（タダで使わせてもらう）。そのため，借主からの一方的な解除を認めても不都合はない。

反対に，貸主からの解除は，上記（1）または（2）の要件を満たしていなければ，認められない。

➡　一方的に解除されたら借主は困る。

5　契約終了後の借主の義務（権利）

(1)　借用物の返還義務

使用貸借の契約が終了したときは，借主は，借用物を返還する義務を負う（民§593）。

(2) 収去義務（収去権）

借主は，借用物を受け取った後にこれに附属させた物がある場合において，使用貸借が終了したときは，（一定の例外を除き）その附属させた物を収去する義務を負う（**収去義務**，民§599Ⅰ）。

同時に，借主は，借用物を受け取った後にこれに附属させた物を収去することができる（収去権，民§599Ⅱ）。

➡　建物の借主が，その建物を使用している間にエアコンを設置したときは，借主は，そのエアコンを収去することができる（また，契約終了時には収去する義務がある）。

(3) 原状回復義務

> （借主による収去等）
> **第599条**
> 3　借主は，借用物を受け取った後にこれに生じた損傷がある場合において，使用貸借が終了したときは，その損傷を原状に復する義務を負う。ただし，その損傷が借主の責めに帰することができない事由によるものであるときは，この限りでない。

借主は，（原則として）借用物について**原状回復の義務**を負う。

➡　元の状態に戻して返還することを要する。

・　いわゆる通常損耗や経年変化についても回復の義務があるか否かは，契約の解釈による

　➡　賃貸借の場合（民§621）と異なり，使用貸借では明文の規定は置かれていない。

　➡　通常損耗や経年変化については，次の「賃貸借」で解説する。

第7節　賃貸借

第1款　民法上の賃貸借

Topics・賃貸借は，司法書士の試験で頻出である。
・賃貸人の地位の承継，転貸借の可否・効果，解除の要件，費用の償還などについて出題される。

1　総　説

1　賃貸借の意義

（賃貸借）
第601条　賃貸借は，当事者の一方がある物の使用及び収益を相手方にさせることを約し，相手方がこれに対してその賃料を支払うこと及び引渡しを受けた物を契約が終了したときに返還することを約することによって，その効力を生ずる。

賃貸借は，当事者の一方（賃貸人）が，ある物の使用および収益を相手方（賃借人）にさせることを約し，相手方がこれに対してその**賃料を支払う**ことおよび引渡しを受けた物を契約が終了したときに返還することを約することによって効力を生ずる契約である。

【例】　AとBは，Aの所有する甲建物を月額賃料５万円でBに貸す契約（賃貸借契約）を締結した。存続期間は５年と定められた。
➡　AはBに対して甲建物を引き渡し，Bは甲建物を使用・収益することができる（住むことができる）。Bは，毎月，賃料として５万円をAに支払うことを要する。
➡　契約が終了したときは，Bは甲建物をAに返還することを要する。

・　賃貸人は使用収益をさせる義務を負い，賃借人はこれに対して賃料を支払う義務があるので，**双務契約**であり，**有償契約**である。そして，当事者の合意によって効力を生ずるので，**諾成契約**である。

2 賃貸借の成立

1　賃貸借契約

賃貸借契約は諾成契約であるので，当事者間の合意によって成立する。

・　他人の物を目的とした賃貸借も，有効である。

➡　賃貸人は，（目的物を取得して）賃借人に引き渡し，使用・収益させる義務を負う。

2　存続期間

賃貸借の契約において，存続期間を定めるか否かは，当事者の自由である。

➡　存続期間を定めなくても構わない。

賃貸借の期間を定める場合は，最長期間について制限がある。

> （賃貸借の存続期間）
> **第604条**　賃貸借の存続期間は，50年を超えることができない。契約でこれより長い期間を定めたときであっても，その期間は，50年とする。

賃貸借の存続期間は，**最長で50年**である。 R3-19

➡　ずいぶん長い気もするが，ゴルフ場の敷地であったり，重機，プラントの賃貸借などでは，長い期間が必要になる場合もある。

・　最短期間の制限はない。

・　存続期間は，更新することができる。ただし，その期間は，更新の時から50年を超えることができない（民§604Ⅱ）。

プラス アルファ

後述する「借地借家法」が適用される場合は，民法の定めとは異なる期間の制限がある。

3　短期賃貸借

賃貸借契約は債権契約であるが，存続期間が長くなると，物権の設定行為に近くなる（所有者が長期間使えなくなり，負担が大きい）。

そこで，**処分の権限を有しない者**が賃貸借をする場合は，存続期間を長くできないものとされた（短期賃貸借）。

（短期賃貸借）
第602条　処分の権限を有しない者が賃貸借をする場合には，次の各号に掲げる賃貸借は，それぞれ当該各号に定める期間を超えることができない。契約でこれより長い期間を定めたときであっても，その期間は，当該各号に定める期間とする。
一　樹木の栽植又は伐採を目的とする山林の賃貸借　10年
二　前号に掲げる賃貸借以外の土地の賃貸借　５年
三　建物の賃貸借　３年
四　動産の賃貸借　６箇月

・　処分の権限を有しない者とは，不在者の財産管理人（民§28），権限の定めのない代理人（民§103），相続財産の管理人（民§897の2），後見監督人がある場合の後見人（民§864）等である。

・　短期賃貸借についても，更新することができる（民§603）。

3　賃貸借の効力

1　不動産賃貸借の対抗力

(1)　不動産賃貸借の対抗力

ケーススタディ

ＡとＢは，Ａの所有する甲土地をＢに賃貸する契約を締結し，甲土地がＢに引き渡された。Ｂは甲土地をコインパーキングにして，収益をあげている。
その後，Ａは，甲土地をＣに売り渡し，その所有権の移転の登記がされた。そして，Ｃは，Ｂに対し，甲土地の明渡しを要求した。
Ｂは，甲土地をＣに明け渡さなければならないのだろうか。

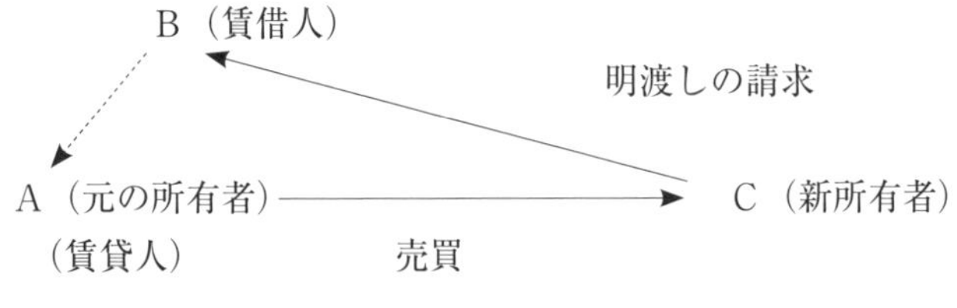

一般に，物権は債権に優先するので，物権である所有権が債権である賃借権に優先する。

つまり，新たに甲土地の所有権を取得したCは，甲土地の賃借人であるBに対し，甲土地の明渡しを請求することができる。

➡ 「売買は賃貸借を破る」と言われる。

しかし，これでは，不動産賃借権は“使えない”権利となってしまう。

➡ いつ追い出されるのか分からないというのは困る。

そこで，民法は，一定の場合に，不動産賃借権に対抗力を与えるものとした。

（不動産賃貸借の対抗力）

第605条　不動産の賃貸借は，これを登記したときは，その不動産について物権を取得した者その他の第三者に対抗することができる。

目的である不動産について**賃借権設定の登記**をすれば，その賃借権を**第三者に対抗することができる。**

【例】 ケーススタディの事例において，Bが甲土地について「賃借権設定」の登記をしていれば，Bは，後に甲土地の所有権を取得したCに対して賃借権を対抗することができる。

➡ Bは，賃借人として甲土地の使用収益を継続することができる（Cに明け渡さなくてもいい）。

➡ Cは，賃貸人としての地位を承継することになる（後述）。

（参考　甲土地の登記記録の権利部）

権　利　部（甲　区）　（所有権に関する事項）			
順位番号	登記の目的	受付年月日・受付番号	権利者その他の事項
1	所有権移転	昭和59年1月23日 第123号	原因　昭和59年1月23日売買 所有者　（住所省略）　　A
2	所有権移転	令和4年2月10日 第210号	原因　令和4年2月10日売買 所有者　（住所省略）　　C

権　利　部（乙　区）（所有権以外の権利に関する事項）			
順位番号	登記の目的	受付年月日・受付番号	権利者その他の事項
1	賃借権設定	令和２年５月23日 第5000号	原因　令和２年５月23日設定 賃料　１月５万円 存続期間　令和２年５月23日から 10年間 賃借権者　（住所省略）　　B

この登記記録を見ると，昭和59年にAが所有権の移転の登記を受け，令和２年にBが賃借権の設定の登記を受け，令和４年にCが所有権の移転の登記を受けたことが分かる。

つまり，Bは令和２年に賃借権について対抗力を取得しているので，その後に甲土地の所有権を取得したCに対抗することができるということが分かる。

重要!

H28-18 **不動産の賃借人は，賃貸人に対して，当然には賃借権の設定の登記の請求権を有するものではない（大判大10.7.11）。**

➡　賃貸人は，賃借権の設定の登記に協力する義務を負わない。

不動産について物権（所有権や抵当権等）を取得した者は，その譲渡人（設定者）に対して登記請求権を有するが，賃借権は債権であるので，物権取得者と同じように扱うことはできない。

当事者間で登記をする旨の特約があれば，賃借人は賃貸人に対して賃借権の設定の登記の請求権を取得する。

プラス アルファ

上記のとおり，賃借人は賃貸人に対して当然には賃借権の設定の登記の請求権を有しない（実際に，賃借権の設定の登記がされることは稀である）。

これでは困るので，**借地借家法**が適用される不動産の賃借権については，対抗要件の取得に関して特別の規定が置かれている（後述）。

(2)　不動産の賃借人による妨害の停止の請求等

不動産の賃借人は，その対抗力を備えている場合には，その占有を妨げている第三者に対して，以下の請求をすることができる（民§605の４）。

① その不動産の占有を第三者が妨害しているとき
➡ その第三者に対する妨害の停止の請求

② その不動産を第三者が占有しているとき
➡ その第三者に対する返還の請求

2　賃貸人の義務

(1)　使用収益させる義務

賃貸人は，賃借人に対し，賃借物について**使用収益させる義務**を負う（民§601）。

重要❗

使用貸借においては，貸主は，借主による使用収益を受任する義務（消極的な義務）を負うに過ぎなかったが，賃貸借においては，使用収益に適した状態に置いておくという**積極的な義務**を負う。
➡ 賃料という対価を貰っているのだから，きちんと使わせる義務がある。

・ 賃借人が引渡しを受けた賃借物について，契約の内容に適合しないものであったときは，売買における売主の責任（担保責任）の規定が準用される（民§559）。 H11-6
➡ ただし，賃貸借に固有の規定がある場合には，それが適用される。

(2)　修繕義務

（賃貸人による修繕等）
第606条　賃貸人は，賃貸物の使用及び収益に必要な修繕をする義務を負う。ただし，賃借人の責めに帰すべき事由によってその修繕が必要となったときは，この限りでない。

賃貸人は，賃貸物の使用収益に必要な**修繕をする義務**を負う。

① 不可抗力（賃貸人に帰責事由がない）によって修繕が必要となった場合も，賃貸人は修繕の義務を負う。
➡ 災害によって雨漏りが発生した。

R3-19　② 一方，賃借人の帰責事由によって修繕が必要となった場合は，賃貸人は修繕の義務を負わない（民§606Ⅰただし書）。

➡ 賃借人がムシャクシャして壁を蹴って穴が開いた。

③ この修繕義務に関する規定は，**任意規定**である。つまり，当事者間で別段の定め（賃貸人は修繕義務を負わない旨の定め）をすることができる。

④ 賃貸人が賃貸物の保存に必要な行為をしようとするときは，賃借人は，これを拒むことができない（民§606Ⅱ）。

プラスアルファ

賃借物の修繕が必要である場合において，次に掲げるときは，**賃借人が**，その修繕をすることができる（民§607の2）。

> ① 賃借人が賃貸人に対して修繕が必要である旨を通知し，または賃貸人がその旨を知ったにもかかわらず，賃貸人が必要な修繕をしないとき。
> ② 急迫の事情があるとき。

➡ 賃借物は，賃貸人の所有であるので，基本的に賃借人が修繕をすることはできないが，上記に該当する場合は，賃借人による修繕を認めるべきといえる。

プラスアルファ

賃借人による費用の償還請求（民§608）

① **必要費**について

R3-19　賃借人は，賃借物について賃貸人の負担に属する必要費を支出したときは，賃貸人に対し，**直ちに**その償還を請求することができる。

➡ 賃貸借の終了を待つことなく請求することができる。

② 有益費について

賃借人が賃借物について有益費を支出したときは，賃貸人は，賃貸借の終了の時に，民法196条2項の規定に従い，その償還をしなければならない。ただし，裁判所は，賃貸人の請求により，その償還について相当の期限を許与することができる。

・　賃借人が支出した費用の償還の請求は，賃貸人が返還を受けた時から1年以内にすることを要する（民§622，600）。 H25-18

➡　法律関係の早期の安定を図る趣旨である。

➡　使用貸借の場合と同じである。

3　賃借人の義務

(1)　賃料支払義務

賃借人は，賃貸人に対し，**賃料を支払う義務**を負う（民§601）。

・　賃料の支払いは，後払いが原則である。

➡　使用収益をした後に支払う。

ただし，この規定は任意規定であり，別段の定めをすることができる。

➡　アパートの賃料について，「月末に翌月分を前払いする」という特約も可。

・　賃借物について権利を主張する者があるため，賃借人が賃借権を失うおそれがあるときは，賃借人は，その危険の程度に応じて賃料の支払いを拒むことができる（民§559，576）。

①　賃料の減額を請求することができる場合

耕作または牧畜を目的とする土地の賃借人は，不可抗力によって賃料より少ない収益を得たときは，その収益の額に至るまで，賃料の減額を請求することができる（民§609）。

➡　上記の場合において，賃借人は，不可抗力によって引き続き2年以上賃料より少ない収益を得たときは，契約の解除をすることができる（民§610）。

②　賃料が当然に減額される場合

（賃借物の一部滅失等による賃料の減額等）

第611条　賃借物の一部が滅失その他の事由により使用及び収益をすることができなくなった場合において，それが賃借人の責めに帰することができない事由によるものであるときは，賃料は，その使用及び収益をすることができなくなった部分の割合に応じて，減額される。

R3-19　賃借物の一部が滅失等により使用収益することができなくなった場合，それが賃借人の帰責事由によるものでないときは，その使用収益できなくなった部分の割合に応じて，賃料は**当然に減額される**。

・　減額を請求するまでもなく，当然に減額される。

・　一部の滅失等が賃借人の責任であるときは，賃料は減額されない。
➡　当たり前である。この場合にも減額を認めてしまうと，「賃料が高いなー」と思った賃借人が，わざと賃借物の一部を壊すおそれがある。

・　あくまで賃借物の一部が滅失した場合の話である。賃借物の全部が滅失したときは，賃貸借が終了する（民§616の2，後述）。

プラスアルファ

賃借物の一部が滅失等したことにより使用収益することができなくなった場合において，残存する部分のみでは賃借人が賃借をした**目的を達することができないときは**，賃借人は，**契約の解除**をすることができる（民§611Ⅱ）。

・　上記の（賃借人がする）賃貸借契約の解除は，賃借物の一部滅失が賃借人の帰責事由に基づく場合でも認められる。

一部滅失について賃借人に責任がある場合であっても，賃借の目的を達することができない場合には，無理に賃貸借契約を存続させても意味がない。
➡　あとは損害賠償（民§415）によって解決すべき。

⑵　用法順守義務

賃借人は，契約またはその目的物の性質によって定まった用法に従い，その物の使用および収益をしなければならない（民§616，594Ⅰ）。

・　契約の本旨に反する使用または収益によって損害が発生したときは，賃貸人は，賃借人に対し，その賠償を請求することができる（民§415）。

この損害賠償の請求は，賃貸人が賃貸物の**返還を受けた時から１年以内**にすることを要する（民§622，600Ⅰ）。
➡　使用貸借の場合と同じである。

・　上記の損害賠償請求権については，賃貸人が賃貸物の返還を受けた時から１年を経過するまでの間は，消滅時効が完成しない（民§622，600Ⅱ）。

➡　使用貸借の場合と同じである。

(3)　通知義務

賃借物が修繕を要し，または賃借物について権利を主張する者があるときは，賃借人は，遅滞なくその旨を賃貸人に通知しなければならない（民§615）。

➡　賃貸人が既にこれを知っているときは，通知を要しない。

4　賃貸人の地位の移転（賃貸不動産の所有権の移転）

賃貸借契約は，**継続的な契約**なので（一定期間契約が続く），その存続期間中に賃貸不動産の所有権が第三者に譲渡されることもあり得る。

➡　賃貸人は賃貸不動産の所有権を失い，第三者がその所有者となる。

この場合，①賃貸人の地位はどうなるのか？　また，②そもそも賃借人は賃借権に基づいてその不動産の使用収益を続けることができるのかが問題となる。

・　②については既に解説した。不動産の賃貸借は，その登記をすれば，その不動産について物権（所有権等）を取得した者その他の第三者に対抗することができる（民§605）。

➡　また，借地借家法の規定に基づいて，対抗要件を取得できる場合もある（後述）。

賃貸借について対抗力を取得していれば，後に賃貸不動産が第三者に譲渡されたとしても，賃借人は賃借権に基づいてその不動産の使用収益を継続することができる。

では，①はどうか？

➡　新所有者は，賃貸人として賃借人に対して賃料の請求をすることができるのか。

ケーススタディ

Ａの所有する甲土地をＢに賃貸する契約がされ，甲土地がＢに引き渡された。

その後，Aは，甲土地をCに売り渡した。
この場合，賃貸人の地位はCに移転するのか？
①　Bが，賃貸借について登記（対抗要件）を備えている場合。
②　Bが，賃貸借について登記（対抗要件）を備えていない場合。

1　賃貸借が対抗要件を備えている場合

(1)　原則としての地位の移転

H28-18　不動産の賃貸借について登記その他の対抗要件が備えられている場合において，その不動産が譲渡されたときは，その不動産の**賃貸人たる地位は，その譲受人に移転する**（民§605の２Ⅰ）。

【例】　ケーススタディの①の事例では，Bは，賃貸借について対抗要件を備えているので，甲土地の所有権がCに譲渡されたときは，賃貸人の地位はCに移転する。
➡　Aは賃貸人でなくなり，Cが賃貸人となる。

H10-6　・　賃借人の承諾は不要である（最判昭46.4.23）。
➡　賃貸人の地位が移転すると，賃貸人の義務も承継されることになるので，ある意味債務引受がされたのと同じような状態となる。そのため，債権者側（賃借人）の承諾が必要にも思えるが，不要とされている。
➡　賃貸不動産を使用収益するという賃借人の最大の目的については，だれが所有者（賃貸人）であっても大して変わらないから。

(2)　賃貸人の地位を移転させない合意がある場合

（不動産の賃貸人たる地位の移転）
第605条の２
2　前項の規定にかかわらず，不動産の譲渡人及び譲受人が，賃貸人たる地位を譲渡人に留保する旨及びその不動産を譲受人が譲渡人に賃貸する旨の合意をしたときは，賃貸人たる地位は，譲受人に移転しない。この場合において，譲渡人と譲受人又はその承継人との間の賃貸借が終了したときは，譲渡人に留保されていた賃貸人たる地位は，譲受人又はその承継人に移転する。

これはなかなか分かりづらい規定である。具体的な事例で見てみる。

【例】　Aの所有する甲土地をBが賃借している。Bは，賃貸借について登記（対抗要件）を備えている。その後，Aは甲土地をCに売り渡した。

この場合，AとCの間で，賃貸人の地位を譲渡人（A）に留保する旨および甲土地をCがAに賃貸する旨の合意をしたときは，賃貸人の地位はCに移転しない（賃貸人はAのまま）。

この事例で，仮に，賃貸人たる地位をAに留保する旨の合意のみがされ，甲土地をCがAに賃貸する合意がされなかったとすると，Aは，他人の所有する物（Cが所有する甲土地）をBに賃貸していることになる。

➡　他人物の賃貸も無効ではないが，やはり好ましくはない。

一方，甲土地をCがAに賃貸する合意がされていれば，甲土地については，CがAに賃貸し，AがBに転貸（又貸し）している状態となる。

➡　権利関係がすっきりする。

・　上記のとおり，賃貸人たる地位を譲渡人（A）に留保し，譲受人（C）が譲渡人（A）に対して甲土地を賃貸する合意をしたが，後に譲受人（C）と譲渡人（A）との間の甲土地の賃貸借が終了したときは，譲渡人（A）に留保されていた賃貸人たる地位は，譲受人（C）に移転する（民§605の2Ⅱただし書）。

➡　C・A間の賃貸借が終了すると，A・B間の賃貸借は他人物賃貸借の状態となるので，好ましくない。そのため，C・A間の賃貸借が終了したときは，賃貸人たる地位は当然に譲受人（C）に移転するものとされた。

2　賃貸借が対抗要件を備えていない場合

不動産の賃貸借について対抗要件が備えられていない場合に，賃貸人がその不動産の所有権を第三者に譲渡したときは，譲渡人と譲受人との**合意**によって，賃貸人たる地位を譲受人に移転させることができる（民§605の3）。 H28-18

重要!

不動産の賃貸借について対抗要件が備えられていない場合は，賃貸不動産の所有権の譲渡がされても，当然に賃貸人たる地位が譲受人に移転するものではない。

➡　譲渡人と譲受人との間で，賃貸人たる地位を移転させる旨の合意がされてはじめて，賃貸人たる地位が譲受人に移転する。

理由　そもそも，不動産賃貸借に対抗要件が備えられていない場合は，後に賃貸不動産の所有権の譲渡がされたときは，譲受人（新所有者）は，賃貸借の効力を否認して，賃借人に不動産の明渡しを請求することができる。

➡　譲受人は，賃貸人たる地位を取得する必要性がない。

しかし，譲受人が，（たとえ賃貸借に対抗力がなくても）この不動産を賃貸したままにして，毎月賃料が貰えるのならばそれでいいや，と考えた場合には，賃貸人たる地位を取得して，賃借人に賃料の請求をすればよい。

➡　そのため，譲渡人と譲受人との合意により，賃貸人たる地位を移転させることができるものとされた。

R3-19　・　譲渡人と譲受人との合意によって賃貸人たる地位を移転させる場合も，賃借人の承諾は不要である（民§605の3）。

3　新賃貸人が賃借人に権利を主張するための要件

H28-18　賃貸不動産の所有権の譲渡により，賃貸人たる地位が譲受人に移転した場合，新賃貸人（譲受人）は，その不動産について**所有権の移転の登記をしなければ**，賃貸人の地位の取得を賃借人に対抗することができない（民§605の2Ⅲ，605の3）。

【例】　Aは，甲土地をBに賃貸した（Bは，賃貸借について対抗要件を備えた）。その後，Aは，甲土地の所有権をCに売り渡した。

➡　賃貸人たる地位は，当然にCに移転する。

この場合，新賃貸人CがBに対して賃貸人としての権利の主張（賃料の請求など）をするためには，AからCへの所有権の移転の登記をしておく必要がある。

4　賃貸人たる地位が移転した場合の敷金の承継

賃貸借契約がされた時に賃借人から賃貸人に対して敷金（後述）が交付されていた場合において，後に賃貸不動産の所有権が譲渡され，賃貸人たる地位が譲受人に移転した場合，当初の**敷金関係も，譲受人に承継される**（民§605の2Ⅳ，605の3）。 H28-18

つまり，賃借人は，賃貸借が終了した際に，譲受人（新賃貸人）に対して敷金の返還を請求することができる。

・　賃借人が必要費や有益費を支出した場合の償還の請求（民§608）も，譲受人（新賃貸人）に対してすることになる（民§605の2Ⅳ，605の3）。 H18-19

5　賃借権の譲渡，賃借物の転貸

1　総　説

賃借権の譲渡や賃借物の転貸は，試験でよく出題される。

賃借権の譲渡→　文字どおり，賃借権が譲渡されること。譲受人が賃借人となり，譲渡人は賃貸借関係から**離脱する**。
➡　賃貸人と譲受人（新賃借人）との賃貸借関係となる。

賃借物の転貸→　賃借人が，賃借物を第三者に賃貸すること。いわゆる又貸し。賃借人は，賃借人の状態のままで，賃借物を転貸する（賃貸借関係から**離脱しない**）。
➡　賃貸人と賃借人との賃貸借関係と，賃借人（転貸人）と転借人との転貸借関係が存在する。
➡　（原則として）賃貸人と転借人は，直接の関係を持たない。

重要!

賃借権の譲渡をする場合も，賃借物の転貸をする場合も，賃貸人の承諾を得ることを要する（民§612）。 H11-6

理由　賃貸人にとって，だれが賃貸物を利用するのかというのは，大変に重要。
➡　賃貸人は，特定の人物を信頼して賃貸をしている（Bさんなら物を大事に扱ってくれるだろう）。それなのに，知らない間に賃借権がCに譲渡され，Cが使用収益することになるのは，困る。
➡　賃借権の譲受人が無資力である場合は，賃料を支払ってもらえない危険もある。

・　賃貸人の承諾を得ないで賃借権の譲渡または賃借物の転貸をし，賃借物を第三者に使用収益させたときは，賃貸人は，賃貸借契約の解除をすることができる（民§612Ⅱ。詳しくは後述）。

2　賃貸人の承諾のある賃借権の譲渡または賃借物の転貸

(1)　賃貸人の承諾

賃貸人の承諾は，賃借権の譲渡人（転貸人）にしてもいいし，賃借権の譲受人（転借人）に対してしてもいい。

H18-19　・　承諾は，明示の承諾はもちろん，黙示の承諾もあり得る。
➡　無断で賃借権の譲渡（転貸）がされた後，賃貸人が譲受人（転借人）に賃料の請求をしたときは，黙示の承諾があったものといえる。

(2)　賃貸人の承諾のある賃借権の譲渡

賃貸人の承諾を得て賃借権の譲渡がされた場合は，譲渡人は賃貸借関係から離脱し，**譲受人のみが賃借人**となる。

【例】　Aは，甲土地をBに賃貸した。その後，Bは，Aの承諾を得て，甲土地の賃借権をCに譲渡（売買や贈与）した。
➡　Bは賃借人ではなくなる。Cが賃借人となる。
➡　Aが賃貸人，Cが賃借人の関係である。

・　A・B間の賃貸借契約において，BがAに対して敷金を交付していた場合，その**敷金関係は，譲受人Cに承継されない**。
➡　賃貸人Aは，当初の賃借人であるBに敷金を返還する（民§622の2Ⅰ②）。
➡　Aが，Cとの賃貸借関係においても敷金を必要とする場合は，Cから敷金を差し入れてもらえばよい。

理由　BがAに交付した敷金が譲受人Cのもとでも存続する（敷金関係が承継される）とすると，Bは，他人（C）の賃料滞納等について責任を負う形になり，おかしい。

ただし，当事者間で，敷金関係を承継させる旨の合意をすることは可能である。

⑶　賃貸人の承諾のある賃借物の転貸

賃貸人の承諾を得て賃借物の転貸がされた場合は，賃貸人と賃借人との間の賃貸借関係，賃借人（転貸人）と転借人との間の転貸借関係が存在することになる。

【例】　Aは，甲土地をBに賃貸した。その後，Bは，Aの承諾を得て，甲土地をCに転貸した。

➡　甲土地については，A・B間の賃貸借関係，B・C間の転貸借関係が存在する。

➡　実際には，転借人であるCが甲土地を使用収益する。

・　賃貸人（A）と転借人（C）の間には，直接の関係がないので，転借人は賃貸人に対して特段の権利を取得しない。 H23-18 H17-20

【例】　転借人は，賃貸人に対して転借物の修繕を請求することはできない。

重要❗

ただし，転借人が賃貸人の物を使用収益することになるので，転借人は，賃貸人に対して直接に義務を負うものとされている。

➡　転借人は，賃貸人に対して権利は取得しないが，義務は負う。

理由　賃貸人を保護する趣旨である。

➡　転借人Cが賃借人（転貸人）Bに対して賃料を支払ったが，賃借人Bは賃貸人Aに対して賃料を支払わない，ということが起こり得る。これは困る。

（転貸の効果）

第613条　賃借人が適法に賃借物を転貸したときは，転借人は，賃貸人と賃借人との間の賃貸借に基づく賃借人の債務の範囲を限度として，賃貸人に対して転貸借に基づく債務を直接履行する義務を負う。この場合においては，賃料の前払をもって賃貸人に対抗することができない。

H23-18
H17-20

転借人は，賃貸人と賃借人との間の賃貸借に基づく賃借人の債務の範囲を限度として，賃貸人に対して転貸借に基づく**債務を直接履行する義務を負う**。

【例】 Aは，甲土地をBに賃貸した。1か月の賃料は5万円である。その後，Bは，Aの承諾を得て，甲土地をCに転貸した。この転貸の1か月の賃料は8万円である。

➡ 転借人Cは，A・B間の賃料額（5万円）を限度として，転貸借における賃料をAに直接支払う義務を負う。

➡ つまり，Cは，5万円を限度として，転貸賃料をAに支払う義務を負う。残りの3万円は，Bに対して支払う。

① 転借人に対して直接に請求するかどうかは，賃貸人の自由である。賃貸人は，転借人ではなく，賃借人に対して権利を行使することもできる（民§613Ⅱ）。

➡ 上記の事例で，賃貸人Aは，転借人Cに対して5万円の支払いを請求することもできるし，賃借人Bに対して5万円の支払いを請求することもできる。

➡ CがBに対して転貸賃料8万円を支払い，BがAに対して賃料5万円を支払うという形である。

② 転借人が賃借人（転貸人）に対して転貸賃料を支払った場合，もはや，賃貸人は，転借人に対して，直接に支払いを請求することはできない。

しかし，これを無制限に認めると，賃貸人にとって困った事態となり得る。

【例】 Aは，甲土地をBに賃貸した。その後，Bは，Aの承諾を得て，甲土地をCに転貸した。

そして，AがCに対して直接に転貸賃料の支払いを請求したところ，Cは，「5年分の転貸賃料をBに前払いしているので，Aに支払う義務はありません」と言ってきた。

➡ このように，賃借人と転借人が通謀して，賃貸人を害する（直接の請求ができなくなる）ことが可能となる。

そこで，「**賃料の前払いをもって賃貸人に対抗することができない**」とされた（民§613Ⅰ後段）。

➡ 本来の転貸賃料の支払時期より前に支払ったことをもって，賃貸人に対抗できない。

【例】「転貸賃料は月払いとし，月末に翌月分を支払う」という約定である場合，転借人は，月末に支払った翌月分（１か月分）については，「既に賃借人（転貸人）に支払ったので，賃貸人には支払いません」といえるが，何か月分も前払いした場合は，賃貸人に対抗できない。

(4)　賃貸借の解除と転貸との関係

①　賃借人の債務不履行により解除された場合

賃借人の債務不履行（賃料の不払い等）により賃貸人が賃貸借契約を解除した場合，転借人は，賃貸人に対し，転借権を対抗することができなくなる（最判昭36.12.21，民§613Ⅲただし書参照）。

理由　転貸借は，適法な賃貸借の存在を前提としている。賃貸借が債務不履行により消滅すれば，転貸借はその存続基盤を失う。

プラスアルファ

賃料の延滞を理由として賃貸人が賃貸借契約の解除をする場合，賃貸人は，賃借人に対して催告をすれば足り，転借人に通知するなどして支払いの機会を与える必要はない（最判昭37.3.29，最判平6.7.18）。 H17-20 H14-14

②　賃貸借契約が合意解除された場合

賃貸人と賃借人が賃貸借契約を合意解除した場合，賃貸人は，その解除をもって転借人に対抗することができない（民§613Ⅲ本文）。 H23-18 H17-20

➡　転借人は，引き続き，転借物を使用収益することができる。

理由　合意解除は，解除するという新たな契約である。契約は相対的なもの（当事者間でのみ効力を生ずるもの）であり，第三者に不利益を及ぼすことはできない。

・　ただし，合意解除の当時，賃貸人が賃借人の債務不履行による解除権を有していたときは，合意解除をもって転借人に対抗することができる（民§613Ⅲただし書）。

➡　形の上では合意解除だが，実質的には債務不履行による解除といえる場合。

(5) 転貸借と混同

転借人が，転借物の所有権を取得した場合でも，転借権は混同によって消滅しない。

理由　この場合に転借権が混同によって消滅してしまうと，転借人は困る。
➡　その物を使用収益できなくなってしまう。

H17-20
H元-17
【例】　Aは甲土地をBに賃貸し，Bは甲土地をCに転貸した。その後，Aは甲土地の所有権をCに譲渡し，Cは賃貸人の地位を承継した。
➡　所有者（賃貸人）C，賃借人B，転借人Cの関係である。

この場合，仮にCの転借権が消滅してしまうと，賃貸人Cが賃借人Bに甲土地を賃貸している状態となる。つまり，賃借人Bが甲土地の使用収益をすべきこととなり，Cは甲土地の使用収益ができなくなる。これでは困る。

3　賃貸人の承諾のない賃借権の譲渡または賃借物の転貸（無断譲渡，無断転貸）

(1) 解除権の発生および解除の制限

① 解除権の発生

賃借人は，賃貸人の承諾を得なければ，その賃借権を譲渡し，または賃借物の転貸をすることができない（民§612）。

賃借人が，賃貸人の承諾を得ることなく，第三者に賃借物の使用または収益をさせたときは，**賃貸人は，契約の解除をすることができる**（同Ⅱ）。

H23-18
・　賃貸人の承諾を得ることなく，賃借権の譲渡または賃借物の転貸をした場合，その契約自体は有効である。
➡　賃貸人には対抗できないということ。

重要！

H元-17
賃貸人が解除をすることができるのは，賃借人が，賃貸人の承諾を得ることなく第三者に賃借物の使用または収益をさせたときである。
➡　ただ単に（賃貸人の承諾を得ることなく）賃借権の譲渡の契約をしたり，賃借物の転貸の契約をしただけでは，解除権は発生しない。

プラス アルファ

後述する借地借家法が適用される土地の賃借権（借地権）の譲渡または転貸については，特則が設けられている。

つまり，借地権の譲渡（転貸）がされても賃貸人が不利益を受けるおそれがないにもかかわらず，賃貸人がその承諾をしないときは，裁判所は，借地権者（賃借人）の申立てにより，賃貸人の承諾に代わる許可をすることができる（借地借家§19Ⅰ）。 H23-18

➡ 借地権はそれなりに財産的な価値があるので，ある程度は借地権の換価を認める必要がある。

② 解除の制限

賃借権の無断譲渡または無断転貸がされ，賃借物を第三者に使用収益させた場合でも，賃借人の当該行為が賃貸人に対する**背信的行為と認めるに足らない特段の事情**がある場合においては，賃貸人の**解除権は発生しない**（最判昭28.9.25）。

理由 賃借権の譲渡（転貸）に賃貸人の承諾が要求されているのは，賃貸借が，賃貸人と賃借人の間の個人的な信頼関係を前提としているからである。ということは，無断譲渡（無断転貸）がされた場合でも，両者間の信頼関係が破壊されたとはいえないときは，解除権を認める必要がないといえる。

➡ 転貸人と転借人が近親者であるような場合など。

・ 信頼関係が破壊されていないとして，解除が否定された場合は，賃貸人の承諾があったのと同様の効果を生ずる（最判昭44.2.18）。

(2) 無断譲渡，無断転貸に当たる場合，当たらない場合

① 土地の賃借人がその土地上に建物を建築し，その建物を第三者に譲渡した。この場合は，特段の事情のない限り，土地の賃借権（借地権）も譲渡したものと認められる（最判昭47.3.9）。

② 土地の賃借人がその土地上に建物を建築し，その建物を目的として第三者のために譲渡担保権を設定した（担保目的で所有権を移転させた）。この場合，依然として譲渡担保権設定者（建物の所有者＝土地賃借人）が当該建物を占有しているときは，土地賃借権の譲渡には当たらない。

H28-15　一方，譲渡担保権者が建物の引渡しを受けて使用収益をしているときは，（譲渡担保権の実行前でも）土地賃借権の譲渡に当たる（最判平9.7.17）。

③　土地の賃借人がその土地上に建物を建築し，その建物を第三者に賃貸しても，土地の転貸には当たらない（大判昭8.12.11）。

➡　①は借地上の建物の“譲渡”，③は借地上の建物の“賃貸”。

(3)　無断譲渡，無断転貸がされた場合の効果

H元-17　無断譲渡，無断転貸により，第三者に賃借物の使用収益をさせたときは，賃貸人は契約の解除をすることができるが（民§612Ⅱ），賃貸人は，契約を解除しなくても，賃借権の譲受人（転借人）に対し，所有権に基づいて，賃貸物の返還を請求することができる（最判昭26.5.31，最判昭26.4.27）。

理由　賃貸人からすれば，賃借権の譲受人（転借人）は，不法占拠者といえる。そのため，物権的請求権の行使として，返還を請求することができる。

6　賃貸借の終了

1　総　説

賃貸借は継続的な契約であるので，「賃貸借の終了」という概念がある。

➡　売買契約などは，契約をして履行（代金の支払いや引渡しなど）をすればおしまい。

賃貸借の終了の事由は，以下のとおりである。

①　期間の満了（民§622，597Ⅰ）
②　期間の定めがない場合等の解約の申入れ（民§617，618）
③　賃借物の全部の滅失等により使用収益ができなくなった場合（民§616の2）
④　賃借物の一部が滅失し，残存する部分では目的を達せなくなった場合の賃借人からする解除（民§611Ⅱ）
⑤　賃借人の意思に反する賃貸人の保存行為がされた場合の賃借人からする解除（民§607）
⑥　（一定の要件を満たした）減収による賃借人からする解除（民§610）

⑦　賃貸人の承諾を得ることなく賃借物を第三者に使用収益させた場合の賃貸人からする解除（民§612Ⅱ）
⑧　一般的な債務不履行（賃料不払いや用法順守義務違反等）による解除（民§541，542）

④，⑥，⑦は既に解説した。また，⑤は条文を読んでおいていただきたい。以下，①～③および⑧について解説する。

プラスアルファ

特に不動産の賃貸借については，賃借人の生活や事業に密接にかかわるものである。

➡　賃借して住んでいた建物から追い出されたら，住む場所がなくなる。

そのため，賃貸借の終了を考えるに当たっては，賃借人の保護という点も考慮する必要がある。

・　当事者の死亡は，賃貸借の終了の事由ではない。　H11-6
　➡　使用貸借とは異なり，賃借人が死亡しても，賃貸借は終了しない。

2　期間の満了

当事者が賃貸借の期間を定めたときは，賃貸借は，その期間が満了することによって終了する（民§622，597Ⅰ）。

➡　賃貸借の存続期間については，民法604条参照。

・　賃貸借の存続期間については，当事者間の合意により更新することができるが（民§604Ⅱ），当事者間の合意がない場合でも，更新が推定されることがある。

（賃貸借の更新の推定等）
第619条　賃貸借の期間が満了した後賃借人が賃借物の使用又は収益を継続する場合において，賃貸人がこれを知りながら異議を述べないときは，従前の賃貸借と同一の条件で更に賃貸借をしたものと推定する。この場合において，各当事者は，第617条の規定により解約の申入れをすることができる。

この規定により更新された賃貸借は，期間の定めのない賃貸借となり，各当事者は，解約の申入れ（後述）をすることができる。

3　期間の定めがない場合等の解約の申入れ

（期間の定めのない賃貸借の解約の申入れ）
第617条　当事者が賃貸借の期間を定めなかったときは，各当事者は，いつでも解約の申入れをすることができる。この場合においては，次の各号に掲げる賃貸借は，解約の申入れの日からそれぞれ当該各号に定める期間を経過することによって終了する。
一　土地の賃貸借　１年
二　建物の賃貸借　３箇月
H9-8　三　動産及び貸席の賃貸借　１日

期間の定めのない賃貸借については，各当事者は，**いつでも，解約の申入れをすることができる。**

ただ，解約の申入れによって直ちに賃貸借が終了するとなると，相手方（特に賃借人）は困るので（ちょ，ちょっと待ってください），目的物の種類に応じて，一定の期間を経過した後に賃貸借が終了するものとされている。

4　賃借物の全部の滅失等による賃貸借の終了

（賃借物の全部滅失等による賃貸借の終了）
第616条の２　賃借物の全部が滅失その他の事由により使用及び収益をすることができなくなった場合には，賃貸借は，これによって終了する。

H7-5　賃借物の全部が滅失等したことにより使用収益が不可能となったときは，賃貸借は，**当然に終了する。**
➡　賃貸借を存続させておく意味がない。

【例】　建物の賃貸借がされたが，その建物が台風により全壊したときは，当然にその賃貸借は終了する。

重要❗

この場合は，賃貸借は当然に終了する。解除等の意思表示は不要である。

プラス アルファ

賃借物の一部が滅失した場合は，賃貸借は当然には終了しないが，残存する部分のみでは賃借をした目的を達することができないときは，賃借人は契約を解除することができる（民§611Ⅱ）。

5　債務不履行による解除

賃貸借契約において当事者の一方に債務不履行（賃料不払いや用法順守義務違反等）があったときは，相手方は，相当の期間を定めて催告をした上で（一定の場合は催告をすることなく），契約の解除をすることができる（はずである）。

➡　民法541条，542条。

しかし，前述のとおり，特に不動産賃貸借については，賃借人の生活や事業と密接にかかわるものであるので，この一般規定をそのまま適用するのは適切とはいえない。

そのため，債務不履行による解除においても，**信頼関係破壊の法理**が採用される。

➡　債務不履行や義務違反の程度，事情などを検討して，賃貸人と賃借人の間の信頼関係を破壊するおそれがあると認めるに足りないときは，解除は認められない。

【例】　ちょっとした賃料の不払い（最判昭39.7.28）。借地上の建物の増改築禁止特約にちょっと違反した（最判昭41.4.21）など。

6　解除の効果

賃貸借の解除をした場合には，その解除は，将来に向かってのみその効力を生ずる（民§620）。

➡　契約が遡及的に無効となるものではない。

理由　たとえば賃貸借契約がされて10年を経過した後に解除がされた場合に，この契約が遡及的に無効であったとなると，賃貸人は過去10年の間に受け取った賃料を不当利得として返還し，賃借人は10年分の使用利益を不当利得として返還し･･･といった感じで相当複雑になる。

したがって，解除に遡及効を認めず，将来に向かってのみ効力を生ずるとされた。

・　解除をした当事者は，相手方の債務不履行に対し損害賠償の請求をすることは可能である（民§620ただし書）。

7　賃貸借が終了した場合の返還義務，原状回復義務

(1)　返還義務

賃借人は，賃貸借が終了したときは，**賃借物を賃貸人に返還する義務**を負う（民§601）。

(2)　原状回復義務

> **（賃借人の原状回復義務）**
> **第621条**　賃借人は，賃借物を受け取った後にこれに生じた損傷（通常の使用及び収益によって生じた賃借物の損耗並びに賃借物の経年変化を除く。以下この条において同じ。）がある場合において，賃貸借が終了したときは，その損傷を原状に復する義務を負う。ただし，その損傷が賃借人の責めに帰することができない事由によるものであるときは，この限りでない。

賃借人は，賃貸借が終了したときは，賃借物について**原状回復の義務**を負う。

➡　損傷を原状に復する義務。

・　通常の使用収益によって生じた損耗（**通常損耗**）ならびに**経年変化**については，原状回復の義務を負わない。

理由　賃貸人は，通常損耗や経年変化を考慮に入れた上で賃料を定めていると考えられる。

➡　通常損耗や経年劣化でだいたい年○万円の回復費用がかかるだろうなと予測した上で，その分を家賃に上乗せしているはず。

【例】　AはアパートのーBに賃貸した。そして，Bが使用している間に，Bの不注意で壁に穴が開いた。

➡　賃貸借が終了したときは，Bは，壁を修理した上でアパートの部屋をAに返還することを要する。

【例】　Aはアパートの一室をBに賃貸した。Bは，畳の部屋にタンスを設置しており，5年後にタンスを動かしてみたら，その部分だけ畳の色が違

っていた。また，この部屋は日当たりがいいので，壁紙が日焼けしていた。

➡　畳の色違いは通常損耗，壁紙の日焼けは経年変化といえるので，これらについては，賃借人Bは原状回復の義務を負わない。

プラスアルファ

ただし，この規定は任意規定なので，当事者間で別段の合意（通常損耗の回復についても賃借人の負担とする）をすることは可能である。

・　賃借物の損傷が賃借人の責めに帰することができない事由によるものであるときは，賃借人は原状回復の義務を負わない。

(3)　収去義務，収去権

賃借人は，賃借物を受け取った後にこれに附属させた物がある場合において，賃貸借が終了したときは，（一定の例外を除き）その附属させた物を収去する義務を負う（**収去義務**。民§622，599Ⅰ）。

賃借人は，賃借物を受け取った後にこれに附属させた物を収去することができる（収去権。民§622，599Ⅱ）。

7　敷　金

1　敷金とは

不動産等の賃貸借契約をする際に，賃借人から賃貸人に対し，賃料とは異なる名目の金銭が交付されることがよくある。

➡　敷金，礼金，権利金，保証金。

【例】　アパートを借りる際に，賃借人が賃貸人（大家さん）に，敷金２か月分，礼金１か月分といった感じでお金を払う。

➡　賃料が１か月５万円だったら，敷金として10万円，礼金として５万円を支払う。

敷金とは，賃料債務その他の賃貸借に基づいて生ずる**賃借人の賃貸人に対する金銭債務を担保する目的**で，賃借人が賃貸人に対して交付する金銭をいう（民§622の２Ⅰ）。

重要!

敷金は，賃貸借に基づいて発生する（可能性のある）賃借人の賃貸人に対する金銭債務を担保する目的で交付されるものである。

【例】 Aは，アパートの一室をBに賃貸した。1か月の賃料は5万円である。この賃貸借契約の際に，BはAに対し，敷金として賃料の2か月分（10万円）を支払った。

この後，Bは毎月きちんとAに対して賃料を支払った。一度も滞納はない。そして，賃貸借が終了し，BはAにアパートの部屋を返還した。

➡ この場合は，敷金の出番はない。賃貸借が終了してBがAに部屋を明け渡した後に，Aは敷金10万円をBに返還する（民§622の2Ⅰ①）。

一方，Bに賃料の滞納があった場合（1か月分5万円を支払わなかった），賃貸人Aは，受け取った敷金を延滞賃料に充当することができる。

➡ 敷金10万円のうち，5万円を延滞賃料に充当する。そして，その他に滞納等がなかった場合には，Aは敷金の残額5万円をBに返還する（民§622の2Ⅰ①）。

H29-18

・ いかなる名目であっても（「敷金」という名前ではなくても），賃借人の賃貸人に対する金銭債務の担保として，賃借人から賃貸人に対して金銭が交付された場合は，敷金として扱われる（民§622の2Ⅰ）。

➡ 「礼金」は，一般的に賃借人から大家さんに対する贈与のようなものであり（返還は予定されていない），民法上の敷金には当たらない。

・ 敷金によって担保される債務は，**延滞賃料債務**や，不適切な使用によって生じた損害賠償の債務などである。

2　敷金返還請求権

敷金は，賃貸借に基づいて生ずる賃借人の賃貸人に対する金銭債務を担保するために交付される金銭であるので，その担保の必要がなくなった場合には，賃貸人は賃借人に対し，受け取った敷金を返還することを要する。

➡ 受け取った敷金から，賃借人の債務の額を控除した残額を，賃借人に返還する。

第622条の2　賃貸人は，敷金（中略）を受け取っている場合において，次に掲げるときは，賃借人に対し，その受け取った敷金の額から賃貸借に基づいて生じた賃借人の賃貸人に対する金銭の給付を目的とする債務の額を控除した残額を返還しなければならない。
一　賃貸借が終了し，かつ，賃貸物の返還を受けたとき。
二　賃借人が適法に賃借権を譲り渡したとき。

⑴　賃貸借が終了し，かつ，賃貸物の返還を受けたとき

ポイントは，賃貸借が終了した時点ではなく，賃貸借が終了して**賃貸物の返還を受けた時**に，敷金の返還の義務が発生することである。 **H6-6**

➡　賃借人の賃借物の返還の義務（民§601）の方が**先履行の関係**となる。

重要❗

賃借人の賃借物の返還の債務と，賃貸人の敷金の返還の債務は，同時履行の関係ではない。

➡　賃借人は，敷金の返還の提供を受けていないからといって，同時履行の抗弁（民§533）を主張することができない。

➡　賃借物について，留置権（民§295）を主張することもできない。 **H17-12**

・　賃貸借期間中の（延滞）賃料債務のみならず，明渡しがされるまでに発生する賃料相当の損害金の債務なども担保される。

➡　それらの一切の債務を控除した上で，なお残額がある場合には，賃貸人はその残額を賃借人に返還する（最判昭48.2.2）。

⑵　賃借人が適法に賃借権を譲り渡したとき

賃借人が，賃貸人の承諾を得て，賃借権の譲渡をしたときは，賃貸人は，賃借人（譲渡人）に対し，（それまでに発生した債務を控除した上で）敷金の残額を返還する。

➡　賃借権の譲渡によって，敷金はいったん清算される。譲受人についても敷金を入れてほしい場合は，譲受人との間で新たな敷金契約をする必要がある。

3　その他

⑴　賃貸借の更新がされた場合は，敷金はそのまま存続する（民§619Ⅱ）。 **H29-18**

➡　ちなみに，賃貸借の更新がされた場合は，敷金以外の担保は，期間の満了によって消滅する（同Ⅱ）。

(2)　賃借人は，賃貸借の期間中に，「延滞した賃料を敷金から充ててくれ」と請求することはできない（民§622の２Ⅱ）。

➡　債務者側から敷金による充当を請求することはできない。

H29-18　一方，賃貸人は，賃貸借の期間中に，「延滞賃料を敷金から充当します」と主張することができる（同Ⅱ）。

➡　債権者が認める場合は，それで構わない。

第7節　賃貸借

第2款　借地借家法

Topics
・まずは借地権の意義を理解した上で，その存続期間の特則，対抗要件の特則を押さえる必要がある。
・不動産登記法においても出題される。

1　総　説

借地借家法は，文字どおり，**借地や借家**に関する法律である。
建物の所有を目的とした土地の賃貸借や，建物の賃貸借は，賃借人の生活や事業に直結するものであるので，他の賃貸借に比べて，**賃借人の保護**をしっかりと図る必要がある。

民法では，賃貸借について一般的な規定が置かれており，特に借地人や借家人の保護といった規定は設けられていない。
そこで，借地や借家に関する特別法として，借地借家法が定められた。

以下，借地（権）と借家（権）に分けて解説する。

2　借地関係

1　借地権とは

借地権とは，**建物の所有を目的とする地上権または土地の賃借権**をいう（借地借家§2①)。

・　土地の賃借権だけでなく，地上権（民§265）も含まれる。
➡　ただし，便宜上，以下は賃借権であることを前提として解説する。

・　借地権は，単なる土地の賃借権ではなく，建物の所有を目的とした土地の賃借権である。
➡　コインパーキングを経営しようと思って土地を借りた場合は，借地借家法の規定は適用されない。

2　借地権の存続期間

> （借地権の存続期間）
> **第３条**　借地権の存続期間は，30年とする。ただし，契約でこれより長い期間を定めたときは，その期間とする。

民法では，賃借権の存続期間について，最短期の制限はなかった（どんなに短くても構わない）。

➡　上限は50年である（民§604）。

一方，借地権の存続期間は，**最低30年**である。

➡　契約で，30年より長い期間を定めることもできる。

➡　まさに，借地権者を保護する趣旨である。

重要！

この規定に反する特約で，借地権者に不利なものは，無効である（借地借家§９）。

➡　借地権の設定において，「存続期間を15年にしましょう」と合意しても，無効である。

➡　期間の定めのない借地権として，存続期間は30年となる。

・　期間満了後の更新についても，借地権者にだいぶ有利な扱いになっている（借地借家§５，６）。

➡　賃貸人が更新を拒絶したい場合は，異議を述べる必要があるし，異議を述べるためには正当事由がなければならない（借地借家§６）。

プラスアルファ

賃貸人にとって，更新の拒絶が難しい（いったん土地を貸したらなかなか返ってこない）というのは，脅威である。その結果として，土地の貸し渋り（貸したくても貸せない）が生じてしまう。

それはそれで困るので，ある程度は賃貸人の保護も考える必要がある。

そこで，一定期間の経過により確定的に借地権が消滅する制度が設けられた（**定期借地権**。借地借家法§22～24）。

→　定期借地権については，スタンダードテキストの不動産登記法において詳しく解説する。

3　借地権の対抗要件

民法においても，不動産の賃貸借の対抗要件について規定が置かれている。
➡　賃借権設定登記をすれば，第三者に対抗することができる（民§605）。

しかし，賃借権は債権であり，賃借人は賃貸人に対して（特約がなければ）登記をすることを請求できない。
➡　実際，賃借権の登記がされることは，稀である。

そうすると，賃借人は，賃借権について対抗要件を取得できないこととなり，その地位が不安定になる（いつ追い出されるかわからない）。

これでは賃借人の保護に欠けるので，借地借家法において，対抗要件に関する特則が設けられた。

（借地権の対抗力等）
第10条　借地権は，その登記がなくても，土地の上に借地権者が登記されている建物を所有するときは，これをもって第三者に対抗することができる。

借地権は，その登記（賃借権設定登記）がなくても，その土地の上に借地権者が**登記されている建物を所有しているとき**は，第三者に対抗することができる。

【例】　AとBは，Aの所有する甲土地について，建物の所有を目的としてBに賃貸する契約をした。特に賃借権の登記をする旨の特約はしていないので，甲土地について賃借権設定の登記はされていない。

その後，Bは，甲土地上に乙建物を建築した。そして，Bは，乙建物について，Bを所有者とする登記（所有権保存登記）をした。

➡　甲土地について賃借権設定の登記がなくても，その土地上に登記された建物（Bを所有者する登記がされている乙建物）を所有しているので，Bは，借地権を第三者に対抗することができる。

➡　この後にAが甲土地の所有権をCに売却しても，Bは，借地権をもってCに対抗できる。つまり，Bはそのまま甲土地を利用できる（賃貸人の地位がCに移転する）。

(1)　借地上の建物については，借地権者の名義で登記がされている必要がある。 H12-8
➡　上記の事例で，乙建物について，Bの親であるDの名義で所有権の登記がされた場合は，Bは，借地権をもってCに対抗することができない（最判昭41.4.27）。

H12-8　(2) 借地上の建物の登記については，表示の登記で足りる（最判昭50.2.13）。
➡ 必ずしも所有権の登記がされていなくても差し支えない（借地権を対抗できる）。

H12-8　(3) 借地上の建物について登記がされた後，その建物について増築あるいは改築がされ，構造や床面積に変更が生じた場合でも，建物の同一性が失われない限り，その表示の変更の登記がされていなくても，借地権の対抗力は失われない（最判昭31.7.20）。

H12-8　(4) 借地上の建物について登記がされた後，借地について分筆の登記（1筆の土地を2筆に分割する登記）がされた。その結果，1筆の土地の上には建物がない状態となった。この場合でも，分筆後の2筆の土地について，借地権を対抗することができる（最判昭30.9.23）。

プラス アルファ

H7-5　借地上の建物について登記がされた後，その建物が滅失した場合，借地権者が，その建物を特定するために必要な事項，その滅失があった日および建物を新たに築造する旨を土地の上の見やすい場所に掲示したときは，借地権の対抗力は失われない（借地借家法§10Ⅱ）。

4　借地契約の終了と建物買取請求権

(1) 借地契約の終了

借地権の存続期間が満了し，契約の更新がないときは，借地契約は終了（借地権は消滅）する。

・ 借地上の建物が滅失しても，それだけでは借地契約は終了しない。

(2) 建物買取請求権

（建物買取請求権）
第13条　借地権の存続期間が満了した場合において，契約の更新がないときは，借地権者は，借地権設定者に対し，建物その他借地権者が権原により土地に附属させた物を時価で買い取るべきことを請求することができる。

借地権の存続期間が満了した場合に，契約の更新がないときは，借地権者は，借地権設定者（土地の賃貸人）に対し，**借地上の建物を時価で買い取ることを請求することができる（建物買取請求権）**。

理由　一般的に，賃借人は，賃貸借が終了して賃借物の返還をするときは，原状回復義務（民§621）および収去義務（民§622，599）を負う。しかし，賃借していた土地上に建物がある場合，収去義務を課してしまうと，社会経済上の損失が大きい（もったいない）。賃借人としても，投下した資本を回収できないこととなり，辛い。

そこで，このような建物買取請求権が認められた。

・　建物買取請求権は，形成権である。借地権者が買取請求権を行使すると，建物の売買契約が成立する。

・　借地権者の債務不履行（賃料不払い等）によって土地の賃貸借契約が解除された場合は，借地権者は，建物買取請求権を行使することができない（最判昭35.2.9）。

・　建物買取請求権が行使された場合，（賃貸人による）売買代金の支払いと（借地権者による）建物の引渡しは，同時履行の関係（民§533）となる。
➡　借地権者は，建物について留置権を取得する（民§295Ⅰ）。

3　借家関係

1　建物の賃貸借

建物の賃貸借については，借地借家法が適用される。

2　存続期間

建物の賃貸借において，期間の定めをするか否かは，当事者の自由である。

期間の定めをする場合，民法604条の規定は適用しないとされているので（借地借家法§29Ⅱ），つまり**上限はない**ということである。
➡　民法604条は，賃貸借の存続期間は50年を超えることができないと規定している。

なお，期間を**1年未満**と定めた場合には，**期間の定めがない建物の賃貸借**とみなされる（借地借家法§29Ⅰ）。

➡　期間の満了によって終了するのではなく，解約の申入れによって終了する（民§617Ⅰ②，借地借家§27Ⅰ）。

・　建物賃貸借について，更新も可能である。

➡　一定の場合には，更新したものとみなされる（借地借家§26Ⅰ）。

・　存続期間の満了等により確定的に借家関係が消滅する制度（定期建物賃貸借，取壊し予定の建物の賃貸借）もある（借地借家§38，39）。

3　借家についての対抗要件

（建物賃貸借の対抗力等）

第31条　建物の賃貸借は，その登記がなくても，建物の引渡しがあったときは，その後その建物について物権を取得した者に対し，その効力を生ずる。

建物の賃貸借は，その登記（賃借権設定登記）がなくても，**建物の引渡しがあったとき**は，第三者に対抗することができる。

【例】　AとBは，Aの所有する甲建物をBに賃貸する契約をした。特に賃借権の登記をする旨の特約はしていないので，甲建物について賃借権設定の登記はされていない。

そして，Aは，甲建物をBに引き渡した（Bが住み始めた）。

➡　Bは，甲建物の引渡しを受けたので，賃借権を第三者に対抗することができる。

4　建物賃貸借の終了と造作買取請求権

(1)　建物賃貸借の終了

建物賃貸借の存続期間が満了し，契約の更新がないときは，賃貸借は終了する。また，解約の申入れ（および一定の期間の経過）によって終了する場合もある。

・　建物の賃貸借がされた場合に，その建物の全部が滅失したときは，賃貸借は当然に終了する（民§616の2）。

⑵　造作買取請求権

（造作買取請求権）
第33条　建物の賃貸人の同意を得て建物に付加した畳，建具その他の造作がある場合には，建物の賃借人は，建物の賃貸借が期間の満了又は解約の申入れによって終了するときに，建物の賃貸人に対し，その造作を時価で買い取るべきことを請求することができる。建物の賃貸人から買い受けた造作についても，同様とする。

建物の賃借人が，賃貸人の同意を得て，その建物に畳，建具，エアコン等の造作を付加した場合において，建物の賃貸借が期間の満了または解約の申入れによって終了したときは，賃借人は，賃貸人に対し，**その造作を時価で買い取るべきことを請求することができる（造作買取請求権）**。

・　造作買取請求権も，形成権である。買取りの請求によって造作についての売買契約が成立する。

・　賃借人の債務不履行（賃料不払い等）によって建物の賃貸借契約が解除された場合は，賃借人は，造作買取請求権を行使することができない。

・　造作買取請求権は，**任意規定**である。つまり，当事者間の特約で，造作買取請求権を排除することができる（実際に，排除される場合が多い）。
➡　借地借家法37条の中には，33条が含まれていない。

・　造作買取請求権が行使された場合，賃借人は，造作の買取代金債権を被担保債権として，**建物について**留置権を行使することはできない（最判昭29.1.14）。 H27-12 H22-12
➡　造作の買取代金債権であって建物の買取代金債権ではないからである。

第8節　請　負

Topics
- 請負は，仕事を完成させることが債務の内容である。委任と区別する必要がある。
- かつては，仕事の内容が契約不適合であった場合の責任がよく出題されていた（法改正によって規定がだいぶ変わった）。

1　意　義

> （請負）
> **第632条**　請負は，当事者の一方がある仕事を完成することを約し，相手方がその仕事の結果に対してその報酬を支払うことを約することによって，その効力を生ずる。

請負とは，当事者の一方（請負人）がある仕事を**完成すること**を約し，相手方（注文者）が**その仕事の結果に対して**その報酬を支払うことを約することによって効力を生ずる契約である。

H30-19　・　**双務契約**であり，**有償契約**である。また，当事者の合意のみで成立するので，**諾成契約**である。

重要！

請負人は，仕事を完成する義務を負う。

➡　ただ注文を受けた仕事を頑張る，ではダメである。

➡　他の労務供給型の契約である雇用や委任と異なる点である。

・　請負には，完成した仕事の引渡しが必要となるものと，必要とならないものがある。

引渡しが必要となるもの→　建物の建築。洋服の仕立て。プラモデルを組み立てる。

引渡しが必要とならないもの→　ピアノの演奏。講演。

2　請負人の義務

上記のとおり，請負人は，仕事を完成する義務を負う。仕事が完成しなければ，債務を履行したことにはならない。

・　「仕事を完成すること」が目的であり，だれが仕事をしたかは（基本的に）問題ではない。したがって，請負人が，他の者に仕事をさせることも当然には禁止されない。

➡　いわゆる「**下請け**」。建物の建築を依頼した注文者としては，だれがトンカチを叩こうとも，注文どおりの建物が建ってくれれば満足である。

もちろん，請負人自身が仕事をしなければならない場合もある（講演など）。

・　仕事の目的物の引渡しが必要である場合には，請負人は，その完成した目的物を引き渡すことを要する。

3　注文者の義務

注文者は，請負人の仕事の結果に対して，報酬を支払う義務を負う。

➡　請負人の**仕事の完成が先**であり，注文者はその結果に対して報酬を支払う。

・　報酬の支払いの時期については，仕事の目的物の引渡しが必要であるか否かによって異なる（民§633）。

引渡しが必要な場合→　**引渡しと同時に**報酬を支払う（同時履行）。 H9-8

引渡しを要しない→　仕事が完成した後に報酬を支払う（後払い。民§624Ⅰの準用）。

4　仕事の完成ができなくなった場合等の報酬請求権

(1)　仕事の完成ができなくなった場合の報酬請求権

仕事の完成が不可能となった場合，請負人の仕事完成義務は消滅する。では，この場合の注文者の報酬支払義務はどうなるのか。

①　仕事の完成不能が請負人の責任である（請負人に帰責事由がある）場合

➡　注文者は報酬の支払義務を負わない（仕事が完成していないから）。

➡　注文者は，請負人の債務不履行責任を追及することができる。

②　仕事の完成不能が注文者の責任である（注文者に帰責事由がある）場合 H23-19

➡　注文者は報酬の支払いを拒むことができない（民§536Ⅱ）。 H元-15

③　仕事の完成不能について両当事者に責任がない場合 H23-19

➡　注文者は報酬の支払義務を負わない（仕事が完成していないから）。

⑵　注文者が受ける利益の割合に応じて報酬を請求できる場合

> **（注文者が受ける利益の割合に応じた報酬）**
> **第634条**　次に掲げる場合において，請負人が既にした仕事の結果のうち可分な部分の給付によって注文者が利益を受けるときは，その部分を仕事の完成とみなす。この場合において，請負人は，注文者が受ける利益の割合に応じて報酬を請求することができる。
> 一　注文者の責めに帰することができない事由によって仕事を完成することができなくなったとき。
> 二　請負が仕事の完成前に解除されたとき。

請負人の仕事が完成に至らなくても，一定の要件を満たしたときは，請負人は，報酬の一部を請求することができる。

理由　請負人が途中まで仕事をしたような場合に，常に，まったく報酬を請求できないというのは，不合理である。

その要件とは，「注文者の責めに帰することができない事由によって仕事を完成することができなくなったとき」あるいは「請負が仕事の完成前に解除されたとき」であって，「請負人が既にした仕事の結果のうち，**可分な部分の給付によって注文者が利益を受けるとき**」である。
➡　その部分が仕事の完成とみなされ，その割合に応じて報酬を請求することができる。

・　請負人の責めに帰すべき事由によって仕事を完成することができなくなったときであっても，その可分な部分の給付によって注文者が利益を受けるときは，請負人は，その割合に応じて報酬を請求することができる。
　➡　請負人の責任による完成不能であっても，注文者が（一定の）利益を受けていることに変わりはない。
　➡　一方，注文者は，請負人に対して債務不履行責任を追及することができる。

他方，注文者の責めに帰すべき事由によって仕事を完成することができなくなった場合は，上記（1）②のとおり，請負人は，**報酬の全額**を請求することができる。

5　仕事の目的物の所有権の帰属

建物を建築する請負契約がされた場合において，請負人がその建物を完成させたときは，その建物の所有権はだれに帰属することになるのか。

➡　請負人に帰属するのか（請負人に帰属した後に引渡しによって注文者に移転するのか），それともはじめから注文者に帰属するのか。

(1)　当事者間に特約がある場合

その特約に従う。

➡　「建物が完成したら，注文者に（原始的に）所有権が帰属する」という特約がされている場合は，はじめから注文者が建物の所有権を取得する。

(2)　当事者間に特約がない場合

この場合は，だれが建物建築のための材料を提供したかによって異なる。

①　**注文者が**材料の全部（または主要な部分）を提供した場合

建物の所有権は，注文者に原始的に帰属する（大判昭7.5.9）。

②　**請負人が**材料の全部（または主要な部分）を提供した場合

建物の所有権はいったん請負人に帰属し，注文者に引き渡されることによって注文者に移転する（大判明37.6.22）。

・　ただし，建物が完成する前に注文者が請負代金の全額（または大半）を支払っていたような場合は，建物の所有権は注文者に原始的に帰属する（最判昭44.9.12）。

➡　このような場合は，所有権の帰属に関する明示の合意がなくても，注文者が所有権を原始取得する旨の合意が推認される。

6　仕事の結果が契約不適合であった場合の請負人の責任

(1)　原　則

請負契約は有償契約であるので，売買契約に関する規定が準用される（民§559）。つまり，請負人の仕事の結果が契約の内容に適合しない場合には，注文者は，その**追完の請求**をすることができる（民§562 I）。 H19-20

➡　目的物（請負人が建築した建物等）の種類や品質に関して契約の内容に適合しないものである場合には，注文者は，目的物の修補，工事のやり直し等を請求することができる。

また，注文者が，相当の期間を定めて履行の追完の催告をし，その期間内に履行の追完がないときは，注文者は，その不適合の程度に応じて，**報酬の減額**を請求することができる（民§563Ⅰ）。

H26-18
H19-20
そして，注文者は，民法415条の規定による損害賠償の請求ならびに民法541条・542条の規定による契約の解除をすることもできる（民§564）。

(2)　例外的な場合

①　請負人の仕事の結果について，種類または品質に関して契約不適合がある場合でも，それが注文者の提供した材料の性質または注文者の与えた指図によって生じた不適合である場合には，注文者は，履行の追完の請求，報酬の減額の請求，損害賠償の請求および契約の解除をすることができない（民§636本文）。

➡　仕方がない。

H19-20
ただし，請負人がその材料または指図が不適当であることを知りながら告げなかったときは，この限りでない（同ただし書）。

➡　注文者は，履行の追完等の請求をすることができる。

②　請負人の仕事の結果について契約不適合がある場合でも，それが注文者の責めに帰すべき事由によるものであるときは，注文者は，履行の追完の請求や報酬の減額の請求，また契約の解除をすることができない（民§562Ⅱ，563Ⅲ，543）。

➡　仕方がない。

③　種類または品質に関する契約不適合が重要でなく，かつ，追完に過分の費用を要する場合には，追完が不能（履行不能）と評価することができるので，注文者は，追完の請求をすることができない（民§412の２）。

(3)　担保責任の期間の制限

請負人の仕事の結果について，種類または品質に関する契約不適合がある場合において，注文者が**その不適合を知った時から１年以内に**その旨を請負人に通知しないときは，注文者は，その不適合を理由として，履行の追完の請求，報酬の減額の請求，損害賠償の請求および契約の解除をすることができない（民§637Ⅰ）。

請負人が仕事を完成させて注文者に引き渡した場合，請負人は，履行が終了したとホッとするものである。それがだいぶ後になって「不具合があるので追完を請求します」と請求されるのは辛い。また，長い時間がたつと，引渡しの時点から不具合があったのか，それとも注文者が使用している間に不具合が生じたのか（あるいは経年による劣化か）が分からなくなる。そういった意味で，1年以内の通知が要求された。

・　請負人が引渡しの時（仕事の完成の時）にその不適合を知り，または重大な過失によって知らなかったときは，注文者が1年以内に不適合の旨の通知をしなかった場合でも，注文者は履行の追完等の請求をすることができる（民§637Ⅱ）。

➡　このような請負人は保護する必要がない。

7　請負の終了

請負人が仕事を完成させれば（目的物の引渡しが必要な場合は，完成して引渡しをすれば），目的の達成によって契約は終了するが，請負においては，特別な終了原因がいくつか定められている。

(1)　注文者による任意解除

> （注文者による契約の解除）
> **第641条**　請負人が仕事を完成しない間は，注文者は，いつでも損害を賠償して契約の解除をすることができる。

請負人が仕事を完成しない間であれば，**注文者は，いつでも**，損害を賠償して，一方的に契約の解除をすることができる。  H25-19 H23-19

注文者にとって必要がなくなったのに，請負人に仕事を続行させることは，無意味であり，非経済的である。

➡　請負人も，損害を賠償してもらえれば，特段の不利益を受けない。

【例】　Aは，ハウスメーカーBに，犬小屋とするための建物の建築を依頼した（請負契約）。しかし，建物が完成する前に，犬が亡くなってしまった。
Aは，Bに損害を賠償して，請負契約を解除することができる。

(2) 注文者の破産による解除

H7-1

注文者が破産手続開始の決定を受けたときは，請負人または破産管財人は，契約の解除をすることができる（民§642Ⅰ本文）。

理由　注文者が破産しているということは，十中八九報酬が貰えないということである。この状態で仕事を続行させられるのは，請負人にとって大変にリスクが高い。

・　注文者の破産による解除がされた場合は，請負人は，既にした仕事の報酬等について，破産財団の配当に加入することができる（民§642Ⅱ）。

・　注文者が破産した場合でも，請負人の仕事が完成した後は，請負人は解除をすることができない（民§642Ⅰただし書）。

➡　もう仕事が完成したので，今さら解除をしても意味がないということ。

請負人は，報酬債権について，破産財団の配当に加入する。

・　注文者が破産した場合において，破産管財人が契約の解除をしたときは，**請負人は**，損害の賠償を請求することができる（民§642Ⅲ）。

一方，請負人が解除をした場合は，破産管財人は，損害の賠償を請求することができない（同Ⅲ）。

➡　請負人の責任によって解除がされたわけではないから。

第9節　委　任

Topics
- 委任は，条文の知識が満遍なく問われる。特に契約の任意解除の要件や損害賠償の必要性が重要である。
- 請負などとの異同も出題される。

1　意　義

> （委任）
> **第643条**　委任は，当事者の一方が法律行為をすることを相手方に委託し，相手方がこれを承諾することによって，その効力を生ずる。

(1)　意義，法的性質

委任とは，当事者の一方（委任者）が**法律行為をすること**を相手方（受任者）に委託し，相手方がこれを承諾することによって効力を生ずる契約である。

・　委任は，“法律行為をすること”を相手方に委託するものである。

➡　Aは，Bに対し，「自分の所有する甲土地をだれかに売却してくれ」と委託し，Bはこれを承諾した。

一方，“法律行為でない事務”を委託することを，「準委任」という（民§656）。

➡　Aは，Bに対し，「1時間，自分の子供Cの面倒を見てくれ」と委託し，Bはこれを承諾した。

準委任については，委任に関する規定が準用されるので（民§656），両者を厳密に区別する実益はない。

・　受任者は，特約がなければ，委任者に対して報酬を請求することができないので（民§648Ⅰ），原則としては**無償契約**であり**片務契約**である。 H30-19

一方，報酬を支払う特約がある場合は，**有償契約**であり**双務契約**となる。

・　委任契約は，当事者の合意のみによって効力を生ずるので，**諾成契約**である。 H30-19

プラス アルファ

委任は，請負と同じように，労務を供給する契約である。

請負は，仕事を完成させる義務があるのに対し（結果が大事），委任は，法律行為を行う義務を負う（**結果までは保証していない**）。

(2) 委任と代理

H7-3 委任契約がされた場合は，それに関する代理権も受任者に与えられることが多いが，必ずしも代理権を与える必要はない。

受任者に代理権が与えられた場合は，代理人（受任者）がした行為の効果は，直接に本人（委任者）に帰属する（民§99Ⅰ）。

→　忘れている方は総則編の代理を復習してください。

【例】　Aは，Bに対し，「〇駅から徒歩10分圏内のマンションを購入してくれ」と委任し，同時に，売買に関する代理権を授与した。

そして，Bは，Aの代理人として，Cからマンションを購入した。

➡　この売買契約の効果は，直接Aに帰属する（Aが買主ということになる）。つまり，このマンションの所有権はCからAに移転する（Bに所有権は帰属しない）。

【例】　Aは，Bに対し，「〇駅から徒歩10分圏内のマンションを購入してくれ」と委任したが，この売買に関する代理権は与えなかった。

そして，Bは，いいマンションを見つけたので，その所有者Cと売買契約を締結した。

➡　売買に関する代理権はないので，Bは，Aを買主として契約をすることはできない。Bを買主として契約をする（つまり，マンションの所有権はCからBに移転する）。

➡　そして，Bは，このマンションの所有権を委任者であるAに移転する義務を負う（民§646Ⅱ）。

2　委任の成立

委任は，当事者間の合意のみによって成立する（諾成契約）。

口頭でも成立するが，「委任状」という書面が作成される場合も多い。

3　受任者の義務

⑴　善管注意義務

受任者は，委任の本旨に従い，**善良な管理者の注意をもって**，委任事務を処理する義務を負う（民§644）。 H16-19 H14-15

➡　いわゆる善管注意義務である。

委任は，有償のものと無償のものがあるが，**たとえ無償であっても**，受任者は善管注意義務を負う。

理由　委任は，当事者間の信頼関係に基づくものであり，委任者は受任者に対して特別の信頼を置くものである。受任者は，有償であろうが無償であろうが，善良な管理者の注意を尽くすべきといえる。

プラスアルファ

寄託においては，有償の場合と無償の場合とで，受寄者の注意義務が異なる（後述）。

⑵　自己執行義務（復受任者の選任の制限）

> **（復受任者の選任等）**
> **第644条の２**　受任者は，委任者の許諾を得たとき，又はやむを得ない事由があるときでなければ，復受任者を選任することができない。

受任者は，原則として，**自分自身で**，委任された事務を処理する義務を負う。

➡　委任者は，「この人ならば任せられる」と信頼して，委任をしている。そのため，勝手に復受任者を選任する（他の人に代わってもらう）ことはできない。

➡　請負人とは異なる。

受任者が，復受任者を選任することができるのは，以下の場合に限られる。 H14-15

①　委任者の許諾を得たとき

➡　委任者本人が許可しているのだから，問題ない。

② やむを得ない事由があるとき
➡ 仕方がない。

・ 代理権を付与する委任において，受任者が代理権を有する復受任者を選任したときは，復受任者は，委任者に対して，その権限の範囲内において，受任者と同一の権利を有し，義務を負う（民§644の２Ⅱ）。

(3) 報告義務

H16-19
H5-7
受任者は，委任者の請求があるときは，いつでも委任事務の処理の状況を報告し，委任が終了した後は，遅滞なくその経過および結果を報告しなければならない（民§645）。

(4) 受取物の引渡しの義務

H7-3
受任者は，委任事務を処理するに当たって受け取った金銭その他の物を委任者に引き渡さなければならない（民§646Ⅰ）。

・ 収取した果実についても，委任者に引き渡すことを要する（同Ⅰ）。

(5) 取得した権利の移転の義務

H5-7
受任者は，委任者のために自己の名で取得した権利を，委任者に移転しなければならない（民§646Ⅱ）。

【例】 Ａは，Ｂに対し，土地の購入を委任した（代理権は与えていない）。そして，Ｂは，Ｃから土地を購入した。
➡ 代理権がないので，Ｂは，Ａの名で（Ａを買主として）売買をすることはできない。あくまでＢが買主であり，土地の所有権はＣからＢに移転する。

受任者Ｂは，委任者Ａのために自己（Ｂ）の名で取得した権利（土地の所有権）を，委任者Ａに移転することを要する。

(6) 金銭の消費についての責任

受任者は，委任者に引き渡すべき金額またはその利益のために用いるべき金額を自己のために消費したときは，その消費した日以後の利息を支払わなければならない（民§647）。

この場合において，なお損害があるときは，その賠償の責任を負う（同）。

➡　当たり前のことである。

4　受任者の権利（委任者の義務）

(1)　報酬支払請求権

前述のとおり，委任は，無償が原則である。 H16-19

しかし，特約があれば，受任者は，委任者に対し，報酬を請求することができる（民§648Ⅰ）。 H5-7

①　報酬の支払いの時期

（受任者の報酬）
第648条　受任者は，特約がなければ，委任者に対して報酬を請求することができない。
2　受任者は，報酬を受けるべき場合には，委任事務を履行した後でなければ，これを請求することができない。ただし，期間によって報酬を定めたときは，第624条第２項の規定を準用する。

委任における報酬は，後払いが原則である。 H14-15

②　成果等に対する報酬

（成果等に対する報酬）
第648条の２　委任事務の履行により得られる成果に対して報酬を支払うことを約した場合において，その成果が引渡しを要するときは，報酬は，その成果の引渡しと同時に，支払わなければならない。

成果報酬型の委任であり，その成果の引渡しを要する場合においては，成果の引渡しと報酬の支払いは同時履行の関係となる。

プラスアルファ

成果報酬型の委任といっても，請負とは異なる。成果に対して報酬を支払うという内容であっても，受任者が，その成果をもたらす義務を負うものではない。

➡　弁護士に訴訟の委任をした場合など（成功報酬は，まさに成果に対する報酬）。

➡　委任者としては，もちろん訴訟に勝ってほしいが，受任者（弁護士）は，訴訟に勝つ義務を負うわけではない。

③　履行の割合に応じた報酬の請求

（受任者の報酬）
第648条
3　受任者は，次に掲げる場合には，既にした履行の割合に応じて報酬を請求することができる。
一　委任者の責めに帰することができない事由によって委任事務の履行をすることができなくなったとき。
二　委任が履行の中途で終了したとき。

請負と同様の規定である。

H23-19

・　委任者の責めに帰すべき事由によって委任事務の履行をすることができなくなったときは，受任者は，報酬の全額を請求することができる。

・　受任者の責めに帰すべき事由によって委任事務の履行をすることができなくなった場合でも，受任者は，割合に応じた報酬を請求することができる。
➡　受任者が，一定の事務を処理したことに変わりはない。
➡　報酬の話とは別に，受任者は債務不履行責任を負う。

・　成果報酬型の委任においても，一定の要件を満たす場合には，受任者は，委任者が受ける利益の割合に応じて報酬を請求することができる（民§648の２Ⅱ，634）。

(2)　費用の前払請求権

H7-3
H5-7

委任事務を処理するについて費用を要するときは，委任者は，受任者の請求により，**その前払い**をしなければならない（民§649）。
➡　委任者のための事務なので，受任者に必要以上の負担をかけるべきではない。

【例】　Ａは，Ｂに対し，フランスに行ってブランド物のバッグを買ってくることを委任した。
　受任者Ｂは，委任者Ａに対し，往復の飛行機代や現地のホテル代，バッグの代金等について前払いを請求することができる。

(3)　費用等の償還請求権，損害賠償請求権

受任者は，委任事務を処理するのに必要と認められる費用を支出したときは，委任者に対し，その費用および支出の日以後におけるその利息の**償還を請求することができる**（民§650Ⅰ）。

➡　受任者が費用を立て替えた分は，委任者から返してもらえる。

・　受任者が実際に支払った額だけでなく，支出の日以後の利息も請求できる。

・　受任者は，委任事務を処理するのに必要と認められる債務を負担したときは，委任者に対し，自己に代わってその弁済をすることを請求することができる（民§650Ⅱ）。

・　受任者は，委任事務を処理するため自己に過失なく損害を受けたときは，委任者に対し，その賠償を請求することができる（民§650Ⅲ）。 H16-19 H14-15 H7-3

➡　委任者の過失の有無を問わない。

5　委任の終了

委任の内容とされた事務が終了したときは，委任は終了する。反対に，委任の内容とされた事務の処理が不能となった場合にも，委任は終了する。また，当事者の債務不履行によって解除がされた場合も，委任は終了する。

その他，委任に特有の終了事由もある。

(1)　任意解除

（委任の解除）

第651条　委任は，各当事者がいつでもその解除をすることができる。

2　前項の規定により委任の解除をした者は，次に掲げる場合には，相手方の損害を賠償しなければならない。ただし，やむを得ない事由があったときは，この限りでない。

一　相手方に不利な時期に委任を解除したとき。

二　委任者が受任者の利益（専ら報酬を得ることによるものを除く。）をも目的とする委任を解除したとき。

H30-19
H25-19
委任者または受任者は，いつでも，委任契約の解除をすることができる。

理由　委任契約は，当事者間の信頼関係を基礎とするものであるから，その信頼関係がなくなったような場合は，委任関係の解消を認める必要がある。

H23-19
H16-19
H14-15
H5-7
ただし，以下に掲げる場合には，やむを得ない事由があるときを除き，相手方の損害を賠償しなければならない。

① 相手方に不利な時期に委任を解除したとき
② 委任者が，受任者の利益（専ら報酬を得ることによるものを除く。）をも目的とする委任を解除したとき

・ 上記①または②に該当する場合でも，やむを得ない事由があるときは，損害の賠償をすることを要しない。

・ ②の「専ら報酬を得ることによるものを除く。」というのは，単なる有償の委任の場合は，「受任者の利益をも目的とする委任」とはいえない（委任者は，受任者の損害を賠償することを要しない）ということである。

・ 任意解除権を放棄することは可能である。

H30-19
・ 委任の解除は，将来に向かってのみその効力を生ずる（民§652，620）。

(2) その他の委任の終了事由

（委任の終了事由）
第653条　委任は，次に掲げる事由によって終了する。
一　委任者又は受任者の死亡
二　委任者又は受任者が破産手続開始の決定を受けたこと。
三　受任者が後見開始の審判を受けたこと。

H30-5
H30-19
当事者の一方が**死亡**したとき，あるいは，当事者の一方が**破産手続開始の決定**を受けたときは，委任は終了する。また，受任者が**後見開始の審判**を受けたときも，委任は終了する。

委任は，当事者間の信頼関係を基礎とするものである。委任者または受任者が死亡した場合，その地位を（どんな人物か分からない）相続人に承継させるのは，適切といえない。また，当事者の一方が破産した場合も，信頼関係が崩れるといえる。

そのため，当事者の一方の死亡や破産は，委任の終了事由とされた。

・　委任者が後見開始の審判を受けたときは，委任は（当然には）終了しない。 H30-19

理由　受任者が後見開始の審判を受けた場合は，受任者自ら委任事務を処理することができなくなるから，委任を終了させる必要があるが，委任者が後見開始の審判を受けた場合には，直ちに特段の不都合が生ずることもないので，委任の終了事由とはされていない。

(3)　委任終了後の処分

委任が終了した場合において，急迫の事情があるときは，受任者（またはその相続人等）は，委任者（またはその相続人等）が委任事務を処理することができるに至るまで，必要な処分をしなければならない（民§654）。

➡　応急処置である。

(4)　委任の終了の対抗要件

委任の終了事由は，これを相手方に通知したとき，または相手方がこれを知っていたときでなければ，これをもってその相手方に対抗することができない（民§655）。

第10節　寄　託

Topics・そんなに試験では出題されないが，寄託物の返還の時期については，消費貸借などとの比較で出題される。

1　意義，法的性質

（寄託）
第657条　寄託は，当事者の一方がある物を保管することを相手方に委託し，相手方がこれを承諾することによって，その効力を生ずる。

H20-17　寄託とは，当事者の一方（寄託者）がある物を**保管すること**を相手方（受寄者）に委託し，相手方がこれを承諾することによって効力を生ずる契約である。

【例】・　旅行に行っている間，ペットを預かってくれ。
・　商品の在庫を倉庫で保管しておいてくれ。
・　（銀行に対して）金銭を預かっておいてくれ（預金）。

・　受寄者は，特約がなければ，寄託者に対して報酬を請求することができないので（民§665，648Ⅰ），原則としては**無償契約**であり**片務契約**である。
　一方，報酬を支払う特約がある場合は，**有償契約**であり**双務契約**となる。

・　寄託契約は，当事者の合意のみによって効力を生ずるので，**諾成契約**である。

プラスアルファ
寄託は，基本的に**寄託者のための契約**である（預かって）。
一方，消費貸借は，基本的に借主のための契約である（貸して）。

2　寄託物の受取り前の解除

(1)　寄託者がする解除

（寄託物受取り前の寄託者による寄託の解除等）
第657条の2　寄託者は，受寄者が寄託物を受け取るまで，契約の解除をすることができる。この場合において，受寄者は，その契約の解除によって損害を受けたときは，寄託者に対し，その賠償を請求することができる。

寄託者は，受寄者が**寄託物を受け取るまで**，契約の解除をすることができる。

理由 預かってもらう必要性がなくなった場合に，無理に預けさせるのは適当でない。これによる受寄者の不利益については，損害賠償で解決すればよい。

【例】 Aは，Bに対し，「明日，プロ野球の試合を見に行くので，その間ペットを預かってください。明日の正午にペットを連れていきます」と委託した。

しかし翌日，朝から大雨で，午前中に試合の中止が発表された。Aは家にいることにした。

Aは，まだペットをBに預けていないので，寄託契約の解除をすることができる。

⑵　受寄者がする解除（書面による寄託ではない場合）

（寄託物受取り前の寄託者による寄託の解除等）

第657条の２

２　無報酬の受寄者は，寄託物を受け取るまで，契約の解除をすることができる。ただし，書面による寄託については，この限りでない。

無報酬の寄託であり，かつ書面による寄託ではない場合，受寄者は，**寄託物を受け取るまで**，契約の解除をすることができる。

➡　書面によらない贈与の解除（民§550）と同じ趣旨である。使用貸借においても，同様の規定がある（民§593の２）。

⑶　受寄者がする解除（有償寄託の場合，または書面による無償寄託の場合）

（寄託物受取り前の寄託者による寄託の解除等）

第657条の２

３　受寄者（無報酬で寄託を受けた場合にあっては，書面による寄託の受寄者に限る。）は，寄託物を受け取るべき時期を経過したにもかかわらず，寄託者が寄託物を引き渡さない場合において，相当の期間を定めてその引渡しの催告をし，その期間内に引渡しがないときは，契約の解除をすることができる。

有償寄託の場合，あるいは無償寄託でも書面による寄託の場合において，受寄者が寄託物を受け取るべき時期を過ぎても寄託者が寄託物を引き渡さないときは，受寄者は相当の期間を定めた催告を経た上で，契約の解除をすることができる。

➡　受寄者を，契約の拘束力から解放する趣旨である。

3　受寄者の義務

(1)　目的物の保管義務

受寄者は，目的物を保管する義務を負う。

①　有償寄託の受寄者は，善良な管理者の注意をもって，寄託物を保管する義務を負う（民§400）。

②　無報酬の受寄者は，自己の財産に対するのと同一の注意をもって，寄託物を保管する義務を負う（民§659）。

➡　無報酬の場合は，善管注意義務は負わない。

(2)　寄託物の使用の禁止

受寄者は，寄託者の承諾を得なければ，寄託物を使用することができない（民§658Ⅰ）。

(3)　再寄託の禁止

受寄者は，寄託者の承諾を得たとき，またはやむを得ない事由があるときでなければ，寄託物を第三者に保管させることができない（民§658Ⅱ）。

・　再受寄者は，寄託者に対して，その権限の範囲内において，受寄者と同一の権利を有し，義務を負う（同Ⅲ）。

(4)　通知義務等

（受寄者の通知義務等）

第660条　寄託物について権利を主張する第三者が受寄者に対して訴えを提起し，又は差押え，仮差押え若しくは仮処分をしたときは，受寄者は，遅滞なくその事実を寄託者に通知しなければならない。ただし，寄託者が既にこれを知っているときは，この限りでない。

受寄者が保管している寄託物について，第三者が（裁判所を通じて）権利を主張してきた場合に，寄託者が遅滞なく適切な措置をとることができるように，**通知義務**が定められた。

・ 第三者が寄託物について権利を主張する場合であっても，受寄者は，寄託者の指図がない限り，**寄託者に対してその寄託物を返還する**ことを要する（民§660Ⅱ）。

➡ 受寄者は，寄託者との間の契約によって寄託物の引渡しを受けているので，寄託者に対して寄託物を返還するのが大原則である。

ただし，（一定の要件を満たした上で）寄託物を第三者に引き渡すべき旨を命ずる確定判決があったために，その第三者に対して寄託物を引き渡したときは，寄託者に対する返還義務を負わない（同Ⅱただし書）。

・ （寄託者に対して返還義務を負う場合に）受寄者が寄託者に対して寄託物の返還をしたときは，それによって（権利を主張する）第三者に損害が生じたとしても，受寄者は，その賠償の責任を負わない（民§660Ⅲ）。

➡ あとは寄託者と第三者との間の問題となる。

➡ 受寄者は，契約に基づいて保管しているだけなので，必要以上にトラブルに巻き込むべきではない。

(5) その他の義務（委任の規定の準用）

受寄者が受け取った物（果実）を寄託者に引き渡す義務（民§646），金銭を自己のために消費した場合の責任（民§647）がある。

4 受寄者の権利（寄託者の義務）

(1) 報酬支払請求権

前述のとおり，寄託は，無償が原則である。

しかし，**特約があれば**，受寄者は，寄託者に対し，報酬を請求することができる（民§665，648Ⅰ）。

➡ 報酬の支払いの時期等については，委任に関する規定が準用される（民§665，648）。

(2) 費用の前払いの請求権，費用の償還請求権等

必要な場合に寄託者に対して費用の前払いを請求することができること，また，受寄者が費用を支出した場合に寄託者に対してその償還を請求するこ

とができることも，委任に関する規定が準用される(民§665，649，650ⅠⅡ)。

(3)　損害賠償請求権

寄託者は，（一定の場合を除き）寄託物の性質または瑕疵によって生じた損害を，受寄者に賠償することを要する（民§661)。

5　寄託物の返還

期間の満了等により寄託が終了したときは，受寄者は，寄託物を寄託者に返還することを要する。

また，寄託者による返還の請求や，受寄者からの返還について，特別の規定が置かれている。

(1)　寄託者からの返還の請求

（寄託者による返還請求等）
第662条　当事者が寄託物の返還の時期を定めたときであっても，寄託者は，いつでもその返還を請求することができる。
2　前項に規定する場合において，受寄者は，寄託者がその時期の前に返還を請求したことによって損害を受けたときは，寄託者に対し，その賠償を請求することができる。

寄託物の返還の時期が定められている場合でも，**寄託者は，いつでも**，その返還を請求することができる。

理由　保管してもらう必要性がなくなったのに，無理に保管を継続させるのは，適当といえない。
これによる受寄者の不利益については，損害賠償で解決すればよい。

(2)　受寄者による返還

（寄託物の返還の時期）
第663条　当事者が寄託物の返還の時期を定めなかったときは，受寄者は，いつでもその返還をすることができる。
2　返還の時期の定めがあるときは，受寄者は，やむを得ない事由がなければ，その期限前に返還をすることができない。

① 寄託物の返還の時期の定めがない場合→　受寄者は，いつでもその返還をすることができる。 H20-17

② 寄託物の返還の時期の定めがある場合→　受寄者は，やむを得ない事由がなければ，その期限前に返還をすることができない。 H25-19

理由　寄託者としては，○月△日までは預かってもらえると思っていたのに，その時期の前に勝手に返還されると，大変に困る。

➡　寄託者としては，一定の時期まで預かってもらうことが大事なので，「期限前の返還を認める＋損害賠償」ではなく，「やむを得ない事由がなければ期限前に返還できない」という扱いとされた。

(3) 寄託物の返還の場所

寄託物の返還は，その保管をすべき場所でするのが原則である。ただし，受寄者が，正当な事由によってその物を保管する場所を変更したときは，その現在の場所で返還をすることができる（民§664）。

6　損害賠償や費用の償還の請求権についての期間の制限

（損害賠償及び費用の償還の請求権についての期間の制限）
第664条の2　寄託物の一部滅失又は損傷によって生じた損害の賠償及び受寄者が支出した費用の償還は，寄託者が返還を受けた時から１年以内に請求しなければならない。
２　前項の損害賠償の請求権については，寄託者が返還を受けた時から１年を経過するまでの間は，時効は，完成しない。

使用貸借（民§600），賃貸借（民§622）と同じ内容の規定である。

7　特殊な寄託～混合寄託

(1) 意　義

（混合寄託）
第665条の2　複数の者が寄託した物の種類及び品質が同一である場合には，

受寄者は，各寄託者の承諾を得たときに限り，これらを混合して保管することができる。

混合寄託とは，複数の者が，種類および品質が同一の物を寄託した場合に，受寄者が，これらを**混合して保管する**ことである。

➡ 寄託物がごちゃまぜになることである。どれが誰の物かが分からなくなる。

混合寄託は，**各寄託者の承諾を得たときに限り**，することができる。

理由 寄託者としては，自分が預けた物を返してほしい。種類および品質が同じだとしても，もともと他人が所有していた物を返してもらうのは，ちょっと気持ち悪い。

【例】 Aは，新潟産の○×という品種のお米10kg（新米）をXに寄託した。また，Bも，新潟産の○×という品種のお米15kg（新米）をXに寄託した。

AとBが，「混合寄託でいいですよ」と承諾した場合には，受寄者Xは，お米25kgを混合して保管することができる。

➡ 仮に，AやBが混合寄託を承諾しなかった場合には，Xは，“Aのお米10kg”と“Bのお米15kg”を分けて保管することを要する。

(2) 返還の請求

受寄者が，各寄託物を混合して保管しているときは，寄託者は，その寄託した物と同じ数量の物の返還を請求することができる（民§665の２Ⅱ）。

・ 受寄者が，各寄託物を混合して保管している場合において，寄託物の一部が滅失したときは，寄託者は，混合して保管されている総寄託物に対するその寄託した物の割合に応じた数量の物の返還を請求することができる（民§665の２Ⅲ）。

【例】 Aはお米10kgをXに寄託し，Bはお米15kgをXに寄託した（Xは各お米を混合して保管している）。その後，X宅に泥棒が入り，お米５kgが盗まれてしまった（残ったのは20kg）。

➡ Xは，AとBにお米の全部を返せない。この場合，AとBは，それぞれが預けたお米の割合（２：３）に応じて返還を請求することができる。

➡　Aは８kg，Bは12kgのお米の返還を請求することができる。

➡　AとBは，Xに損害賠償の請求をすることができる（民§665の２Ⅲ後段）。

8　特殊な寄託～消費寄託

（消費寄託）
第666条　受寄者が契約により寄託物を消費することができる場合には，受寄者は，寄託された物と種類，品質及び数量の同じ物をもって返還しなければならない。

消費寄託とは，受寄者が，寄託物として**預かった物を消費することができる**形態の寄託である。

この場合，寄託が終了したときは，受寄者は，寄託物として預かった物と種類，品質および数量が同一の物を寄託者に返還することになる。

➡　受寄者が寄託物を消費してしまっているので，寄託物そのものを返還することはできない。

・　消費寄託は，他人の物を預かった者がその物を消費（処分）することができるという点で，消費貸借に類似している。

そのため，消費貸借に関する規定の一部が，消費寄託に準用されている（民§666Ⅱ，590，592）。

・　預貯金の契約により金銭を寄託した場合は，その預貯金を受け入れている金融機関は，返還の時期の定めがある場合でも，いつでも返還をすることができる（民§666Ⅲ，591Ⅲ。損害の賠償は必要）。

理由　銀行等は，預貯金を受け入れて，それを運用して利益をあげることを目的としている（住宅ローン等で貸し付けて，利息を得る）。

つまり，預貯金に関する消費寄託については，受寄者の側にも利益のある契約ということができる。

そのため，預貯金に係る消費寄託については，受寄者にとって一方的に不利なルールである民法663条２項の適用を排除し，銀行等は，いつでも寄託物（金銭）を返還できると定められた。

第11節　組　合

Topics
・組合は，団体を形成するものであるので，これまでの契約とは少しニュアンスが異なる。
・業務執行や代理の要件あたりが出題される。

1　意義，法的性質

（組合契約）
第667条　組合契約は，各当事者が出資をして共同の事業を営むことを約することによって，その効力を生ずる。

組合契約とは，各当事者が出資をして共同の事業を営むことを約することによって効力を生ずる契約である。

【例】　マンションの管理組合，映画の製作委員会，建築の巨大プロジェクトをする場合の共同企業体（ジョイント・ベンチャー），会社を設立する場合の発起人組合，愛好家によるヨットクラブなどがある。

プラスアルファ

これまでに見てきた双務契約は，当事者の一方と相手方では債務の内容が異なっていたが（対立する意思表示の合致などという），組合契約は，各当事者が**同じ方向**を向いている。

・　組合契約は，**諾成契約**であり，有償・双務契約である。
　➡　組合契約は，同じ方向の意思表示の合致という特徴から，通常の契約とは違う合同行為である，という見解もある。

・　組合は，数人が集まる団体的なものであるが，**法人格（権利能力）を持たない**。つまり，組合は，権利義務の主体となることができない。
　➡　簡単にいうと，組合の名義で財産を所有することができない（実質的には組合の財産でも，法律上は各組合員が共有する形となる）。

2　組合契約の成立

(1)　組合契約の成立

組合契約は，「出資」と「共同の事業を営む」ことを約することが成立要件である。

①　出　資

出資の目的となるのは，金銭，不動産，動産，債権など，財産的な価値があるものである。

➡　労務も，出資の目的とすることができる（民§667Ⅱ）。 H26-19

②　共同の事業

共同の事業については，特に制限はない。

(2)　出資義務を履行しない者がいる場合の効果

組合契約が成立すると，各当事者は，出資の義務を負う。

・　組合員の１人が出資の履行をしない場合でも，他の組合員は，同時履行の抗弁として，自己の出資の**履行を拒むことができない**（民§533の不適用。民§667の２Ⅰ）。 H21-18

理由　組合契約は，単なる二当事者間の問題というわけではなく，組合という団体的な性質についても考慮する必要がある。

・　ある組合員の出資の履行が（帰責事由なく）不能となった場合でも，他の組合員は，自己の出資の履行を拒むことができない（民§536の不適用。民§667の２Ⅰ）。

・　組合員は，他の組合員が組合契約に基づく債務の履行をしないことを理由として，組合契約を解除することができない（民§667の２Ⅱ）。

➡　これも，組合の団体的な性質を考慮した規定である。

(3)　組合員の１人についての意思表示の無効等

組合員の１人について意思表示の無効または取消しの原因があっても，他の組合員の間においては，組合契約の効力は妨げられない（民§667の３）。

つまり，組合契約そのものが無効となるわけではない。

➡　無効または取消しの事由がある者だけが組合契約から離脱する。

【例】 ＡＢＣの３人が組合契約をした。しかし，Ｃは，強迫を理由としてその意思表示を取り消した。

➡ Ｃは組合契約から離脱するが，ＡＢを組合員として組合契約は存続する。

3　組合の業務の決定，業務執行

組合の業務の決定や業務の執行の方法については，**業務執行者を定めているか否か**によって異なる。

(1)　業務執行者を定めていない場合

> **（業務の決定及び執行の方法）**
> **第670条**　組合の業務は，組合員の過半数をもって決定し，各組合員がこれを執行する。

まず，**組合員の過半数で**組合の業務を決定し，その決定された業務について各組合員が執行する。

H26-19 ・ 組合の常務については，（一定の場合を除き）各組合員が**単独で**行うことができる（民§670Ⅴ）。

➡ 日常レベルの軽微な事務については，わざわざ過半数で決定する必要もない。

(2)　業務執行者を定めた場合

組合契約で定めるところにより，１人または数人の業務執行者を定めることができる（民§670Ⅱ）。

この場合は，組合員ではなく，**業務執行者が**組合の業務を決定し，これを執行する。

理由 組合員の数が多い場合や，業務決定に関心が薄い人が多い場合は，業務決定について過半数の同意を得ることが難しくなる。このような場合は，特定の業務執行者を定めることが便利である。

・ 業務執行者は，組合員でもいいし，組合員以外の第三者でもよい（民§670Ⅱ）。

・　業務執行者が数人あるときは，組合の業務は，業務執行者の過半数をもって決定し，各業務執行者がこれを執行する（同Ⅲ）。

・　業務執行者がいる場合でも，総組合員の同意によって組合の業務を決定し，または総組合員が執行することもできる（同Ⅳ）。

・　組合の常務は，（一定の場合を除き）各業務執行者が単独で行うことができる（民§670Ⅴ）。

・　業務の決定および執行の委任を受けた組合員（業務執行組合員）は，正当な事由がなければ，辞任することができない（民§672Ⅰ）。
　また，正当な事由がある場合に限り，他の組合員の一致によって解任することができる（同Ⅱ）。

4　組合代理（組合の対外的関係）

前述のとおり，組合には法人格がない。

そのため，組合の業務として第三者と契約をするためには，本来であれば，組合員の全員が契約の当事者となる必要がある。

➡　あるいは，組合員の１人または数人が，他の組合員の全員から代理権を授与されて，組合員全員のために契約をする。

しかし，組合員の全員が契約当事者となる，あるいは他の組合員の全員から代理権を授与されるというのは，なかなか難しい。そこで，民法では，組合の代理に関し，特別の規定を設けている。

（組合の代理）

第670条の２　各組合員は，組合の業務を執行する場合において，組合員の過半数の同意を得たときは，他の組合員を代理することができる。

２　前項の規定にかかわらず，業務執行者があるときは，業務執行者のみが組合員を代理することができる。この場合において，業務執行者が数人あるときは，各業務執行者は，業務執行者の過半数の同意を得たときに限り，組合員を代理することができる。

３　前二項の規定にかかわらず，各組合員又は各業務執行者は，組合の常務を行うときは，単独で組合員を代理することができる。

H26-19
H18-20

・　業務執行者を定めていない場合，各組合員は，**組合員の過半数の同意を得たときは**，他の組合員を代理することができる。

・　業務執行者を定めているときは，業務執行者のみが組合員を代理することができる。

5　組合の財産関係

（組合財産の共有）
第668条　各組合員の出資その他の組合財産は，総組合員の共有に属する。

(1)　組合財産の共有（合有）

繰り返しになるが，組合には法人格がないので，組合が本人として財産を所有することはできない。

各組合員が出資した財産，あるいは取引などにより取得した財産（組合財産）は，**総組合員の共有**となる。

(2)　組合財産の持分の処分の制限，分割の禁止等

①　組合員は，組合財産についての持分を処分したとしても，組合や組合と取引をした第三者に対抗することができない（事実上，処分することができない。民§676Ⅰ）。

理由　持分の自由な処分を認めると，その財産については，他の組合員と第三者の共有ということになる。そうなると，組合の運営に支障が出る。

②　組合員は，組合財産である債権について，その持分についての権利を単独で行使することができない（民§676Ⅱ）。

③　組合員は，清算前に組合財産の分割（共有物分割）を求めることができない（民§676Ⅲ）。

プラスアルファ

上記のとおり，組合財産の共有については，一般的な「共有」とは少し性質が異なるので，「**合有**」と呼ばれたりもする。

(3) 組合の債務について

> （組合の債権者の権利の行使）
> **第675条** 組合の債権者は，組合財産についてその権利を行使することができる。
> **2** 組合の債権者は，その選択に従い，各組合員に対して損失分担の割合又は等しい割合でその権利を行使することができる。ただし，組合の債権者がその債権の発生の時に各組合員の損失分担の割合を知っていたときは，その割合による。

組合が負担する債務については，組合財産から弁済がされるべきであるが，**組合員個人も**一定の責任を負うものとされている。

債権者が各組合員に対して権利を行使する場合は，以下の割合による。 H26-19

➡ 債権者が以下の①または②を選択することができる。

① 損失分担の割合
② 等しい割合

・ ただし，組合の債権者が，その債権の発生の時に，各組合員の損失分担の割合を知っていたときは，その割合による。

(4) 組合員個人の債務について

> （組合財産に対する組合員の債権者の権利の行使の禁止）
> **第677条** 組合員の債権者は，組合財産についてその権利を行使することができない。

組合ではなく，組合員個人が第三者に対して債務を負担している場合，その債権者は，組合財産に対して権利を行使する（強制執行をする）ことができない。

➡ 各組合員は，組合財産について持分を有しているが，組合員個人に対する債権者は，その持分に対して権利を行使することができない。

・ 組合員に対する債権者は，その債権と，自分が組合に対して負担している債務とを相殺することができない。

(5) 損益分配

組合の事業によって利益が出たときは，その利益は各組合員に分配される。他方，損失が出たときは，各組合員が分担する（損益分配）。

各組合員の損益分配の割合は，当事者間の合意によって定められるが，当事者間の合意がないときは，以下の基準で決せられる。

（組合員の損益分配の割合）
第674条　当事者が損益分配の割合を定めなかったときは，その割合は，各組合員の出資の価額に応じて定める。
2　利益又は損失についてのみ分配の割合を定めたときは，その割合は，利益及び損失に共通であるものと推定する。

6　組合員の変動

組合は，団体的な性質を有するので，組合員の一部が脱退する，あるいは新たに組合員が加入するということもあり得る。

組合員の脱退，加入があっても，組合は，同一性を保ったまま存続する。

(1) 組合員の加入

組合員は，**その全員の同意によって**，または組合契約の定めるところにより，新たに組合員を加入させることができる（民§677の２Ⅰ）。

・　組合の成立後に加入した組合員は，その加入前に生じた組合の債務については，これを弁済する責任を負わない（民§677の２Ⅱ）。

(2) 組合員の脱退

組合員の脱退については，自らの意思による脱退（任意脱退）と，法で定められた事由の発生による脱退（非任意脱退）がある。

①　任意脱退

㋐　組合契約で組合の存続期間を定めなかったとき，またはある組合員の終身の間組合が存続すべきことを定めたとき

➡　各組合員は，いつでも脱退することができる（民§678Ⅰ本文）。

➡　ただし，やむを得ない事由がある場合を除き，組合に不利な時期に脱退することはできない（同Ⅰただし書）。

㋑　組合の存続期間を定めたとき

➡　その期間内は，脱退することができない。

➡　ただし，**やむを得ない事由があるときは**，各組合員は脱退することができる（民§678Ⅱ）。

・　やむを得ない事由がある場合でも任意の脱退を許さない旨の定めは，無効である（最判平11.2.23）。 H18-20

➡　組合員の自由を過度に制限し，公の秩序に反する。

②　非任意脱退

（組合員の脱退）

第679条　前条の場合のほか，組合員は，次に掲げる事由によって脱退する。

一　死亡

二　破産手続開始の決定を受けたこと。

三　後見開始の審判を受けたこと。

四　除名

・　組合員が**死亡**した場合，その組合員は脱退する。

➡　一般的に，人が死亡したときは，その相続人が被相続人の権利義務を承継するが（民§896），組合員としての地位は承継されない。

・　除名は，正当な事由がある場合に限り，他の組合員の一致によってすることができる（民§680）。

(3)　脱退した組合員の責任等

①　脱退した組合員は，その脱退前に生じた組合の債務について，従前の責任の範囲内でこれを弁済する義務を負う（民§680の２Ⅰ）。

②　脱退した組合員は，上記①に規定する組合の債務を弁済したときは，組合に対して求償権を取得する（民§680の２Ⅱ）。

(4)　脱退した組合員の持分の払戻し

組合員が脱退すると，その組合員の持分について清算がされる。 H26-19

脱退した組合員の持分は，その出資の種類を問わず，金銭で払い戻すことができる（民§681Ⅱ）。

7　組合の解散

一定の事由が生ずると，組合は解散する。解散により，共同の事業は終了となる。

(1)　組合の解散事由

> （組合の解散事由）
> **第682条**　組合は，次に掲げる事由によって解散する。
> 一　組合の目的である事業の成功又はその成功の不能
> 二　組合契約で定めた存続期間の満了
> 三　組合契約で定めた解散の事由の発生
> 四　総組合員の同意

・　組合の目的である事業が成功した場合だけでなく，反対に成功が不能となったときも，組合は解散する。

・　やむを得ない事由があるときは，各組合員は，組合の解散を請求することができる（民§683）。

・　組合員が１人となった場合は，組合は解散すると解されている。

(2)　組合の清算

組合が解散しても，直ちに組合が消滅するわけではない。業務をきちんと終了させて，組合債権があれば取り立てて，債務がある場合には弁済して，残余財産がある場合は分配をする必要がある。

➡　これらの手続を清算という。

・　残余財産がある場合，各組合員の出資の価額に応じて，各組合員に分配される（民§688Ⅲ）。

第12節　その他の契約

Topics・雇用，終身定期金，和解は，ほぼ試験で出題されない。
・軽く条文を読んでおけば足りる（と思われる）。

1　雇　用

雇用とは，当事者の一方（労働者）が相手方に対して**労働に従事**することを約し，相手方（使用者）がこれに対してその報酬を与えることを約することによって効力を生ずる契約である（民§623）。

・　諾成契約であり，双務契約・有償契約である。
➡　役務を提供する契約である。

ただ，現代においては，民法の雇用の規定が適用される場面は少なく，労働関係については，労働基準法や労働契約法といったものが適用される。
➡　労働者を保護する法律である。

そのため，司法書士の試験でも，雇用についてはほとんど出題されない。

2　終身定期金

（終身定期金契約）
第689条　終身定期金契約は，当事者の一方が，自己，相手方又は第三者の死亡に至るまで，定期に金銭その他の物を相手方又は第三者に給付することを約することによって，その効力を生ずる。

【例】 A（若者）とB（高齢者）は，Bが死ぬまで，Aが毎月Bに対して５万円を給付する契約をした。
➡　実際には，まずBが財産の大半をAに贈与し，その後に上記のような終身定期金の契約を結ぶ（財産はあげるから，老後の面倒を見てね）。

3 和 解

(1) 意義，法的性質

（和解）
第695条　和解は，当事者が互いに譲歩をしてその間に存する争いをやめることを約することによって，その効力を生ずる。

【例】　AはBに対して「100万円の貸金債権がある」と主張し，BはAに対して「いや自分の債務は60万円だ」と主張している。
　そして，AとBは，「Aが有する貸金債権は80万円ということにして争いをやめよう」と合意した。
➡　AとBはそれぞれ20万円分の譲歩をして，その間に存する争いをやめることを合意している。

・　和解契約は，諾成契約であり，双務契約・有償契約である。

プラスアルファ

民法上の和解契約と，裁判上の和解とは区別する必要がある。
→　裁判上の和解については，民事訴訟法で学習する。

(2) 和解の効力（和解の確定効）

（和解の効力）
第696条　当事者の一方が和解によって争いの目的である権利を有するものと認められ，又は相手方がこれを有しないものと認められた場合において，その当事者の一方が従来その権利を有していなかった旨の確証又は相手方がこれを有していた旨の確証が得られたときは，その権利は，和解によってその当事者の一方に移転し，又は消滅したものとする。

和解がされたときは，和解の内容である事項がたとえ真実と異なっていたとしても，**和解の内容のとおり確定する**という効力を生ずる。
➡　互いに譲歩して争いをやめることを合意したのだから，蒸し返すのは禁止。

【例】　Aは「甲土地は俺のものだ」と主張し，Bも「いや甲土地は俺のものだ」と主張している。そして，ＡとＢは，「甲土地の東側半分はＡのもの，西側半分はＢのものとしよう」と和解をした。

しかし，和解をした後に，甲土地は本当はＢのものであったという証拠（確証）が出てきた。

この場合，和解によって，甲土地の東側半分はＢからＡに権利が移転したものとされる。

➡　Ｂは，「甲土地は俺のものだから東側半分を返せ」とはいえない。

【例】　ＡはＢに対して「100万円の貸金債権がある」と主張し，ＢはＡに対して「いや自分の債務は60万円だ」と主張している。そして，ＡとＢは，「貸金債権の額は80万円ということにしよう」と和解をした。

しかし，和解をした後に，貸金債権の額は100万円である旨の証拠（確証）がでてきた。

この場合，和解によって，Ａの貸金債権のうち20万円分が消滅したものとされる。

➡　Ａは，「本当の額は100万円だから100万円返せ」とはいえない。

・　和解には確定効があるから，たとえ和解の内容とされた事項が真実に反していたとしても，その点について錯誤による取消し（民§95）を主張することはできない。 H29-5

しかし，争っていた内容とは直接関係のないような部分において錯誤がある場合には，錯誤による取消しが認められることがある（最判昭33.6.14）。

第11章
事務管理

Topics
・頼まれていないけど，他人のために事務をした場合には，その費用の償還等を請求することができる。
・委託を受けていない（準）委任という感じであるので，委任に関する規定と比較しながら学習するのが効率的である。

1　債権の発生原因についての復習

復習になるが，債権の発生原因としては，**契約，事務管理，不当利得，不法行為**がある。

前章では各種の契約について解説したが，これからは事務管理，不当利得，不法行為を解説する。

➡　契約は，当事者間の意思表示の合致によって債権が発生するものであるが，事務管理，不当利得，不法行為は，**当事者の意思表示に基づいて債権が発生するものではない**点で契約とは異なる。

2　事務管理の意義

ケーススタディ

ＡとＢはお隣さんの関係であるが，Ｂが旅行で不在の間に，猛烈な勢いの台風が襲来した。そして，突風でＢ宅の窓ガラスが割れてしまった。Ａは，このままではＢ宅の部屋の中が大変なことになると思い，Ｂに連絡をとることなく，自費でＢ宅の窓ガラスを補修した。

この場合，Ａは，Ｂに対し，窓ガラスの補修費用の償還を請求することができるか。

事務管理とは，**義務なく他人のために事務の管理をすること**である（民§697Ⅰ参照)。

【例】　ケーススタディの事例では，Ａは，Ｂ宅の窓ガラスについて補修をする義務はない。つまり，義務なく他人のために事務の管理(窓ガラスの補修)

をしている。

プラス アルファ

「事務の管理」とはいっても，書類の整理などではない。

➡ 窓ガラスを補修する，倒れている人を病院に搬送する，隣家の火事を消すなど，人の生活において様々必要となる行為である。

詳しくは後述するが，事務の管理をした者（管理者）は，本人に対し，費用の償還を請求することができる（民§702）。

理由 事務管理は，見方によっては，他人の生活領域への干渉ともいえる。現代社会においてそれはあまり好まれるものではないが，かといって，自分は自分，他人は他人と完全に割り切ってしまうのも悲しい。そこで，民法は，義務なくして他人の事務を管理した場合には，一定の費用の償還請求を認め，他方，報酬の請求まではできないなどとして，一定のルールを定めた。

➡ 結果として他人の財産関係に干渉した場合でも，違法とはされない（違法性の阻却）。

3 事務管理の要件

(1) 他人のために事務の管理をすること

・「他人」とは，管理者以外の者をいい，自然人，法人を問わない。

・「事務」とは，窓ガラスの補修のような事実行為のほか，法律行為も含まれる。

・「管理」とは，いわゆる管理行為に限られず，処分行為や契約の解除なども含まれる。

➡ ただし，本人に効果が帰属するためには，本人の追認が必要となる（大判大7.7.10）。

(2) 他人のためにする意思

事務管理が成立するためには，他人のためにする意思が必要と解されている。

ただし，他人のためにする意思があれば，自己のためにする意思が含まれていても，事務管理が成立する。

(3)　本人の意思に反し，または本人に不利であることが明らかでないこと

R4-19　結果として本人の意思に反していた，という場合には事務管理は成立するが（民§702Ⅲ参照），本人の意思に反することが“明らかである”場合には事務管理は成立しない。

(4)　義務がないこと

事務管理は，管理者が「義務なく」他人の事務を管理した場合に成立するものである。

管理者が，本人に対して何らかの義務を負う場合には，まさにその義務に基づいて管理をすべきであり，費用の償還などもその義務に基づく法律関係で決せられるべきである。

4　管理者の義務

(1)　善管注意義務

H16-19　管理者は，**善良な管理者の注意をもって**，事務の管理をする義務を負う（民§698の反対解釈）。

R4-19
H24-19　ただし，管理者は，本人の身体，名誉または財産に対する急迫な危害を免れさせるために事務管理をしたときは，悪意または重大な過失があるのでなければ，これによって生じた損害を賠償する責任を負わない（緊急事務管理，民§698）。

(2)　本人の利益に適合する方法による義務

管理者は，その事務の性質に従い，最も本人の利益に適合する方法によって事務管理をしなければならない（民§697Ⅰ）。

(3)　本人の意思に従う義務

H24-19　管理者は，本人の意思を知っているとき，またはこれを推知することができるときは，その意思に従って事務管理をしなければならない（民§697Ⅱ）。

(4)　通知義務

R4-19　管理者は，本人が既に知っているときを除き，事務管理を始めたことを遅滞なく本人に通知しなければならない（民§699）。

(5)　継続義務

R4-19
H16-19　管理者は，事務管理の継続が本人の意思に反し，または本人に不利である

ことが明らかであるときを除き，本人またはその相続人等が管理をすることができるに至るまで，事務管理を継続しなければならない（民§700）。

理由 もともと義務がないとはいえ，自らの意思で管理を始めたのだから，勝手に中止してはいけない。

(6) 委任の規定の準用による義務

① 報告義務 H24-19

管理者は，本人の請求があるときは，いつでも事務管理の処理の状況を報告し，事務管理が終了した後は，遅滞なくその経過および結果を報告しなければならない（民§701，645）。 H16-19

② 受取物の引渡しの義務（民§701，646） H7-3

③ 金銭の消費についての責任（民§701，647）

5 管理者の権利

(1) 費用の償還請求権

> **（管理者による費用の償還請求等）**
> **第702条** 管理者は，本人のために有益な費用を支出したときは，本人に対し，その償還を請求することができる。
> **2** 第650条第２項の規定は，管理者が本人のために有益な債務を負担した場合について準用する。 R4-19
> **3** 管理者が本人の意思に反して事務管理をしたときは，本人が現に利益を受けている限度においてのみ，前二項の規定を適用する。

管理者が，事務管理に際して本人のために有益な費用を支出した場合，本人に対してその**費用の償還を請求することができる**が，本人の意思に反しているか否かで，請求できる範囲が異なる。

① 事務管理が本人の意思に反しない場合

支出した費用（全額）の償還を請求することができる。

・ 利益が現存しているか否かを問わない。

・「有益な費用」とされているが，いわゆる有益費に限られない。必要費も含まれる。

H7-3 ・　費用の前払いは請求できない。

②　事務管理が本人の意思に反する場合

H24-19 本人が現に利益を受けている限度においてのみ，費用の償還を請求することができる。

理由　本人の意思に反するからといって，費用の償還請求をまったく認めないのは酷である。他方，本人としても，自分で頼んだわけではない（しかも意思に反している）から，費用の全額の償還を義務付けるのは酷である。というわけで，現存利益を限度とした償還とされた。

(2)　報酬を請求することの可否

H24-19 H16-19 管理者は，本人に対して，**報酬を請求することはできない**とされている。

➡　支出した費用は償還してもらえるが，それに加えて報酬の請求はダメ。

理由　事務管理は，管理者が善意（相互扶助の精神）でするものである。お金の問題ではない。

(3)　損害賠償の請求をすることの可否

H16-19 H7-3 管理者が，事務管理をするに当たって損害を被った場合でも，本人に対してその賠償を請求することはできないとされている。

➡　民法701条は，受任者の損害賠償請求権を定めた民法650条３項を準用していない。

【例】　Ａは，池で溺れているＢを助けるため，池に飛び込んだ。その際，Ａは岩に接触し，怪我をしてしまった。

この場合でも，ＡはＢに対して損害の賠償を請求することはできない。

第12章
不当利得

Topics ・論点は多岐にわたるが，試験ではほぼ出題されない。そのため，あまり深入りしないほうがいい。

1 一般的な不当利得

1 意 義

（不当利得の返還義務）
第703条 法律上の原因なく他人の財産又は労務によって利益を受け，そのために他人に損失を及ぼした者（以下この章において「受益者」という。）は，その利益の存する限度において，これを返還する義務を負う。
（悪意の受益者の返還義務等）
第704条 悪意の受益者は，その受けた利益に利息を付して返還しなければならない。この場合において，なお損害があるときは，その賠償の責任を負う。

(1) 意 義

不当利得とは，文字どおり，不当な利得である。**法律上の原因なく**他人の財産または労務によって利益を受け，そのために他人に損失が及んだ場合には，**その利益をその他人に返還する**ことを要する，という制度である。

(2) 不当利得の類型

不当利得の類型としては，①契約がされて給付がされたが，実は契約の効力が生じなかったような場合（給付利得）や，②契約等は一切関係なく，もっぱら他人の財産によって利益を受けているような場合（財貨利得）等がある。

① 給付利得

・ Ａの所有する腕時計をＢに売り渡す契約がされ，腕時計がＢに引き渡された。また，ＢはＡに対して代金を支払った。

しかし，Ａは意思能力がない者であり，当該売買契約は無効であった。

➡ 売買契約は無効であるので，Ｂに渡った腕時計，Ａに渡った代金は不当利得ということになる。

・　契約がされて給付がされたが，詐欺や強迫等によって契約が取り消された場合，あるいは契約が解除された場合も同様である。

プラス アルファ

給付利得の返還に関しては，無効，解除のそれぞれについて個別に規定されている（無効の場合につき民§121の2，解除の場合につき民§545Ⅰ）。

②　財貨利得

他人の建物に入り込んで住み着いた。

➡　勝手に住み着いた者は，家賃分の利得を得ている。一方，建物の所有者は，その間建物が使えないので，損失を被っている。勝手に住み着いたのだから，もちろん法律上の原因はない。

2　不当利得の要件

①　他人の財産または労務によって利益を受けたこと
②　そのために他人に損失を及ぼしたこと
③　受益と損失の間に因果関係があること
④　法律上の原因がないこと

・　因果関係について

①　騙取金による弁済

H29-19 他人から金銭を騙し取って，自分に対する債権者に対して債務の弁済をした場合，その弁済を受けた債権者について不当利得が認められることがある。

【例】　Aは，Mから金銭を騙し取った。そして，Aは，自分に対する債権者Bに対して債務の弁済をした。

➡　社会観念上，Mの金銭でBの利益をはかったと認められるだけの連結がある場合には，不当利得の成立に必要な因果関係があるものと解すべきである。

② 転用物訴権

Aの所有するブルドーザーについてBが賃借している。そして，Bの依頼により，Cが当該ブルドーザーを修理した。Cは当該ブルドーザーをBに返還し，Bは当該ブルドーザーを賃貸人Aに返還した。

この場合，（修理の依頼をした）BがCに対して修理代金を支払うべきであるが，Bは倒産し，支払うことができなくなった。

そこで，Cは，Aに対して，修理代金相当の不当利得の返還を請求した。

➡ Cの損失（労務や部品を提供して修理をした）とAの利得（自分のブルドーザーが故障から回復した）の間には直接の因果関係がある。

➡ 修理代金は本来はBが支払うべきであるが，Bが無資力であるような場合は，Aは修理により受けた利得を，Cに対して返還することを要する（最判昭45.7.16）。

3 不当利得の返還義務

不当利得の要件を満たした場合には，その利益を（本来その利益の帰属すべき者に）返還することを要する。

この場合，受益者が善意であるか，悪意であるかによって，返還義務の範囲が異なる。

(1) 受益者が善意である場合

受益者が善意であるときは，**その利益の存する限度において（現存利益）**，これを返還する義務を負う（民§703）。

理由 受益者が善意であるというのは，その利益が正当に自分のものであると信じていたということである。つまり，その利益を（自分のものだから）気軽に処分したり，壊したりすることもある。

そのような場合に，「実は不当利得でした」ということで，全額の返還を求めることは，酷である。

プラス アルファ

契約の解除による利得の返還については，（解除事由について）善意・悪意を問わず，原状回復の義務が定められている（民§545Ⅰ）。

→ 契約が無効である場合については，民法121条の2を参照。

(2) 受益者が悪意である場合

受益者が悪意であるときは，**その受けた利益に利息を付して**返還する義務を負う（民§704）。

この場合において，なお損害があるときは，その賠償の責任を負う（同）。

理由　受益者が悪意（その利益が本来は自分のものではないと知っていた）ならば，全額返還＋利息＋（損害があれば）賠償も仕方ない。

2　特殊な不当利得

1　非債弁済

非債弁済とは，**本当は債務がないのに弁済をした**，という話である。

弁済を受けた者は，本当は債権がないのに弁済として給付を受けたわけだから（弁済者は損失をしており，法律上の原因もない），まさに不当利得といえる。

したがって，大原則として，弁済をした者は，弁済を受領した者に対して，給付したものの返還を請求することができる。

しかし，例外がある。

> （債務の不存在を知ってした弁済）
> **第705条**　債務の弁済として給付をした者は，その時において債務の存在しないことを知っていたときは，その給付したものの返還を請求することができない。

債務が存在しないことを知った上で弁済（給付）をした者は，その給付したものの**返還を請求することができない**。

理由　債務がないと知った上で弁済をして，その給付したものを返せというのは，意味が分からない。そのような矛盾行為を法的に保護する必要はない。

2　期限前の弁済

債務者が，弁済期の前に債務の弁済をした場合，その給付したものの**返還を請求することができない**（民§706本文）。

理由　まだ弁済期が到来していないとはいえ，実際に債務を負担しており，その債務の弁済をしたわけだから，それで終了という感じである。

➡ 期限の利益の放棄（民§136Ⅱ）と同じ結果となる。

・ ただし，債務者が錯誤によってその弁済（給付）をしたときは，債権者は，これによって得た利益を返還することを要する（民§706ただし書）。

➡ えっ，もう弁済期が到来したと勘違いしてた。

【例】 債務者Aが，錯誤によって弁済期の前に弁済（金銭の給付）をした。この場合，債権者は，弁済を受けた時から本来の弁済期までの利息を返還することを要する。

➡ 弁済をした金銭の返還は請求できない。あくまで利益（利息相当額）の返還である。

3 他人の債務の弁済

ある人が，勘違いして他人の債務を弁済してしまった場合，原則として，その給付したものの返還を請求することができる。

ただし，弁済を受けた債権者の保護も考える必要があり，一定の場合には，給付をしたものの返還を請求することができないとされている。

> （他人の債務の弁済）
>
> **第707条** 債務者でない者が錯誤によって債務の弁済をした場合において，債権者が善意で証書を滅失させ若しくは損傷し，担保を放棄し，又は時効によってその債権を失ったときは，その弁済をした者は，返還の請求をすることができない。

本来はBが債務者であり，Aは債務者でないが，Aは，自分が債務者だと勘違いして，債権者Xに対して債務の弁済をした。

Xは，弁済を受けたことで安心し，証書（X・B間の金銭消費貸借契約書）を破り捨てた。

この場合，Aは，Xに対し，給付したものの返還を請求することができない。

理由 債権者が証書を破り捨ててしまったら，今後，Bに履行の請求をすることが難しくなる。

➡ 裁判所に訴えても，証拠（金銭消費貸借契約書）がないから，Xが負ける可能性が高い。

これは債権者にとって酷である。そのため，（債権者が善意で）証書を滅失させたり，担保を放棄するなどして，権利の行使が困難となるような状態となった場合には，弁済者からの返還請求を否定することとした。

H17-18 ・　上記の場合，弁済者（A）は，本来の債務者（B）に対して，求償権を取得する（民§707Ⅱ）。

4　不法原因給付

無効な法律行為によって給付がされた場合は，本来であれば，その返還を請求することができるはずである。

しかし，不法な原因のために給付をした者は，その給付したものの返還を請求することができないとされている（不法原因給付。民§708）。

【例】　A男は，B女と愛人契約を結び，1か月分の契約料として20万円を渡した。

愛人契約は公序良俗に反するので，無効である（民§90）。つまり，B女が給付を受けた20万円は不当利得ということになるが，“不法な原因（愛人契約）のために”給付がされているので，A男は，B女に対してその返還を請求することができない。

➡　B女の利得を肯定的に捉えるわけではないが，少なくともA男からの返還請求は認められない。

いわゆるクリーン・ハンズの原則である。

➡　汚れた手をした人間は，法に助けを求めることができない。

・　ここにいう「不法な原因」とは，愛人契約，殺人の請負契約，賭博に関する契約などである。

➡　単に公序良俗に反する行為というだけでなく，さらにそれが，その社会において要求せられる倫理，道徳を無視した醜悪なものであることを必要とする（最判昭37.3.8）。

・　不法な原因による給付であっても，不法な原因が受益者についてのみ存する場合には，給付者は，その返還を請求することができる（民§708ただし書）。

➡　給付をした者は（ほぼ）悪くなく，（ほぼ）受益者のみが悪いような場合は，給付したものの返還を請求することができる。

第13章
不法行為

Topics ・不法行為は，条文はもちろん，判例からの出題も多い。
・不法行為だけで本が１冊書けてしまうほど論点が多いが，もちろんそんな深入りをしてはいけない。
・債務不履行責任との比較が重要。

1 総　説

ケーススタディ

Ａは気分よく車を運転していたが，カーナビの操作に気を取られ，うっかり前の車に追突してしまった。

前の車に乗っていたＢは首のねん挫をし，１週間の入院が必要となった。もちろん，その１週間は仕事にも行けなかった。

Ｂは，Ａに対して何かを請求することができるか。

1　不法行為とは

不法行為とは，**故意または過失によって他人の権利または法律上保護さる利益を侵害すること**である。

そして，このような不法行為をした者は，これによって生じた**損害を賠償する責任**を負う（民§709）。

【例】 ケーススタディの事例では，Ａの過失（うっかり）によって，Ｂに損害が及んだ。

➡ Ｂの車が壊れた。Ｂがケガをした。Ｂは１週間働けなかった。

そのため，Ａは，Ｂに対してこれらの賠償をする責任がある。

理由 自分の故意または過失（自分の責任）で，他人に損害を与えたのだから，その被害者を救済する必要がある。

2　債務不履行責任との競合

不法行為として損害賠償の請求をすることができる場合，同時に，債務不履行の責任を追及することができる場合もある。

【例】　Bは，Aが運転するタクシーに乗った。そして，運転手Aのミスによって，車が中央分離帯に激突し，大破した。Bは腕を骨折してしまった。

➡　Aの過失によってBがケガをしたので，不法行為責任が発生する。また，Aはタクシーの運転手なので，客を安全に目的地まで送り届ける義務（運送契約上の義務）を負っているところ，これに違反した。つまり，債務不履行責任も発生する。

H22-19　この場合，BはAに対し，不法行為の責任を追及すべきか，それとも債務不履行の責任を追及すべきかが問題となるが，判例は，どちらを追及してもよいとしている（最判昭38.11.5）。

理由　基本的な考え方としては，被害者にとっては，債務不履行責任の方が追及しやすい。

債務者は，もともと債権者に対して債務を負っているのだから，その債務の履行ができなかったときは，原則として債権者に対して損害賠償の責任を負う（民§415Ⅰ）。ただ，債務者が，自分に責任がないことを立証したときは，その責任を免れる（同Ⅰただし書）。

➡　債務者（加害者）の側に立証の責任がある。

一方，不法行為は，特に契約関係もない第三者（まったくのアカの他人）に対して損害賠償を請求するわけだから，責任を追及する側（被害者）が，加害者の故意または過失を立証しなければならない。

➡　けっこう大変である。

ただ，効果の面で，不法行為責任を追及した方が有利な場面もあるので，どちらか一方に限定するのではなく，どちらを追及しても構わないとされた。

➡　加害者からの相殺の可否や，過失相殺（後述）などに関して，不法行為として責任を追及した方が有利と解されている。

2 不法行為責任の要件

不法行為として損害の賠償を請求するためには，以下の要件を満たしている必要がある。

(1) (加害者に) 故意または過失があること
(2) 他人の権利または法律上保護される利益を侵害したこと
(3) これによって損害が生じたこと
(4) 加害者の行為と損害の間に因果関係があること
(5) 加害者について責任能力があること

1 (加害者に) 故意または過失があること

ある者の行為により他人に損害が及んだ場合でも，**故意または過失**がない場合（不可抗力）には，損害賠償の責任を負わない。
➡ 過失責任の原則

(1) 故　意

故意とは，わざと，ということである。

【例】 車を運転しているAが，あいつのこと嫌いだからぶつけてやろうと思って，Bをはねた。

(2) 過　失

過失とは，うっかり，ということである。
➡ 普通の人ならば，その行為によって他人の権利または法律上保護される利益が侵害されるということが分かるはずであり，それを回避することができたはずであるが，不注意にもその結果をもたらしてしまった。

【例】 Aは，自動車の運転の危険性をよく分かっており，慎重に運転していたはずであるが，運転技術が未熟だったので，うっかりBをはねてしまった。

・ 不注意の程度によって，重過失と軽過失とに分けられる。

失火責任の特則

失火については，故意または重大な過失がない限り，責任を負わない（失火責任法）。

➡　軽過失の場合には，責任を負わない（失火者の責任の軽減）。

理由　日本には木造家屋が多く，また家屋が密集しているので，大規模な延焼になることが多い（損害額も大きい）。軽過失の失火者にその賠償責任を負わせるのは，酷といえる。

➡　火災による危険については，火災保険で社会で広く分担すべき。

H31-19
H16-20
・　責任能力のない未成年者の行為により火災が発生した場合，失火責任法にいう重大な過失の有無は，未成年者の監督義務者について考慮される。

➡　監督義務者について重大な過失がなかったときは，その火災による損害の賠償の責任を免れる（最判平7.1.24）。

(3)　立証の責任

不法行為を理由として損害の賠償を請求するためには，被害者（請求する側）が，加害者の故意または過失を立証する必要がある。

2　他人の権利または法律上保護される利益を侵害したこと

所有権や地上権等のように，法律上権利として規定されたものだけでなく，法律上保護される利益（**名誉等**）を侵害した場合も，不法行為となり得る。

(1)　違法性阻却事由

不法行為に該当するような行為がされた場合でも，その行為に違法性がない場合には，不法行為は成立しない（違法性阻却事由）。

➡　違法性阻却事由には，正当防衛と緊急避難がある。

①　正当防衛

他人の不法行為に対し，自己または第三者の権利または法律上保護される利益を防衛するため，やむを得ず加害行為をした者は，損害賠償の責任を負わない（民§720Ⅰ）。

【例】 Bは，包丁を持ってAに襲い掛かった。Aは「危ない！」と思い，Bの膝を真正面から思い切り蹴って，Bの動きを止めた。これにより，Bはケガをした。

➡ 他人の不法行為（Bが襲い掛かってきた）に対し，自己または第三者の権利または法律上保護される利益（自分の身体の安全）を防衛するため，やむを得ず加害行為（相手の膝を思い切り蹴った）をした者（A）は，損害賠償の責任を負わない。

② 緊急避難

他人の物から生じた急迫の危難を避けるためその物を損傷した者は，損害賠償の責任を負わない（民§720Ⅱ）。

➡ 緊急避難という用語であるが，逃げることではない。

【例】 飼主Bは，首輪をはずして犬の散歩をしていた。そして，突然，犬がAに襲い掛かった。Aは，とっさに犬を払いのけ，犬はケガをした。

Aは，犬がケガをしたことについて損害賠償の責任を負わない。

・ 正当防衛は，“他人の不法行為”に対する防衛である。緊急避難は，“他人の物から生じた急迫の危難”に対処するものである。

3 損害が発生したこと

不法行為に該当する行為がされた場合でも，それによって損害が生じなかったときは，（損害がないのだから）その賠償は問題とならない。

「損害」は，**財産的損害と精神的損害（いわゆる慰謝料）**に分けることができる。また，財産的損害については，**積極的損害**と，**消極的損害（逸出利益）**に分けることができる。

以下，基準例に従って解説する。

【基準例】 Aは，Bの運転する車にはねられた。幸い，命に別状はなかったが，長期間の通院が必要となり，足に後遺障害が残った。なお，Aは1か月間仕事ができず，その間の賃金を得ることができなかった。

⑴ 財産的損害

Aは，通院によって，治療費を支払っている。まさに財産的な損害である。

➡　治療費は，自分の財布から支払っているので，積極的損害といえる。
➡　その賠償を請求することができる。

また，Aは，1か月間仕事ができず，その間の賃金を得ることができなかった。
➡　これも財産的な損害である。不法行為がなければ得られたはずの収入(得べかりし利益。逸出利益）が得られなかった。
➡　これは，消極的損害といえる。
➡　消極的損害についても，賠償を請求することができる。

(2)　精神的損害

Aは，車にはねられたことによって足に後遺障害が残ってしまった。この精神的な苦痛に対して，賠償（**慰謝料**）を請求することができる（民§710)。

4　加害者の行為と損害の間に因果関係があること

不法行為として損害賠償の請求をするためには，加害行為と損害との間に**因果関係**があることが必要である。
➡　因果関係がなければ，加害者（とされる者）の行為と損害の間に関係がないこととなり，賠償する責任はないことになる。

・　因果関係についても，被害者側が立証する必要がある。
ただし，公害や医療過誤あるいは製造物責任を理由に損害賠償の請求をする場合は，素人の被害者が，プロの大企業である加害者を相手に，因果関係を立証することは極めて困難である。そこで，被害者を救済する観点から，因果関係の立証責任について少し軽減されることがある（最判昭50.10.24参照)。

5　加害者について責任能力があること

責任能力とは，**自己の行為の責任を弁識する能力**（弁識するに足りる知能）をいう。
➡　“これをやってはいけないな”ということを理解する能力（知能）

客観的に不法行為に該当する行為がされた場合でも，その者に責任能力がないときは，損害賠償の責任を負わない。
➡　民法では，責任能力がない者として，未成年者と精神上の障害がある者を規定している。

(1) 未成年者について

未成年者は，他人に損害を加えた場合において，自己の行為の責任を弁識するに足りる知能を備えていなかったときは，その行為について賠償の責任を負わない（民§712）。

・ 判例では，おおむね12歳くらいになれば，責任能力があるとされる。
➡ （個別の判断になるが）小学校卒業の前後くらいで責任能力が備わるといえる。

(2) 精神上の障害がある者について

精神上の障害により自己の行為の責任を弁識する能力を欠く状態にある間に他人に損害を加えた者は，その賠償の責任を負わない（民§713本文）。

【例】 精神に疾患がある者。比較的重度の認知症の者など。

・ ただし，故意または過失によって一時的にその状態を招いた場合には，損害賠償の義務を免れない（民§713ただし書）。

【例】 Aは，仕事上のストレスから鯨飲し，泥酔した。そして，前後不覚の状態となり，Bを殴った。
➡ 殴った瞬間は，Aは，自己の行為の責任を弁識する能力を欠いていたが（前後不覚で記憶がない），それは自分の責任である（自分の意思で酒を飲んで泥酔した）。したがって，賠償責任を免れるのは適切でない。

(3) 責任無能力者の監督義務者等の責任

責任無能力者が加害行為をしたため，その者が責任を負わない場合は，**その責任無能力者を監督する法定の義務を負う者**が損害賠償の責任を負う（民§714Ⅰ本文）。 H3-6
➡ 親権者や後見人など。

【例】 7歳の子がお友達にボールをぶつけ，ケガをさせてしまった。
➡ ボールをぶつけた子本人は責任を負わないが，子供を監督する法定の義務を負う者（親）は，ケガをしたお友達に対して損害を賠償する責任を負う。

・　ただし，監督義務者がその義務を怠らなかったとき，またはその義務を怠らなくても損害が生ずべきであったときは，監督義務者は責任を負わない（同Ⅰただし書）。

➡　責任を免れるためには，監督義務者の側が義務を怠らなかったこと等を立証する必要がある。

・　監督義務者に代わって責任無能力者を監督する者も，責任無能力者がした加害行為について損害賠償の責任を負う（同Ⅱ）。

➡　幼稚園の保育士さん，小学校の教員など。

H31-19　・　夫婦の一方が認知症により責任を弁識する能力を有しない場合でも，同居する配偶者は，民法714条１項にいう法定の監督義務者には当たらない（最判平28.3.1）。

プラスアルファ

責任能力のある未成年者が不法行為をした場合

15歳のＡは，盗んだバイクで走りだし，Ｂをはねてしまった。Ｂは重傷を負った。

➡　Ａは15歳なので，責任能力がある。つまり，Ａ本人がＢに対して賠償をすべきといえる（Ａの親権者は監督義務者としての責任を負わないはず）。

しかし，現実的に，Ａ本人に損害の賠償をさせるのは無理である（そんなにお金を持っていないはず）。

そこで，判例は，監督義務者（親権者）の監督義務違反と未成年者の不法行為によって生じた結果との間に相当因果関係があるときは，監督義務者（親権者）は**民法709条に基づく不法行為責任を負う**，とした（最判昭49.3.22）。

H31-19　➡　監督義務者としての民法714条の責任ではない。監督義務違反という行為自体を不法行為と構成し，一般的な不法行為責任を定めた民法709条によって責任を負う。

➡　被害者を救済する趣旨である。

3　不法行為の効果

1　損害賠償請求権

不法行為が成立すると，被害者は，加害者に対し，**損害の賠償を請求することができる**（民§709）。

・　損害賠償は，金銭での賠償が原則である（民§722，417）。 H4-1

・　名誉毀損がされた場合は，裁判所は，被害者の請求により，損害賠償に代えて，または損害賠償とともに，名誉を回復するのに適当な処分を命ずることができる（民§723）。

➡　謝罪広告を命ずるなど。

2　損害賠償請求権者

(1)　被害者本人

当たり前である。

➡　自然人だけでなく，法人も，不法行為によって損害を受けたときは，その賠償を請求することができる。

・　胎児は，不法行為による損害賠償の請求権に関しては，既に生まれたものとみなされる（民§721）。

(2)　被害者の近親者

> **（近親者に対する損害の賠償）**
> **第711条**　他人の生命を侵害した者は，被害者の父母，配偶者及び子に対しては，その財産権が侵害されなかった場合においても，損害の賠償をしなければならない。

他人の生命を侵害した者（人を死なせてしまった者）は，**被害者の父母，配偶者および子**に対しては，その財産権が侵害されなかった場合でも，損害の賠償（精神的損害の賠償）をしなければならない。 H22-19 H3-6

➡　被害者の父母，配偶者および子は，（被害者本人が有する慰謝料請求権とは別に）固有の慰謝料の請求権を有する。

理由　生命の侵害という重大な不法行為がされた場合には，被害者本人だけでなく，父母，配偶者および子も大変に辛い。

・　民法711条は，死んでしまった人の近親者について，財産的な損害が生じていない場合の話である。

仮に，生命侵害によって，その近親者に財産的な損害が生じた場合には，その近親者は，民法709条の規定（一般的な不法行為の規定）により，その賠償を請求することができる。

・　条文の上では「生命を侵害した」場合に限定されているが，傷害の場合であっても，生命の侵害と比肩し得べき精神上の苦痛を受けたと認められる場合（被害者である娘の顔に顕著な跡が残り，容貌に著しい影響が生じたような場合）には，その母親は，民法709条と710条に基づいて，自己の権利として慰謝料の請求をすることができるとされている（最判昭33.8.5）。

・　雇用契約上の安全保証義務違反（債務不履行）によって死亡した場合，その父母等は，固有の慰謝料請求権を有しない（最判昭55.12.18）。

➡　被害者の父母等と，加害者（会社）の間には，直接の契約関係（債権債務の関係）がないから。

3　損害賠償の範囲（額の算定）

不法行為による損害賠償の範囲については，条文上明らかでないが，判例は，民法416条が類推適用されるとしている（最判昭48.6.7）。

H4-1　➡　その不法行為によって通常生ずべき損害に限られる。ただし，特別の事情によって生じた損害であって，当事者がその事情を予見すべきであったときは，これにも及ぶ。

➡　いわゆる相当因果関係論。

・　前述のとおり，損害には，財産的損害と精神的損害があり，財産的損害は，積極的損害と消極的損害（逸出利益）に分けることができる。

プラス アルファ

逸出利益について（受傷後の死亡）

Ａが起こした交通事故によって，Ｂは大けがをした。そして，重い後遺障害が残り，働けなくなってしまった。この場合，Ｂは，逸出利益として，就労可能期間（定年くらいまで）の収入の賠償を請求することができる。

ただ，Bは，事故の少し後に，Aが起こした事故とは全く関係ない原因によって死亡した。

このような事由がある場合でも，Aが賠償すべき損害の額は変わらない(就労可能期間の認定において考慮すべきことではない。最判平8.4.25)。

理由 Bが死んだ後は，Bは絶対的に働けないので，その後は逸出利益が発生する余地がないではないか（Bの死亡以降に発生すべき収入については賠償する必要がないのではないか），と考えることもできるが，これによって加害者Aが(B死亡以降の)責任を免れ，他方，被害者（遺族）は損害の填補を受けられないというのは，公平の理念に反する。

・ 将来において取得すべき利益についての損害賠償の額を定める場合において，その利益を取得すべき時までの利息相当額の控除（中間利息の控除）をするときは，その損害賠償の請求権が生じた時点における法定利率により，これをする（民§722，417の2）。

4 損害賠償額の調整

不法行為が成立したときは，加害者は，被害者に対し，その損害を賠償する責任を負うが（民§709），その損害の全額を賠償させることがかえって公平の理念に反するような場合もある。

➡ 被害者側にも落ち度があったような場合。

このような場合には，賠償額について減額を認める必要がある。

➡ 損害の公平な分担という考え方である。

➡ 賠償額の減額調整をすべき場面として，過失相殺と損益相殺がある。

(1) 過失相殺

（損害賠償の方法，中間利息の控除及び過失相殺）

第722条

2 被害者に過失があったときは，裁判所は，これを考慮して，損害賠償の額を定めることができる。

加害者による不法行為があった場合でも，被害者に過失があったときは， H4-1

裁判所は，これを考慮して損害賠償の額を定めることができる。つまり，**賠償額の減額**をすることができる。

【例】　Aが車を運転していたら，突然，Bが飛び出してきた。Aは咄嗟にブレーキを踏んだが間に合わず，Bをはねてしまった。Bはケガをして，治療費として10万円の損害が生じた。

➡　結果として車ではねてケガをさせたので，Aの不法行為が成立する。しかし，被害者Bも，突然飛び出したという過失がある。したがって，裁判所は，賠償額の減額（たとえば３万円減額して７万円の賠償をせよ）をすることができる。

①　過失のある被害者について責任能力がない場合

上記の事例で，道に飛び出したBが小学校２年生の児童（８歳）であったものとする。

➡　８歳の子は責任能力がないので，過失の責任を問うことができない（つまり賠償額は減額されない）と解すべきか，それとも年齢と関係なく過失相殺をして賠償額の減額を認めるべきか。

H28-19　判例は，被害者に責任能力がなくても，事理を弁識する能力が備わっていれば，被害者の過失を考慮して（過失相殺をして）賠償額を定めるべきとしている（最判昭39.6.24）。

➡　ここにいう事理弁識能力とは，家庭教育や学校教育で，交通の危険性（飛び出してはいけませんよ）を理解していた，ということ。

➡　小学校２年生の児童でも，交通に関する事理弁識能力はあると判断された。

②　被害者側の過失について

H28-19　過失相殺を考える場合の被害者の過失には，被害者本人の過失だけでなく，広く被害者側の過失も考慮に入れるべきである。

【例】　A男とB女は，ドライブデートを楽しんでいた。A男がハンドルを握り，B女は助手席でナビゲーションを担当していた。

そして，道中，C男の運転する車が無理な追い越しをしてきたため，接触事故が起きた。これにより，B女がケガをした。

➡　B女は，C男に対して損害賠償の請求をすることができるが，この事故についてA男にも過失があった場合，賠償額を決定するに当たっては，A男の過失（被害者側の過失）も考慮に入れるべきである（最判昭51.3.25）。

③　被害者の身体的特徴について

被害者が平均的な体格ないし通常の体質と異なる身体的特徴を有していたとしても，それが疾患に当たらない場合には，特段の事情の存しない限り，被害者のその身体的特徴を損害賠償の額を定めるに当たり斟酌することはできない（最判平8.10.29）。 H28-19

重要！

不法行為における過失相殺においては，債務不履行における過失相殺（民§418）とは異なり，責任そのものを否定することはできない。

また，債務不履行における過失相殺では，責任および額について必ず考慮しなければならないが（責任および額について必要的），不法行為における過失相殺では，額について考慮することができる，という規定になっている（額について任意的）。

(2)　損益相殺

損益相殺とは，不法行為の被害者が，損害を受けたのと同一の原因により利益も受けた場合，その利益を損害額から控除して賠償額を定めることである。

【例】　Aは，Bの不法行為により100万円の損害を受けた。同時に，この不法行為により，30万円の利益を受けた。

➡　損害額（100万円）から利益の額（30万円）を控除した額（70万円）について賠償をすべき。

①　被害者が第二の事故で死亡した場合の生活費の控除について

Aは，Bの運転する車にはねられ，大けがを負った。そして，重い後遺障害が残り，働けなくなった。 H13-14

その後，Aは，Bが起こした事故とはまったく関係ない原因(別の事故)により，死亡した。

➡　前記「3」のとおり，Bは，Aの就労可能期間の収入分の賠償をする必要がある（Aが死亡したことは関係ない)。

➡　Bは，(一定の要件を満たした場合を除き)「Aが死亡したから，その後はAの生活費（支出）がかからないですよね。つまり，生活費分のお金が浮くから，その分を損益相殺して自分の賠償額を減額してください」とは言えない（最判平8.5.31）。

➡　被害者Aの死亡により生活費がかからなくなったということは，Bの事故とは関係ない（Bの事故とは別の原因で死亡したから）。つまり，被害者が，損害を受けたのと同一の原因により利益を受けた場合ではないので，損益相殺の対象とはならない。

②　幼児が死亡した場合の養育費の控除について

H13-14

幼児であるAは，Bの運転する車にはねられて死亡した。

➡　Bは，Aの相続人（つまりAの親）に損害の賠償をする必要があるが，Aの親に対し，「Aが死亡したから，Aを育てるための費用（養育費）がかからないですよね。つまり，養育費分の費用が浮くから，その分を損益相殺して自分の賠償額を減額してください」とは言えない（最判昭53.10.20）。

➡　養育費は，あくまで親の出費であり，被害者A本人の出費ではない。つまり，被害者が，損害を受けたのと同一の原因により利益を受けたとはいえないので，損益相殺の対象とはならない。

③　被害者が別の原因で死亡した場合の介護費について

H13-14

Aは，Bの運転する車にはねられ，大けがを負った。そして，介護を要する状態となった。

その後，Aは，Bが起こした事故とはまったく関係ない原因により，死亡した。

➡　Aの相続人は，Bに対して損害の賠償を請求することができるが，Aの死亡以降の介護費用については，請求することができない（最判平11.12.20）。

➡　介護費用は，被害者自身が現実に支出すべき費用である。そして，被害者が死亡すれば，以降は介護費用がかからなくなるので，死亡以降の介護費用の賠償を請求するのは妥当でない。

➡　これを認めると，被害者（遺族）に根拠のない利得を与える結果となり，かえって公平の理念に反する。

④　被害者（の遺族）が生命保険金を受け取っている場合

H28-19
H13-14

Aは，Bの運転する車にはねられ，死亡した。Aは生命保険に入っていたので，Aの相続人は，その保険金を受け取った。

➡　Bが賠償すべき額を算定するに当たり，Aの相続人が受け取った生命保険金の額を控除することはできない（最判昭39.9.25）。

➡ 保険金は，不法行為を原因として発生するものではなく，生命保険契約に基づいて既に払い込んだ保険料の対価としての性質を有するから。

5 損害賠償請求権の性質

(1) 相殺の制限

債権総論の「相殺」の箇所で解説したので，ここでは条文のみ掲げる。

（不法行為等により生じた債権を受働債権とする相殺の禁止） H28-19 H22-19 H4-1

第509条 次に掲げる債務の債務者は，相殺をもって債権者に対抗することができない。ただし，その債権者がその債務に係る債権を他人から譲り受けたときは，この限りでない。

一 悪意による不法行為に基づく損害賠償の債務

二 人の生命又は身体の侵害による損害賠償の債務（前号に掲げるものを除く）。

(2) 相続性

不法行為による損害賠償の請求権は，**相続の対象となる**。

➡ 被害者が死亡した場合は，その相続人が賠償を請求することができる。

・ 財産的損害についての賠償請求権だけでなく，精神的損害についての賠償請求権（慰謝料請求権）も，相続の対象となる（最判昭42.11.10）。

・ 被害者が即死した場合も，いったん被害者自身に損害賠償の請求権が発生し，それが相続人に相続される（大判大15.2.16）。

・ 生命侵害がされた場合，被害者の父母，配偶者および子は，固有の慰謝料請求権を取得する（民§711）。また，被害者の相続人は，被害者自身の慰謝料請求権も相続する。

➡ 両者は併存する（最判昭42.11.1）。

➡ 反対説も有力。

6 損害賠償請求権の消滅時効

（不法行為による損害賠償請求権の消滅時効）

第724条 不法行為による損害賠償の請求権は，次に掲げる場合には，時効によって消滅する。
一　被害者又はその法定代理人が損害及び加害者を知った時から３年間行使しないとき。
二　不法行為の時から20年間行使しないとき。

不法行為による損害賠償請求権の消滅時効については，特則が設けられている（一般的な債権の消滅時効とは異なる）。

R3-6
H22-19
H3-6
具体的には，①被害者またはその法定代理人が損害および加害者を知った時（**主観的起算点）から３年**，②不法行為の時（**客観的起算点）から20年**，である。

理由　長い時間がたつと，事件や事故について故意または過失の証明が難しくなる。そのため，知った時から３年という短期の消滅時効が定められている。

H3-6
・　人の生命または身体を害する不法行為による損害賠償請求権の消滅時効については，被害者またはその法定代理人が損害および加害者を知った時から**５年**，不法行為の時から20年となる（民§724の２）。
➡　重大な不法行為なので，被害者の救済のため，時効期間が長くなっている。

7　債務不履行による損害賠償請求権との比較

	債務不履行	不法行為
立証責任	賠償を免れるためには，債務者が立証する必要	賠償を請求するためには，被害者が立証する必要
損害賠償の範囲	相当因果関係の範囲（通常損害，予見すべき特別事情による損害）	同左
加害者（債務者）からの相殺の可否 (H22-19)	（一般的に）可	悪意による不法行為等の加害者は不可
過失相殺	責任と額につき必要的	額につき任意的

履行遅滞に陥る時期	履行の請求を受けた時等	不法行為時	H22-19
消滅時効の起算点	本来の履行を請求できる時	損害および加害者を知った時	
消滅時効の期間（原則）	主観的起算点から５年，客観的起算点から10年	主観的起算点から３年，客観的起算点から20年	
消滅時効の期間（人の生命または身体を害する行為）	主観的起算点から５年，客観的起算点から20年	同左	
慰謝料の請求をできる者（生命侵害）	債権者のみ	被害者，被害者の父母，配偶者および子	H22-19

4 特殊な不法行為

1 使用者責任

ケーススタディ

Ａは，小さいながらも運送会社を経営する社長である。Ａは，Ｂを雇って配送の仕事をさせていた。

ある日，Ｂは，車で配送をしているときに，Ｃをはねてケガをさせてしまった。

Ｃは，だれに対して損害賠償の請求をすべきか。

⑴ 意 義

使用者責任とは，ある事業のために他人を使用する者は，**被用者がその事業の執行について第三者に加えた損害**を賠償する責任をいう（民§715Ⅰ）。

理由 使用者は，他人（被用者）を使うことによって利益を得ている。利益を得ているのだから，そのリスクも負担すべきである。

【例】 ケーススタディの事例では，ＢがＣをはねてしまったので，当然，ＢはＣに対して損害賠償の責任を負う（一般的な不法行為責任。民§709）。

同時に，Bは，Aに雇われて仕事をしている最中に事故を起こしているので，使用者であるAも損害賠償の責任を負う。

➡　AとBは，一種の連帯債務の関係となる。

➡　使用者と被用者について連帯債務の関係とすることによって，被害者の保護を厚くすることができる。

・　使用者だけでなく，使用者に代わって事業を監督する者も，使用者責任を負う（民§715Ⅱ）。

(2)　使用者責任が発生する要件

①　被用者が，第三者に損害を加えたこと
②　使用者と被用者の間に，**使用関係があること**
③　**事業の執行につき**損害を加えたこと
④　被用者の行為が，一般的な不法行為の要件を満たしていること
⑤　使用者について免責事由がないこと

・　使用関係について
使用者と被用者の間に，必ずしも雇用関係があることを要しない。

➡　実質的に使用者が被用者を指揮監督するという関係があれば足りる。

・　「事業の執行」の意義
ケーススタディの事例では，まさに仕事中に事故を起こしているので，事業の執行について第三者に損害を加えた場合といえる。

一方，Bが，仕事を終えて，会社の車で自宅に帰る途中で事故を起こしたような場合も，「事業の執行」の要件を満たすことがある。

➡　厳密には事業の執行に該当しなくても，**その行為の外形から判断して**，被用者の職務の範囲内の行為とみられる場合は，「事業の執行」に当たり，使用者責任が発生する（最判昭32.7.16）。

・　使用者の免責事由について
使用者が，被用者の選任およびその事業の監督について相当の注意をしたとき，または相当の注意をしても損害が生ずべきであったことを証明したときは，使用者は責任を免れる（民§715Ⅰただし書）。

(3) 被用者に対する求償権

使用者責任が発生したため，使用者が被害者に対して損害の賠償をした場合，その使用者は，(不法行為をした）被用者に対し，**求償権を行使**することができる（民§715Ⅲ)。

理由 実際に不法行為をしたのは被用者であり，使用者が（被害者保護のため）その損害賠償を立て替えたという構図である。

したがって，被用者は，使用者に立て替えてもらった分を弁済する必要がある。

・ ただし，使用者の被用者に対する求償は，損害の公平な分担という見地から，信義則上相当な限度に制限される（最判昭51.7.8)。

➡ あくまで事業の執行について損害を加えているので，被用者個人に全額の負担をさせるのは，酷である。

2 （請負における）注文者の責任

注文者は，請負人がその仕事について第三者に加えた損害を賠償する責任を負わない（民§716)。 H21-19 H3-6

【例】 Aは，自宅の庭にレンガの塀を作ることとして，B工務店と請負契約をした。そして，B工務店はレンガ積みの塀を作ったが，強度が足りず，崩れてしまった。たまたまそこを通りかかったCはレンガの直撃を受け，ケガをした。

➡ 請負人であるB工務店が，Cに対して損害を賠償する責任を負う。

➡ 注文者Aは，責任を負わない。

理由 請負人は，自ら事業の主体として仕事をしている。注文者の被用者として仕事をしているわけではないので，注文者は，使用者責任のような責任を負わない。

・ ただし，注文者が請負人に対してした注文または指図について過失があるときは，注文者は責任を負う（民§716ただし書)。

3　土地の工作物等の占有者および所有者の責任

ケーススタディ

甲土地を所有しているAは，この土地上に建物を建てることとし，B工務店と建物建築請負契約をした。そして，B工務店が乙建物を建築した。

その後，Aは，乙建物をCに賃貸し，Cに引き渡した。

Cは乙建物で快適に暮らしていたが，B工務店の工事に手抜きがあり，外壁の一部が崩れ落ちた。そして，外壁の一部がDを直撃し，Dはケガをした。

Dは，誰に対して損害賠償の請求をすればよいのか。

(1)　意　義

（土地の工作物等の占有者及び所有者の責任）

第717条　土地の工作物の設置又は保存に瑕疵があることによって他人に損害を生じたときは，その工作物の占有者は，被害者に対してその損害を賠償する責任を負う。ただし，占有者が損害の発生を防止するのに必要な注意をしたときは，所有者がその損害を賠償しなければならない。

H21-19　土地の工作物（建物や看板など）の**設置または保存に瑕疵**があることによって他人に損害を生じたときは，その工作物の**占有者**は，被害者に対して，その賠償をする責任を負う。

【例】　ケーススタディの事例では，乙建物の占有者であるCが，被害者に対して損害を賠償する責任を負う。

H21-19　・　この「占有者」には，直接占有をしている者だけでなく，間接占有をしている者も含まれる（最判昭31.12.18）。

➡　転貸がされている場合の転貸人など。

H21-19　ただし，占有者が損害の発生を防止するのに必要な注意をしたときは，**所有者**がその損害を賠償する必要がある。

➡　占有者が，自身の無過失を証明すれば，責任を免れる。そして，占有者に責任がないときは，所有者がその責任を負う。

➡　この場合の所有者は，責任を免れる方法がない。つまり，**無過失責任**となる。

【例】 ケーススタディの事例で，賃借人Cが，自身の無過失を証明したときは，Cは賠償責任を免れる。この場合は，所有者であるAが，Dに対して賠償の責任を負う。

➡ 所有者Aは，責任を免れることができない（無過失責任という大変に重たい責任である）。

理由 危険な物を支配し，管理する者は，危険の防止に万全の注意を払うべきである。万が一事故が発生した場合には，きちんと責任をとらせることが社会的に見て妥当である。

・ 瑕疵のある建物が譲渡された場合，現在の所有者が責任を負う（大判昭3.6.7）。 H22-19 H16-20

(2) **責任を負う者に対する求償**

占有者または所有者が，被害者に対して損害の賠償をした場合において，損害の原因について他にその責任を負う者があるときは，占有者または所有者は，その者に対して求償権を行使することができる（民§717Ⅲ）。 H21-19

【例】 ケーススタディの事例では，B工務店の手抜き工事によって，損害が発生した。

この場合は，被害者Dに対して損害を賠償したCまたはAは，B工務店に対して求償することができる。

4 動物の占有者等の責任

（動物の占有者等の責任）

第718条 動物の占有者は，その動物が他人に加えた損害を賠償する責任を負う。ただし，動物の種類及び性質に従い相当の注意をもってその管理をしたときは，この限りでない。

2 占有者に代わって動物を管理する者も，前項の責任を負う。

5　共同不法行為

> （共同不法行為者の責任）
> **第719条**　数人が共同の不法行為によって他人に損害を加えたときは，各自が連帯してその損害を賠償する責任を負う。共同行為者のうちいずれの者がその損害を加えたかを知ることができないときも，同様とする。

⑴　意　義

共同不法行為とは，**数人が共同して**不法行為をし，他人に損害を加えることである。

【例】　ＡＢＣの３人が共同してＤをボコボコにし，ケガを負わせた。

・「共同」とは，客観的に見て不法行為が共同で行われたことで足りる。共同して不法行為をしようという主観的な認識（共謀）は必要でない。

⑵　効　果

数人が共同して不法行為をし，他人に損害を加えたときは，**各自が連帯して**その損害を賠償する責任を負う。

【例】　ＡＢＣの３人が共同してＤをボコボコにし，ケガを負わせたときは，ＡＢＣが連帯してＤに対して損害の賠償をする必要がある。
➡　つまり，各自が全額の賠償をする義務がある。そして，ＡＢＣのうちのだれかが賠償をすれば，皆が債務を免れる。

・　共同行為者のうちいずれの者がその損害を加えたかを知ることができないときも，各自が連帯してその損害を賠償する責任を負う（民§719後段）。

【例】　ＡＢＣがＤを襲撃してケガを負わせたが，実際のところ，だれの攻撃によってＤがケガをしたのかは分からない。
➡　ＡＢＣは連帯してＤに対して損害の賠償をする責任を負う。

・　行為者を教唆した者および幇助した者は，共同行為者とみなされ，連帯して損害の賠償をする責任を負う（民§719Ⅱ）。
➡　教唆とは，そそのかすこと。幇助とは，助けること。

・　Ａは，Ｂの運転する車にはねられ，Ｃ病院に搬送された。Ａの命に別状はなかったが，Ｃ病院の医療ミスにより，死んでしまった。

➡　交通事故と医療ミスが共同不法行為に当たると考えることができる。

この場合，Ｃ病院の医師は，交通事故の発生についてＡに過失があったことを理由として，損害賠償の減額（過失相殺）を主張することはできない（最判平13.3.13）。 H16-20

➡　交通事故の発生におけるＡの過失と，医療ミスは，関係ない。

(3) 共同行為者間の求償関係

共同して不法行為をした者は，各自が連帯して損害の賠償をする責任を負う。そして，だれか１人が被害者に対して賠償をしたときは，他の不法行為者に対して，求償を請求することができる。

【例】　工場内で作業中，ＡとＢの過失により，Ｃがケガをしてしまった。

➡　共同不法行為となるので，ＡとＢは，連帯して，Ｃに対して損害の賠償をする責任を負う。

そして，ＡがＣに対して損害の全額の賠償をしたときは，Ａは，Ｂに対し，負担部分（過失の割合）について求償を請求することができる。

・　上記の事例において，Ａは，Ｘの被用者として（雇われて）仕事をしていた。そのため，Ｘは，使用者責任（民§715）に基づいて，Ｃに対して損害の全額を賠償した。

➡　Ｘは，他の共同不法行為者であるＢに対し，負担部分について求償を請求することができる（最判昭41.11.18）。

・　上記の事例において，Ａは，Ｘ（親会社）およびＹ（子会社）の被用者として仕事をしていた。そして，Ｘは，使用者責任に基づいて，Ｃに対して損害の全額の賠償をした。 H16-20

➡　Ｘは，他の使用者であるＹに対し，一定の割合について求償を請求することができる（最判平3.10.25）。

用語索引

【あ】

悪意 …… 50, 75
与える債務 …… 245
意思主義 …… 71
意思能力 …… 19
意思の不存在（欠缺） …… 72
意思表示 …… 70
意思表示の効力発生時期 …… 105
意思表示の受領能力 …… 108
慰謝料 …… 637
遺贈 …… 512
一身に専属する権利 …… 303
一般財産 …… 264
一般承継 …… 81
一般承継人 …… 170
一般法 …… 4
委託を受けない保証人 …… 377
１筆の土地 …… 56
委任 …… 593
委任の終了 …… 599
違約金 …… 289
請負 …… 586
受取証書 …… 427
宇奈月温泉事件 …… 15
得べかりし利益 …… 280
売主の義務 …… 519

【か】

外観法理 …… 80, 86
外国人の権利能力 …… 18
解除権の消滅 …… 501
解除権の不可分性 …… 496
解除条件 …… 184
解除と第三者 …… 498
買主の義務 …… 521
買戻し …… 533
解約の申入れ …… 572
改良行為 …… 120
確定期限 …… 189, 211, 271
確定日付のある証書 …… 404
瑕疵ある意思表示 …… 73, 95
果実 …… 61, 521
過失責任の原則 …… 13
過失相殺 …… 286, 643
家族法 …… 3
家庭裁判所の許可 …… 45
可分物 …… 55
貨幣 …… 58
慣習 …… 68
間接強制 …… 268
監督義務者 …… 639
元物 …… 61
官報 …… 108
元本の確定期日 …… 387
管理行為 …… 119
期間 …… 193
期限 …… 189
危険の移転 …… 530
期限の定めのない債権 …… 211
期限の定めのない債務 …… 273
期限の定めのない代理人 …… 119
期限の利益 …… 191
危険負担 …… 480
期限前の弁済 …… 630
既成条件 …… 188
帰責性 …… 152
寄託 …… 602
基本代理権 …… 157
客観的起算点 …… 210
求償権 …… 353, 373, 420, 651
求償権の制限 …… 379
給付 …… 243
給付保持力 …… 263
協議を行う旨の合意による時効の完成猶予 …… 225
強行規定 …… 66

強制執行 …… 222
供託 …… 444
共通錯誤 …… 92
共同不法行為 …… 654
共同保証 …… 381
強迫 …… 102
業務執行者 …… 612
業務の決定 …… 612
極度額 …… 386
居所 …… 43
緊急避難 …… 637
金銭債権 …… 245, 253
金銭賠償の原則 …… 282
組合 …… 610
組合代理 …… 613
競売における担保責任 …… 531
契約 …… 65, 464
契約自由の原則 …… 12, 465
契約上の地位の移転 …… 486
契約の解除 …… 487
契約の効力 …… 474
契約の成立 …… 469
契約不適合 …… 523, 542, 589
権限外の行為の表見代理 …… 155
検索の抗弁 …… 369
原始取得 …… 208
現実の提供 …… 432
原状回復 …… 180, 497, 549, 574
現存利益 …… 51, 182, 629
顕名 …… 111, 120
権利能力 …… 16
権利濫用の禁止 …… 14
故意または過失 …… 635
合意解除 …… 488
行為能力 …… 20
更改 …… 456
効果意思 …… 70
交換 …… 536
公共の福祉 …… 13
後見開始の審判 …… 25
交叉申込み …… 473
公示による意思表示 …… 108
公序良俗 …… 68
公正証書 …… 389
合同行為 …… 65
口頭の提供 …… 432
公法 …… 3
合有 …… 614
個人貸金等根保証契約 …… 387
個人根保証契約 …… 384
雇用 …… 619
混合寄託 …… 607
混同 …… 460, 568

【さ】

債権 …… 9, 242
債権者代位権 …… 299
債権者代位権の転用 …… 307
債権者の交替による更改 …… 458
債権者平等の原則 …… 296
債権証書 …… 427
債権譲渡 …… 391
債権譲渡登記 …… 407
債権譲渡の対抗要件 …… 400
債権譲渡の通知 …… 401
債権の効力 …… 263
債権の目的 …… 243
催告権 …… 37, 138
催告によらない解除 …… 492
催告による解除 …… 489
催告による時効の完成猶予 …… 224
催告の抗弁 …… 368
財産的損害 …… 637
財産法 …… 3
裁判上の請求 …… 220
債務 …… 10, 243
債務者に対する対抗要件 …… 400
債務者の交替による更改 …… 457
債務者の承諾 …… 402
債務不履行 …… 270, 634

債務不履行による解除 …… 489, 573
詐害行為取消権 …… 310
詐欺 …… 95
作為債務 …… 245
錯誤 …… 87
指図証券 …… 462
死因贈与 …… 512
始期 …… 190
敷金 …… 575
事業に係る債務についての保証契約 …… 389
私権の社会性 …… 13
時効 …… 196
時効の援用 …… 230
時効の援用権の喪失 …… 236
時効の完成猶予 …… 218
時効の更新 …… 218
時効の効力 …… 207
時効の利益の放棄 …… 234
事後求償権 …… 374
自己契約 …… 130
事後通知 …… 357, 379
持参債務 …… 251
使者 …… 113
自主占有 …… 202
事前求償権 …… 375
自然債務 …… 264
自然人 …… 16
事前通知 …… 355, 379
下請け …… 587
失火責任 …… 636
執行力 …… 264
失踪宣告 …… 46
実体法 …… 5
私的自治の原則 …… 12
自働債権 …… 448
私法 …… 3
事務管理 …… 622
借地権 …… 579
借地借家法 …… 579
借家 …… 583
終期 …… 190
収去義務 …… 549, 575
住所 …… 43
終身定期金 …… 619
修繕義務 …… 555
重大な過失 …… 91, 395
従たる権利 …… 61
従物 …… 59
重利 …… 258
受益者 …… 311
受益の意思表示 …… 483
主観的起算点 …… 210
授権行為 …… 116
主たる債務者について生じた事由 …… 371
出資 …… 611
出世払い …… 190
受働債権 …… 448
受動代理 …… 113
取得時効 …… 200, 231
主物 …… 59
樹木 …… 58
受領権者としての外観を有する者 …… 422
受領遅滞 …… 293
種類債権 …… 245, 249
種類物 …… 245
準消費貸借 …… 540
純粋随意条件 …… 189
条件 …… 183
条件の成就の妨害 …… 186
使用者責任 …… 649
使用貸借 …… 544
承諾 …… 472
譲渡制限の意思表示 …… 394
承認 …… 227
消費寄託 …… 609
消費貸借 …… 537
情報の提供義務 …… 371
消滅時効 …… 210, 232, 647
消滅時効の期間 …… 214
将来発生する債権 …… 393

除斥期間 216
初日不算入の原則 194
署名代理 121
書面によらない贈与 509
所有権絶対の原則 12
所有者以外の財産権の取得時効 209
所有の意思をもった占有 201
信義誠実の原則 14
信義則 14
親権者 22
人的担保 363
信頼利益 141
心裡留保 74
制限行為能力者 20
制限行為能力者の相手方の保護 36
制限行為能力者の詐術 41
制限種類債権 253
精神的損害 637
正当防衛 636
成年後見人 26
成年被後見人 25
責任財産 264，296
責任能力 638
絶対的構成 85
善意 50
善意の第三者 80，99
善意・無過失 93，99，155，206
善管注意義務 248，509，595，624
選択債権 259
占有 201
占有の承継 206
相殺 447
相殺適状 449
相殺の禁止 451
造作買取請求権 584
相対的構成 85
相当因果関係説 284
送付債務 252
双方代理 130
双務契約 467，474
贈与 508
遡及効 207
損益相殺 645
損害賠償による代位 291
損害賠償の請求 212，278，501，527，626，641
損害賠償の範囲 283，642
損害賠償の方法 282
存続期間 551

【た】

代金 521
代金減額請求権 526
対抗 101
対抗要件 519，581，584
対抗力 552
第三者 82，99
第三者に対する対抗要件 403
第三者による詐欺 97
第三者のためにする契約 483
第三者の弁済 418
胎児 17
代償請求権 291
代替執行 267
代物弁済 443
代理 110
代理権 111
代理権授与の表示による表見代理 153
代理権消滅後の表見代理 160
代理権の消滅 132
代理権の発生 115
代理権の範囲 118
代理権の濫用 122
代理行為の瑕疵 124
代理人の能力 116
諾成型の消費貸借 539
諾成契約 468
他主占有 201
建物 57
建物買取請求権 582

他人の債務の弁済 631
他人の物 202
短期賃貸借 551
単独行為 65
単独行為の無権代理 143
担保責任 523
担保の保存義務 442
遅延損害金 256，541
遅延賠償 281
注文者の責任 651
重畳適用 162
直接強制 267
直接効果説 497
賃借権の譲渡 563
賃借物の転貸 563
賃貸借 550
賃貸借の終了 570
賃貸人の地位の移転 559
賃料 557
追完請求権 523，589
追認 136
追認の拒絶 138
通貨 254
通常損耗 574
通謀虚偽表示 78
定期行為の履行遅滞 494
定期借地権 580
定期贈与 511
定型約款 503
停止条件 184
手付 515
手続法 5
典型契約 466，507
転得者 319
天然果実 61
填補賠償 281
転用物訴権 629
同意 22，27，29，33
投下資本の回収 391
登記 11，81
動機の錯誤 89
動産 58
同時死亡の推定 53
同時履行の抗弁 475
到達主義 106
動物の占有者等の責任 653
特定承継 81
特定物 56，246，247
特定物債権 245，246
特定物の引渡し 247，424
特別失踪 46
特別法 4
土地 56
土地の工作物等の占有者および所有者の責任 652
取消し 92，167
取消権者 167
取消しの効果 171
取り消すことができる行為の追認 172
取立債務 252

【な】

内心の意思 71
内容証明郵便 404
なす債務 245
任意規定 67
任意代理 112
根保証 385
能動代理 112

【は】

賠償額の予定 289
背信的行為 569
売買 513
売買の一方の予約 514
発信主義 107
パンデクテン方式 7
判例法 7
引換給付判決 478
非金銭債権 245

非債弁済 …… 630
被代位権利 …… 300
非典型契約 …… 466
人 …… 16
被保佐人 …… 28
被補助人 …… 32
被保全債権 …… 300
表見代理 …… 151
表見法理 …… 80
表示行為 …… 71
表示主義 …… 71
費用の償還請求 …… 556，599，625
不確定期限 …… 190，211，272
不可分債権 …… 336
不可分債務 …… 339
不可分物 …… 55
不完全履行 …… 277
復代理 …… 127
復任権 …… 127
不在者 …… 44
不在者の財産管理人 …… 44
不作為債務 …… 245
負担付贈与 …… 511
負担部分 …… 354
物 …… 55
普通失踪 …… 46
物権 …… 8
物的担保 …… 363
不動産 …… 56
不当利得 …… 627
不特定物 …… 56，245
不能条件 …… 188
不法原因給付 …… 632
不法行為 …… 633
不法条件 …… 188
分割債権 …… 334
分割債務 …… 335
分別の利益 …… 381
「平穏に，かつ，公然と」 …… 204
併存的債務引受 …… 409
返還義務 …… 181，548，574
弁済 …… 417
弁済による代位 …… 434
弁済の充当 …… 428
弁済の受領権者 …… 421
弁済の提供 …… 430
弁済の場所 …… 426
弁済の費用 …… 426
片務契約 …… 467
報告義務 …… 596
報酬 …… 587，597，605，626
法人 …… 16
法人格 …… 610
法定解除権 …… 488
法定果実 …… 61
法定重利 …… 258
法定代理 …… 112
法定代理人 …… 22
法定追認 …… 174
法定利率 …… 256
法律行為 …… 64
法律行為の付款 …… 183
法律行為の有効要件 …… 65
法律効果 …… 63
法律事実 …… 63
法律要件 …… 63
保佐開始の審判 …… 28
保佐人 …… 28
補充性 …… 366
保証契約 …… 366
保証債務 …… 363
保証人の抗弁権 …… 368
補助開始の審判 …… 32
補助人 …… 33
保存行為 …… 45，119，302
本籍地 …… 43

【ま】

未成年者 …… 21
身分法 …… 3

民法 …… 2
民法の基本原則 …… 11
民法の法源 …… 6
無過失責任 …… 652
無記名証券 …… 463
無権代理 …… 135
無権代理と相続 …… 144
無権代理人の責任 …… 140
無効 …… 165
無効な行為の追認 …… 166
無償契約 …… 467
無資力要件 …… 301
無断譲渡 …… 568
無断転貸 …… 568
明認方法 …… 58
免除 …… 460
免責的債務引受 …… 411
申込み …… 469
目的物の特定 …… 250
目的物の品質 …… 249

【や】
約定解除権 …… 488
約定重利 …… 258
約定利率 …… 256
有過失 …… 75
有価証券 …… 462
有償契約 …… 467
有体物 …… 55
要物型の消費貸借 …… 538
要物契約 …… 468
用法順守義務 …… 545，558
預貯金債権 …… 398

【ら】
利益相反行為 …… 132
履行遅滞 …… 271
履行の強制 …… 266
履行の引受 …… 414
履行不能 …… 274
履行補助者 …… 290
履行利益 …… 141
利息 …… 522，541
利息債権 …… 255
利息制限法 …… 257
利用行為 …… 119
類推適用 …… 85，86
連帯債権 …… 359
連帯債務 …… 342
連帯債務の効力 …… 346
連帯保証 …… 383

【わ】
和解 …… 620

判例索引

大判明33.5.7 …… 100
大判明36.7.6 …… 308
大判明37.6.16 …… 42
大判明37.6.22 …… 589
大判明39.3.3 …… 366
大判明39.3.31 …… 125
大判明39.5.17 …… 154，177
大判明40.5.6 …… 510
大判明43.7.6 …… 303
大判明44.3.24 …… 323
大判明44.4.7 …… 206
大判明44.12.11 …… 478
大判明45.3.13 …… 106
大判大3.10.3 …… 137
大判大4.9.21 …… 335
大判大4.12.13 …… 83
大判大5.3.11 …… 58
大判大5.4.26 …… 295
大判大5.6.10 …… 182
大判大5.7.14 …… 303
大判大5.11.17 …… 81
大判大5.12.6 …… 42
大判大5.12.25 …… 235
大判大6.6.27 …… 491
大判大6.7.2 …… 402
大判大6.10.2 …… 402
大判大6.11.6 …… 91
大判大6.11.10 …… 476
大判大6.11.14 …… 213
大判大7.3.19 …… 339
大判大7.4.13 …… 213，502
大判大7.6.8 …… 432
大判大7.7.10 …… 623
大判大7.8.14 …… 432
大判大7.10.3 …… 91
大判大7.10.9 …… 228
大判大7.10.19 …… 429
大判大7.12.7 …… 423
大判大7.12.11 …… 429
大判大8.3.28 …… 404
大判大8.5.12 …… 235
大判大8.11.6 …… 405
大判大8.12.15 …… 402
大判大9.7.16 …… 209
大判大9.7.23 …… 81
大決大9.10.18 …… 83
大判大9.11.27 …… 212
大判大9.12.22 …… 335
大判大9.12.27 …… 321
大判大10.3.18 …… 336
大判大10.3.30 …… 285
大判大10.5.17 …… 500
大判大10.7.11 …… 554
大判大10.11.15 …… 61
大判大10.12.6 …… 130
大判大11.8.7 …… 354
大判大11.11.24 …… 339
大判大12.2.23 …… 339
大判大12.7.10 …… 321
大決大13.1.30 …… 364
大判大14.3.3 …… 171
大判大14.10.29 …… 118
大判大15.2.16 …… 647
大判大15.5.22 …… 286
大決大15.9.4 …… 82
大判大15.11.13 …… 331
大判昭2.2.2 …… 491
大判昭2.5.24 …… 42
大判昭2.12.24 …… 161
大判昭2.12.26 …… 273
大判昭3.3.24 …… 228
大判昭3.5.31 …… 478
大判昭3.6.7 …… 653
大判昭4.2.23 …… 402
大判昭4.11.22 …… 178
大決昭5.7.21 …… 23
大決昭5.9.30 …… 269
大判昭5.10.10 …… 309，402
大決昭5.12.4 …… 335
大判昭6.6.4 …… 353，372
大判昭6.10.24 …… 82，85
大判昭7.3.5 …… 125
大判昭7.5.9 …… 589
大判昭7.10.6 …… 18
大判昭7.10.26 …… 182
大判昭7.12.6 …… 405
大判昭8.4.28 …… 176
大判昭8.5.30 …… 303，450
大判昭8.6.13 …… 369
大判昭8.10.13 …… 372
大判昭8.12.11 …… 570
大判昭8.12.26 …… 228
大判昭10.2.20 …… 59
大判昭10.9.26 …… 480
大判昭10.10.5 …… 15
大判昭11.2.14 …… 106
大判昭11.8.10 …… 519
大判昭12.2.18 …… 331
大判昭12.8.10 …… 81
大判昭13.2.4 …… 228
大判昭13.2.7 …… 50
大判昭13.3.1 …… 479
大判昭13.3.30 …… 69
大判昭13.12.22 …… 345
大判昭14.7.7 …… 500
大判昭14.10.13 …… 419
大判昭15.3.15 …… 305，306
大判昭15.5.29 …… 423
大判昭15.9.28 …… 451
大判昭16.2.28 …… 158
大判昭16.9.30 …… 303
大判昭18.4.16 …… 485
大判昭18.12.22 …… 84
大判昭19.2.4 …… 131

大判昭20.8.30 …… 330
最判昭23.12.14 …… 432
最判昭26.4.27 …… 570
最判昭26.5.31 …… 570
最判昭28.5.29 …… 402
最判昭28.9.25 …… 569
最判昭28.10.1 …… 82
最判昭28.12.14 …… 301
最判昭28.12.18 …… 285
最判昭29.1.14 …… 585
最判昭29.1.21 …… 517, 519
最判昭29.4.8 …… 335
最判昭29.7.27 …… 479
最判昭30.9.23 …… 582
最判昭31.1.27 …… 511
最判昭31.7.4 …… 267
最判昭31.7.20 …… 582
最判昭31.12.18 …… 652
最判昭32.6.5 …… 433
最判昭32.7.16 …… 650
最判昭32.7.19 …… 455
最判昭32.12.5 …… 141
最判昭33.6.5 …… 518
最判昭33.6.14 …… 500, 621
最判昭33.7.1 …… 103
最判昭33.7.15 …… 302
最判昭33.8.5 …… 642
最判昭34.6.19 …… 345
最判昭35.2.9 …… 583
最判昭35.2.19 …… 157
最判昭35.4.21 …… 275
最判昭35.6.23 …… 461
最判昭35.6.24 …… 253
最判昭35.10.18 …… 159
最判昭35.12.15 …… 432
最判昭36.4.28 …… 285
最判昭36.7.19 …… 325, 330
最判昭36.12.12 …… 160
最判昭36.12.15 …… 339
最判昭36.12.21 …… 567
最判昭37.3.8 …… 632
最判昭37.3.29 …… 57, 567
最判昭37.4.20 …… 148
最判昭37.7.20 …… 286
最判昭37.8.21 …… 423
最判昭37.9.4 …… 274
最判昭37.10.12 …… 331
最判昭37.11.16 …… 286
最判昭38.4.23 …… 308
最判昭38.11.5 …… 634
最判昭39.1.24 …… 58
最判昭39.4.2 …… 157, 158
最判昭39.6.24 …… 644
最判昭39.7.28 …… 573
最判昭39.9.22 …… 346
最判昭39.9.25 …… 647
最判昭39.10.15 …… 303
最判昭39.11.18 …… 257
最判昭39.11.26 …… 443
最判昭40.3.11 …… 443
最判昭40.3.26 …… 510
最判昭40.5.27 …… 94
最判昭40.6.18 …… 146
最判昭40.6.30 …… 368
最判昭40.9.17 …… 326
最判昭40.11.24 …… 518
最判昭40.11.30 …… 159
最判昭40.12.3 …… 295
最判昭41.4.20 …… 236
最判昭41.4.21 …… 573
最判昭41.4.27 …… 582
最判昭41.11.18 …… 655
最判昭42.6.23 …… 213
最判昭42.7.21 …… 203
最判昭42.8.25 …… 336
最判昭42.10.27 …… 235
最判昭42.11.1 …… 647
最判昭42.11.10 …… 647
最判昭42.11.30 …… 452
最判昭43.9.26 …… 234, 303
最判昭43.11.13 …… 257
最判昭44.2.13 …… 42
最判昭44.2.18 …… 569
最判昭44.5.27 …… 80
最判昭44.7.15 …… 231
最判昭44.9.12 …… 589
最判昭44.11.25 …… 258
最判昭44.12.18 …… 158
最判昭45.3.26 …… 303
最判昭45.5.21 …… 236
最判昭45.6.18 …… 202
最判昭45.7.15 …… 444
最判昭45.7.16 …… 629
最判昭45.7.24 …… 85
最判昭45.10.13 …… 335
最判昭46.4.23 …… 560
最判昭46.6.3 …… 158
最判昭46.11.19 …… 326
最判昭47.3.9 …… 61, 569
最判昭48.2.2 …… 577
最判昭48.6.7 …… 642
最判昭48.6.28 …… 82
最判昭48.7.3 …… 149
最判昭49.3.7 …… 406
最判昭49.3.22 …… 640
最判昭49.6.28 …… 452
最判昭49.9.20 …… 318
最判昭49.9.26 …… 100
最判昭50.2.13 …… 582
最判昭50.3.6 …… 309
最判昭50.10.24 …… 638
最判昭51.3.25 …… 645
最判昭51.4.9 …… 129
最判昭51.6.15 …… 496
最判昭51.7.8 …… 651
最判昭51.12.24 …… 203
最判昭53.3.6 …… 207
最判昭53.7.18 …… 407
最判昭53.10.5 …… 330
最判昭53.10.20 …… 646

最判昭54.1.25 …………………… 325
最判昭55.1.11 …………………… 407
最判昭55.1.24 …………………… 321
最判昭55.7.11 …………………… 304
最判昭55.10.28 ………………… 308
最判昭55.12.18 ………………… 642
最判昭57.6.8 ……………………… 84
最判昭57.12.17 ………………… 358
最判昭58.10.6 …………………… 304
最判昭58.12.19 ………………… 318
最判昭61.4.11 …………………… 423
最判昭61.11.27 ………………… 440
最判昭62.7.7 …………………… 152
最判昭63.3.1 …………………… 150
最判昭63.7.1 …………………… 419
最判平元.9.14 ……………………… 90
最判平2.4.19 ……………………… 60
最判平2.12.18 …………………… 377
最判平3.10.25 …………………… 655
最判平5.1.21 …………………… 146
最判平6.4.21 …………………… 289
最判平6.7.18 …………………… 567
最判平7.1.24 …………………… 636
最判平8.2.8 ……………………… 321
最判平8.4.25 …………………… 643
最判平8.5.31 …………………… 646
最判平8.10.29 …………………… 645
最判平9.7.17 …………………… 570
最判平10.4.24 …………………… 212
最判平10.6.11 …………………… 106
最判平10.6.12 …………………… 322
最判平10.6.22 …………………… 233
最判平10.7.17 …………………… 146
最判平11.2.23 …………………… 617
最判平11.2.26 …………………… 233
最判平11.6.11 …………………… 318
最判平11.10.21 ………………… 233
最判平11.12.20 ………………… 646
最判平13.3.13 …………………… 655
最判平13.7.10 …………………… 234
最判平13.11.27 ………………… 527
最判平16.4.20 …………………… 335
最判平28.3.1 …………………… 640
最決平28.12.19 ………………… 335

memo

memo

司法書士スタンダードシステム

司法書士　スタンダード合格テキスト１　民法〈総則・債権〉　第５版

2013年９月20日　初　版　第１刷発行
2022年９月15日　第５版　第１刷発行

編著者　Wセミナー／司法書士講座
発行者　猪野樹
発行所　株式会社　早稲田経営出版
〒101-0061
東京都千代田区神田三崎町3-1-5
神田三崎町ビル
電話 03(5276)9492(営業)
FAX 03(5276)9027

組版　株式会社　エストール
印刷　今家印刷株式会社
製本　東京美術紙工協業組合

ISBN 978-4-8471-4948-1
N.D.C.327

	9月	10月	11月	12月	1月	2月
総合力養成コース → 対象:初学者、または基礎知識に不安のある方 **20ヵ月、1.5年、1年、速修 総合本科生・本科生** ［山本オートマチック］［入門総合本科生］	9月～開講 20ヵ月総合本科生					2月
総合力アップコース → 対象:受験経験者、または一通り学習された方 **上級総合本科生**						
総合力アップコース → 対象:受験経験者、答練を通してアウトプットの訓練をしたい方 **答練本科生**						
総合力アップコース → 対象:受験経験者、または一通り学習された方 **山本プレミアム上級本科生**［山本オートマチック］						
択一式対策コース → 対象:択一式でアドバンテージを作りたい方 **択一式対策講座**［理論編・実践編］						
択一式対策コース → 対象:応用力をつけたい方 **山本プレミアム中上級講座**［山本オートマチック］						
記述式対策コース → 対象:記述式の考え方を身につけたい方 **オートマチックシステム記述式講座**［山本オートマチック］						
記述式対策コース → 対象:記述式の解法を知り、確立させたい方 **記述式対策講座**						
法改正対策コース → 対象:近時の改正点を押さえたい方 **法改正対策講座**						
直前対策コース → 対象:本試験の解答テクニックを習得したい方 **本試験テクニカル分析講座**［山本オートマチック］						
直前対策コース → 対象:直前期に出題予想論点の総整理をしたい方 **予想論点セット**（択一予想論点マスター講座＋予想論点ファイナルチェック）						
直前対策コース → 対象:本試験レベルの実戦力を養成したい方 **4月答練パック**						
模試コース → 対象:直前期前に実力を確認したい方 **全国実力Check模試**						
模試コース → 対象:本試験と同形式・同時間の模試で本試験の模擬体験をしたい方 **全国公開模試**						

Wセミナーなら
身につく合格力!

Wセミナーは目的別・レベル別に選べるコースを多数開講!

Wセミナーでは目的別・レベル別に選べるコースを多数開講しています。受験生個々のニーズに合ったコースを選択すれば、合格力をアップすることができます。

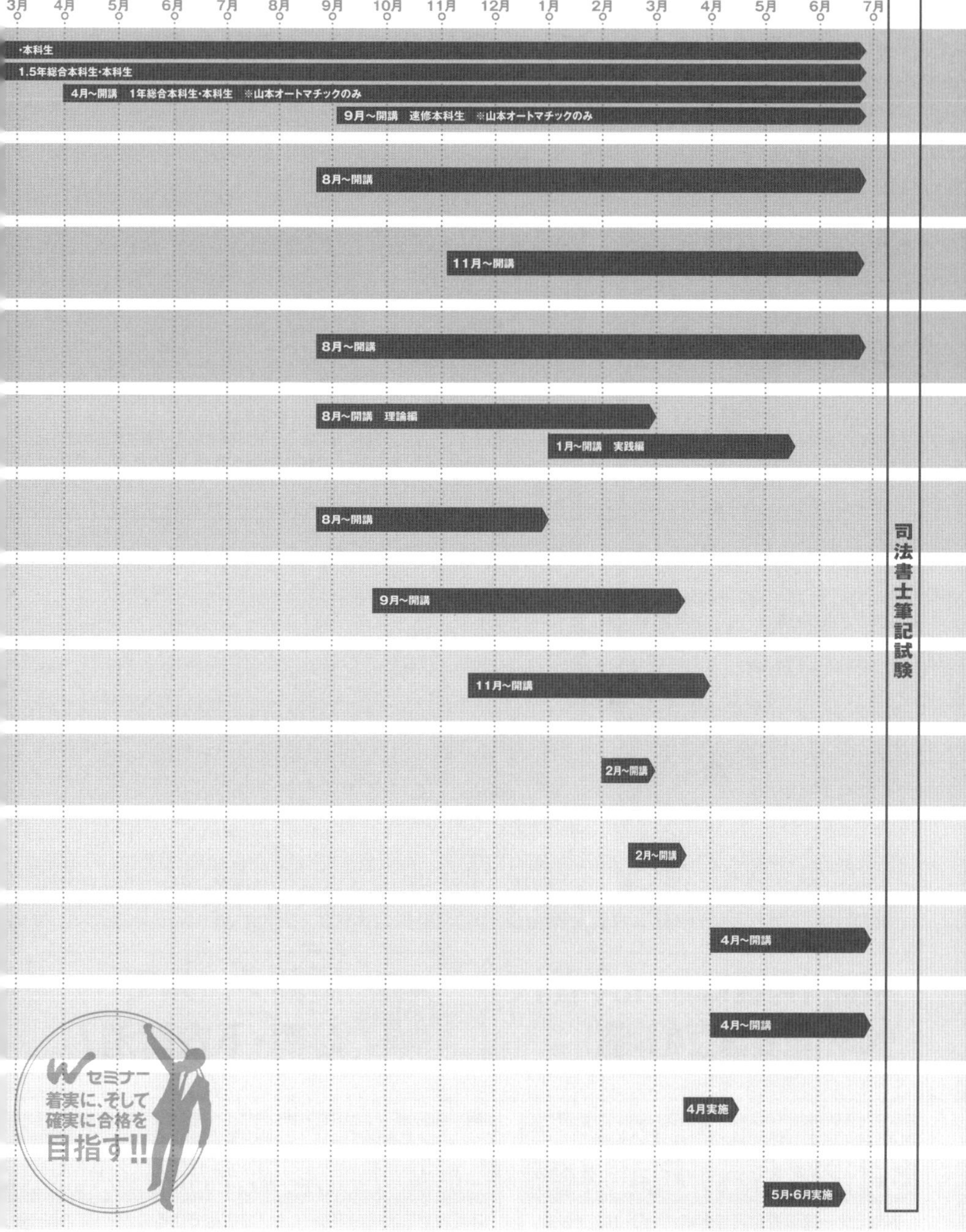

※開講コース・開講時期は年度により変わる場合があります。

書籍の正誤に関するご確認とお問合せについて

書籍の記載内容に誤りではないかと思われる箇所がございましたら、以下の手順にてご確認とお問合せをしてくださいますよう、お願い申し上げます。
なお、正誤のお問合せ以外の**書籍内容に関する解説および受験指導などは、一切行っておりません。**
そのようなお問合せにつきましては、お答えいたしかねますので、あらかじめご了承ください。

1 「Cyber Book Store」にて正誤表を確認する

早稲田経営出版刊行書籍の販売代行を行っている
TAC出版書籍販売サイト「Cyber Book Store」の
トップページ内「正誤表」コーナーにて、正誤表をご確認ください。

CYBER BOOK STORE TAC出版書籍販売サイト

URL:https://bookstore.tac-school.co.jp/

2 1の正誤表がない、あるいは正誤表に該当箇所の記載がない ⇒ 下記①、②のどちらかの方法で文書にて問合せをする

★ご注意ください★

お電話でのお問合せは、お受けいたしません。
①、②のどちらの方法でも、お問合せの際には、「お名前」とともに、
「対象の書籍名(○級・第○回対策も含む)およびその版数(第○版・○○年度版など)」
「お問合せ該当箇所の頁数と行数」
「誤りと思われる記載」
「正しいとお考えになる記載とその根拠」
を明記してください。
なお、回答までに1週間前後を要する場合もございます。あらかじめご了承ください。

① ウェブページ「Cyber Book Store」内の「お問合せフォーム」より問合せをする

【お問合せフォームアドレス】

https://bookstore.tac-school.co.jp/inquiry/

② メールにより問合せをする

【メール宛先 早稲田経営出版】

sbook@wasedakeiei.co.jp

…問合せ対応をおこなっておりません。
…は、該当書籍の改訂版刊行月末日までといたします。

…版刊行月末日までといたします。なお、書籍の在庫状況等
…。
…を理由とした本書の返品はお受けいたしません。返金もいたし
…さいますようお願い申し上げます。

…るTAC(株)で管理し、お問合せへの対応、当社の記録保管にのみ利用いたします。お客様の同意なしに業務委託先以
…法令等により開示を求められた場合を除く)。その他、共同利用に関する事項等については当社ホームページ